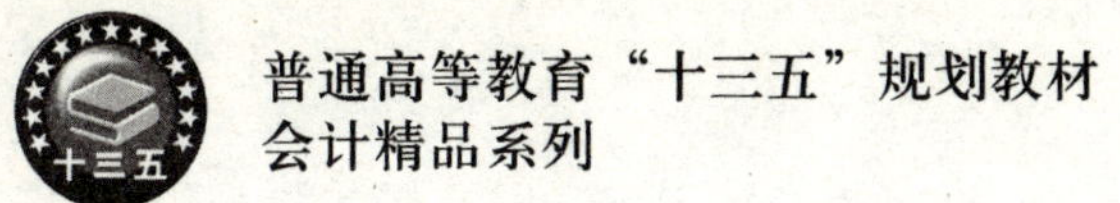

普通高等教育“十三五”规划教材
会计精品系列

管理会计学

黄桂杰　龙海红◎主　编
张文忠◎副主编

图书在版编目(CIP)数据

管理会计学/黄桂杰,龙海红主编. —上海:立信会计出版社,2019.1

普通高等教育"十三五"规划教材. 会计精品系列

ISBN 978-7-5429-5880-8

Ⅰ.①管… Ⅱ.①黄… ②龙… Ⅲ.①管理会计—高等学校—教材 Ⅳ.①F234.3

中国版本图书馆 CIP 数据核字(2019)第 019466 号

策划编辑　张巧玲
责任编辑　张巧玲
封面设计　南房间

管理会计学

Guanli Kuaijixue

出版发行	立信会计出版社		
地　　址	上海市中山西路 2230 号	邮政编码	200235
电　　话	(021)64411389	传　　真	(021)64411325
网　　址	www.lixinaph.com	电子邮箱	lxaph@sh163.net
网上书店	www.shlx.net	电　　话	(021)64411071
经　　销	各地新华书店		

印　　刷	常熟市华顺印刷有限公司	
开　　本	787 毫米×1092 毫米	1/16
印　　张	19	
字　　数	446 千字	
版　　次	2019 年 1 月第 1 版	
印　　次	2019 年 1 月第 1 次	
印　　数	1—2100	
书　　号	ISBN 978-7-5429-5880-8/F	
定　　价	45.00 元	

前　言

管理会计是现代企业会计的一大分支，是为企业管理者提供管理信息的企业内部报告会计。它通过预测、决策、预算、控制、考核和评价等职能，服务于企业的内部管理，以提高企业经济效益。

本书较为系统地介绍了管理会计的基本理论、基本方法和各种职能。全书共分十一章，第一至第三章介绍了管理会计的基本理论和传统管理会计的基本方法，第四至第十章介绍了管理会计各种职能及其具体应用，第十一章介绍了管理会计的新发展。

本书由黄桂杰起草写作大纲，并负责全书的修改、统撰和定稿，由黄桂杰、龙海红、张文忠等共同编写。全书的编写分工是：第二、第三、第八章等由北京语言大学商学院的黄桂杰博士执笔；第一、第六、第七、第九、第十章等由中国财政部科学研究院的龙海红博士执笔；第五章由东北师范大学的张文忠副教授执笔。

本书可作为高等院校财经专业本科生的管理会计课程教材，也可作为在职财会人员和经济管理人员以及其他对管理会计感兴趣人员的学习参考用书。

本书在编写过程中，力图在结构安排上有所创新，但由于编者水平所限，难免存在不当和错误之处，恳请读者批评指正。

编　者

2019 年 1 月

目　录

第一章　管理会计概述

本章重点

1. 管理会计的定义、基本假设、目标、对象、方法与职能。
2. 管理会计与财务会计的关系。

本章难点

管理会计与财务会计的关系。

第一节　管理会计的产生与发展

管理会计既是会计的一大分支，又是企业管理的一大分支，是会计与企业管理不断发展的必然产物。管理会计的形成和发展受社会实践和经济理论的双重影响。

一、管理会计的产生阶段

从客观内容上看，管理会计的实践最初萌生于19世纪末20世纪初，其雏形产生于20世纪上半叶，正式形成和发展是在第二次世界大战之后，20世纪70年代后在世界范围内得以迅速发展，至今已初步形成了现代管理会计的理论体系与方法体系。

（一）孕育管理会计的社会环境

19世纪至20世纪初，工业的发展和管理方式的改变孕育着管理会计的萌芽。

1. 工业的发展使成本管理发生变化

会计的管理功能最初集中体现在成本管理方面。19世纪初期，工业取得了较大的发展。在当时的单一活动的企业组织里，业主、经营主持者及其管理人员都逐渐认识到，降低成本有助于提高生产效率，增加企业利润。因此，他们设法记录工厂在生产过程中的加工成本和单位成本。此时，企业成本资料的目的是用于计量和评价企业内部生产过程的效率，而不在于衡量企业利润，财务报告对存货的计价也不依赖于成本，而是采用市价。因此，此时的成本计算是独立于财务会计之外的。19世纪下半叶，尤其是在最后的20年，工业化大生产格局正在形成，英国工业革命促使企业生产规模迅速扩大，合伙经营、股份公司等企业组织形式相继出现，企业的所有者逐渐将企业经营权委托给专门的管理阶层。工业革命在生产方式上开始从工场手工业向机器大工业过渡。在工业公司中重型机器设备在资产中所占比重越来越大，产品制造程序日趋复杂，于是人们又开始着手研究、解决产品成本形成过程中的间接费用分配问题。同时,竞争的压力又要求分产品提供较正确的成本数据,以实现成本计算与利润计算的直接联系。这种情况客观上要求成本计算的技术方法着重于解决折旧费用的计算和产品间接费用的分配上,并且这已成为一个必须研究、处理好的重要问题。而此时的注册会计师们,也要求对外财务报告的数据取自归集成本的账户,要求成本计算能为财务报告提供直接可靠的销售产品的成本数据。由此促进了成本计算的系统化、科学化发展,使成本的形成、积累与结转纳入复式记账体系,到1920年实现成本会计与财务会计的全面结合,标志着成本会计的正式诞生。

2. 科学管理学说促进了管理会计的萌芽

19世纪末20世纪初,西方资本主义国家完成了工业革命,机械化的大生产取代了作坊式的小生产,竞争日趋激烈,以经验和直觉为核心的传统管理方式已不能适应生产发展的需要,客观上促使企业管理向科学化、系统化和标准化发展,于是,体现科学管理方式的"泰罗制"取代了旧的落后的"传统管理"。泰罗制是以科学管理学说为基础的,强调提高生产效率和工作效率,通过时间研究和动作研究,制定一定条件下可以实现同时又最具有效率的标准,以实现生产各个方面的标准化。标准制定后,必须严格执行,不允许一切可避免的浪费存在。

科学管理学说的产生促进了管理会计的萌芽。为了泰罗制的实施,会计如何为提高企业的生产和工作效率服务,开始提到议事日程上来,于是标准成本、差异分析、预算控制等这些与泰罗的科学管理直接相联系的计划、控制方法被引进到会计中来。这些技术方法在运用中不断地发展和完善,形成了独特的标准成本系统,使会计在核算和监督方面取得了重大的发展。特别是它将严密的事前规划引进到会计体系中来,实现事先规划、事中控制和事后分析相结合。这些变化是会计发展史上的一个突变,开创了会计直接为企业管理服务的一条新途径。当时,就有人把这些内容综合起来,称之为传统的管理会计。

可见,伴随着企业管理方式的变革,会计开始了由近代会计向现代会计转变的进程,原始的管理会计也初见端倪。标准成本与预算控制这两项制度在美国的推广,使管理会计的理论体系粗具雏形。此外,管理会计的形成还受到差异分析及本量利分析方法应用的影响。

同时,在管理会计理论研究方面也有了相应的进展。主要代表著作有:1922年奎因坦斯的《管理会计:财务管理入门》,1923年布利斯的《经营管理中的财务效率和营业效率》和1924年的《通过会计进行管理》,1924年麦金西的《管理会计》,1928年H. F. 格雷戈里的《企业管理中的会计报表:结合为维持有效管理和控制所实行的标准和业绩记录程度,论述财务报表和营业报表的使用》,1929年M. V. 海斯的《供经理控制用的会计》。但是,当时这些著作并未被大家广泛承认。

(二) 管理会计的创建

从20世纪50年代起,世界经济进入战后发展的新时期,现代科学技术大规模地应用于生产领域,使生产力获得迅猛发展。资本集中加强,跨国公司大量涌现,企业规模不断扩大,生产经营日趋复杂,市场竞争日益加剧。由于需要进行科学的预测、决策与控制,管理会计才开始变得重要,并在实际管理活动中得到广泛应用。管理会计逐渐从财务会计中分离出来，形成一门独立的学科。此时的管理会计是以泰罗的科学管理学说为基础形成的，其主要内容包括独立的标准成本、预算控制和差异分析。

然而，随着经济不断发展，泰罗的科学管理学说存在着一定的局限性，已无法适应企业管理的需要。这种局限性主要表现在两个方面：一是泰罗的科学管理学说只着眼于对生产过程进行科学管理，只重视生产过程中个别环节、个别方面的高度标准化，以此来提高生产效率和工作效率。但它对企业管理的全局、企业与外部的关系几乎很少考虑。二是泰罗的科学管理学说只将人当作机器的附属品，强调只有管得严，才能提高效率，使工人处于消极被动和极度紧张的状态，这必然引起工人的强烈不满和反抗，从而导致劳资关系恶化，生产效率降低。这也导致传统管理会计存在较大的缺陷。

针对泰罗科学管理学说的缺陷，一些有远见的管理人员认为除了对生产过程进行科学管理外，更重要的是要将正确的经营决策放在首位，提出了"管理的重心在经营，经营的重心在决策"的指导方针，并认识到调动工人在生产上的主动性与创造性，比对工人进行严格的管理和控制更有效，从而形成了现代管理科学体系。现代管理科学体系以运筹学和行为科学为两大重要支柱，将会计与现代管理科学体系相结合，形成了决策会计和责任会计，充实了管理会计的内容。因而，专门为加强企业内部管理，提高经济效益服务的管理会计体系逐渐形成。1952 年，世界会计学年会上正式通过了"管理会计"(Management Accounting)这个名词。

二、管理会计的发展阶段

(一) 管理会计发展的动因

1. 社会生产力的进步、市场经济的繁荣及其对经营管理的客观要求，是导致管理会计形成与发展的内在原因

管理会计作为企业会计的一个组成部分，是会计本身的进化和发展的结果。而会计和管理都是社会生产力发展到一定阶段的产物，并随着社会生产力的进步而不断发展。会计作为经济管理的组成部分，必然要适应社会生产力的进步对经济管理不断提出新的要求。因此，从本质上看，生产力的进步是管理会计产生与发展的根本原因。进入 20 世纪以来，世界经济形势的变化，尤其是信息社会条件下的现代化大生产，为现代会计发挥预测、决策、规划、控制、责任考核评价职能创造了物质基础。全球范围内市场经济的迅速发展也为管理会计开辟了用武之地。

2. 现代电子计算机技术的发展加速了管理会计的完善与发展

会计的职能从事后反映，已经发展到预测、决策、计划、控制、考核，信息需要量大大增加，计算工作量也大大增加，因此，必须具有良好的计算工具，才能开展工作。第二次世界大战后现代科学技术的发展，尤其是电子计算机在会计上的广泛应用，为管理会计的发展创造了客观条件。

3. 现代管理科学理论对管理会计形成与发展起到了积极的促进作用

20 世纪 30 年代至 40 年代以来科学理论、管理理论的发展深刻地影响到 50 年代以后的会计领域。管理会计作为一门新生学科，与财务会计分离以后，由于不断吸收现代管理科学、老三论(系统论、信息论、控制论)、新三论(耗散结构论、协同论、突变论)，以及决策论、增长极限论等方面的研究成果，使它的内容逐步丰富、完整起来。因此，管理科

学的发展为管理会计形成与发展创造了有利的外部条件，成为现代管理会计的理论基础。

4. 企业内部管理的需要是管理会计发展的直接动力

一方面，企业决策的需要。第二次世界大战后，企业规模扩大化、生产经营复杂化和市场竞争激烈化。企业管理者为了能在竞争中生存下去，要求会计不仅事后反映，更重要的是对企业未来的经营管理提出多种方案，事先预测其效果并作为企业经营决策的依据，以便取得最佳的经济效益。因而，会计人员把运筹学与会计相结合，形成了决策会计，奠定了现代管理会计的基础。

另一方面，控制、考核的需要。20 世纪 50 年代以来，现代企业管理中行为科学理论的新发展应用到企业管理中，主要应用心理学、社会学原理来探讨人与人之间关系的调整和改善，引导、激励职工在生产经营中充分发挥主观能动作用。在企业中实行目标管理，各管理层次有权自行安排人力、物力、财力来保证目标的完成，只有出现例外的情况企业才进行干预。这就要求企业必须掌握各管理层次和有关工作人员完成目标的情况，以便据以奖励。因此，企业管理者不仅要求会计反映整个企业的经营成果，而且要控制和考核各责任部门和有关工作人员的工作业绩。于是，会计与责任的控制、考核自然结合起来，形成了管理会计另一个重要的内容——控制与责任会计。

总之，现代管理会计是以现代管理科学为基础，以电子计算机的应用为条件，大量吸收了现代管理科学中的运筹学、行为科学等方面的成果而形成的。从发展趋势方面考察，资本市场的全球化，乃至整个经济的全球化，以及数字化时代、知识经济时代、环境经济时代的到来，都将对未来管理会计的发展产生持续性影响。

(二) 管理会计发展状况

从 20 世纪 70 年代起，管理会计开始进入一个大变革、大发展的时期，由传统管理会计向新型的现代管理会计过渡。管理会计已在世界范围内普遍推行，其应用范围也逐步扩大，从制造业推广到服务业以及非营利事业等，成为实现管理现代化的重要手段。在这个阶段上，管理会计的特征是：以预测决策会计为主，以规划控制会计和责任会计为辅。

1972 年，美国成立了单独的管理会计师协会(Institute of Management Accountants, IMA)，英国成立了成本和管理会计师协会(Institute of Cost and Management Accountants, ICMA)，并分别出版了《管理会计》月刊，在全世界范围内发行。同时，美国举行了执行管理会计师资格的考试，出现了专门的执业管理会计师，他们可以在专门领域内开展工作，并取得较高的社会地位。早在 20 世纪 50 年代设立的美国管理会计委员会从 20 世纪 80 年代开始，对管理会计的研究从实用的角度转向理论研究，该委员会自 1980 年以来，系统地发布了《管理会计公告》，将其作为解决管理会计问题的指导原则，至 1988 年 2 月，该委员会共发布了 14 个《管理会计公告》。

近 20 年来，高新科技蓬勃发展，电子数控机床、电脑辅助设计、电脑辅助工程、电脑辅助制造和弹性制造系统广泛应用于生产中，使企业的生产组织和生产管理出现许多革命性的变革，适时生产系统、全面质量管理等新观念、新理论和新方法的相继形成，拓展了现代管理会计的视野。因而，在管理会计中不断孕育出新的领域，如作业管理与作业成本计算、适时生产系统与存货管理、质量成本管理会计、产品生命周期成本管理会计、资本成本管理会计、增值会计、人力资源管理会计、环境管理会计等。此外，随着市场经济高度发展，国际化大市场竞争日趋激烈，要求进一步科学地加强宏观调控的力度。这一大趋势导致宏观管理会计理论与方法在新的领域得到了广泛应用，包括投资项目的国民经济评价、宏观资金流动会计、国际管理会计、战略管理会计等。

20 世纪 70 年代至 80 年代，会计界又对现代管理会计体系展开了深入研究，在管理会计理论研究方面也取得许多新的成就。如 1971 年 E. H. 柯普兰的《管理会计和行为科学》、1973 年 A. G. 霍普伍德的《会计系统与管理行为》、1976 年 G. J. 斯托伯斯教授的《作业成本计算和投入产出会计》和 J. M. 弗里姆金的《管理分析用会计》、1980 年C. L. 穆尔与 R. K. 杰达克合著的《管理会计》、1981 年 R. N. 安东尼与 G. A. 韦尔什合著的《管理会计基础》、1982 年杰克・格雷与唐・里基特合著的《成本与管理会计》、1982 年R. S. 卡普兰的《高级管理会计》，以及 C. T. 霍恩格伦所著《管理会计导论》等。

我国从 20 世纪 70 年代末才开始逐渐引进、介绍管理会计知识。随着改革开放的深入，有关管理会计的知识在我国很快得到传播。20 多年来，管理会计在理论上和实际应用上都取得了较大的发展，为提高企业的经营管理水平和经济效益发挥了积极的作用。

(三) 管理会计的发展趋势

近 20 年来，越来越多的国家加大了应用和推广管理会计的力度，最新的研究成果(如作业成本法、适时制等)被迅速应用到企业的管理实践中，一些国家成立了管理会计师职业管理机构，相继颁布了管理会计工作规范和执业标准。国际会计标准委员会(International Accounting Standard Board，IASB)和国际会计师联合会(International Federation of Accountants Committees，IFAC)等国际性组织也成立了专门的机构，尝试制定国际管理会计准则，颁布了有关管理会计师的职业道德规范等文件。

近期，人们将研究的热点集中在管理会计工作系统化和规范化、管理会计职业化和社会化，以及国际管理会计和战略管理会计等课题上。可见，现代管理会计具有系统化、规范化、职业化、社会化和国际化的发展趋势。

三、管理会计的概念

管理会计是一门与财务会计并列的、新兴的、独立的、综合性的边缘学科，它是多种学科相互交叉、相互渗透的结合体，并且仍处在不断的发展变化之中。因此，对于什么是管理会计，国内外会计学界众说纷纭。

(一) 国外对管理会计定义的论述

国外会计学界对管理会计的定义先后经历了狭义管理会计和广义管理会计两个阶段。

1. 狭义管理会计阶段

20 世纪 20 年代至 80 年代，国外会计学界一直是从狭义上来研究管理会计，认为管理会计只是为企业内部管理者提供计划、决策与控制所需信息的内部会计。主要有下列观点。

(1) 1958 年，美国会计学会(AAA)下属的管理会计委员会对管理会计作了如下定义：管理会计就是运用适当的技术和概念，处理企业历史的和计划的经济信息，以有助于管理人员制订出合理的、能够实现经营目标的计划，以及为达到各项目标所进行的决策。

管理会计包含为制订有效计划、选择替代方案、评价业绩，以及控制等而进行的各种必要的方法和概念。另外，管理会计研究还包括经营管理者根据特殊调查取得的信息以及与决策的日常工作有关的会计信息的收集、综合、分析和报告的方法。

(2) 1966 年，美国会计学会的《基本会计理论》认为：管理会计就是运用适当的技术和概念，对经济主体的实际经济数据和预计经济数据进行处理，以帮助管理人员制定合理的经济目标，并为实现该目标而进行合理决策。

综合上述定义，狭义管理会计定义的基本要点为：① 管理会计以企业为主体进行管理活动。② 管理会计是为企业管理当局的管理目标服务的。③ 管理会计是一个信息系统。可见，上述定义将管理会计的活动领域限于"微观"，即企业环境。

2. 广义管理会计阶段

进入 20 世纪 80 年代，国外会计学界对管理会计研究的外延开始扩大，出现了广义的管理会计概念。

(1) 1981 年，美国管理会计师协会下属的管理会计实务委员会将管理会计定义为：管理会计为管理人员提供用于企业内部计划、评价、控制，以及为确保企业资源的合理运用及管理所需的财务信息，是一个确认、计量、积累、分析、编报、解释与沟通的过程。同时，管理会计还包括编制供非管理当局如股东、债权人、管理机构及税务机关等使用的财务报告。该观点后来被国际会计师联合会所继承。该定义扩大了管理会计的活动领域，指明管理会计的活动领域不应仅限于"微观"，还应扩展到"宏观"。

(2) 1982 年，英国成本与管理会计师协会修订后的管理会计定义认为，除审计之外，会计的其他各个组成部分，包括财务会计、司库、预算和成本会计，均属于管理会计。按照英国成本与管理会计师协会的解释，管理会计是为管理当局提供所需信息的那一部分会计的工作，使管理当局得以制定方针政策、对企业的各项活动进行计划和控制、保护财产的安全、向企业外部人员(股东等)反映财务状况、向职工反映财务状况，以及对各个行动的备选方案作出决策等。该观点已获得国际会计师联合会的赞同。

(3) 1982 年，美国学者罗伯特在《现代管理会计》一书中对管理会计作了如下定义：管理会计是一种收集、分类、总结、分析和报告信息的系统，它有助于管理者进行决策和控制。

(4) 1988 年，国际会计师联合会的常设分会财务和管理会计委员会发表的《论管理会计概念(征求意见稿)》对管理会计的定义是：管理会计是指在企业内部，对管理当局用于规划、评价和控制的信息(财务的和经营的)进行确认、计量、积累、分析、编报、解释和传输的过程，以确保其资源的利用并对它们承担经管责任。

综合上述定义，广义管理会计定义的基本要点是：① 管理会计以企业为主体展开其管理活动。② 管理会计既为企业管理当局的管理目标服务，同时也为股东、债权人、规章制度制定机构及税务当局等非管理当局服务。③ 管理会计作为一个信息系统，它所提供的财务信息包括用来解释实际和计划所必需的货币性和非货币性信息。④ 从内容上看，管理会计既包括财务会计，又包括成本会计和财务管理。

(二) 国内对管理会计定义的研究

20 世纪 70 年代末 80 年代初，西方管理会计理论开始被逐渐引进到中国，我国会计学者对管理会计的定义提出了下列主要的观点。

(1) 余绪缨教授认为，管理会计是从传统的、单一的会计系统中分离出来，与财务会计并列的独立学科，是一门新兴的综合性的边缘科学。管理会计是将现代化管理与会计融为一体，为企业的领导者和管理人员提供管理信息的会计，它是企业管理信息系统的一个子系统，是决策支持系统的重要组成部分。管理会计包括微观管理会计、宏观管理会计、国际管理会计等，为了不同的管理目的的需要，可以采用不同的方法(如变动成本法、作业成本计算法等)来计算成本。

(2) 汪家佑教授认为，管理会计是西方企业为了加强内部经营管理，实现最大利润，灵活运用多种多样的方式方法，收集、加工和阐明管理当局合理地计划和有效地控制经济过程所需要的信息，围绕成本、利润、资本三个中心，分析过去、控制现在、规划未来的一个会计分支。

(3) 李天民教授认为，管理会计主要是通过一系列专门方法，利用财务会计提供的资料及其他有关资料进行整理、计算、对比和分析，使企业各级管理人员据以对日常发生的一切经济活动进行规划与控制，并帮助企业领导作出各种决策的一整套信息处理系统。

(4) 温坤教授认为，管理会计是企业会计的一个分支，它运用一系列专门的方式方法，收集、分类、汇总、分析和报告各种经济信息，借以进行预测和决策，制订计划，对经营业务进行控制，并对业绩进行评价，以保证企业改善经营管理，提高经济效益。

(5) 羡绪门教授认为，管理会计是一种财务性的经济信息系统，同时，又是一种服务性的管理活动，它通过提供信息，执行反映的职能，通过控制，执行管理的职能。管理会计作为一个信息系统，主要是对财务、成本数据进行处理、分析、说明、解释和建议，帮助企业领导进行计划、决策，控制生产经营活动，达到提高经济效益的目的。

(6) 谷祺教授将管理会计划分为广义管理会计和狭义管理会计。广义的管理会计是指用于概括现代会计系统中区别于传统会计，直接体现预测、决策、规划、控制和责任考评等会计管理职能的那部分内容的一个范畴。狭义的管理会计又称微观管理会计，是指以强化企业内部经营管理，实现最佳经济效益为最终目的，以现代企业经营活动为对象，通过对财务等信息的深加工和再利用，实现对经济过程的预测、决策、规划、控制和责任考评等职能的会计分支。

可见，我国学者通常是从狭义上来定义管理会计的。

(三) 本书的观点

国内外学者对管理会计的各种定义虽有差异，但是又有许多共同的地方，这些论述对于理解和研究管理会计是十分重要的。

本书所持的观点是：管理会计是现代企业会计的一个分支。它是以现代经营管理学为理论基础，运用一系列专门的方式方法，对财务信息和其他各种信息进行收集、计算、对比、分析和报告，实现对经济活动的预测、决策、规划、控制、评价和考核，以强化企业内部经营管理，提高经济效益的会计信息系统。

从上述管理会计的定义可以得出，管理会计的特征主要有：① 管理会计是现代企业会计的一个分支，是一个服务于企业内部经营管理的信息系统。② 管理会计的主体是多层次的，既要反映企业整体的经营活动，又要反映企业内部各责任主体的经营活动。③管理会计主要是为管理部门提供信息服务的工具。④ 管理会计的职能侧重于对未来的预测、决策和规划，对现在的控制、考核和评价。

第二节　管理会计的研究基础

一、管理会计的基本假设

管理会计假设应当围绕管理会计工作系统构成要素和工作质量标准来设计。管理会计的基本假设,是指为实现管理会计目标,合理界定管理会计工作的时空范围,统一管理会计操作方法和程序,组织管理会计工作的前提条件或制约条件,是对客观情况合乎逻辑的推断,它对于构架管理会计的基本理论体系具有重要意义,也从根本上促进管理会计实务的发展。

管理会计假设主要有:会计主体假设、持续经营假设、会计分期假设、多种计量单位假设和货币时间价值假设、风险价值可计量假设、目标利润最大化假设、成本性态可分假设。

(一) 会计主体假设

会计主体假设是对管理会计对象运作的空间范围和活动立场所作的限定。由于管理会计主要面向企业内部管理,而企业内部可划分为许多层次,因此,管理会计假设其会计主体不仅包括企业整体,而且还包括企业内部各个责任层次的责任单位,它主要根据管理当局在企业内部经营管理活动中的具体需要而定,具有多样性和灵活性的特点。正是因为管理会计的会计主体假设区别于财务会计的会计主体假设,才使得管理会计的管理活动得以深入到责任单位,深入到作业层面。

(二) 持续经营假设

持续经营假设规定了会计活动在时间上的不间断性,对管理会计而言,它是假设企业以及各级责任单位的生产经营活动、筹资和投资活动将无限期地延续下去,只有这样,管理会计的预测、决策、控制和业绩评价等各项工作所使用的方法才能保持稳定、有效。这是对管理会计对象运行的基本方式的规定。

(三) 会计分期假设

会计分期假设是对管理会计对象运行的时间范围的规定,即把企业持续不断的生产经营过程和筹资、投资活动,划分为一定的期间活动,以便提供有用的管理信息。由于管理会计的工作重点是为企业内部各部门管理人员服务,因此,会计分期的时期跨度不局限于对外报告的月、季、年,而应根据企业本身的具体情况和需要,灵活地分期——可以短到1天、1周、1旬,也可以长到10年、20年来编制内部报告,用于控制和评价各责任单位的经济活动。因此,管理会计的会计分期具有较大的灵活性和不确定性。

(四) 多种计量单位假设和货币时间价值假设

在现代管理会计中,由于规划、控制和评价企业经济活动时,除应用货币作为计量单位外,还可以使用实物量单位、时间量单位和相对数单位等。多种计量单位的选择,是指根据企业内部经营管理的不同需要来选择不同的计量单位。

货币时间价值假设,是指等量货币在不同时点上具有不同的价值。它是管理会计预测、决策、控制和预算编制的基础。在长期投资决策和筹资决策中,不能假设货币价值不变，而必须考虑货币在不同时间的价值是不相等的，以此作为前提条件，因此，财务会计的货币计量和币值不变都不能成为管理会计的基本假设，而货币的时间价值恰应成为长期投资决策和长期筹资决策的重要前提，只有这样，才能使决策的结论更加科学、合理。

（五）风险价值可计量假设

风险价值可计量假设，是指所有的不确定的决策都可以转化为风险性决策，不仅风险具有价值，而且风险价值可以计量。决策按照风险程度的大小，可分为确定性决策和不确定性决策。这一假设为管理会计解决现实问题提供了可能。

（六）目标利润最大化假设

目标利润最大化假设，是指企业在经营管理决策中，以目标利润最大化的方案为最优方案，并假设在实施最优方案时能够实现目标利润。管理会计在经营管理决策时必须以利润最大化为目标。

（七）成本性态可分假设

成本性态可分假设，是指一切成本都可以按其性态划分为固定成本和变动成本。成本性态，是指成本总额与业务量变动之间的数量关系。管理会计的许多概念和方法都是建立在成本性态可分假设的基础上的，如固定成本、变动成本、贡献毛益、本量利分析法、弹性预算编制方法和标准成本差异分析方法等。另外，固定成本和变动成本的划分是有条件的。它是假设在一定的期间和一定的业务量范围内，企业的全部成本可以划分为固定成本和变动成本，超出了这个限定，固定成本就会发生变化。而且实务中广泛存在的混合成本，在决策时往往采取一定的方法进行分解，与实际情况有一定的差异，有一定的主观随意性。因此，固定成本与变动成本的划分并不是绝对的，它带有一定的假设性。

二、管理会计的目标

管理会计的目标，是指管理会计信息系统要达到的目的和要求，它对整个管理会计系统的有效运行具有决定性的影响。管理会计目标是管理会计本质的能动体现。管理会计目标既有总目标，也有具体目标。目标要制定得科学合理，要让管理会计人员争取能够达到，要对企业经营管理确实能有所贡献。在管理会计具体目标的论述中，存在下列不同的观点。

(1) 1966 年，美国会计学会在《基本会计理论》中提出，管理会计的目标是为管理者服务，帮助管理者制定合理的经济目标，并为实现该目标进行合理决策。

(2) 美国会计学会下设的管理会计委员会认为，确定管理会计的目标是建立管理会计理论结构的一项基础工作，并于 1972 年提出管理会计目标分基本目标和辅助目标两个层次，其中基本目标是向企业管理人员提供内部经营管理信息，协助企业管理人员制定决策。辅助目标有四个：① 协助履行计划管理职能，包括目标的确定；资源最佳流动的规划及其计量。② 协助履行控制职能，包括将公司的结构与其目标联系起来；设置并维持一套有效的传输和报告系统；测定现有资源的利用情况，揭示“例外”的业绩，并查明造成这些“例外”的因素。③ 协助履行组织职能，包括确定对公司分部目标有重要影响的相应的业绩范围的经济特征；通过与目标有关的实际业绩信息的传输，来促进各个预期业绩的实现；在可确认的业绩和责任范围内衡量业绩，应强调与目标不一致的程度。④ 参与企业的经营管理，包括相关成本的投入、收回或产出的统计上的计量；及时地把适当的、具有基本经济特征的数据传输到与评价业绩有关的人员手中。

(3) 1986年,美国会计师协会下属的管理会计实务委员会在《管理会计公告——管理会计的目标》中指出,管理会计应实现以下两个目标: ① 为管理和决策提供信息,包括与计划、评价和控制企业经营活动有关的各类信息;与维护企业资产安全、完整及资源有效利用有关的各类信息;与股东、债权人及其他企业外部利益关系者的决策有关的信息。② 参与企业的经营管理。

(4) 李天民教授认为,管理会计的总目标是协助管理当局作出有关改进经营管理、提高经济效益和社会效益的决策。其具体目标分为四个方面: ① 确定各项经济目标。② 合理使用经济资源。③ 调节控制经济活动。④ 评价考核经济业绩。

总之,上述观点都认为,管理会计是为管理和决策提供信息,并参与企业的经营管理。本书也认为,管理会计是为了加强企业内部经营管理,提高企业竞争力而产生和发展起来的,因此,管理会计的最终目标是提高企业经济效益。其目标主要包括以下两个方面: ① 为企业内部经营管理提供信息,包括管理会计应及时向各级管理人员提供与计划、评价和控制企业经营活动有关的各类信息,如历史的信息和未来的信息;为企业管理者提供与维护企业资产安全、完整及资源有效利用有关的各类信息;为企业外部投资人、债权人及其他企业外部利益关系者提供与决策有关的信息,这些信息将有利于投资、借贷及有关法规的实施。② 参与企业的经营管理。管理会计主要是以企业内部的各个责任中心为核算对象,对其工作业绩和成果进行控制和考核,不仅要分析过去、控制现在,更重要的是要规划未来。同时也从企业全局出发,认真考虑各项决策和计划之间的协调配合和综合平衡。

三、管理会计的研究对象

(一) 理论界的观点

围绕什么是管理会计的研究对象,国内理论界基本形成四种不同的观点。

1. 现金流动论

持该观点的学者认为管理会计的研究对象是企业的现金流动,其主要理由是:

(1) 作为一门学科研究的对象,是该学科有关内容的集中和概括,应该贯穿于该学科的始终。从内容上看,现金流动贯穿于管理会计的始终,表现在预测、决策、预算、控制、考核、评价等各个环节。

(2) 通过现金流动,可以把企业生产经营中的资金、成本、利润等几个方面联系起来,进行统一评价,为改善生产经营和提高经济效益提供重要的、综合性的信息。现金流动表现为现金流入和现金流出两个方面,这两方面在数量上和时间上的差异,最终会影响企业的经济效益。这是因为: ① 收入减成本等于利润,虽然一定期间内收入的现金与支出的现金不等于该期间的收入和成本,但从根本上讲,企业的盈利受现金流入量与现金流出量的制约。② 现金流入与现金流出时间上的差异,制约着企业资金占用水平。一项现金支出表现为现金流出,如果它能够很快回收,形成现金流入,则生产经营中占用的资金就少。③ 通过货币时间价值的换算,把现金流动时间上的差异表现为数量的差异,从而可以对生产经营中的成本耗费水平、资金占用水平和盈利水平进行综合、统一的评价。

(3) 现金流动具有最大的综合性和敏感性,可以在预测、决策、控制、考核、评价等各个环节发挥积极能动作用。

2. 价值差量论

持该观点的学者认为管理会计的研究对象是价值差量，其主要理由是：

(1) 一般说来，现代管理会计的基本内容包括成本性态分析与变动成本计算、盈亏临界点与本量利分析、短期经营决策的分析与评价、长期投资决策的分析与评价、标准成本制度、责任会计等方面，而价值差量是对每一项内容进行研究的基本方法，并能贯穿始终。

(2) 价值差量具有很大的综合性，管理会计研究的"差量"问题，既有价值差量，又有实物差量和劳动差量，后者是前者的基础，前者是后者的综合表现。

(3) 现金流动不能作为管理会计的对象，因为现金流动仅在经营决策和资本支出决策的分析和评价中涉及，其他内容均不直接涉及现金流动，因此现金流动并不能在现代管理会计中贯穿始终。此外，现金流动是企业财务管理学研究的对象。

3. 资金总运动论

持该观点的学者认为管理会计的研究对象是企业及其所属各级责任单位过去、现在和将来的资金总运动，其主要理由是：

(1) 管理会计与财务会计是现代会计的两个分支，两者同属于会计这一范畴，因而管理会计与财务会计有共同的对象——资金运动。运动的基本形式是空间和时间。但两者在"时""空"两方面应各有侧重。管理会计的对象，在时间上侧重于现在以及未来预期的资金运动，在空间上侧重于企业整体和各级责任单位的多层次的资金运动；而财务会计的对象，在时间上侧重于过去已经发生的资金运动，在空间上则侧重于整个经济主体的系统的、连续的、综合的资金运动。

(2) 把资金总运动作为管理会计的对象，与管理会计的实践及历史发展相吻合。

4. 作业管理与价值管理统一论

持该观点的学者认为管理会计的研究对象是企业作业管理和价值管理的统一，其主要理由是：

(1) 在高新技术蓬勃发展的今天，为了有效利用当代高科技所带来的优势，并适应产品顾客化的趋势，现代企业应作为最终满足顾客需要而设计的一系列作业的集合体，每个作业成为其他作业的顾客，彼此连成一体。实际上，企业本身就是一个由此及彼、由里到外的作业链，企业每完成一项作业都要消耗一定的资源，而作业的产出又形成一定的价值，转移到下一个作业，依次转移，直至形成最终产品，提供给企业外部顾客，从而形成作业管理和价值管理的统一。

(2) 把企业管理深入到作业水平，优化作业链、价值链，这是提高企业整体经济效益、不断提高企业市场竞争优势的重要手段，是管理会计的重大开拓。

(二) 本书的观点

上述几类观点从不同角度对管理会计的对象进行了论证，都各有道理。如果从综合角度来看，管理会计的对象可理解为：

(1) 从管理体现经济效益的角度上看，管理会计的研究对象是企业生产经营活动中的资金运动，即价值运动，其主要表现形式是价值差量。在商品经济条件下，企业的生产经营活动表现为两个方面：一方面表现为使用价值的生产和交换过程；另一方面表现为价值形成和价值增值过程。管理会计是以生产经营活动中价值形成和价值增值过程为对象，通过对使用价值的生产和交换过程的优化，提供信息并参与决策，以实现价值最大增值的目的。

(2) 从实践角度上看,管理会计的研究对象具有复合性的特点。一方面,管理会计致力于使用价值生产和交换过程的优化,强调加强作业管理,其目的在于提高生产和工作效率。因此,作业管理必然强调有用作业和无用作业的区分,并致力于消除无用作业。为此,必须按生产经营的内在联系,设计作业环节和作业链,为作业管理和管理会计的实施奠定基础。可以说,作业管理使管理会计的重新架构成为可能。另一方面,在价值形成和价值增值过程中,管理会计强调加强价值管理,其目的在于提高经济效益,实现价值的最大增值。因此,价值管理必然强调价值转移、价值增值与价值损耗之间的关系,价值转移是价值增值的前提,减少价值损耗是增加价值增值的手段。为此,必须按照价值转移和增值的环节,设计价值环节和价值链。可以说,价值管理使管理会计的重新架构成为现实。

四、管理会计的研究方法与分析方法

(一) 管理会计的研究方法

对于管理会计的研究,在很大程度上受到财务会计研究的影响,其研究方法也有相同之处,经历了规范研究和实证研究两个阶段。大约在 20 世纪 70 年代以前,管理会计的理论研究主要属于规范研究,这一时期产生了许多重要的概念,如多种成本概念的提出,边际理论、增量理论、差量分析等也都是规范研究的成果。20 世纪 70 年代以后,信息经济与代理理论对研究方法产生了重大影响,研究者开始采用实证研究方法和实证模型去检验规范研究的成果,因而管理会计研究进入了以实证研究为主的阶段。早期的实证会计主要研究会计信息与资本市场的关系问题,后来又转向研究会计选择的动机及考虑的因素,到 20 世纪 70 年代末实证会计研究兴盛起来,20 世纪 80 年代实证研究成为会计研究的主流学派。

实证研究作为一种与传统的规范研究特点迥异的研究流派,其特征主要表现在:① 强调经验总结的重要性,崇尚归纳推理。② 广泛采用实验、问卷调查、采访、实地研究和历史文献研究等被自然科学和社会科学证明是行之有效的数据搜集方法。③ 打破就会计论会计的会计研究格局,注重学科间的相互渗透。④ 广泛运用统计理论和方法进行定量分析,且要求精益求精。

从管理会计的角度来看,实证研究比规范研究在解释和预测管理会计实践方面更具有理论价值。鉴于管理会计学属于多学科相互交叉、相互渗透的综合性学科,具有鲜明的实践性和显著的灵活性,实证研究在管理会计领域比较有用武之地。但是,这种研究也有其局限性。因为以经济学为基础的实证研究主要是以经济计量学为主要技术手段,且经济计量学方法基本上属于线性分析的范畴。而实际中对一些管理会计系统变量关系的线性假设缺乏客观依据。而且这种研究方法忽视了管理会计系统中社会人文因素对研究变量的影响,使得管理会计信息和管理决策之间的相关性降低,甚至消失。为了适应新的经济环境和现实需要,更好地解决现代管理会计理论与实际脱节的问题,应当提倡在实证研究的基础上进一步采用实地研究和案例研究的方法。

实地研究方法主张到企业组织的实地去观察了解实际的管理系统是如何运行的,管理会计技术在实际系统中又是如何使用的,旨在弥补理论和实践之间的差距。一般地讲,管理会计中的实地研究包括以下几个环节:① 项目选择,这是实施实地研究的第一步。一个高质量的项目就是这项研究的良好开端。② 进行实地研究设计，包括针对选定的管理会计研究项目选择研究现场、采用实地研究方法（直接观察法、自然实验法、访谈调查法等）搜集研究项目所需的数据及创造性地使用其他方法对各种变量数据进行补充分析。③ 对实地研究数据的表达与解释。④ 对实地研究结果进行评估。

案例研究方法则是研究人员通过对一些成功企业经营管理的有关资料的搜集、整理，写出详细的研究报告和有关分析结果，并以此指导管理会计实践和管理会计教学的一种研究方法。案例研究的结论是在特定条件下，采用某种方法确定的，因而并非任何条件下的最佳答案和标准。它给实践者提供的是一种正确的思维方式，展示的是变化多端而又行之有效的方法。

综上所述，尽管实证研究方法为我们提供了可借鉴的范例，但在实证会计发展的过程中，它们的做法并非尽善尽美，因此，在选择研究方法时，应该把实证研究方法和规范研究方法结合起来，特别是在推崇某一种方法时，要防止走极端，应当具体问题具体分析。

（二）管理会计的分析方法

管理会计的分析方法，是指管理会计本身所采用的各种方法，即解决有关管理会计实务问题的相关技术手段和程序。管理会计主要采用会计、统计与现代数学的方法，具体的管理会计分析方法更多地是体现在它的职能中，有预测分析法（趋势分析、因果分析、调查分析、判断分析）、决策分析方法（生产决策、定价决策、成本决策、存货控制决策、投资决策）、预算编制方法（弹性预算、零基预算、滚动预算）、控制方法（包括事前、事中、事后控制，有目标控制、制度控制、价值工程、标准成本、差异计算），以及业绩评价与考核方法（主要是建立责任会计制度）。可见，管理会计的分析方法众多，根据不同的分类标准，有各种不同类型的分析方法。各种方法的先进性、科学性、实用性将决定管理会计的工作效果。

五、管理会计的职能

管理会计职能是管理会计在企业经营管理中的内在功能，即它能发挥什么作用。它随着管理会计工作和理论的演进在不断发展。由于管理会计是为了加强企业内部经营管理而产生和发展起来的，它吸收和融合了现代管理科学的许多内容，因此，管理会计是现代管理科学和现代会计科学相结合的产物，它的职能与管理的职能有着紧密的联系，并受到企业管理职能的约束。但目前人们对企业管理的职能尚缺乏统一的认识，因而对管理会计职能的表述也存在一定差异。多数学者认为，企业管理具有预测、决策、规划、控制和考核评价等五项职能。也有人认为，企业管理的职能应当是计划、组织、指导和考核等四项。

本书按照管理五职能的观点，将管理会计的主要职能概括为以下五个方面：预测经济前景、参与经济决策、规划经营目标、控制经济过程和考核评价经营业绩。

（一）预测经济前景

预测是采用科学的方法预计推测客观事物未来发展必然性或可能性的行为。从管理会计领域看，预测就是按照企业未来的总目标和经营方针，充分考虑经济规律的作用和经济条件的约束，选择合理的量化模型，有目的地预计和推测未来企业销售、成本、利润及资金的变动趋势和水平，为企业经营决策提供信息。

(二) 参与经济决策

决策是在预测的基础上,在充分考虑各种可行性的前提下,遵循客观规律的要求,通过一定程序对未来实践的方向、目标、原则和方法作出决定的过程。管理会计发挥参与经济决策的职能,主要体现在根据企业决策目标搜集、整理有关经济信息资料,选择科学的方法计算有关长短期决策方案的评价指标,并作出正确的财务评价,最终筛选出最佳的方案。它是企业经营管理的核心,贯穿于企业管理的全过程。

(三) 规划经营目标

管理会计的规划职能是利用财务会计信息和其他信息,对企业未来经济活动进行科学的预测分析,并在对未来生产经营和长期投资的项目中的重大经济问题作出专门决策分析的基础上,编制各种计划和预算。它要求在最终决策方案的基础上,形成反映企业预算期内的总目标和总任务的全面预算,将事先确定的有关经济目标分解落实到各有关预算中去,形成以各责任中心为主体的责任预算,以便合理有效地组织协调供、产、销及人、财、物之间的关系,并为控制和责任考核创造条件。

(四) 控制经济过程

管理会计的控制职能主要是根据规划所确定的各项目标,形成各责任中心的责任预算,对预算期可能发生的或实际已经发生的各项经济活动进行对比和分析,以便在事前或日常对经济活动进行控制和调节,保证预算目标的实现。控制职能要求企业将经济活动过程的事前控制与事中控制、事后反馈有机地结合起来,分析各项预算执行中存在的差异及其原因,以便及时采取切实可行的措施改进工作,以确保经济活动的正常运行和循环。

(五) 考核评价经营业绩

现代管理十分注重充分调动人的积极性,贯彻落实责任制是企业管理的一项重要任务。管理会计履行考核评价经营业绩的职能,是通过建立责任会计制度来实现的。管理会计的考评职能主要是在事后,根据各责任单位编制的业绩报告与企业及各责任单位的全面预算和责任预算进行对比分析,即把实际数与预算数进行比较,分析差异发生的原因,用来评价和考核各责任中心尤其有关人员的工作业绩,并通过信息反馈,及时对企业生产经营的各个方面充分发挥制约和促进作用。考评职能要求企业各部门及各相关人员在明确各自职责的前提下,逐级评价和考核责任指标的完成情况,找出成绩与不足,从而为奖惩制度的实施和未来工作改进措施的形成提供必要的依据。

综上所述,预测、决策、规划、控制和评价是管理会计的五大职能,也属于管理会计的主要特征。在实际工作中,这五个职能相互联系、相互作用,结合在一起,综合地发挥作用。而且它们环环相扣,形成了周而复始的管理会计循环过程。其中,预测是决策和规划的基础,决策是核心,规划又为控制和考核提供标准,控制是保证规划执行的手段,考评是对整个经营管理活动过程及其结果的分析与评价。

第三节　管理会计与财务会计的关系

现代会计的发展使管理会计从传统的会计中分离出来,形成了一个独立的会计分支，这样会计就形成了财务会计和管理会计两大分支，而财务会计主要是组织日常会计核算和对外提供财务报告。因此，管理会计与财务会计之间既有联系，又有区别，两者之间的关系是管理会计学研究的最基本的理论问题。

一、管理会计与财务会计的区别

管理会计与财务会计有较大区别，这些区别大致可以概括为以下几方面。

（一）服务对象不同

管理会计主要是向企业内部管理当局、各职能部门、职工及董事会等提供财务与非财务信息，以便它们进行正确的经营决策、理财决策与投资决策，并评价企业的经营业绩、加强内部经营管理以及维护职工正当利益。它主要是为企业内部管理服务的。因此，管理会计又被称为内部会计。

而财务会计则主要是向企业外部的投资者、债权人和政府有关部门等与企业有经济利害关系的团体和个人报告企业的财务状况、经营成果和现金流量，以便它们进行宏观调控、优化社会经济资源配置，进行合理的投资决策与信贷决策等。它主要是为企业外界服务的。因此，财务会计又被称为外部会计。

（二）会计的工作主体不同

为了适应管理的需要，管理会计的工作主体可分为多个层次，主要以企业内部各层次的责任单位为主体，它既可以将整个企业（如投资中心、利润中心）作为主体，又可以将企业内部的局部区域或个别部门甚至某一管理环节（如成本中心、费用中心）作为其工作的主体。这样做，可以更突出以人为中心的行为管理，同时兼顾企业主体。

而财务会计的工作主体往往只有一个层次，即以整个企业为主体，反映整个企业财务状况、经营成果和资金变动情况，从而适应财务会计所强调的完整反映、监督整个经济过程的要求。

（三）职能不同

管理会计的主要职能是预测与规划未来、控制现在和考评过去。其侧重点是规划未来。规划未来是确定企业管理当局的目标，而控制现在是为了规划的实现，考评过去是为了更好地规划未来和控制现在。管理会计的这些职能提高了企业对经济活动的预见性和计划性，为企业的各种决策服务。

而财务会计的职能是核算和监督，即运用货币形式对经济活动进行确认、计量、记录、汇总和报告，将经济活动的内容转换成会计信息，并对企业经济活动运行的合法性和合理性进行监督，其侧重点是反映会计信息。

（四）规范性程度不同

尽管管理会计在一定程度上要考虑公认的企业会计准则和企业会计制度的要求，体现一些传统的会计观念，但并不受企业外部法规严格约束，企业可以根据其内部经营管理的需要，选择实施管理会计的理论和方法，其使用的许多概念都突破了传统会计要素的基本概念框架，完全遵从于企业内部管理决策的特定要求。

而财务会计则必须严格遵循公认的企业会计准则、企业会计制度和会计基本假设，以保证其所提供的财务会计指标的一致性和可比性。而且其基本概念的框架结构相对稳定。

(五) 方法体系不同

管理会计可以选择灵活多样的方法,对不同的问题进行分析处理。即使对于相同的问题,也可以根据需要和不同的条件而采用不同的方法进行处理。由于受经营管理水平和自身条件的限制,即使同一行业,不同企业所采用的管理会计方法也可能大相径庭,在信息处理过程中大量运用现代数学和统计学的方法。

而财务会计必须按照企业会计准则、企业会计制度和财务制度的规定,选择核算方法,而且核算方法在前后各期要保持一致和相对稳定,不得随意变更。如确实需要变更,应将变更的情况、原因及其对企业财务指标的影响在财务会计报告中予以披露。因而,财务会计的方法比较稳定。

(六) 会计程序不同

管理会计核算程序无固定性。企业可以根据经营管理的条件和需要,自行设计其核算工作流程,这将导致不同企业和同一企业不同时期的管理会计核算程序表现出较大的差异性。因而,管理会计具有比较大的灵活性。

而财务会计必须执行固定的会计循环程序。财务会计必须按照"填制和审核会计凭证—登记账簿—编制财务会计报告"这一固定的会计核算程序进行,而且在通常情况下不得随意变更其工作内容或颠倒工作顺序。因而,财务会计工作具有规范性和统一性,体系相对成熟,形成了通用的会计规范和统一的会计模式。

(七) 核算要求不同

管理会计主要侧重于对未来的预测、规划和决策,核算的内容存在着不确定因素。管理会计要及时地向企业管理当局提供管理信息,以便其迅速作出正确的决策。因此,管理会计提供的信息注重及时性和相关性,所提供的信息主要是预计数,它可以是近似值,甚至可以是概率值。

而财务会计主要侧重于核算过去已经发生的经济业务,反映在会计凭证、会计账簿和财务会计报告中的信息必须相符,在各财务会计报告有关指标之间存在着勾稽关系。因此,财务会计提供的信息注重真实性和准确性。

(八) 对提供报告的要求不同

管理会计报告是为了满足企业内部经营管理而编制的,它没有统一的种类、内容、格式和填制方法。其计量单位既可采用货币单位,又可采用实物量度单位、劳动量度单位、时间量度单位和相对数单位等。其中,凡涉及未来的信息不要求绝对精确,只要求满足信息披露及时性和相关性的质量要求。编制的各种内部报告在时间上是不固定的,可以是过去的某个特定时期,也可以是未来的某个时期。管理会计报告不对外公布,故不具有法律效力,只有参考价值。因此,管理会计是事前的"经营管理型会计"。

而财务会计报告是为了满足企业外部投资者、债权人和政府有关部门了解企业的财务状况、经营成果和现金流量情况而编制的,它的种类、内容、格式和填制方法有统一的规定。财务会计报告必须采用货币计量单位反映,对真实性、准确性和可验证性的要求较高。并且在报送时间上要求按月度、季度、半年度和年度定期对外公布,故具有一定的法律效力。因此,财务会计实质上属于事后的"报账型会计"。

(九) 对行为的影响不同

管理会计可以提供一些指标和内部报告,以用于评价各个主体、产品、部门和经理的业绩，因而，管理会计各项业务的计量和报告会对管理人员日常行为产生影响。

而财务会计着眼于公司的整体业绩，侧重于如何计量和报告各项业务，而对管理人员日常行为关注较少。

（十）对会计人员素质的要求不同

由于管理会计涉及的内容比较复杂，其方法灵活多样，其核算程序不固定，报告体系缺乏统一性和规范性，这就决定了管理会计的水平在很大程度上取决于会计人员素质的高低，也就要求从事这项工作的人员必须具备广博的知识和深厚的专业造诣，具有较强的分析问题、解决问题的能力和果断的应变能力。因此，管理会计工作需要由复合型高级会计人才来承担。

而财务会计对人员的综合素质要求比管理会计要低，而且侧重点也不同。财务会计工作需要操作能力较强、工作细致的专门人才来承担。

二、管理会计与财务会计的联系

由于管理会计和财务会计都是现代企业会计的有机组成部分，因此，两者之间存在着密切的联系。主要表现在以下四个方面。

（一）两者相互依存、相互促进

管理会计和财务会计均属于企业会计信息系统。一方面，管理会计进行分析所需要的许多信息主要来源于财务会计信息系统，管理会计的主要工作内容是对财务会计信息进行深加工和再利用，因而受到财务会计工作质量的约束。另一方面，管理会计也促进了财务会计的发展，如现金流量表，最初只是管理会计长期投资决策使用的一种内部报表，后来陆续被一些国家（包括我国）列作财务会计对外报告的内容。此外，目前财务会计的改革也有助于管理会计的发展。

（二）两者的工作对象相同

管理会计与财务会计的工作对象均是企业的资金及资金运动，只是各自的侧重点有所不同。管理会计的工作对象在时间上侧重于企业现在的和未来的资金及其运动，在空间上侧重于企业局部的或特定的经济活动；而财务会计的工作对象在时间上侧重于企业过去的资金及其运动，在空间上侧重于企业全局的经济活动。

（三）两者都以经营信息作为信息来源

管理会计与财务会计所使用的原始资料许多是相同的。财务会计为反映、监督企业的资产与权益的变动，只能以反映各种经济业务的原始资料为依据；管理会计所需的经济信息，主要来源于财务会计信息系统，它对财务会计所提供的财务信息进行加工，从而为企业的管理决策提供有用的信息。因此，一般把财务会计看作是管理会计的基础，两者的资料是同源的。

（四）两者的目的一致

管理会计与财务会计所处的工作环境相同，共同为实现企业和企业管理目标服务。两者的最终目标都是为提高企业经营管理水平和经济效益服务的。管理会计通过预测、决策、控制和考核业绩等直接参与企业的经营管理；而财务会计通过核算和监督企业的各项经济活动，并定期向企业外部的投资者、债权人和政府有关部门报送财务会计报告，使他们了解企业的财务状况、经营成果和现金流量情况，并通过采取法律、经济等手段，来促使企业不断地提高经营管理水平和经济效益。因此，两者目的是一致的。

第四节　管理会计人员的工作流程、职业道德和应具备的知识体系

一、管理会计人员的工作流程与工作组织

（一）管理会计人员的工作流程

管理会计程序，是指开展管理会计工作所采取的步骤，可以分为总体的管理会计程序和具体的管理会计程序。总体的管理会计程序即管理会计循环，它与企业的经营管理循环相配合。具体的管理会计程序即管理会计工作的具体步骤，因工作内容不同而有很大差异，要结合企业具体实际加以确定。

（二）管理会计工作的组织

管理会计工作的组织是由管理会计机构、管理会计人员和规章制度三部分组成。下面对前两项作一介绍。

1. 管理会计机构

西方国家的企业组织通常实行董事会领导下的总经理负责制。会计部门和财务部门直接受财务副总经理的领导。会计部门的负责人称为首席会计官，财务部门的负责人称为财务长。其组织形式如图 1-1 所示。

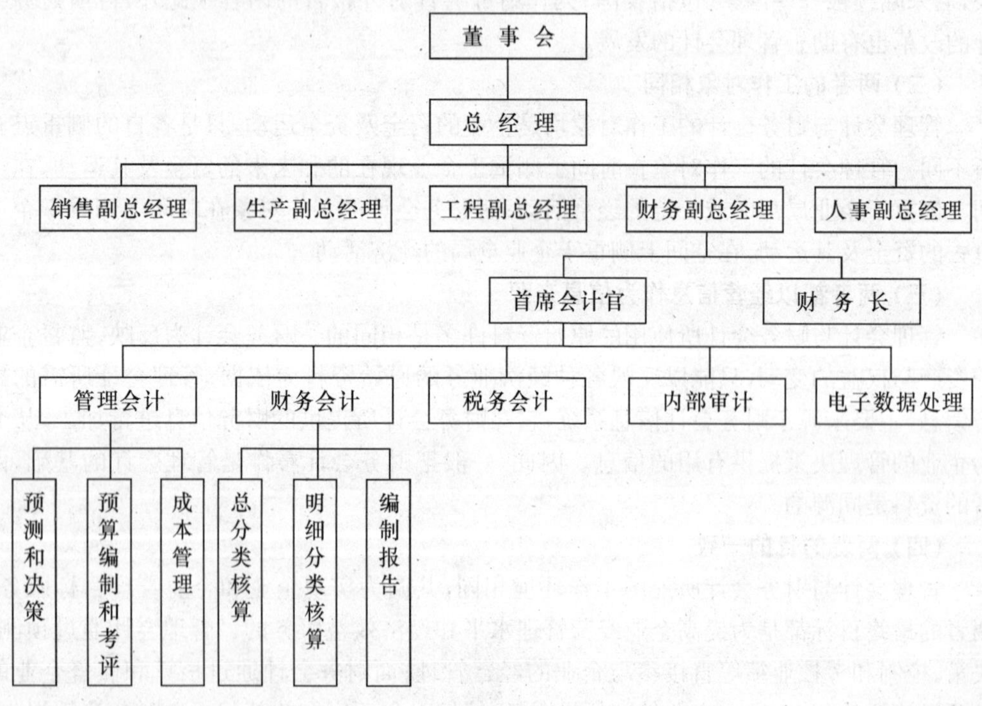

图 1-1　西方国家企业组织形式

在我国，总会计师负责全面的会计工作。由于管理会计这门学科引进的时间不长，一般企业尚未设立专门的管理会计机构，通常由财务会计部门会计人员兼管这方面的工作，如财务组负责编制预算，成本组负责成本控制，存货组负责存货控制等。然而，管理会计工作与财务会计工作毕竟有质的差异，这样合二为一往往会顾此失彼，影响了管理会计的应用。因此，先进的大中型企业已经向西方企业学习，设置了与财务会计机构平行的管理会计机构，并配备了管理会计人员来从事管理会计工作，充分发挥了管理会计在企业内部管理中的作用。

2. 管理会计人员

管理会计机构是做好管理会计组织工作的保证，而管理会计人员则是搞好管理会计工作的关键。因此，每个企业的管理会计机构均应当根据实际工作的需要，配备一定数量的、符合要求的管理会计人员，确保完成各项管理会计工作。

管理会计是一门多学科相互渗透的综合性的边缘学科，因此对管理会计人员有着较高的要求。首先，管理会计人员应当具备较为广博的知识，不但要熟悉财务会计工作，还要掌握管理学、统计学、行为学、营销管理、生产管理、作业研究等方面的知识；其次，管理会计人员应当能够熟练地应用管理会计的各种专门方法；最后，管理会计人员应当具备良好的职业道德。

二、管理会计人员的职业道德

(一) 管理会计人员的职业道德的概念与作用

职业道德是职业品质、工作作风和工作纪律的综合。管理会计人员的职业道德，是指管理会计人员在会计职业活动中应遵循的、体现会计职业特征的、调整会计职业关系的职业行为准则和规范。会计职业道德的含义包括以下几个方面。

(1) 会计职业道德是调整会计职业活动利益关系的手段。随着会计职业活动中的各种经济关系日趋复杂，各经济主体的利益与国家利益、社会公众利益时常发生冲突，会计职业道德可以配合国家法律制度，调整职业关系中的经济利益关系，维护正常的经济秩序。会计职业道德允许个人和各经济主体获取合法的自身利益，反对通过损害国家和社会公众利益而获取违法利益。

(2) 会计职业道德具有相对稳定性。在市场经济活动中，作为对单位经济业务进行确认、计量和报告的会计，会计标准的设计、会计政策的制定、会计方法的选择都必须遵循其内在的客观经济规律和要求。由于人们面对共同的客观经济规律，因此，会计职业道德主要依附于历史继承性和经济规律，在社会经济关系不断的变迁中，保持自己的相对稳定性。

(3) 会计职业道德具有广泛的社会性。会计职业道德体现着管理会计人员行为是否符合社会价值标准。管理会计道德既是历史的，又是现实的，它具有丰富的内容，是提高管理会计人员精神境界的重要营养。其主要作用在于：① 会计职业道德是对会计法律制度的重要补充。② 会计职业道德是规范会计行为的基础。③ 会计职业道德是实现会计目标的重要保证。④ 会计职业道德是会计人员提高素质的内在要求。

(二) 对管理会计人员职业道德的相关规定

1. 美国管理会计师职业道德行为准则

在西方，有不少管理会计师组织规定了具体的职业道德。其中，美国管理会计师协会于 1982 年颁布的"管理会计师职业道德行为准则",是目前世界上较为完整的关于管理会计师职业道德的规定。管理会计师协会主张管理会计师在对其服务的组织、职业组织、公众及其本身履行职责时,有必须遵守最高职业道德标准的义务,遵守这些准则是实现管理会计目标必不可少的要素。管理会计师不应执行与这些准则相冲突的条例,他们也不应允许组织中的其他人员违反这些准则。该准则由专业能力、保密、诚实正直、客观性四个部分组成。

(1) 专业能力。这部分内容要求管理会计人员做到以下三点:① 不断加强自身知识和技能,使专业能力保持在一定水平上。② 依据相关的法律、法规和技术规范履行自己的职责。③ 在对相关的和可靠的信息进行分析后,编制完整、清晰的报告与建议书。

(2) 保密。这部分内容要求管理会计人员做到以下三点:① 除法律规定外,未经批准,不得披露工作过程中所获取的机密信息。② 告知下属应重视工作中所获取信息的机密性,并且监督下属的行为以保证保守机密。③ 禁止利用或变相利用在工作中所获取的机密信息为个人或通过第三方谋取不道德或非法利益。

(3) 诚实正直。这部分内容要求管理会计人员做到以下七点:① 避免事实上或表面上可能引起的利益冲突,并对任何潜在冲突的各方提出忠告。② 不得从事道德上有损于履行职责的活动。③ 拒绝接受影响或行将影响他们作出正确行动的任何馈赠、好处或招待。④ 不得积极地或消极地破坏企业合法的、符合道德的目标。⑤ 找出妨碍业务活动的可靠判断或顺利完成工作的限制与约束条件,并与有关方面进行沟通。⑥ 告知有利和不利的信息以及职业的判断及意见。⑦ 不得从事或支持各种有损企业的活动。

(4) 客观性。这部分内容要求管理会计人员做到以下两点:① 公正而客观地交流信息。② 充分披露相关信息,帮助使用者对所公布的报告、评论和建议获得正确的理解。

2. 我国关于会计人员职业道德的有关规定

全球大部分会计师组织发布了职业道德准则,其许多内容与上面类似。我国目前还没有明确管理会计师这种技术职称,但我国在不久的将来必定会出现一大批管理会计师。管理会计师职业道德标准的制定,对于我国管理会计的发展将会起到重要作用。而且我国对会计人员职业道德的规定同样适用于管理会计人员。我国《会计法》第 39 条规定:"会计人员应当遵守职业道德,提高业务素质。"这是对会计人员职业道德教育问题的规定,也是修订后的《会计法》在原《会计法》第 23 条关于"会计人员应当具备必要的专业知识"规定的基础上充实、强化的一项重要内容。

关于会计职业道德的基本内容,《会计法》没有作出具体规定,但依财政部 1996 年 6 月发布的《会计基础工作规范》的规定,会计人员职业道德的内容主要包括以下六个方面。

(1) 爱岗敬业。会计人员应当热爱本职工作,努力钻研业务,使自己的知识和技能适应所从事工作的要求。爱岗敬业是做好一切工作的出发点。

(2) 熟悉法规。会计工作不只是单纯的记账、算账、报账工作,会计工作时时、事事、处处涉及执法守规方面的问题。会计人员应当熟悉财经法律、法规和国家统一的会计制度,做到自己在处理各项经济业务时知法依法、知章循章,依法把关守口,同时还要进行法规的宣传,提高法制观念。

(3) 依法办事。一方面,会计人员应当按照会计法律、法规和国家统一会计制度规定的程序和要求进行会计工作，保证所提供的会计信息合法、真实、准确、及时、完整。另一方面，依法办事要求会计人员必须树立自己职业的形象和人格的尊严，敢于抵制歪风邪气，同一切违法乱纪的行为作斗争。

(4) 客观公正。会计信息的正确与否，不仅关系到微观决策，而且关系到宏观决策。做好会计工作，不仅要有过硬的技术本领，也同样需要实事求是的精神和客观公正的态度。否则，就会把知识和技能用错了地方，甚至参与弄虚作假或者通同作弊。

(5) 搞好服务。会计工作是经济管理工作的一部分，把这部分工作做好对所在单位的经营管理至关重要。会计工作的这一特点，决定了会计人员应当熟悉本单位的生产经营和业务管理情况，因此，会计人员应当积极运用所掌握的会计信息和会计方法，为改善单位的内部管理、提高经济效益服务。

(6) 保守秘密。会计工作性质决定了会计人员有机会了解本单位的财务状况和生产经营情况，有可能了解或者掌握重要商业机密。这些机密一旦泄露给竞争对手，会给本单位的经济利益造成重大的损害，这对被泄密的单位既不公正又很不利。泄露本单位的商业秘密也是一种很不道德的违法行为。因此，作为会计人员，应当确立泄密失德的观点，对于自己知悉的内部机密，不管在何时何地，都要严守秘密，不得为一己私利而泄露机密。

(三) 道德行为冲突的解决

管理会计师在工作中会遇到许多职业道德冲突。能否圆满解决这些冲突，对于做好管理会计工作至关重要。应用各项道德行为准则时，管理会计师可能会遇到如何确定不道德行为或者怎样解决道德冲突等问题。经调查发现最经常遇到的职业道德冲突包括：客户和管理者提出的避税建议，利益冲突，操纵财务报表的建议，允许管理会计师自身的错误，为遵循领导的命令而去做不道德的行为。如遇到严重的职业道德问题，管理会计师必须遵守权威机构制定的有关这种问题的各种规则，如果这些规则不能解决职业道德问题，管理会计师应采取如下行动。

(1) 与直接上级讨论这些问题(如果他没有卷入冲突)，但当直接上级与出现的冲突相关时，应在矛盾发生时，直接报告给更高一级主管。如果还不能令人满意地解决，管理会计师可将这些争论问题反映(提交)给更高一层的主管。一般来讲，解决道德行为冲突的权威性机构为审计委员会、董事会、理事会或大股东等。

(2) 与一位客观公正的顾问进行秘密讨论，澄清有关概念，并获得一个能够接受的解决方案。

(3) 如果经过各种尝试后，道德行为冲突依旧未能解决，且道德冲突发生在很关键的事项上，管理会计师只能提出辞职，并为企业内部一个合适的代表提供一份备忘录。

除非法律另有规定，否则把这些问题告知无关的上级机关或非服务于组织的个人，一般认为是不适合的。

举例说明管理会计师在工作中会遇到的道德冲突。

【例 1-1】 某公司的管理会计师知道软件部门已经将研究开发费用资本化。他知道如果不资本化，会导致软件部门内部报告出现亏损，并导致进一步裁员。虽然软件部经理一直想证明研究开发的新产品会在市场上取得成功，但是却无法提供可靠的证据支持自己的观点，而且以前开发的两个旧产品的市场销售也并不好，因而他对该部门的商业前景担忧。管理会计师有很多朋友在软件部门工作,他想避免与软件部经理发生个人冲突。这位会计师应不应该将研究开发费用予以资本化?

【例 1-2】 一个包装供应商邀请一家公司的管理会计师去旅游胜地免费度周末。该供应商正在参与这个公司新业务的招标活动,但在发出邀请时他没有提到这一情况。管理会计师不是这个供应商的私人朋友,他担心供应商会向他询问有关其他竞争对手的成本细节。

上述例子中管理会计师面临职业道德冲突。[例 1-1]涉及了能力、客观性和公正性;[例 1-2]涉及保密性和公正性。职业道德并不是非黑即白的简单选择。[例 1-2]中的供应商也许并不打算提到有关的问题。但是,[例 1-2]所出现的利益冲突会使很多公司禁止员工接受免费的恩惠。

(四) 管理会计人员的职业道德活动

管理会计人员的职业道德活动表现在道德评价、道德教育和道德修养三方面。职业道德评价是使职业道德标准和原则得以贯彻,并转化为行动的保证。职业道德教育是铸造优良职业道德品质的熔炉,是形成良好职业道德风尚的重要措施。职业道德修养则是管理会计师本身进行自我修炼的积累,直接关系到管理会计师自身品质的形成。

1. 职业道德评价

职业道德评价的对象是管理会计师职业道德行为或行动,包括:① 管理会计师之间和社会对管理会计师的职业道德行为的评价。② 管理会计师对自己的职业道德行为的评价。③ 对管理会计师职业道德作用发挥的评价。

2. 职业道德教育

职业道德教育是根据管理会计师工作的特点,有目的、有组织、有计划地对其进行系统的职业道德训练,促使其形成优良的职业道德观念,履行好职业道德义务的一系列活动。这一系列活动都可以看成是管理会计师职业道德教育的重要组成部分。职业道德教育要求:① 形成优良的职业道德观念,调整好自身的职业行为。②促进管理会计师参与社会行为的调整过程,对其他管理会计师提出道德要求和进行道德评价。③ 发挥好管理会计师的职能作用。

优良的职业道德品质的形成离不开职业道德教育,整个职业及社会道德风尚的改善也需要职业道德教育。从职业道德品质的形成和要求来看,把职业道德认识和职业情感转化为职业道德行动是很有必要的。这就要在晓之以理、动之以情的基础上,开展规范化的职业道德行为训练,并持之以恒,以形成良好的职业道德习惯。要形成牢固的职业道德习惯,就需要不断地教育和练习,需要增强职业道德意识、培养良好的职业道德情操、达到较高的职业道德境界,这也是社会赋予职业道德教育的历史使命。

3. 职业道德修养

职业道德修养是管理会计师进行自我道德教育和修炼的积累,直接关系到管理会计师自身职业道德品质的形成。职业道德修养与职业道德评价紧密相连,职业道德修养通过职业道德评价来实现。职业道德评价的深入开展可以促使职业道德修养的提高。

职业道德修养与职业道德教育是相辅相成的。只有当职业道德修养水平真正提高了,教育目标才能实现。职业道德修养同时也是职业道德教育的重要组成部分。

三、管理会计人员应具备的知识体系

借鉴西方发达国家的经验、了解国外管理会计师的知识体系与职业道德标准，对于促进我国管理会计教育的发展和对管理会计人员的培养，以及提高管理会计人员的职业水平，都具有重要意义。

1986年，美国会计师协会所属的管理会计实务委员会颁布了有关管理会计师共同知识体系的公告。该公告将管理会计师应具有的知识体系分为以下三类。

(一) 信息和决策过程知识

(1) 管理决策过程，包括重复性决策程序、非规划性决策程序、战略决策程序。

(2) 内部报告，包括信息的搜集、组织、表达和传递。

(3) 财务计划的编制和业绩评价，包括预测和预算的编制、分析和评价。

(二) 会计原则和职能知识

(1) 组织结构与管理，包括会计职能的结构和管理、内部控制、内部审计。

(2) 会计概念和原则，包括会计的本质和目标、会计实务。

(三) 企业经营活动知识

(1) 企业的主要经营活动，包括财务和投资、项目研究和开发、生产和经营、销售和人力资源。

(2) 经营环境，包括法律环境、经济环境、道德和社会环境。

(3) 税务，包括税收政策、税收的结构和种类、税收计划。

(4) 外部报告，包括报告准则，满足信息使用者需要。

(5) 信息系统，包括系统分析和设计、数据库管理、软件应用、技术基础知识和系统分析等。

习　题

1. 管理会计产生发展经历了哪些阶段？其动因是什么？
2. 什么是管理会计？
3. 如何理解管理会计的目标和职能？
4. 简述管理会计与财务会计的关系。
5. 管理会计人员必须遵循哪些职业道德？

第二章　变动成本法

本章重点

1. 成本按性态标准分类。
2. 固定成本和变动成本的内容。
3. 高低点法和回归直线法分解混合成本。
4. 完全成本法和变动成本法下计算税前利润。

本章难点

1. 回归直线法分解混合成本。
2. 完全成本法下税前利润的计算。

第一节　成 本 分 类

一、成本的定义

在财务会计学中，成本有广义和狭义之分。广义上，成本是指为取得资产或劳务而发生的支出；狭义上，成本是指归集到某一种产品上的费用，也称产品成本。

随着经济的发展，管理会计日益完善，成本的内容也得到了很大扩展。企业管理当局为了在经济活动中进行各种经营决策和控制，需要使用各种成本信息，决策和控制的多样化导致成本信息的多样化，可谓是“不同目的，不同成本”。从经济活动发生时态来看，成本概念贯穿于生产经营活动的全过程，在制定决策时，对未来可能发生的成本要充分地了解；在执行决策时，对正在发生的成本要进行监控；在经济活动结束后，要确定成本，以进行业绩评价。可见，成本问题是企业管理的一个核心问题。

二、成本的分类

成本可以按照不同标准进行分类，以适应企业各种经营管理需要。

(一) 按经济用途标准分类

按经济用途对成本进行分类是财务会计中的分类方法，也是传统的、最主要的分类方法。按照经济用途可以将成本分为生产成本和非生产成本两类。

1. 生产成本

生产成本也称制造成本,是指在生产过程中为生产产品而发生的支出,包括直接材料、直接人工和制造费用三个成本项目。

直接材料,是指生产过程中构成产品主体的材料成本。其中,材料包括原材料及主要材料、外购半成品和其他直接材料等。直接人工,是指生产过程中直接改变材料的性质和形态所耗用的人工成本,也就是生产工人的工资和福利费。直接材料和直接人工两者都是能够直接归属到某一种产品上的成本。

制造费用,是指生产过程中为生产产品而发生的各种间接费用。制造费用内容繁多,可以分为间接材料、间接人工和其他制造费用三个项目。间接材料是生产过程中发生但难以直接计入某一特定产品的材料成本,如机物料消耗等。间接人工是为生产提供服务但不直接进行产品加工的人工成本,如车间管理人员、设备维修人员的工资等。其他制造费用是除上述两个项目之外的各类制造费用,如车间照明费和水电费、厂房和设备的折旧费等。

随着科技的进步,企业生产机械化和自动化水平也不断提高,在上述三个成本项目中,制造费用在生产成本总额中占有的比重也不断增大。可以说,这已成为一种趋势。

2. 非生产成本

非生产成本也称非制造成本、期间成本或期间费用,通常可分为销售成本和管理成本。销售成本,是指在销售产品过程中发生的各项成本,包括销售人员工资、销售佣金、专设销售机构的固定资产折旧费、保险费、送货运输费和广告费等。管理成本,是指除产品成本和销售成本以外的所有费用,包括行政管理部门的员工工资、差旅费、办公费、业务招待费、排污费、固定资产的折旧费等。

这种分类既反映了企业产品成本的构成,也反映了企业作为当期损益的各种耗费,能够适应企业财务会计核算的要求,是非常重要的成本分类方法。

(二) 按成本性态标准分类

成本性态也称成本习性,是指成本总额与业务总量(生产量或销售量)之间在数量方面的依存关系。这里的成本总额是企业发生的全部耗费,既包括生产成本也包括非生产成本。

成本按其性态标准进行分类,可以分为固定成本、变动成本和混合成本三类。这种分类是会计学中极其重要的一种分类,可以说是管理会计学的重要基础。

1. 固定成本

(1) 固定成本的定义。固定成本,是指在一定时期和一定业务量范围内,其总额不随业务量变动而变动的成本。例如,房屋设备租赁费、按直线法计提的固定资产折旧费、财产保险费、广告费、管理人员工资、办公费等。

(2) 固定成本的特点。从总额来看,固定成本(可以用常数 a 来表示)是不随业务量(业务量可以用 x 表示)变动的,所以可以用 $y=a$ 来表示,在平面直角坐标图上,固定成本线就是一条平行于 x 轴的直线。

从单位固定成本来看,也就是 $y=a/x$,单位产品负担的固定成本必然随着业务量的变动而成反比例变动,在平面直角坐标图上,表现为一条反比例曲线。

【例 2-1】 某企业生产一种产品,其所需专用设备的最大生产能力为 10 000 件/月,该设备的月折旧额为 20 000 元，当产量在 10 000 件以内变动时，单位产品所负担的固定成本如表 2-1 所示。

表 2-1　**单位产品所负担的固定成本**

项目 产量(件)	固定总成本(元)	单位产品所负担的固定成本(元)
1 000	20 000	20
2 000	20 000	10
4 000	20 000	5
6 000	20 000	3.33
8 000	20 000	2.5
10 000	20 000	2

将表 2-1 中的数据表示在平面直角坐标图中，可以直观地看出固定总成本、单位固定成本分别与产量之间的关系。如图 2-1、图 2-2 所示。

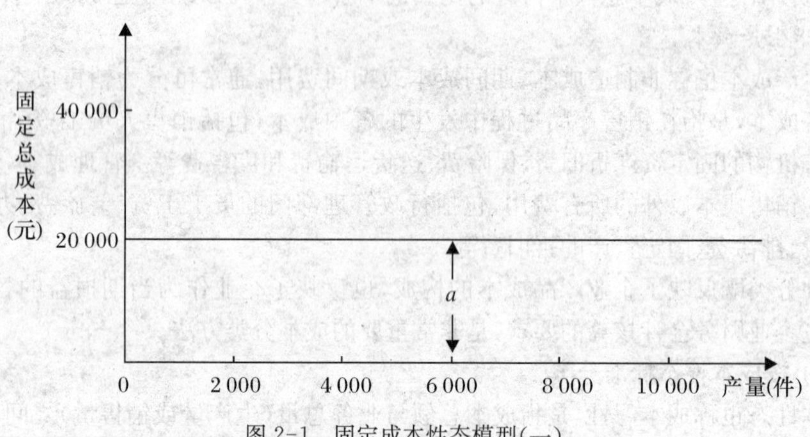

图 2-1　固定成本性态模型(一)

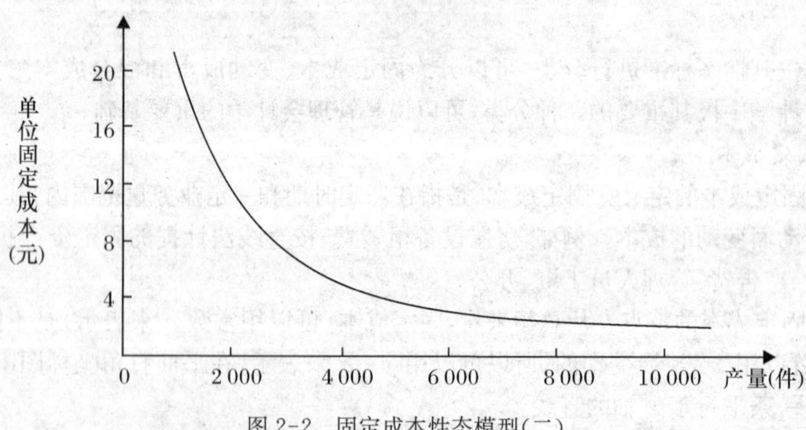

图 2-2　固定成本性态模型(二)

(3) 固定成本的分类。按符合固定成本概念的支出额是否可以在一定期间内改变，可以将固定成本进一步分为约束性固定成本和酌量性固定成本。

约束性固定成本也称经营能力成本，是指企业管理当局的决策无法改变其支出数额的那部分固定成本。例如，厂房、机器设备按直线法计提的折旧费，不动产税，财产保险费，照明费，取暖费，管理人员薪金等。这类成本是形成和维持企业正常生产经营能力的成本，也是企业必须负担的最低成本，其支出额的大小取决于企业生产经营的规模和质量，所以具有约束性。这类成本是实现企业长远目标的基础，其预算期通常较长。由这类成本创造的企业生产经营能力一旦形成，在短期内就难以改变，即使经营暂时中断，该固定成本仍将保持不变。如果降低这类成本，企业的经营能力就必然缩减，从而影响企业长远目标的实现。在约束性固定成本占企业总成本比重不断上升的今天，企业只有合理地利用其所形成的生产经营能力，才能不断降低单位固定成本，取得更大的经济效益。

酌量性固定成本也称选择性固定成本，是指企业管理当局的决策可以改变其支出数额的那部分固定成本。例如，企业在一定预算期内安排支出的广告费、职工培训费、新产品研究费，以及经营性租赁费等。这类成本的预算期较短，通常为 1 年，其支出额在本预算期内不随业务量变动，而在下期预算编制时，企业管理当局可根据未来情况对其支出额进行调整。不过，这种成本并不是可有可无的，它关系到企业未来竞争能力的强弱，是一种为企业的生产经营提供良好条件的成本。所以企业管理当局应当在保证不影响生产经营能力的前提下尽量减少这部分支出。

可以说，在较长预算期里，约束性固定成本与企业的业务量水平没有直接关系，而在较短预算期里，酌量性固定成本与企业的业务量水平没有直接关系。两者共同构成企业的固定成本。

(4) 固定成本的相关范围。在固定成本的定义中有“在一定时期和一定业务量范围内”这一限制条件，该条件表明固定成本的固定性不是绝对的，而是有条件的，这一条件在管理会计中叫做相关范围。具体来说是指一定期间范围和一定业务量范围。

从一定期间范围来看，固定成本具有固定性，但从较长时期来看，所有成本都是可以变动的，即使是约束性固定成本，其总额也会随着时间推移而发生变化。因为，对于一个正常成长的企业来讲，其生产经营能力从规模和质量上都将扩大和提高，如厂房的扩建、设备的更新、管理人员的增减，这些必将导致折旧费用、财产保险费用、大修理费用，以及管理人员薪金的增加。可见，只是在一定期间范围内，企业的某些成本才不会随产量变化而变化，才具有固定性。

从一定业务量范围来看，固定成本具有固定性，超出了这一范围，势必也要扩大厂房、增添设备、增加相应的管理人员，为此还要加大广告宣传力度，从而增加相应的费用。

在一定期间内表现为固定特征的成本，其固定性也是针对一定业务量范围而言的，或者说，业务量的变化总是表现在特定期间内。对业务量范围的限定更具实质意义，成本按性态划分就是对该意义的体现。

可见，固定成本在某一范围内是固定不变的，超过了这一范围也就产生了新的相关范围，固定成本必然发生变化，这时它的固定性体现在新的相关范围内。如[例 2-1]中，假设这种产品需要扩大产量，则企业为了满足生产需要必须再添置一台同类设备，因此月折旧费用由原来的 20 000 元增加到 40 000 元。这种变化如图 2-3 所示。

2. 变动成本

(1) 变动成本的定义。变动成本，是指在一定期间和一定业务量范围内，其总额会随

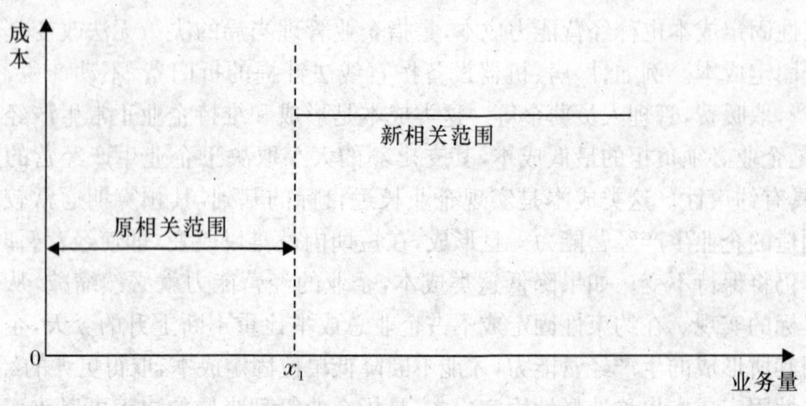

图 2-3　固定成本的相关范围

着业务量的变动而成正比例变动的成本。如直接材料费和直接人工费都与单位产品的生产量直接相关,销售佣金与销售量直接相关等。

(2) 变动成本的特点。从总额来看,变动成本(可用 bx 表示)与业务量成正比例变动,所以可以用 $y=bx$ 来表示,在平面直角坐标图上,变动成本线就是一条以单位变动成本为斜率的直线。

从单位变动成本来看(用常数 b 来表示),也就是 $y=b$,单位变动成本不会随业务量的变动而变动,在平面直角坐标图上,表现为一条平行于 x 轴的直线。

【例 2-2】 假定[例 2-1]中单位产品的直接材料成本为 20 元,则生产量为 1 000 件,2 000 件,4 000 件,6 000 件,8 000 件和 10 000 件时,耗用材料的总成本和单位产品耗用的材料成本如表 2-2 所示。

表 2-2　**材料总成本和单位产品材料成本**

项目 产量(件)	材料总成本(元)	单位产品材料成本(元)
1 000	20 000	20
2 000	40 000	20
4 000	80 000	20
6 000	120 000	20
8 000	160 000	20
10 000	200 000	20

将表 2-2 中的数据表示在平面直角坐标图中,可以直观地看出材料总成本、单位产品材料成本分别与产量之间的关系。如图 2-4、图 2-5 所示。

(3) 变动成本的分类。根据变动成本发生的原因,可将变动成本分为技术性变动成本和酌量性变动成本。

技术性变动成本,是指单位成本由技术因素决定而总成本随着消耗量的变动而成正比例变动的成本,通常表现为产品的直接物耗成本。如企业为生产产品,按技术规定确定每件产品耗用材料数量和成本后,该产品耗用的直接材料总成本就是技术性变动成

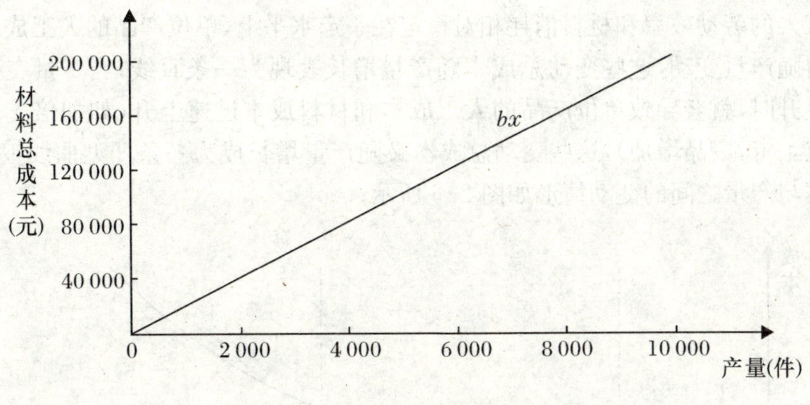

图 2-4 变动成本性态模型(一)

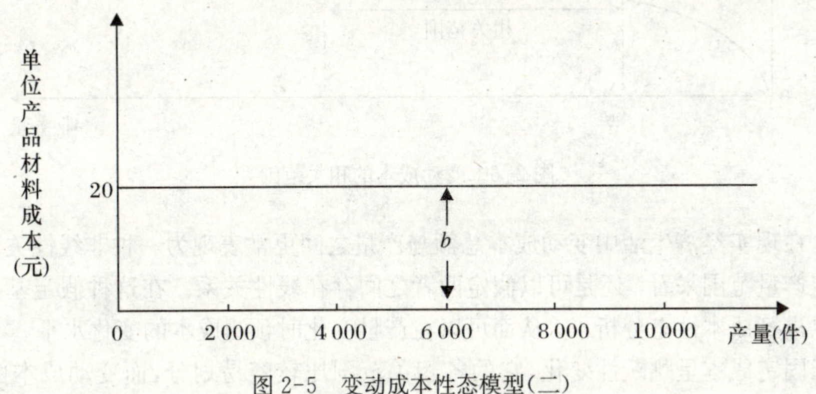

图 2-5 变动成本性态模型(二)

本。例如,某热电厂发电必须使用燃烧值在一定千卡以上的精煤,这样,耗用精煤的成本就是随发电量成正比例变动的技术性变动成本。

酌量性变动成本,是指可由企业管理当局决策加以改变的变动成本。如按销售收入的一定百分比计算的销售佣金、按计件工资计算的工人工资等。这些支出的比例或标准是由企业管理当局根据当时的市场情况来决定的。

可见,不论是技术性变动成本还是酌量性变动成本,从单位成本来看都是确定的,从总成本来看都是随着业务量变动而成正比例变动的。企业管理当局应根据这两类变动成本产生的原因寻求降低变动成本的正确途径。

(4) 变动成本的相关范围。与固定成本相同,变动成本的变动性也是有条件的,即变动成本与产量之间成正比例变动的关系,也只有在一定业务量范围内才存在,超过这一业务量范围,两者之间就不一定存在这种正比例变动关系。

例如,某企业生产一种产品,在刚投产时产量较小,工人劳动熟练程度较低,材料消耗和废品较多,使得单位产品的人工成本和材料成本比较高;随着产量增大,工人劳动熟练程度提高,材料利用更加合理,会使得单位产品的人工成本和材料成本逐渐降低,这些变动总成本随产量增长表现为一条凸型曲线①;当产量逐渐上升到一定范围(即相关范

① 之所以是凸型曲线,是因为该曲线斜率随产量增加而变小。

围)时,工人的劳动效率和材料消耗相对稳定在一定水平上,单位产品的人工成本和材料成本不再随产量变动,这些变动总成本随产量增长表现为一条直线;当产量突破相关范围继续上升时,就会导致单位产品的人工成本和材料成本迅速上升(如加倍支付工人的加班加点工资,废品增加),这些变动总成本又随产量增长成为一条凹型曲线①。这些变动总成本与产量之间的变动情形如图 2-6 所示。

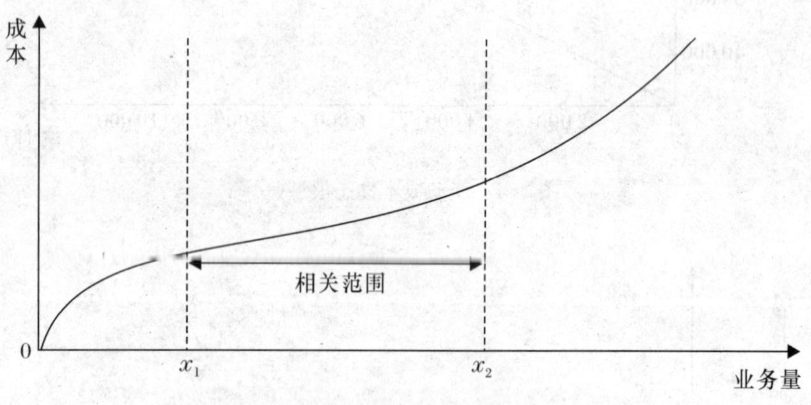

图 2-6　变动成本的相关范围

尽管在现实经济生活中变动成本总额与产量之间更常表现为一种非线性关系，但从某一特定产量范围来看，还是可以假定两者之间存在线性关系。在这种假定基础上，我们就可以进行成本性态分析了，从而可以在产量变化时预测成本的变化水平。

由于固定成本呈跳跃性变化,它的各相关范围比较容易划分,而变动成本由于呈渐进性变化,各相关范围之间比较难划分。

3. 混合成本

(1) 混合成本的定义。混合成本,是指具有固定成本和变动成本两种不同性质的成本,具体来说,是随业务量变动而又不成正比例变动的成本。在现实经济生活中,大多数成本项目并不直接呈现出固定成本性态或变动成本性态,而是混合了两种性态的成本,即混合成本是最常见的成本。

(2) 混合成本的特点。混合成本发生额大小虽受业务量变化的影响,但不存在严格的比例关系。人们为了进行决策,特别是短期决策,需要将成本划分为固定成本和变动成本。这就需要把混合成本按照一定方法分解成固定成本和变动成本。这样,企业的总成本最后就可以分成固定成本和变动成本两大部分,从而为决策所用。

(3) 混合成本的分类。混合成本与业务量之间关系比较复杂,按照混合成本发生的具体情况,可以分为阶梯式混合成本、标准式混合成本、延伸变动成本和曲线式混合成本。

阶梯式混合成本也称半固定成本，是指在一定业务量范围内其发生额的数量是不随业务量的变动而变动的成本，表现出固定性，当业务量突破这一范围时，其发生额会跳跃上升到一个新的水平，并在新的业务量变动范围内保持不变，直到另一个新的跳跃为止。

在一个特定企业里,阶梯式混合成本与固定成本的区别是,阶梯式混合成本的相关

① 之所以是凹型曲线,是因为该曲线斜率随产量增加而增大。

范围较小，而固定成本的相关范围较大，可以说阶梯式混合成本的相关范围累加起来就是固定成本的相关范围。企业化验员、质检员、运货员等人员的工资，按开工次数计算的设备动力费等就属于这种成本。

假设[例 2-1]中，企业的产品生产完成后，需要经过质检员检验才能入库。按以往经验，每个质检员最多只能检验 1 000 件产品，产量每增加 1 000 件，就需增加 1 名质检员。那么质检员的工资就是企业的阶梯式混合成本。随着产品产量的增加，该成本呈现阶梯状增长趋势。假设每名质检员工资标准为 1 500 元，则企业质检员的工资与入库产品之间的关系如图 2-7 所示。

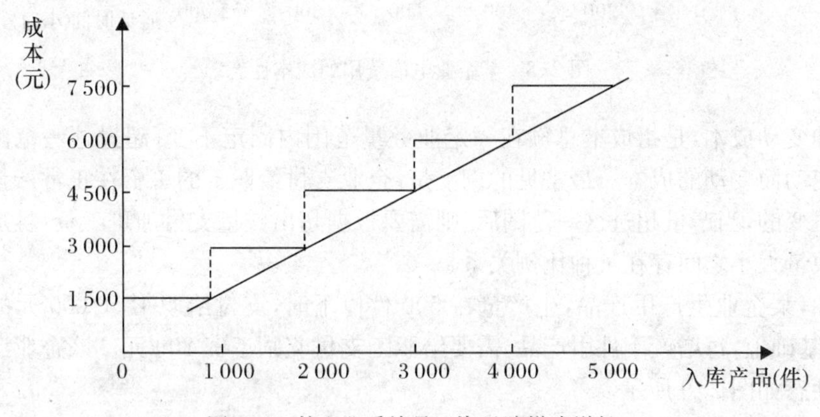

图 2-7　某企业质检员工资呈阶梯式增长

根据相关范围的大小，可将阶梯式混合成本看作固定成本或近似地看作变动成本。在相关范围较小时，也就是产量的变动范围较小(如图 2-7 中产量在 0～1 000 件，1 000～2 000 件之间变动)时，阶梯式混合成本就是固定成本；在相关范围较大时，也就是产量的变动范围较大(如图 2-7 中产量在 1 000～10 000 件之间变动)时，阶梯式混合成本就是变动成本。因为，在这种情况下，能保证质检员工资固定不变的相关产量范围只占了整个产量可变范围的很小部分。这样，我们就可以用平均的方式将阶梯式混合成本描述为一种近似的变动成本(如图 2-7 中虚线所示)。该直线的斜率是 1.5 元，也就是单位产品所负担的质检员工资。

标准式混合成本也称半变动成本，是指有一定的初始基数的变动成本。它的基数部分是不随业务量的变化而变化的，表现出固定性；但在基数部分以上，则随业务量成正比例变化，又表现出变动性。企业的公用事业费，如水费、电费、煤气费、电话费等，以及机器设备的维修保养费等都是标准式混合成本。

以电话费为例，假设某企业每月电话费的基数为 500 元(不管本月是否使用或使用多少，都必须交付)，超基数费用是每拨打一分钟 0.11 元，本月共拨打电话时长为 1 000 小时，那么该月需支付的电话费为 7 100 元。若用数学模型表示，y 代表企业支付当月的电话费总额，a 代表每月电话费基数，b 代表单位产品所需电费，x 代表拨打电话时长，则可以用 $y=a+bx$ 来表示各数据之间的关系。如图 2-8 所示。

标准式混合成本是最常见的混合成本。另外，企业的总成本也与标准式混合成本表现出相同的成本性态，也是一种混合成本，也可以用 $y=a+bx$ 表示。

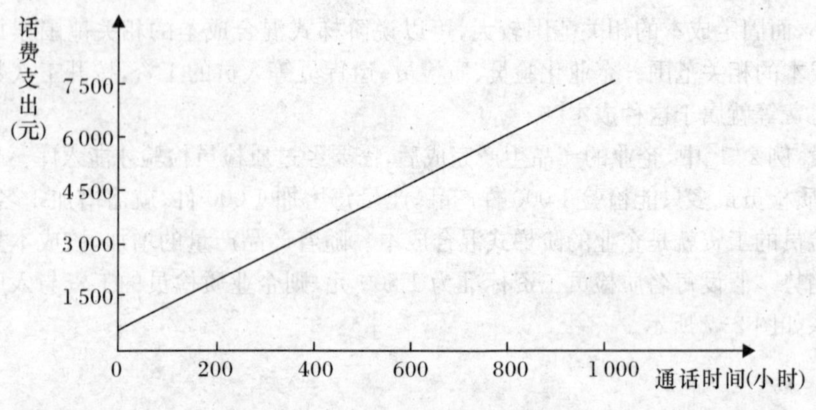

图 2-8　某企业电话费用的成本性态

延伸变动成本，是指成本总额在一定业务量范围内固定不变，超过这一范围后就会随产量变动而变动的成本。最常见的例子是，企业支付给职工的工资在正常产量范围内是固定不变的，当产量超过这一范围后，则需要根据超出数量支付加班工资，且加班工资与超出数量大小之间存在某种比例关系。

例如，某企业生产甲产品，生产量在 500 件以下时，支付给职工 50 000 元的基础工资，在此基础上，每增产 1 件甲产品，需要给职工支付奖励工资 200 元。该企业工资总额的成本性态如图 2-9 所示。

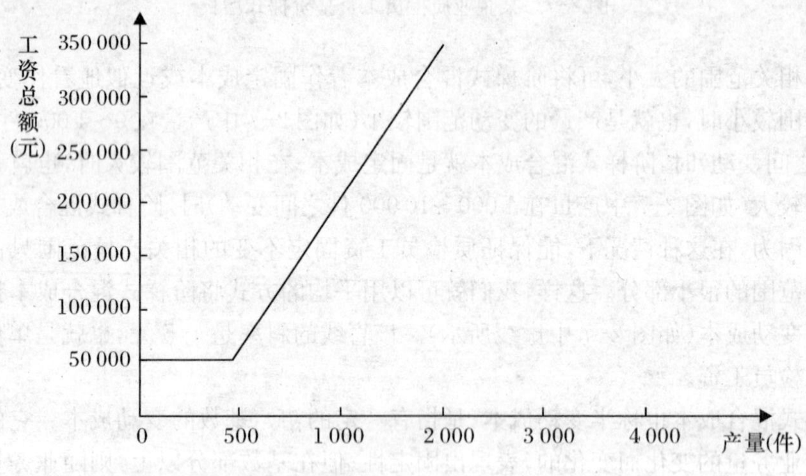

图 2-9　某企业生产甲产品的职工工资费用的成本性态

由图 2-9 可见，延伸变动成本就是随着业务量的"延伸"，原来固定不变的成本成为了变动成本。

曲线式混合成本，是指成本总额与业务量之间是非线性关系的成本。通常有一个初始量，相当于固定成本；在这个初始量基础上，成本会随业务量变动，但两者变动幅度并不一致，因此不存在线性关系，而是呈现抛物线式的非线性关系，具体可分为递增式混合成本和递减式混合成本。递增式混合成本随业务量增加而增加，而且比业务量增加得更快，其变化斜率是递增的，如违约金、罚金和累进计件工资等，如图 2-10 所示。递减式混合成本随业务量增加而逐步增加，只是比业务量增加得要慢，其变化斜率是递减的，如企业使用的电炉设备每班都需要预热，预热成本(初始量)是固定性的，预热后进行热处理的耗电成本随处理量增加而逐步增加，但是要比处理量增加得缓慢，如图 2-11 所示。

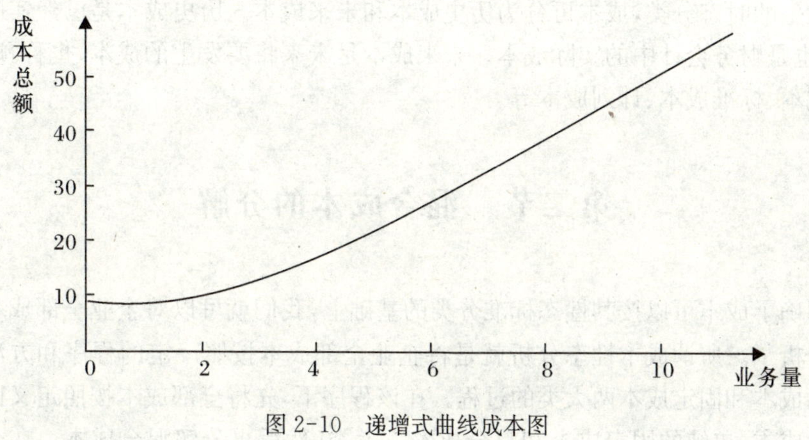

图 2-10 递增式曲线成本图

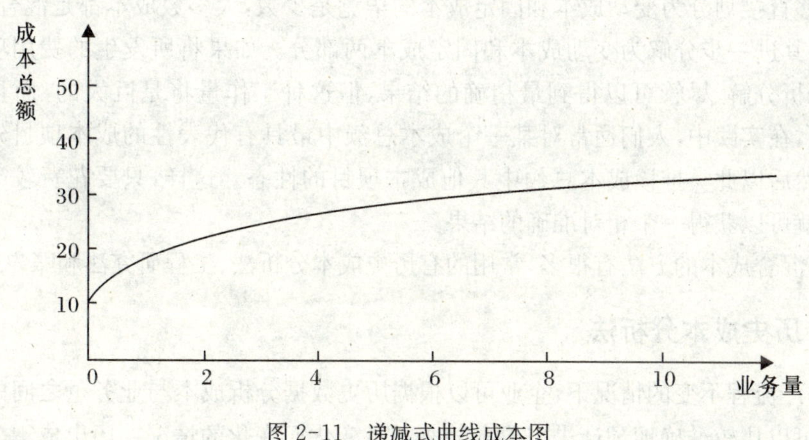

图 2-11 递减式曲线成本图

对于各种曲线式混合成本，在相关范围内仍可将其近似地看作变动成本或标准式混合成本，这样就可以用线性方程(如 $y=a+bx$)来描述它了，从而简化计算过程。

(三) 按其他标准分类

企业为了满足管理上的各种特定需要，还要按其他标准对成本进行分类，如按与决策是否相关分类、按成本的可控性分类、按发生的时态分类等。

1. 按与决策是否相关分类

按与决策是否相关分类，成本可分为相关成本与无关成本。相关成本，是指与某一特定决策有关的成本，是进行该决策时必须考虑的各种形式的未来成本，如短期经营决策中的差量成本、机会成本、边际成本、专属成本等。无关成本，是指与决策没有关系的各种成本，如沉没成本、历史成本、共同成本等。这种成本分类有助于企业进行成本预测和成本决策。

2. 按成本的可控性分类

按成本的可控性分类，成本可分为可控成本和不可控成本。所谓成本的可控性是某一部门对成本发生的控制程度。可控成本，是指某一部门可以预计、计量、控制和调节其发生数额的成本；反之，则为不可控成本。这种分类可以分清各部门责任，考核其工作业绩。

3. 按发生的时态分类

按发生的时态分类，成本可分为历史成本和未来成本。历史成本是已经实际发生了的成本，也是财务会计中的实际成本。未来成本是未来将要发生的成本，也称预计成本，如预算成本、标准成本、计划成本等。

第二节　混合成本的分解

在明确了成本可以按其性态标准分类的基础上，我们就可以对企业全部成本进行成本性态分析了。所谓成本性态分析就是将企业全部成本按照一定的程序和方法最终区分为变动成本和固定成本两大类的过程。在该程序下，先将全部成本按照定义区分为单纯的变动成本、单纯的固定成本和混合成本三大类，然后再分解混合成本。在企业的成本中，能够直接划分为变动成本和固定成本的毕竟是少数，大多数成本都是混合成本，因此需要将其进一步分解为变动成本和固定成本两部分。如果将所发生的费用项目逐项逐次地分析分解，尽管可以得到最精确的结果，但这种工作量将是巨大的，而且也没必要。所以，在实践中，人们通常对某一个成本总额中最具有代表性的成本项目先进行性态分析，然后以此类推该成本总额中其他成本项目的性态。这样，只要花费较少的时间和精力，就可以获得一个相对准确的结果。

分解混合成本的方法有很多，常用的有历史成本分析法、工程研究法和账户分析法。

一、历史成本分析法

在生产流程不变的情况下，企业可以根据历史数据分析成本与业务量之间的依存关系，进而可以比较准确地预计未来成本随业务量变化而变化的情况。历史成本分析法正是基于这一原理，通过分析以往各期实际成本与产量间的依存关系，来估算未来一定期间固定成本和单位变动成本的数值，从而确定决策所需要的未来成本数据。这种方法适用于生产条件较为稳定，历史资料较为完备的企业。

历史成本分析法通常分为高低点法、散布图法和回归直线法三种。

1. 高低点法

高低点法是历史成本分析法中最简便的一种方法。其基本做法是通过观察相关范围内业务量及其相关成本（即混合成本）构成的所有坐标点，从中选出最高和最低两点，由此推算出混合成本中固定成本总额和单位变动成本数值的一种分析方法。这里假定成本与业务量之间呈线性关系，所以混合成本可以用 $y=a+bx$ 方程式来表示。为了求出式中的 a 和 b，要按以下步骤进行。

(1) 从各期业务量与其相关成本构成的所有坐标点中，分别找出由最高业务量（x_1）及同期成本（y_1）组成的最高点坐标（x_1，y_1）和由最低业务量（x_2）及同期成本（y_2）组成的最低点坐标（x_2，y_2）。

(2) 计算 b 值。其计算公式如下：

$$b = \frac{\text{高低点成本之差}}{\text{高低点业务量之差}} = \frac{y_1 - y_2}{x_1 - x_2}$$

(3) 计算 a 值。可以将高点或低点的坐标值和 b 值代入 $y = a + bx$ 公式中求得 a。即 $a = y_1 - bx_1$ 或 $a = y_2 - bx_2$。

【例 2-3】 嘉定某企业 20×6 年各月的产量和水费支出的有关数据如表 2-3 所示。

表 2-3 **各月的产量和水费支出数据**

月份	1	2	3	4	5	6	7	8	9	10	11	12
产量(件)	700	600	800	1 000	900	1100	1 000	1050	1 000	700	1 100	1 200
水费(元)	1 800	1 700	2 000	2 200	2 150	2 500	2 300	2 450	2 350	1 900	2 650	2 800

从表 2-3 中可知,产量最高在 12 月份,为 1 200 件,相应水费为 2 800 元,所以最高点坐标为(1 200,2 800);产量最低在 2 月份,为 600 件,相应水费为 1 700 元,所以最低点坐标为(600,1 700)。则:

$$b = \frac{2\,800 - 1\,700}{1\,200 - 600} = 1.83(\text{元/件})$$

$$a = 2\,800 - 1.83 \times 1\,200 = 600(\text{元})$$

$$a = 1\,700 - 1.83 \times 600 = 600(\text{元})$$

通过计算,可以看出企业水费这项混合成本属于固定成本的金额为 600 元,单位变动成本为 1.83 元。由此可以建立这项混合成本的数学模型为 $y = 600 + 1.83x$。

需要说明的是,在选择高低点时,应以业务量(自变量)的高低为标准,而不是按成本(因变量)的高低来选择。因此,[例 2-3]中,尽管 11 月份的成本最高,但并不选择该期数据。

高低点法具有简便易行的特点,但它仅以历史资料中的高低两点决定成本性态,所以以此建立起来的成本性态模型不具有很强的代表性。如果各期成本波动较大,仅以这一模型代表所有的成本特性,就会对未来成本的预计产生较大影响。

2. 散布图法

散布图法也称日测画线法,是指将历史时期的业务量和混合成本的数据标注在坐标图上,然后根据目测,在各点之间画出一条反映成本变动趋势的直线(也就是该直线尽可能接近所有点,为此要求该直线距各点之间的离差平方和最小)。这条直线与纵轴的交点就是固定成本,斜率就是单位变动成本。

下面采用散布图法,结合[例 2-3]的有关数据对企业的水费进行分解。

(1) 在平面直角坐标图上标注出各个散布点。以横轴代表业务量,纵轴代表混合成本,标出企业 12 个月内不同业务量下的成本点。

(2) 根据目测画出一条直线,使其尽可能接近所有坐标点。这样,混合成本的性态就通过坐标图的方式表达出来了(见图 2-12)。

(3) 确定固定成本,即所画直线与纵轴的交点。图 2-12 为 200 元。

(4) 计算单位变动成本。在所画直线上任选一点,如(1 200,2 800),这时的单位变动成本 $b = \frac{2\,800 - 200}{1\,200} = 2.17$(元/件)。

这样,水费这项混合成本用数学模型来表示就是 $y = 200 + 2.17x$。如图 2-12 所示。

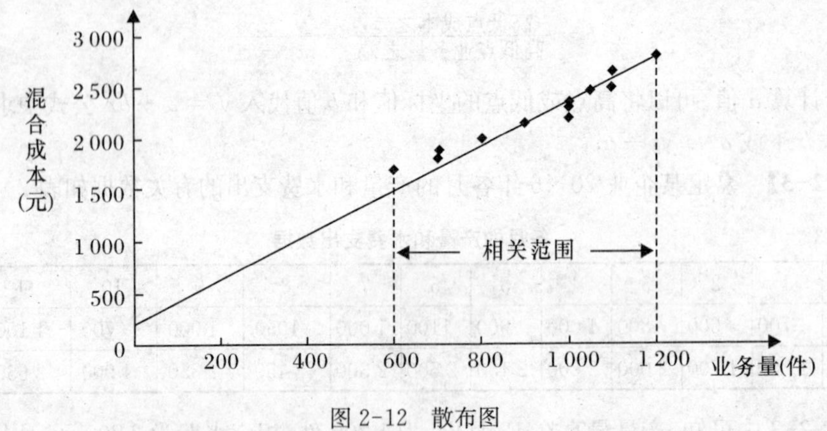

图 2-12　散布图

与高低点法相比，散布图法主要优点是用所有历史数据来描述混合成本的性态，计算结果比较准确，而且其图像可以直观地反映出成本的变动趋势。不过散布图法是通过目测画线的，仍有一定程度的主观臆断性，容易影响分析结果的客观性。

3. *回归直线法*

散布图法是通过目测方式画出能够反映成本性态的直线的，这样，人们通过目测之后可以画出很多条直线，但是很难判断哪一条直线更准确。回归直线法则是用数理统计中的最小平方法原理①，对历史数据加以分析计算，最终确定出能代表平均成本水平的直线截距和斜率，并以此来确定相应的直线。这条直线称为离散各点的回归直线。与高低点法和散布图法相比，回归直线法是一种更为精确的方法。

回归直线法对混合成本的分解过程也就是计算 a 和 b 的过程。具体来讲，就是通过联立二元一次方程来求取 a 和 b 的值。

假设有 n 个实际观测点 $(x_i, y_i)(i=1,2,\cdots,n)$，根据各点的大致趋势画出的直线可以写成 $y^*=a+bx$。如果用这条直线来代表 x 与 y 之间的关系，则可以计算出横坐标 (x_i) 对应的直线 $y^*=a+bx$ 上的值 $y_i{}^*=a+bx_i$，与实际观测点 (x_i, y_i) 中的 y_i 之间的误差值为：

$$e_i=y_i-y_i{}^*=y_i-(a+bx_i)=y_i-a-bx_i$$

这 n 个观测点引起的误差就构成了总误差。其计算公式如下：

$$\sum_{i=1}^{n}e_i=e_1+e_2+e_3+\cdots+e_n$$

不过，由于这些误差值有的是正值，有的是负值，直接相加会出现正负相抵的情况，不能反映总误差的真实情况，所以需要用各误差的绝对值相加来表示总误差。但这样又不便于数学上的进一步处理，所以通常使用各误差的平方和作为总误差。即：

$$\delta=\sum_{i=1}^{n}e_i^2=e_1^2+e_2^2+e_3^2+\cdots+e_n^2=\sum_{i=1}^{n}(y_i-a-bx_i)^2 \tag{1}$$

误差平方和(δ)最小的一条直线就是回归直线，(1)式中常数项 a 和系数 b 能使 δ 达

① 这里的最小平方法原理是指各观测点(实际数值)的数据与直线相应各点的数据之间误差值的平方和应该最小。

到最小值。

根据数学中的极值原理，可以对(1)式中的 a、b 分别求偏导，并令它们分别等于0，即：

$$\delta a'=[\sum_{i=1}^{n}(y_i-a-bx_i)^2]'=-2\sum_{i=1}^{n}(y_i-a-bx_i)$$

令 $\delta a'=0$，则有： $\sum_{i=1}^{n}(y_i-a-bx_i)=0$

即： $\sum_{i=1}^{n}y_i-na-b\sum_{i=1}^{n}x_i=0$ (2)

$$\delta b'=[\sum_{i=1}^{n}(y_i-a-bx_i)^2]'=-2\sum_{i=1}^{n}(y_i-a-bx_i)x_i$$

令 $\delta b'=0$，则有： $\sum_{i=1}^{n}(y_i-a-bx_i)x_i=0$

即： $\sum_{i=1}^{n}x_iy_i-a\sum_{i=1}^{n}x_i-b\sum_{i=1}^{n}x_i^2=0$ (3)

解由(2)式和(3)式所建立的二元一次方程：

由(2)式可得 $a=\frac{\sum y_i-b\sum x_i}{n}$ (4)

将(4)式代入(3)式，则有：

$$b=\frac{n\sum x_iy_i-\sum x_i\sum y_i}{n\sum x_i^2-(\sum x_i)^2} \quad (5)$$

将 b 的值代入(4)式，求出 a 的值，即：

$$a=\frac{\sum x_i^2\sum y_i-\sum x_i\sum x_iy_i}{n\sum x_i^2-(\sum x_i)^2} \quad (6)$$

【例 2-4】 用[例 2-3]中的资料具体说明回归直线法对混合成本的分解。下面用表 2-4 来说明这一方法的应用。

表 2-4 **回归直线法相关数据计算**

月份 n	产量(件) x_i	水费(元) y_i	x_iy_i	x_i^2
1	700	1 800	1 260 000	490 000
2	600	1 700	1 020 000	360 000
3	800	2 000	1 600 000	640 000
4	1 000	2 200	2 200 000	1 000 000
5	900	2 150	1 935 000	810 000
6	1 100	2 500	2 750 000	1 210 000
7	1 000	2 300	2 300 000	1 000 000
8	1 050	2 450	2 572 500	1 102 500
9	1 000	2 350	2 350 000	1 000 000
10	700	1 900	1 330 000	490 000
11	1 100	2 650	2 915 000	1 210 000
12	1 200	2 800	3 360 000	1 440 000
Σ	11 150	26 800	25 592 500	10 752 500

把表 2-4 中数值代入(5)式,则有:

$$b=\frac{n\sum x_i y_i-\sum x_i\sum y_i}{n\sum x_i^2-(\sum x_i)^2}$$
$$=(12\times 25\,592\,500-11\,150\times 26\,800)\div(12\times 10\,752\,500-124\,322\,500)$$
$$=1.76(\text{元/件})$$

把表 2-4 中数值代入(6)式,则有:

$$a=\frac{\sum x_i^2\sum y_i-\sum x_i\sum x_i y_i}{n\sum x_i^2-(\sum x_i)^2}$$
$$=(10\,752\,500\times 26\,800-11\,150\times 25\,592\,500)\div(12\times 10\,752\,500-124\,322\,500)$$
$$=597.05(\text{元})$$

a 值也可以通过(4)式,即 $a=\frac{\sum y_i-b\sum x_i}{n}$ 确定,这里的 b 值应尽量保留尾数,以免误差较大。

以上三种方法中,高低点法和散布图法得到的都是近似值,回归直线法得到的是较为精确的值,而且回归直线法选择的是全部观测数据,以计算代替了目测方式,所以是一种较好的混合成本分解方法。但是用回归直线法分解混合成本,也与前两种方法一样具有假定和估计的成分。

二、工程研究法

工程研究法也称技术测定法,它是根据工程技术人员测定的正常生产流程中投入与产出之间的联系,来研究那些影响有关成本项目数额大小的因素,在此基础上估算出固定成本和单位变动成本的一种成本分解方法。

企业在投产前,必须进行项目的可行性研究。在可行性研究中,必然包括了工程设计说明书和成本费用估算表,如企业详细的工程设计说明书中一般包括生产某种产品所要耗用的原材料、燃料、机器小时和人工工时等的耗用标准,只要将其乘以各自的价格,就可准确地测定这些项目成本额的大小,从而可以在企业投产初期,按照这种关系进行成本性态分析。

工程研究法适用于任何从客观立场上进行观察的投入产出过程,既可以用于直接材料、直接人工等制造成本的测定,也可以用于仓储、运输等非制造成本的测定。

【例 2-5】 假设某企业溶解车间需要用电作为生产动力。电费支出与溶解炉的预热和正式生产过程有关。按照最佳操作方法测算,预热过程需要耗电 100 千瓦/小时,正式生产过程中每生产 1 吨产品需要耗电 2 000 千瓦/小时。每一工作日点炉一次,全月共 22.5 个工作日。电费价格为 0.7 元/千瓦。

设每月电费总成本为 y,每月固定电费为 a,单位产量电费成本为 b,产量为 x 吨。则:

$$a=100\times 0.7\times 22.5=1\,575(\text{元})$$
$$b=2\,000\times 0.7=1\,400(\text{元})$$

则该车间电费总成本的数学模型为:$y=1\,575+1\,400x$

通过这种方法,企业可以对自身所有生产活动和辅助生产活动的过程进行详细测定,进而找出最经济、最有效的程序和方法,最终使产品制造、工作效率和资源利用达到最优效果。但是,这种分析法需要花费较多的人力、物力和时间,而且对那些不能直接将其归属于特定的投入—产出过程的成本,或者属于不能单独进行观察的联合过程的成本,就不能使用这种方法。

三、账户分析法

账户分析法是根据各个成本费用账户的内容,分析其与业务量之间的依存关系,然后判断其特征是接近于固定成本还是变动成本,从而直接将其确定为固定成本或变动成本的一种成本分解方法。例如,企业在正常产量范围内,“管理费用”账户内大部分项目与产量变动没有关系,或关系不明显,所以可以将管理费用全部看作固定成本;而企业的燃料动力费和维修费等间接费用,虽然不像直接材料那样与产量成正比例变动,但其金额大小确实与产量变动的关系明显,所以可以将其全部看作变动成本。

账户分析法是混合成本分解方法中最简便易行的方法,因此在实际工作中得到了广泛的应用。但由于这一方法在一定程度上依赖于分析人员的主观判断,因此不可避免地带有一定的局限性,如所进行的成本分解可能偏离客观实际情况等。

从上述各种混合成本的分解方法中,我们不难看出,分解混合成本过程不仅仅是一个计算过程,更重要的是一个研究成本性态的过程。企业应根据不同的分解对象,选择合适的分解方法,并可用其他方法对分解结果进行补充和验证。

第三节 完全成本法与变动成本法

完全成本法是传统的成本计算方法,是在成本按其经济用途分类的前提下,来计算产品成本和期间费用的方法。变动成本法是在成本按其性态分类的前提下,来计算产品成本和期间费用的方法。在管理会计中,变动成本法的应用更广泛些。

一、完全成本法与变动成本法概述

(一) 完全成本法的含义

完全成本法也称吸收成本法、全部成本法,是指在计算产品成本时,将生产过程中所消耗的直接材料、直接人工和制造费用(包括变动性制造费用和固定性制造费用)项目作为产品成本构成内容的方法,在我国,1992 年会计制度改革时,为区别旧的成本核算模式,也将这种方法称为制造成本法。该方法是财务会计中的成本计算方法。

(二) 变动成本法的含义、起源及理论前提

(1) 变动成本法的含义。变动成本法,是指在计算产品成本时,只包括生产过程中所消耗的直接材料、直接人工和变动制造费用项目而不包括固定制造费用项目的方法。固定制造费用要作为期间成本从当期收入中全部扣除。

(2) 变动成本法的起源。关于变动成本法的起源,国外学者的观点并不一致。有的学者认为变动成本法出现于 19 世纪 30 年代,有的学者认为出现于 20 世纪初,不过,比较普遍的看法是,1936 年,美籍英国会计学家哈里斯发表的专门文章,使这一方法得以最终确立并受到广泛关注。到了 20 世纪 50 年代,随着科技的迅猛发展和市场竞争的日趋严峻,企业的预测、决策和控制显得愈加重要,为此,会计必须为企业管理当局提供更加深入和适用

的信息，于是变动成本法有了更加广阔的用武之地，被广泛应用于欧美企业的内部管理。

(3) 变动成本法的理论前提。管理会计理论认为，在界定产品成本和期间成本时，必然要与财务会计有所区别，也就是产品成本只应包括变动生产成本，而不应包括固定生产成本(即固定制造费用)，固定生产成本必须作为期间成本处理。理由是：在相关范围内，固定生产成本是为产品提供生产条件而发生的，与产品产量没有关系，即使产品产量为零，固定生产成本也照常发生。这与销售费用、管理费用等非生产成本一样，都是企业进行正常生产经营的必要条件。所以，在变动成本法下，固定生产成本要与非生产成本一样作为期间费用处理。

从上述完全成本法和变动成本法的含义中可以清楚地看出，两种方法的最大区别就是对固定生产成本的处理不同。完全成本法是把固定生产成本作为产品成本的构成内容处理，而变动成本法则把固定生产成本当作期间费用处理。

二、完全成本法与变动成本法的区别

由于两种成本法对固定生产成本的处理不同，所以导致了两种方法的一系列差异，主要表现在产品成本的构成内容不同、销货成本和存货成本的构成内容不同及各期损益不同三个方面。

(一) 产品成本的构成内容不同

完全成本法下，企业的所有成本分为生产成本和非生产成本，并将生产成本全部作为产品成本，而把非生产成本，也就是管理费用和销售费用，作为期间成本，全额计入当期损益。

变动成本法下，企业的所有成本分为变动成本和固定成本。变动成本包括变动生产成本和变动非生产成本，变动生产成本包括直接材料、直接人工和变动制造费用，变动非生产成本包括变动管理费用和变动销售费用。固定成本包括固定生产成本和固定非生产成本，固定生产成本就是固定制造费用，固定非生产成本包括固定管理费用和固定销售费用。企业只将变动生产成本作为产品成本，而把变动非生产成本、固定生产成本和固定非生产成本全部作为期间成本，全额计入当期损益。

上述内容可以通过图 2-13 更清楚地表述出来。

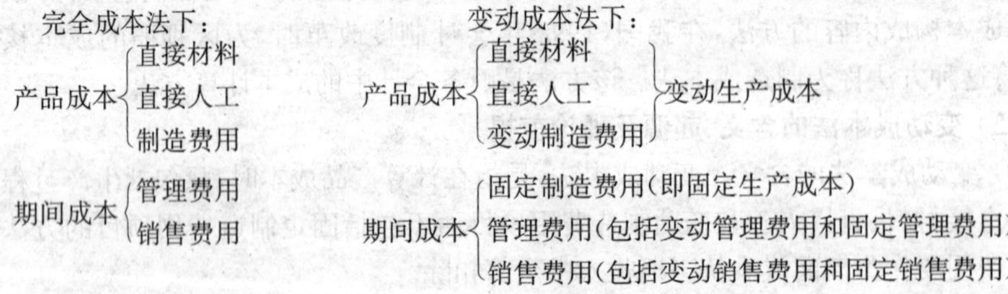

图 2-13 产品成本的构成

下面举例说明两种成本法下产品成本计算的差异。

【例 2-6】 假设某企业只生产经营一种产品，该产品在月初没有存货。当月生产 500 件，销售 350 件，月末结存 150 件。该产品的有关资料如表 2-5 所示。

表 2-5　**产品的有关资料数据**　单位：元

项　　目	金　额
单位产品耗用的直接材料	50
单位产品耗用的直接人工	20
单位变动制造费用	5
固定制造费用	3 000
管理费用	
每件变动管理费用	3
固定管理费用	950
销售费用	
每件变动销售费用	2
固定销售费用	1 800

采用完全成本法，单位产品成本为 81 元(50＋20＋5＋3 000÷500)，其中单位固定制造费用为 6 元(3 000÷500)；采用变动成本法，单位产品成本为 75 元(50＋20＋5)。它们之间的差额就在于对固定制造费用的处理不同，完全成本法下的单位产品成本高于变动成本法下的单位产品成本。

相应地，完全成本法下期间成本为 4 500 元(350×3＋950＋2×350＋1 800)，变动成本法下期间成本为 7 500 元(3 000＋350×3＋950＋350×2＋1 800)。

产品成本构成内容上的不同导致了其他一系列不同，也就是说，产品成本构成内容上的不同是两者间最主要的区别。

(二) 销货成本和存货成本的构成内容不同

由于两种成本法下的产品成本构成内容不同，所以，产品销货成本和存货成本的构成内容必然不同。在完全成本法下，因为产品成本中包含了固定制造费用，所以产品销货成本和存货成本中必然也都包含了固定制造费用。进一步来讲，已销售产品的成本中包含的固定制造费用随着产品的销售而变成当期损益，尚未销售的产品存货的成本中包含的固定制造费用随着产品存货一起被递延到以后期间。在变动成本法下，由于产品成本中只包括变动生产成本，并未包括固定制造费用，所以产品销货成本和存货成本中必然也都不包含固定制造费用。可见，完全成本法下销货成本必然大于变动成本法下的销货成本，完全成本法下的存货成本必然大于变动成本法下的存货成本。

根据[例 2-6]中的资料，销货成本和存货成本的计算如表 2-6 所示。

表 2-6　**两种成本法下销货成本和存货成本的计算表**　单位：元

序　号	项　目	变动成本法	完全成本法	差　额
①	期初存货成本	0	0	0
②	本期产品成本	37 500	40 500	－3 000
③＝①＋②	本期可供销售成本	37 500	40 500	－3 000
④	单位产品成本	75	81	－6
⑤	期末存货量	150	150	0
⑥＝④×⑤	期末存货成本	11 250	12 150	－900
⑦＝③－⑥	本期销货成本	26 250	28 350	－2 100

可以说，在两种成本法下，正由于产品成本构成内容的不同，才使销货成本和存货成本的金额不同。又由于销货成本不同，必然导致各期损益结果不同。

(三) 各期损益不同

1. 利润确定程序不同

完全成本法下：

税前利润＝产品销售收入－产品销售成本－期间成本＝毛利－期间成本

其中：

毛利＝产品销售收入－产品销售成本
产品销售成本＝期初存货成本＋本期生产成本－期末存货成本
期间成本＝管理费用＋销售费用

变动成本法下：

税前利润＝产品销售收入－变动成本－固定成本＝贡献毛益－固定成本

其中：

贡献毛益＝产品销售收入－变动成本
变动成本＝变动生产成本＋变动销售费用＋变动管理费用
固定成本＝固定制造费用＋固定销售费用＋固定管理费用

2. 利润表格式不同

在两种成本法下，由于利润确定公式不同，必然导致利润表格式不同。下面通过例题加以说明。

【例 2-7】 以[例 2-6]中的资料为依据，假设每件售价为 200 元，变动销售费用为每件 2 元，变动管理费用为每件 3 元。在完全成本法和变动成本法下，当期税前利润的计算如表 2-7 所示。

表 2-7　**两种成本法下税前利润的计算表**　单位：元

项　目	金　额
完全成本计算法：	
销售收入(350×200)	70 000
销售成本	
期初存货成本	0
本期产品生产成本(500×81)	40 500
期末存货成本(150×81)	12 150
销售成本(350×81)	28 350
毛利	41 650
管理费用	
变动管理费用(350×3)	1 050
固定管理费用	950
合计	2 000
销售费用	
变动销售费用(350×2)	700

（续表）

项　　　目	金　额
固定销售费用	1 800
合计	2 500
税前利润	37 150
变动成本计算法：	
销售收入(350×200)	70 000
变动成本	
变动生产成本(350×75)	26 250
变动管理费用(350×3)	1 050
变动销售费用(350×2)	700
合计	28 000
贡献毛益(全部)	42 000
固定成本	
固定制造费用	3 000
固定管理费用	950
固定销售费用	1 800
合计	5 750
税前利润	36 250

从表 2-7 可以看出，在不同的成本计算法下，税前利润是不同的，两者相差 900 元。这是因为，在完全成本法下，固定制造费用是产品成本的组成内容，要由当期生产的所有产品一起负担，不论是已销售产品还是期末未销售的产品。这样，已售产品中肯定包含了一部分固定制造费用，在[例 2-7]中，为 2 100 元(350×3 000÷500)，被计入了当期损益。期末产品存货中必然也包含了一部分固定制造费用，在[例 2-7]中，为 900 元，不能计入当期损益。而在变动成本法下，产品成本只包括变动生产成本，而将固定制造费用当作期间成本，全部直接计入当期损益。在[例 2-7]中，固定制造费用 3 000 元全部计入了当期损益。这样，在销售收入相同的情况下，完全成本法从销售收入中扣除的固定制造费用比变动成本法的少了 900 元，所以完全成本法的税前利润比变动成本法的多出 900 元。可见，对固定制造费用采取两种不同的处理方法，必然影响损益。

[例 2-7]是假设企业在一个会计期间的期初没有存货而且本期所生产的产品没有全部销售出去的这样一种情况。而在不同会计期间，也有可能出现期初有存货而期末没有存货，或者期初期末都有存货的产销不平衡现象，当然也有可能出现期初期末都无存货的产销平衡现象。为了全面了解产销平衡或不平衡时两种成本法对损益计算的影响情况，下面将举例说明。

【例 2-8】 假设某企业只生产销售一种产品，每件产品的售价为 500 元，该产品在 5 个月内的生产量和销售量的有关资料如表 2-8 所示，有关生产成本资料如表 2-9 所示，有关非生产成本资料如表 2-10 所示。

表 2-8　　该产品 5 个月内的生产量和销售量的有关资料　　单位：件

月　份	期初存货量	本期生产量	本期销售量	期末存货量
3	0	500	500	0
4	0	1 000	500	500
5	500	500	400	600
6	600	500	800	300
7	300	400	700	0

存货发出采用先进先出法计价。5 个月的有关生产成本资料如表 2-9 所示。

表 2-9　　有关生产成本资料　　单位：元

成　本　项　目	单　位　成　本
直接材料	50
直接人工	30
变动制造费用	20
单位变动生产成本合计	100

该企业生产车间每月固定制造费用 20 000 元，这些成本在每个月产量为 1～2 000 件内保持不变。5 个月的有关非生产成本资料如表 2-10 所示。

表 2-10　　有关非生产成本资料

费　用　项　目	固定费用(元)	单位变动费用(元/件)
销售费用	5 000	70
管理费用	5 000	30

单位变动费用是每销售一件产品的费用。

根据上述资料，分别采用两种成本计算方法，可以确定各月的税前利润。分别如表 2-11、表 2-12 所示。

表 2-11　　利润表(完全成本计算法)　　单位：元

项　目	3 月份	4 月份	5 月份	6 月份	7 月份	合　计
销售收入	250 000	250 000	200 000	400 000	350 000	1 450 000
减：销货成本						
期初存货成本	0	0	60 000	82 000	42 000	184 000
本期生产成本	70 000	120 000	70 000	70 000	60 000	390 000
可供销售产品成本	70 000	120 000	130 000	152 000	102 000	574 000
减：期末存货成本	0	60 000	82 000	42 000	0	184 000
销货成本	70 000	60 000	48 000	110 000	102 000	390 000
销货毛利	180 000	190 000	152 000	290 000	248 000	1 060 000

（续表）

项　目	3月份	4月份	5月份	6月份	7月份	合　计
减:期间成本						
销售费用	40 000	40 000	33 000	61 000	54 000	228 000
管理费用	20 000	20 000	17 000	29 000	26 000	112 000
期间成本合计	60 000	60 000	50 000	90 000	80 000	340 000
税前利润	120 000	130 000	102 000	200 000	168 000	720 000

表2-12　　　　利润表(变动成本计算法)　　　　单位：元

项　目	3月份	4月份	5月份	6月份	7月份	合　计
销售收入	250 000	250 000	200 000	400 000	350 000	1 450 000
减:变动成本						
变动生产成本	50 000	50 000	40 000	80 000	70 000	290 000
变动销售费用	35 000	35 000	28 000	56 000	49 000	203 000
变动管理费用	15 000	15 000	12 000	24 000	21 000	87 000
变动成本合计	100 000	100 000	80 000	160 000	140 000	580 000
贡献毛益	150 000	150 000	120 000	240 000	210 000	870 000
减:固定成本						
固定制造费用	20 000	20 000	20 000	20 000	20 000	100 000
固定销售费用	5 000	5 000	5 000	5 000	5 000	25 000
固定管理费用	5 000	5 000	5 000	5 000	5 000	25 000
固定成本合计	30 000	30 000	30 000	30 000	30 000	150 000
税前利润	120 000	120 000	90 000	210 000	180 000	720 000

从[例2-8]可以看出：

(1) 当生产量等于销售量时，两种成本法计算的税前利润相等。如3月份的情况。在这种情况下，企业既没有期初存货也没有期末存货。这样，即使在完全成本法下，本期发生的固定制造费用也随着产品的销售而全部计入了销售成本并在当期全部扣除。在变动成本法下，本期发生的固定制造费用全部作为期间成本在当期扣除。可见，尽管两种成本法对固定制造费用的处理方式不同，完全成本法在固定制造费用发生时计入产品成本，然后随产品销售再计入当期损益，变动成本法则是在固定制造费用发生时直接计入当期损益，但是由于本期产品全部销售出去，所以固定制造费用最终都在当期全部扣除，所以最终两者的税前利润仍是相等的。

(2) 当生产量大于销售量时，完全成本法计算的税前利润大于变动成本法计算的税前利润。如4月份和5月份的情况。在这种情况下，完全成本法只把本期已经销售了的产品中包含的固定制造费用部分转入了当期损益，本期未销售出去的产品存货中包含的固定制造费用留在了期末产品存货中。如 4 月份只销售了 500 件产品，所以只把本月发生的固定制造费用 20 000 元中的 10 000 元计入了当期损益，另外 10 000 元留在了产品存货中。变动成本法则把本期发生的固定制造费用全部计入当期损益。如 4 月份发生的 20 000 元的固定制造费用全部计入了当期损益。这样，在 4 月份，采用完全成本法扣除的固定制造费用为 10 000 元，而变动成本法则扣除了 20 000 元。可见，在生产量大于销售量时，采用完全成本法从销售收入中扣除的固定制造费用额小于变动成本法扣除的固定制造费用额，所以，完全成本法计算的税前利润一定大于变动成本法计算的税前利润。

(3) 当生产量小于销售量时，完全成本法计算的税前利润小于变动成本法计算的税前利润。如 6 月份和 7 月份的情况。在这种情况下，完全成本法要把全部已经销售的产品中包含的固定制造费用全部转入当期损益，不仅包括本期发生的固定制造费用，也包括在本期销售的上期期末留在产品存货中的固定制造费用。如 6 月份销售了 800 件产品，由于按照先进先出法的存货发出方法计价，其中有 600 件期初存货本期实现了销售，这 600 件产品包含的固定制造费用为 22 000 元(100×20 000÷1 000＋400×20 000÷400)，另 200 件产品是本期生产并实现销售的，其中包含的固定制造费用为 8 000 元(200×20 000÷500)，这样，已经销售了的 800 件产品中包含的固定制造费用共计 30 000 元转入了当期损益。而变动成本法则只把本期发生的固定制造费用全部计入当期损益，以前各期间发生的固定制造费用均在发生的当期计入了损益。如 6 月份发生的 20 000 元的固定制造费用全部计入当期损益。这样，在 6 月份，采用完全成本法扣除的固定制造费用为30 000元，而变动成本法则扣除了 20 000 元。可见，在生产量小于销售量时，采用完全成本法从销售收入中扣除的固定制造费用额大于变动成本法扣除的固定制造费用额，所以，完全成本法计算的税前利润一定小于变动成本法计算的税前利润。

三、对两种成本法的评价

(一) 变动成本法的优缺点

1. 变动成本法的优点

(1) 变动成本法能够给企业管理当局提供短期决策和经营控制方面的有用信息。变动成本法是以成本性态为基础，将企业总成本划分成固定成本和变动成本。这样，有利于管理当局通过成本与业务量之间的关系来预测成本，通过成本—业务量—利润分析来预测利润，通过贡献毛益可以分析企业产品盈利能力，做好短期经营决策，如特殊订货决策、亏损产品是否停产的决策、产品最优生产批量等决策。然后，可以根据这些决策数据编制弹性预算，以此来控制企业的经营活动。这在完全成本法下是做不到的。

(2) 变动成本法能够防止企业盲目生产，促使管理当局重视销售。变动成本法下将固定制造费用全部作为期间费用，避免了完全成本法下产品生产量越大销售利润越高的现象(如[例 2-8]中的 4 月份)。完全成本法会导致企业管理当局重视产品生产，忽视产品销售。尽管产品生产量是企业实现利润的保证，但只有产品销售出去，企业才能真正获得利润，可以说，产品销售量越大，企业获得的利润越多。变动成本法正好能够反映出产品销售量与利润之间的这种同方向变化的关系。因此，采用变动成本法计算利润会促使企业管理当局重视销售工作。具体来说，企业管理当局会加强市场调研，分析市场需求，据此来安排产品生产，并会加强售后服务，提高产品质量。这样必然会促进企业持续健康发展。

(3) 变动成本法有利于企业进行各部门业绩评价。在变动成本法下,单位产品变动生产成本不随业务量变动而变动,其一旦发生增加或减少变动,则说明企业采购部门和生产部门工作业绩发生了变化,这样,企业管理当局则可以为单位产品变动生产成本事前制定出合理的标准成本,然后以此来分析采购和生产部门的实际工作业绩好坏。变动成本法更是便于评价销售部门的工作业绩,因为销售部门只负责销售数量,销售越多则业绩越好,所以,评价特定时期销售部门工作业绩好坏只看其销售量即可。

(4) 变动成本法能够简化成本计算过程。在变动成本法下,固定制造费用要全部作为期间成本从贡献毛益中一次扣除,不需要像完全成本法那样在销售成本和期末存货成本之间分摊,从而大大简化了成本计算过程。

2. 变动成本法的缺点

(1) 变动成本法所计算出来的产品成本不符合传统的成本概念。传统的成本概念是指产品成本包括变动生产成本和固定制造费用,这种成本概念也得到了税法的认可。变动成本法的产品成本只包括变动生产成本,很显然与传统的产品成本不一致,也不符合税法的有关要求。

(2) 变动成本法不能满足长期决策的需要。变动成本法以成本性态分析为基础,固定成本和变动成本中的单位变动成本在相关范围内是固定不变的,超过了相关范围,两者都会发生变化。而长期决策要解决的是生产能力的提高或降低和经营规模的扩大或缩小的问题,涉及的时间很长,一定会超过相关范围的限制。这样,从长期来看,单位变动成本和固定成本一定会发生变化,这就给长期成本预测带来困难。所以变动成本法很难给企业管理当局提供长期相对准确的预测数据,从而不利于其进行长期决策。

(二) 完全成本法的优缺点

与变动成本法相比较,完全成本法也存在着很多优缺点。

完全成本法的优点主要表现在:完全成本法下的产品成本符合传统成本概念。而且,完全成本法符合财务会计准则的要求,在这种方法下编制的对外财务报告能够给会计信息使用者提供更有用的信息。

完全成本法的缺点主要表现在:根据完全成本法下的产品成本,企业管理当局很难进行成本预测、计划和控制方面的短期决策。因为完全成本法下的产品成本是一种混合成本,与业务量之间的关系较难确定,很难根据业务量来预测成本情况,也就难以进行成本计划和控制。另外,完全成本法易导致企业盲目生产。因为从各会计期间来看,产量越大,单位产品所负担的固定生产成本越低,也就是单位产品成本越低,从而利润远远大于变动成本法下的利润。因此,容易导致企业重视生产而不重视销售。

(三) 两种成本法的结合运用

从对两种成本法的评价中可以看到,这两种方法都有各自的优缺点,而且在某种意义上,两者的优缺点是可以互相转化的。如完全成本法不便于企业管理当局进行短期决策,而变动成本法则有利于企业的短期决策,对企业的内部经营管理有帮助;完全成本法适合于企业编制对外财务报告,而变动成本法却不适合。可见,两种成本法对企业来讲都有各自的适用之处,因此,只有两者结合起来,才能相互补充,才能对企业有更大的帮助。

我们知道,企业不可能同时设置上述两套平行的成本计算方法,也不可能以一种成本法取代另一种成本法,只能将两种成本法结合起来才是最经济合理的。那么,两种成本法应该怎样结合起来运用，是在完全成本法的基础上结合变动成本法还是在变动成本法的基础上来结合完全成本法。这就要看哪种成本法对企业更有帮助。由于变动成本法的成本信息可以满足企业大量、经常性的内部经营管理方面的需要，而完全成本法更适合于企业编制对外财务报告时使用，编制对外财务报告毕竟只是企业一项非经常性的工作（只是在会计期末时才编制）。所以，应以变动成本法为基础，然后对其提供的数据进行适当调整以满足对外报告的需要。

为建立以变动成本法为基础的统一成本计算体系，会计上的常见做法如下。

1. 日常核算以变动成本法为基础

在这种方法下，"在产品（生产成本）""产成品（库存商品）"账户登记日常发生的变动生产成本。"制造费用"账户分为"变动制造费用"和"固定制造费用"两个账户。

2. 将本期发生的变动制造费用登记在"变动制造费用"账户中，期末该账户发生额要转入"在产品（生产成本）"账户中

期末时，"在产品"或"产成品"账户共归集了直接材料成本、直接人工成本和变动制造费用三种变动生产成本。

3. 将本期发生的固定制造费用登记在"固定制造费用"账户借方中

期末将应由已销产品负担的部分从"固定制造费用"账户的贷方转入"主营业务成本"账户的借方，从而计入当期损益；"固定制造费用"账户的期末余额属于本期在产品和产成品所应负担的固定制造费用，即这部分固定制造费用计入了企业存货成本，列示在期末资产负债表上。

通过上述做法，使得资产负债表上的在产品、产成品存货成本以及利润表上的主营业务成本都按照完全成本来列示了，因此符合财务会计准则的要求，同时能够提供变动生产成本信息，从而能够满足企业管理当局管理企业的需要。可见，在变动成本法基础上建立统一成本计算体系，既能给企业管理当局提供有用的成本信息又能按照财务会计准则的要求对外提供有用信息。

【例 2-9】 假设某企业只生产一种产品，本期投产并全部完工，单位产品售价为 400 元，有关资料如表 2-13 所示。

表 2-13 产品有关资料

项　　目	数　量（件）	金　额（元）
期初存货	0	
本期生产量	400	
本期销售量	200	
期末存货量	200	
单位变动成本		
直接材料		50
直接人工		50
变动制造费用		50
固定制造费用		10 000
单位变动非生产成本		20
固定非生产成本		20 000

单位变动非生产成本是每销售一件产品的费用。变动非生产成本包括变动销售费用和变动管理费用，固定非生产成本包括固定销售费用和固定管理费用。

根据上述资料，先将固定制造费用在已售产品和期末存货之间进行分配：

固定制造费用分配率＝10 000÷400＝25(元/件)

本期已售产品应负担的固定制造费用＝25×200＝5 000(元)

期末存货应负担的固定制造费用＝25×200＝5 000(元)

这样，在以变动成本法为基础的统一成本计算体系下，用"T"形账户来反映整个账务处理过程如图 2-14 所示。

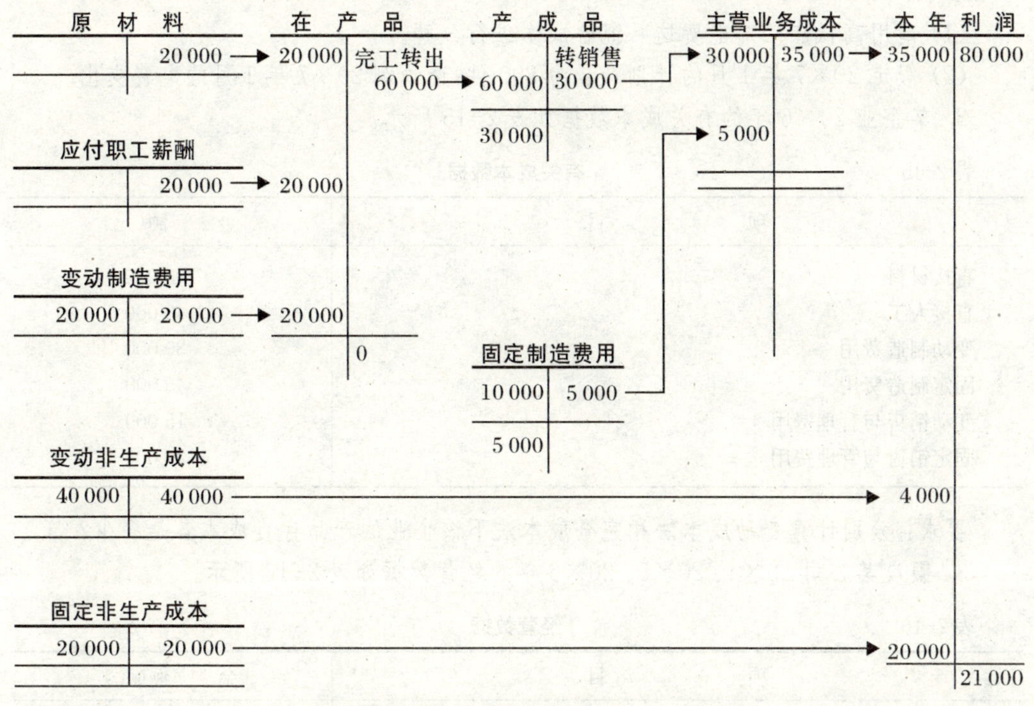

图 2-14　统一成本计算体系下的账务处理程序

[例 2-9]简化了账户设置，企业应按国家统一规定的会计账户并结合自己的经营特点来设置具体账户。

习　题

一、思考题

1. 什么是成本性态？按成本性态可以将成本分成哪几类？每一类成本又有哪些特点？

2. 什么是变动成本法和完全成本法？两者之间的最大区别是什么？

3. 变动成本计算法有哪些优缺点？

二、计算分析题

1. 假定甲企业20×6年各月的产量和电费支出的有关数据如表2-14所示。

表2-14　　　　产量和电费支出数据

月份(件)	1	2	3	4	5	6	7	8	9	10	11	12
产量(件)	400	300	600	700	500	800	900	880	950	850	1 000	700
电费(元)	1 800	1 500	1 900	2 000	1 850	2 100	2 350	2 250	2 550	2 200	2 500	2 050

要求：

(1) 请用高低点法对电费这一混合成本进行分解。

(2) 假定20×7年1月的计划产量为890件，请预测20×7年1月的电费支出。

2. 某企业20×6年的有关成本数据如表2-15所示。

表2-15　　　　有关成本数据

项　　目	金　额(元)
直接材料	100 000
直接人工	40 000
变动制造费用	30 000
固定制造费用	45 000
变动销售与管理费用	15 000
固定销售与管理费用	20 000

要求：分别计算变动成本法和完全成本法下该企业的产品存货成本各是多少？

3. 假设某公司20×4、20×5、20×6年的经营数据如表2-16所示。

表2-16　　　　经营数据

项　　目	金　额(元)
单位产品变动成本	
其中：直接材料	10
直接人工	5
变动制造费用	3
每年固定成本	
其中：制造费用	50 000
销售与管理费用	30 000

该公司20×4年生产10 000件产品，销售8 000件。20×5年生产8 000件产品，销售10 000件，20×6年生产并销售了9 000件。销售价格为50元。

要求：

(1) 采用变动成本法编制这3年的利润表。

(2) 采用完全成本法编制这3年的利润表。

(3) 分别比较两种成本法下这3年的利润，并说明头两年为何出现差异。

第三章　本量利分析

本章重点

1. 盈亏临界点计算。
2. 本量利关系图。
3. 实现目标利润的本量利分析。
4. 相关因素单独变动对盈亏临界点和保利点的影响。
5. 本量利关系中的敏感性分析。

本章难点

1. 多品种盈亏临界点的计算。
2. 敏感性分析中相关因素变动对利润变动的影响程度。

第一节　本量利分析概述

一、本量利分析的内涵

本量利分析是对成本、业务量、利润之间依存关系进行分析的一种简称(以下称为本量利分析),也称 CVP 分析(cost-volume-profit analysis)。这种分析方法是在成本性态分析和变动成本法的基础上发展起来的,主要研究成本、销售数量、价格和利润之间数量关系的方法。它是企业进行预测、决策、计划和控制等经营活动的重要工具,也是管理会计的一项基础内容。

这种方法起源于 20 世纪初的美国,到了 20 世纪 50 年代已经非常完善,并在西方会计实践中得到了广泛应用。时至今日,该方法在世界范围内都得到了广泛的应用,对企业预测、决策、计划和控制等经营活动的有效进行提供了良好保证。

二、本量利分析的前提条件

在现实经济生活中,成本、销售数量、价格和利润之间的关系非常复杂。例如,成本与业务量之间可能呈线性关系也可能呈非线性关系;销售收入与销售量之间也不一定是线性关系,因为售价可能发生变动。为了建立本量利分析理论,必须对上述复杂的关系做一些基本假设，由此来严格限定本量利分析的范围，对于不符合这些基本假设的情况，可以进行本量利扩展分析。

(一) 相关范围和线性关系假设

由于本量利分析是在成本性态分析基础上发展起来的，所以成本性态分析的基本假设也就成为本量利分析的基本假设，即在相关范围内，固定成本总额保持不变，变动成本总额随业务量变化成正比例变化，前者用数学模型来表示就是 $y=a$，后者用数学模型来表示就是 $y=bx$，所以，总成本与业务量呈线性关系，即 $y=a+bx$。相应的，假设售价也在相关范围内保持不变，这样，销售收入与销售量之间也呈线性关系，用数学模型来表示就是以售价为斜率的直线 $y=px$（p 为销售单价）。这样，在相关范围内，成本与销售收入均分别表现为直线。

由于有了相关范围和线性关系这种假设，就把在相关范围之外，成本和销售收入分别与业务量呈非线性关系的实际情况排除在外了。但在实际经济活动中，成本、销售收入和业务量之间却存在非线性关系这种现象。为了解决这一问题，将在后面放宽这些假设，讨论非线性条件下的情况。

(二) 品种结构稳定假设

品种结构稳定假设，是指在一个生产和销售多种产品的企业里，每种产品的销售收入占总销售收入的比重不会发生变化。但在现实经济生活中，企业很难始终按照一个固定的品种结构来销售产品，如果销售产品的品种结构发生较大变动，必然导致利润与原来品种结构不变假设下预计的利润有很大差别。有了这种假定，就可以使企业管理当局关注价格、成本和业务量对营业利润的影响。

(三) 产销平衡假设

所谓产销平衡就是企业生产出来的产品总是可以销售出去，能够实现生产量等于销售量。在这一假设下，本量利分析中的量是指销售量而不是生产量，进一步讲，在销售价格不变时，这个量就是指销售收入。但在实际经济生活中，生产量可能会不等于销售量，这时产量因素就会对本期利润产生影响。

正因为本量利分析建立在上述假设基础上，所以一般只适用于短期分析。在实际工作中应用本量利分析原理时，必须从动态的角度去分析企业生产经营条件、销售价格、品种结构和产销平衡等因素的实际变动情况，调整分析结论，积极应用动态分析和敏感性分析等技术来克服本量利分析的局限性。

三、本量利分析的基本公式

本量利分析是以成本性态分析和变动成本法为基础的，其基本公式是变动成本法下计算利润的公式，该公式反映了价格、成本、业务量和利润各因素之间的相互关系。其计算公式如下：

税前利润＝销售收入－总成本＝销售价格×销售量－(变动成本＋固定成本)
＝销售单价×销售量－单位变动成本×销售量－固定成本

即：$P=px-bx-a=(p-b)x-a$

式中：P——税前利润；

p——销售单价；

b——单位变动成本；

a——固定成本；

x——销售量。

该公式是本量利分析的基本出发点，以后的所有本量利分析可以说都是在该公式基础上进行的。

四、贡献毛益及其计算公式

贡献毛益，是指产品的销售收入扣除变动成本之后的金额，表明该产品为企业作出的贡献，也称边际贡献(contribution margin)、边际利润或创利额，是用来衡量产品盈利能力的一项重要指标。由于变动成本又分为制造产品过程中发生的变动生产成本和非制造产品过程中发生的变动非生产成本，所以贡献毛益也可以分为制造贡献毛益和营业贡献毛益两种，本书中如无特别说明，贡献毛益就是指扣除了全部变动成本的营业贡献毛益。

贡献毛益可以用总额形式表示，也可以用单位贡献毛益和贡献毛益率形式表示。

(一) 贡献毛益总额

贡献毛益总额(total contribution margin，TCM)，是指产品销售收入总额与变动成本总额之间的差额。其计算公式如下：

$$贡献毛益总额=销售收入总额-变动成本总额$$

即： $TCM=px-bx$

由于： 税前利润＝销售收入总额－变动成本总额－固定成本

＝贡献毛益总额－固定成本

即： $P=TCM-a$

所以： 贡献毛益总额＝税前利润＋固定成本

即： $TCM=P+a$

(二) 单位贡献毛益

单位贡献毛益(unit contribution margin，UCM)，是指单位产品售价与单位变动成本的差额。其计算公式如下：

$$单位贡献毛益=销售单价-单位变动成本$$

即： $UCM=p-b$

该指标反映每销售一件产品所带来的贡献毛益。

(三) 贡献毛益率

贡献毛益率(contribution margin rate，CMR)，是指贡献毛益总额占销售收入总额的百分比，或单位贡献毛益占单价的百分比。其计算公式如下：

$$贡献毛益率=\frac{贡献毛益总额}{销售收入总额}\times100\%=\frac{单位贡献毛益}{销售单价}\times100\%$$

即： $$CMR=\frac{TCM}{px}\times100\%=\frac{UCM}{p}\times100\%=\frac{p-b}{p}\times100\%$$

该指标反映每百元销售收入所创造的贡献毛益。

与贡献毛益率相关的另一个指标是变动成本率(variable cos trate，VCR)。变动成

本率,是指变动成本总额占销售收入总额的百分比,或单位变动成本占单价的百分比。其计算公式如下:

$$变动成本率=\frac{变动成本总额}{销售收入总额}\times100\%=\frac{单位变动成本}{单价}\times100\%$$

即: $$VCR=\frac{bx}{px}\times100\%=\frac{b}{p}\times100\%$$

将变动成本率与贡献毛益率两个指标联系起来,可以得出:

$$贡献毛益率+变动成本率=1$$

则: $$贡献毛益率=1-变动成本率$$

或: $$变动成本率=1-贡献毛益率$$

可见,变动成本率与贡献毛益率两者是互补的。企业变动成本率越高,贡献毛益率就越低;变动成本率越低,其贡献毛益率必然越高。

第二节 本量利分析

一、盈亏临界点分析

盈亏临界点(break-even point, BEP)也称保本点、盈亏平衡点、损益两平点等,是指刚好使企业经营达到不盈不亏状态的销售量(额)。此时,企业的销售收入恰好弥补全部成本,企业的利润等于零。盈亏临界点分析就是根据销售收入、成本和利润等因素之间的函数关系,分析企业如何达到不盈不亏状态。也就是说,销售价格、销售量以及成本因素都会影响企业的不盈不亏状态。通过盈亏临界点分析,企业可以预测售价、成本、销售量以及利润情况并分析这些因素之间的相互影响,从而加强经营管理。企业可以根据所销售产品的实际情况,计算盈亏临界点。

(一) 盈亏临界点计算

1. 单一产品的盈亏临界点

企业只销售单一产品,则该产品的盈亏临界点计算比较简单。根据本量利分析的基本计算公式如下:

$$\begin{aligned}税前利润&=销售收入-总成本=销售价格\times销售量-(变动成本+固定成本)\\&=销售单价\times销售量-单位变动成本\times销售量-固定成本\end{aligned}$$

即: $P=px-bx-a=(p-b)x-a$

企业不盈不亏时,利润为零,利润为零时的销售量就是企业盈亏临界点的销售量。

即: $$0=\begin{matrix}销售\\单价\end{matrix}\times\begin{matrix}盈亏临界\\点销售量\end{matrix}-\begin{matrix}单位变\\动成本\end{matrix}\times\begin{matrix}盈亏临界\\点销售量\end{matrix}-\begin{matrix}固定\\成本\end{matrix}$$

$$盈亏临界点销售量=\frac{固定成本}{销售售价-单位变动成本}=\frac{固定成本}{单位贡献毛益}$$

即: $$x_0=\frac{a}{p-b}=\frac{a}{UCM}$$

$$盈亏临界点销售额=盈亏临界点销售量\times销售单价=\frac{固定成本}{贡献毛益率}$$

即：

$$px_0=\frac{pa}{p-b}=\frac{a}{\frac{p-b}{p}}=\frac{a}{CMR}$$

【例 3-1】 假设某企业只生产和销售一种产品，该产品的市场售价预计为 100 元，该产品单位变动成本为 20 元，固定成本为 32 000 元，计算盈亏临界点的销售量和销售额。

$$x_0=\frac{a}{p-b}=\frac{32\,000}{100-20}=400(件)$$

盈亏临界点的销售额：

$$px_0=100\times400=40\,000(元)$$

2. 多品种的盈亏临界点

在现实经济生活中，大部分企业不可能只生产经营一种产品，在这种情况下，企业的盈亏临界点就不能用实物单位表示，因为不同产品的实物计量单位是不同的，把这些计量单位不同的产品销量加在一起是没有意义的。所以，企业在产销多种产品的情况下，只能用金额来表示企业的盈亏临界点，即只能计算企业盈亏临界点的销售额。通常计算多品种企业盈亏临界点的方法有综合贡献毛益率法、联合单位法、主要品种法和分算法等几种方法。

1) 综合贡献毛益率法

综合贡献毛益率法，是指将各种产品的贡献毛益率按照其各自的销售比重这一权数进行加权平均，得出综合贡献毛益率，然后再据此计算企业的盈亏临界点销售额和每种产品的盈亏临界点的方法。其计算公式如下：

$$企业盈亏临界点销售额=\frac{企业固定成本总额}{综合贡献毛益率}$$

企业盈亏临界点的具体计算步骤如下：

(1) 计算综合贡献毛益率。

首先，计算各种产品的销售比重。

$$某种产品的销售比重=\frac{该种产品的销售额}{全部产品的销售总额}\times100\%$$

销售比重是销售额的比重而不是销售量的比重。

其次，计算综合贡献毛益率。

$$综合贡献毛益率=\sum(各种产品贡献毛益率\times该种产品的销售比重)$$

该公式也可以写作：

$$综合贡献毛益率=\frac{各种产品贡献毛益额之和}{销售收入总额}$$

(2) 计算企业盈亏临界点销售额。

$$企业盈亏临界点销售额=\frac{企业固定成本总额}{综合贡献毛益率}$$

(3) 计算各种产品盈亏临界点销售额。

$$\begin{matrix}某种产品盈亏\\临界点销售额\end{matrix}=\begin{matrix}企业盈亏临\\界点销售额\end{matrix}\times\begin{matrix}该种产品\\的销售比重\end{matrix}$$

【例 3-2】 某企业销售甲、乙、丙三种产品，全年预计固定成本总额为 210 000 元，预计销售量分别为 8 000 件、5 000 台和 10 000 件，预计销售单价分别为 25 元、80 元、40 元，单位变动成本分别为 15 元、50 元、28 元，则该企业的盈亏临界点是多少？

(1) 计算综合贡献毛益率。

第一步，计算全部销售总额。

$$全部产品销售总额=8\,000\times25+5\,000\times80+10\,000\times40=1\,000\,000(元)$$

第二步，计算每种产品的销售比重。

$$甲产品的销售比重=8\,000\times25\div1\,000\,000=20\%$$
$$乙产品的销售比重=5\,000\times80\div1\,000\,000=40\%$$
$$丙产品的销售比重=10\,000\times40\div1\,000\,000=40\%$$

第三步，计算综合贡献毛益率。

$$甲产品的贡献毛益率=(25-15)\div25=40\%$$
$$乙产品的贡献毛益率=(80-50)\div80=37.5\%$$
$$丙产品的贡献毛益率=(40-28)\div40=30\%$$
$$综合贡献毛益率=40\%\times20\%+37.5\%\times40\%+30\%\times40\%=35\%$$

(2) 计算企业盈亏临界点销售额。

$$企业盈亏临界点销售额=\frac{企业固定成本总额}{综合贡献毛益率}=\frac{210\,000}{35\%}=600\,000(元)$$

(3) 将企业盈亏临界点销售额分解为各种产品盈亏临界点销售额和销售量。

$$甲产品盈亏临界点销售额=600\,000\times20\%=120\,000(元)$$
$$乙产品盈亏临界点销售额=600\,000\times40\%=240\,000(元)$$
$$丙产品盈亏临界点销售额=600\,000\times40\%=240\,000(元)$$
$$甲产品盈亏临界点销售量=120\,000\div25=4\,800(件)$$
$$乙产品盈亏临界点销售量=240\,000\div80=3\,000(台)$$
$$丙产品盈亏临界点销售量=240\,000\div40=6\,000(件)$$

综合贡献毛益率的大小反映了企业全部产品的整体盈利能力高低，企业若要提高全部产品的整体盈利水平，可以调整各种产品的销售比重，或者提高各种产品自身的贡献毛益率。

2) 联合单位法

联合单位法，是指企业各种产品之间存在相对稳定的产销量比例关系，这一比例关系的产品组合可以视同为一个联合单位，然后确定每一联合单位的售价和单位变动成本，以进行多品种的盈亏临界点分析。如企业 A、B、C 三种产品，其销量比为 1∶2∶3，则这三种产品的组合就构成一个联合单位。然后按照这种销量比来计算各种产品共同构成的联合单价和联合单位变动成本。即：

$$联合单价=A产品单价\times1+B产品单价\times2+C产品单价\times3$$

$$\begin{matrix}联合单位\\变动成本\end{matrix}=\begin{matrix}A产品单位\\变动成本\end{matrix}\times1+\begin{matrix}B产品单位\\变动成本\end{matrix}\times2+\begin{matrix}C产品单位\\变动成本\end{matrix}\times3$$

然后就可以计算出联合保本量，即：

$$联合保本量=\frac{固定成本}{联合单价-联合单位变动成本}$$

$$某产品保本量=联合保本量\times该产品销量比$$

这种方法主要适用于有严格产出规律的联产品生产企业。

【例 3-3】 仍按[例 3-2]资料。

确定产品销量比为:甲:乙:丙=1:0.625:1.25

联合单价=1×25+0.625×80+1.25×40=125(元/联合单位)

联合单位变动成本=1×15+0.625×50+1.25×28=81.25(元/联合单位)

联合保本量=210 000÷(125-81.25)=4 800(联合单位)

计算各种产品保本量和保本额。

甲产品保本量=4 800×1=4 800(件)

甲产品保本额=4 800×25=120 000(元)

乙产品保本量=4 800×0.625=3 000(台)

乙产品保本额=3 000×80=240 000(元)

丙产品保本量=4 800×1.25=6 000(件)

丙产品保本额=6 000×40=240 000(元)

3)主要品种法

如果企业生产经营的多种产品中,有一种产品能够给企业提供的贡献毛益占企业全部贡献毛益总额的比重很大,而其他产品给企业提供的贡献毛益比重较小,则可以将这种产品认定为主要品种。此时,企业的固定成本几乎由主要产品来负担,所以,可以根据这种产品的贡献毛益率计算企业的盈亏临界点。当然,用这种方法计算出来的企业的盈亏临界点可能不十分准确。如果企业产品品种主次分明,则可以采用这种方法。

4)分算法

分算法,是指在一定条件下,企业可以将全部固定成本按一定标准在各种产品之间进行分配,然后再对每一个品种分别进行盈亏临界点分析的方法。全部固定成本中的专属固定成本直接划归某种产品负担,而共同固定成本则要按照一定标准(如产品重量、体积、长度、工时、销售额等)分配给各种产品。

这种方法要求企业能够客观分配固定成本,如果不能做到客观,则可能使计算结果出现误差。这种方法可以给企业管理当局提供各产品计划和控制所需要的资料。

(二)盈亏临界点作业率和安全边际

1. 盈亏临界点作业率

盈亏临界点作业率也称保本作业率、危险率,是指企业盈亏临界点销售量(额)占现有或预计销售量(额)的百分比。该指标越小,表明用于保本的销售量(额)越低;反之,越高。其计算公式如下:

$$盈亏临界点作业率=\frac{盈亏临界点销售量(额)}{现有或预计销售量(额)}$$

如在[例 3-1]中,假定企业预计销售量是 1 000 件,那么盈亏临界点作业率为 40%(400÷1 000×100%)。这说明,企业的作业率只有超过 40%时,才能获得盈利,否则就会发生亏损。某些西方企业用该指标来评价企业经营的安全程度。

2. 安全边际

安全边际，是指现有或预计销售量(额)超过盈亏临界点销售量(额)的部分。超出部分越大，企业发生亏损的可能性越小，发生盈利的可能性越大，企业经营就越安全。安全边际越大，企业经营风险越小。衡量企业安全边际大小的指标有两个，它们是安全边际量(额)和安全边际率。其计算公式如下：

$$\text{安全边际量(额)}=\text{现有或预计销售量(额)}-\text{盈亏临界点销售量(额)}$$

$$\text{安全边际率}=\frac{\text{安全边际销售量(额)}}{\text{现有或预计的销售量(额)}}\times 100\%$$

安全边际率与盈亏临界点作业率之间的关系为：

$$\text{安全边际率}+\text{盈亏临界点作业率}=1$$

如在[例 3-1]中，假定企业预计销售量是 1 000 件，则：

$$\text{安全边际销售量}=1\,000-400=600(\text{件})$$

$$\text{安全边际销售额}=600\times 100=60\,000(\text{元})$$

$$\text{安全边际率}=600\div 1\,000\times 100\%=60\%$$

西方国家一般用安全边际率来评价企业经营的安全程度。表 3-1 列示了安全边际的经验数据。

表 3-1 **安全边际经验数据**

安全边际率	10%以下	10%～20%	20%～30%	30%～40%	40%以上
安全程度	危险	值得注意	比较安全	安全	很安全

安全边际能够为企业带来利润。我们知道，盈亏临界点的销售额除了弥补产品自身的变动成本外，刚好能够弥补企业的固定成本，不能给企业带来利润。只有超过盈亏临界点的销售额，才能在扣除变动成本后，不必再弥补固定成本，而是直接形成企业的税前利润。其计算公式如下：

$$\begin{aligned}\text{税前利润}&=\text{销售单价}\times\text{销售量}-\text{单位变动成本}\times\text{销售量}-\text{固定成本}\\&=(\text{安全边际销售量}+\text{盈亏临界点销售量})\times\text{单位贡献毛益}-\text{固定成本}\\&=\text{安全边际销售量}\times\text{单位贡献毛益}\\&=\text{安全边际销售额}\times\text{贡献毛益率}\end{aligned}$$

将上式两边同时除以销售额可以得出：

$$\text{税前利润率}=\text{安全边际率}\times\text{贡献毛益率}$$

二、实现目标利润的本量利分析

前面盈亏临界点分析是研究企业利润为零时的情况。而企业的目标是获取利润，所以，下面将分析企业实现目标利润时的情况。

(一) 保利点及其计算

保利点，是指企业为实现目标利润而要达到的销售量或销售额。保利点具体可用保利量和保利额两个指标表示。

根据本量利分析的基本公式如下：

$$目标利润=销售单价\times保利量-单位变动成本\times保利量-固定成本$$

则：
$$保利量=\frac{固定成本+目标利润}{销售单价-单位变动成本}=\frac{固定成本+目标利润}{单位贡献毛益}$$

$$保利额=销售单价\times保利量=\frac{固定成本+目标利润}{贡献毛益率}=\frac{固定成本+目标利润}{1-变动成本率}$$

这里的目标利润是指尚未扣除所得税的利润。

【例 3-4】 假设某企业只生产和销售一种产品，该产品售价为 80 元，单位变动成本为 30 元，固定成本为 30 000 元，目标利润为 20 000 元。计算该企业的保利量和保利额。

$$保利量=\frac{固定成本+目标利润}{销售单价-单位变动成本}=\frac{30\,000+20\,000}{80-30}=1\,000(件)$$

$$保利额=\frac{固定成本+目标利润}{贡献毛益率}=\frac{30\,000+20\,000}{62.5\%}=80\,000(元)$$

(二) 保净利点及其计算

由于税后利润(即净利润)是影响企业生产经营现金流量的真正因素，所以，进行税后利润的规划和分析更符合企业生产经营的需要。因此，应该进行保净利点的计算。保净利点，是指实现目标净利润的业务量。其中，目标净利润就是目标利润扣除所得税后的利润。保净利点可以用保净利量和保净利额两个指标表示。

由于，
$$目标净利润=目标利润\times(1-所得税税率)$$

所以，可以得出：

$$目标利润=\frac{目标净利润}{1-所得税税率}$$

相应的保净利点公式可以写成：

$$保净利量=\frac{固定成本+\dfrac{目标净利润}{1-所得税税率}}{销售单价-单位变动成本}$$

$$保净利额=\frac{固定成本+\dfrac{目标净利润}{1-所得税税率}}{贡献毛益率}$$

【例 3-5】 仍按[例 3-4]中的资料，另外，假定目标净利润为 15 000 元，所得税税率为 25%。计算该企业的保净利量和保净利额。

$$保净利量=\frac{30\,000+\dfrac{15\,000}{1-25\%}}{80-30}=1\,000(件)$$

$$保净利额=\frac{30\,000+\dfrac{15\,000}{1-25\%}}{62.5\%}=80\,000(元)$$

从盈亏临界点、保利点和保净利点公式可以看出，它们的共同之处在于，凡是计算销售量指标时，分母都是单位贡献毛益；凡计算销售额指标时，分母都是贡献毛益率。它们的不同之处在于，各公式的分子项目不完全相同。

三、本量利关系图

将成本、业务量、销售单价之间的关系反映在平面直角坐标系中就形成本量利关系图。通过这种图形,可以非常清楚而直观地反映出固定成本、变动成本、销售量、销售额、盈亏临界点、盈利区、亏损区、贡献毛益和安全边际等。根据数据的特征和目的,本量利关系图可以分为传统式本量利关系图、贡献毛益式本量利关系图和利量式本量利关系图。

(一) 传统式本量利关系图

传统式本量利关系图是最基本、最常见的本量利关系图形。其绘制方法如下:

(1) 在直角坐标系中,以横轴表示销售量,以纵轴表示成本和销售收入。

(2) 绘制固定成本线。在纵轴上找出固定成本数值,即(0,固定成本数值),以此为起点,绘制一条与横轴平行的固定成本线。

(3) 绘制总成本线。以(0,固定成本数值)为起点,以单位变动成本为斜率,绘制总成本线。

(4) 绘制总收入线。以坐标原点(0,0)为起点,以销售单价为斜率,绘制总收入线。

这样,绘制出的总成本线和总收入线的交点就是盈亏临界点。如图 3-1 所示。

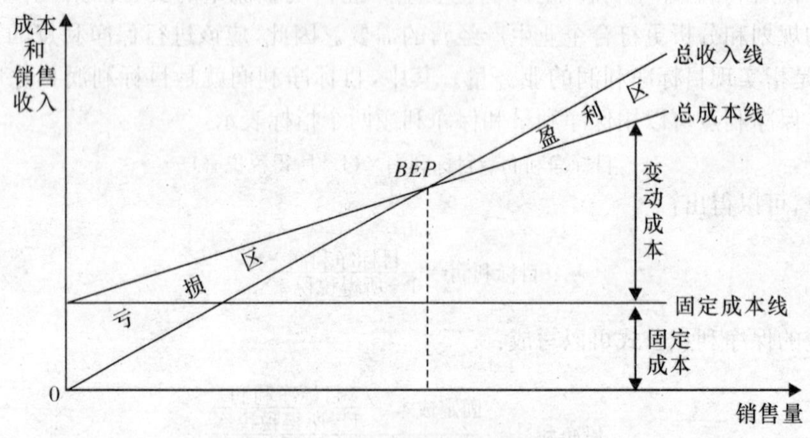

图 3-1　传统式本量利关系图

图 3-1 直观、形象而又动态地反映了销售量、成本和利润之间的关系。

在传统式本量利关系图的基础上,根据企业管理的不同目的,又派生出贡献毛益式本量利关系图和利量式本量利关系图。

(二) 贡献毛益式本量利关系图

贡献毛益式本量利关系图是一种将固定成本置于变动成本之上,能够反映贡献毛益形成过程的图形,这是传统式本量利关系图不具备的。其绘制方法如下:

(1) 在直角坐标系中,以横轴表示销售量,以纵轴表示成本和销售收入。

(2) 绘制总收入线。以坐标原点(0,0)为起点,以销售单价为斜率,绘制销售收入线。

(3) 绘制变动成本线。以坐标原点(0,0)为起点,以单位变动成本为斜率,绘制变动成本线。

(4) 绘制总成本线。以纵轴上(0,固定成本数值)为起点,以单位变动成本为斜率,绘制一条与变动成本线平行的总成本线。

这样,总成本线和总收入线的交点就是盈亏临界点。如图 3-2 所示。

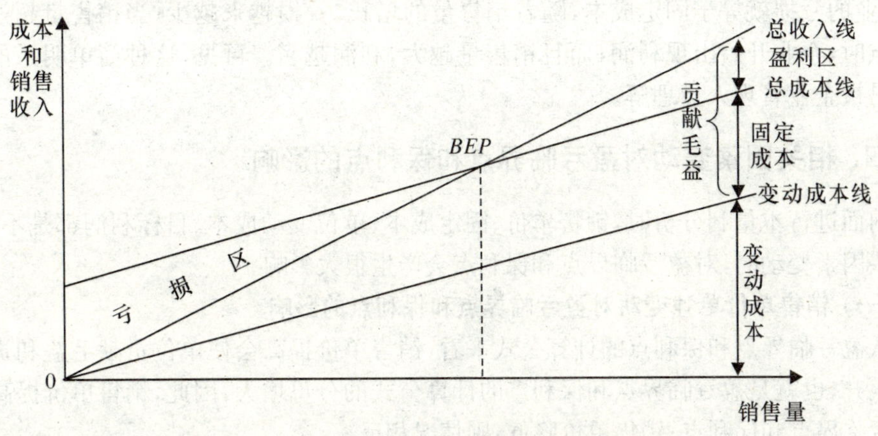

图 3-2　贡献毛益式本量利关系图

图 3-2 能够清楚地反映出贡献毛益的形成过程。销售收入线与变动成本线之间所夹区域为贡献毛益区域。当贡献毛益正好等于固定成本时,企业达到不盈不亏状态;当贡献毛益超过盈亏临界点并大于固定成本时,企业获得了利润;当贡献毛益没有达到盈亏临界点时,企业发生了亏损。该图更能反映"利润=贡献毛益-固定成本"的含义,而且也更符合变动成本法的思路。

(三) 利量式本量利关系图

利量式本量利关系图是反映利润与销售量之间依存关系的图形。其绘制方法如下:

(1) 在平面直角坐标系中,以横轴代表销售量,以纵轴代表利润(或亏损)。

(2) 在纵轴原点以下部分找到与固定成本总额相等的点(0,固定成本数值),该点表示销售量等于零时,亏损额等于固定成本。

(3) 绘制利润线。以纵轴上(0,固定成本数值)为起点,以单位贡献毛益为斜率,绘制利润线。

这样,绘制出的利润线与横轴的交点即为盈亏临界点。如图 3-3 所示。

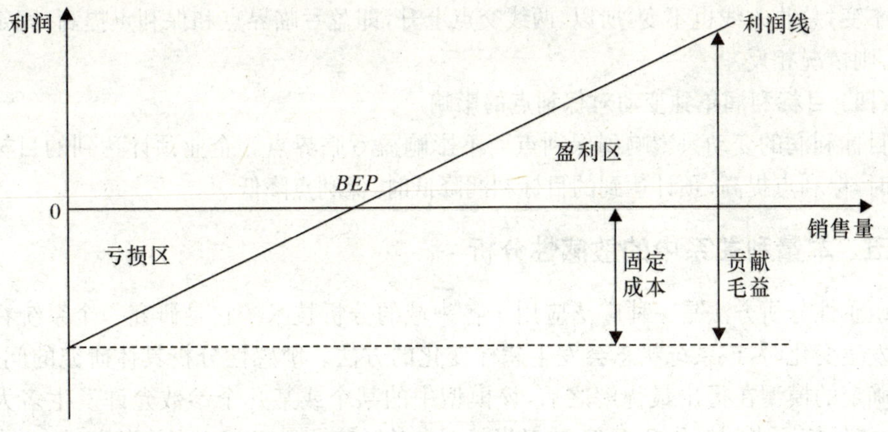

图 3-3　利量式本量利关系图

图 3-3 能直观反映销售量与利润、贡献毛益和固定成本之间的关系。当销售量为零时，企业的亏损就等于固定成本，随着销售量的增长，亏损越来越少；当销售量超过盈亏临界点时，企业开始出现利润，而且销售量越大，利润越多。可见，这种简单明了的图形更容易被企业管理人员理解。

四、相关因素变动对盈亏临界点和保利点的影响

前面进行本量利分析时，销售单价、固定成本、单位变动成本、目标利润都是不变的，当这些因素变动时，对盈亏临界点和保利点会产生很大影响。

(一) 销售单价单独变动对盈亏临界点和保利点的影响

从盈亏临界点和保利点的计算公式来看，销售单价提高会使单位贡献毛益和贡献毛益率上升，也就是盈亏临界点和保利点的计算公式的分母增大，因此，销售单价提高会降低盈亏临界点和保利点；销售单价降低，则情况相反。

从传统式和贡献毛益式本量利关系图来看，销售单价提高表明总收入线斜率增大，而总成本线不变，所以两线交点下降，即盈亏临界点和保利点降低；销售单价降低，则情况相反。

(二) 单位变动成本单独变动对盈亏临界点和保利点的影响

从盈亏临界点和保利点的计算公式来看，单位变动成本上升会使单位贡献毛益和贡献毛益率下降，也就是盈亏临界点和保利点计算公式的分母变小，因此，单位变动成本上升会提高盈亏临界点和保利点；单位变动成本下降，则情况相反。

从传统式和贡献毛益式本量利关系图来看，单位变动成本提高表明总成本线斜率增大，而总收入线不变，所以，两线交点上升，即盈亏临界点和保利点提高；单位变动成本降低，则情况相反。

(三) 固定成本单独变动对盈亏临界点和保利点的影响

从盈亏临界点和保利点的计算公式来看，固定成本上升会使盈亏临界点和保利点的计算公式的分子增大，因此，固定成本上升会提高盈亏临界点和保利点；固定成本下降，则情况相反。

从传统式和贡献毛益式本量利关系图来看，固定成本提高表明总成本线截距提高，斜率不变，总收入线也不变，所以，两线交点上升，即盈亏临界点和保利点提高；固定成本降低，则情况相反。

(四) 目标利润单独变动对保利点的影响

目标利润的变动只影响到保利点而不影响盈亏临界点。企业预计达到的目标利润提高时，保利点提高；预计达到的目标利润降低时，保利点降低。

五、本量利关系中的敏感性分析

敏感性分析方法是一种广泛应用于各领域的分析技术。它是研究一个系统在周围环境发生变化时，该系统状态会发生怎样变化的方法。敏感性分析具体研究的问题是，一个确定的模型在得出最优解之后，该模型中的某个或某几个参数允许发生多大的变化，仍能保持原来的最优解不变；或者当某个参数的变化已经超出允许的范围，原来的最优解已不再最优时，怎样用最简便的方法重新求得最优解。

本量利关系中的敏感性分析，主要是研究销售单价、单位变动成本、固定成本和销售量这些因素变动对盈亏临界点和目标利润的影响程度。具体来说，本量利关系中的敏感性分析就是分析由盈利转为亏损时各因素变化情况和分析利润敏感性。由盈利转为亏损时各因素变化情况分析就是分析确定那些使企业由盈利转为亏损的各因素变化的临界值，也就是计算出达到盈亏临界点的销售量、销售单价的最小允许值以及单位变动成本和固定成本的最大允许值。分析利润的敏感性是分析销售量、销售单价、单位变动成本和固定成本各因素变化对利润的影响程度。在这些因素中，有的因素微小的变化导致利润很大的变化，说明利润对该因素很敏感，该因素被称为敏感因素；而有的因素很大的变化只导致利润不大的变化，说明利润对该因素不敏感，该因素被称为不敏感因素。

(一) 相关因素临界值的确定

根据实现目标利润的模型 $P=px-bx-a=(p-b)x-a$，当 P 等于零时，可以求出公式中各因素的临界值(最大、最小值)。确定某一相关因素临界值时，通常假定其他因素不变。所以：

$$p=b+\frac{a}{x}$$

$$x=\frac{a}{p-b}$$

$$b=p-\frac{a}{x}$$

$$a=(p-b)x$$

【例 3-6】 假定企业只生产和销售一种产品，产品计划年度内预计售价为每件 20 元，单位变动成本为 8 元，固定成本总额为 24 000 元。预计销售量为 10 000 件。全年利润为 96 000 元。

(1) 销售单价的临界值(最小值)。

$$p=b+\frac{a}{x}=8+24\,000\div10\,000=10.4(\text{元})$$

这说明，单价不能低于 10.4 元这个最小值，否则便会亏损。或者说，单价下降幅度不能低于 48%(9.6÷20)，否则企业就会亏损。

(2) 销售量的临界值(最小值)。

$$x=\frac{a}{p-b}=24\,000\div(20-8)=2\,000(\text{件})$$

销售量的最小允许值为 2 000 件，这说明，销量只要达到预计销量的 1/5，企业就可以保本。

(3) 单位变动成本的临界值(最大值)。

$$b=p-\frac{a}{x}=20-24\,000\div10\,000=17.6(\text{元})$$

这就是说，单位变动成本达到 17.6 元时，也就是比 8 元高出 120%时，企业的利润就为零。

(4) 固定成本的临界值(最大值)。

$$a=(p-b)x=(20-8)\times10\,000=120\,000(\text{元})$$

这就是说，固定成本的最大允许值为 120 000 元，如果超过这个值，企业就会发生亏损。此时的固定成本总额增长了 500%。

（二）相关因素变化对利润的影响程度

销售量、销售单价、单位变动成本和固定成本各因素变化对利润的影响程度是不同的，也就是利润对这些因素变动的敏感程度是不同的，为了测量利润对这些因素变动的敏感程度，人们在长期实践中建立了敏感系数这一指标。其计算公式如下：

$$敏感系数=\frac{目标值变动百分比}{因素值变动百分比}$$

根据该公式，企业管理当局可以分析哪些是敏感因素，哪些是不敏感因素，然后对敏感因素应予以高度重视，对于不敏感因素，则可以不作重点关注，这样，就可以分清主次，把握重点了。下面通过举例来说明敏感因素的确定。

【例 3-7】 仍按[例 3-6]中的资料，假定销售单价、单位变动成本、固定成本和销售量分别增长 40%，则利润对各因素变动的敏感系数(以下简称各因素的敏感系数)可分别确定如下：

(1) 销售单价的敏感系数。

由于销售单价增长 40%，也就是 $p=20\times(1+40\%)=28$(元)

$$税前利润\ P=(28-8)\times10\,000-24\,000=176\,000(元)$$

$$\begin{matrix}目标值变动百分比\\(即利润变动百分比)\end{matrix}=(176\,000-96\,000)\div96\,000=83.33\%$$

$$销售单价的敏感系数=83.33\%\div40\%=2.08$$

这就表明，销售单价增长 1%，利润将提高 2.08%。

(2) 销售量的敏感系数。

由于销售量增长 40%，也就是 $x=10\,000\times(1+40\%)=14\,000$(件)

$$税前利润\ P=(20-8)\times14\,000-24\,000=144\,000(元)$$

$$\begin{matrix}目标值变动百分比\\(即利润变动百分比)\end{matrix}=(144\,000-96\,000)\div96\,000=50\%$$

$$销售量的敏感系数=50\%\div40\%=1.25$$

这就表明，销售量增长 1%，利润将提高 1.25%。

(3) 单位变动成本的敏感系数。

由于单位变动成本增长 40%，也就是 $b=8\times(1+40\%)=11.2$(元)

$$税前利润\ P=(20-11.2)\times10\,000-24\,000=64\,000(元)$$

$$\begin{matrix}目标值变动百分比\\(即利润变动百分比)\end{matrix}=(64\,000-96\,000)\div96\,000=-33.33\%$$

$$单位变动成本的敏感系数=-33.33\%\div40\%=-0.83$$

这就表明，单位变动成本增长 1%，利润将反向变动 0.83%，即降低 0.83%。

(4) 固定成本的敏感系数。

由于固定成本增长 40%，也就是 $a=24\,000\times(1+40\%)=33\,600$(元)

$$税前利润\ P=(20-8)\times10\,000-33600=86\,400(元)$$

$$\begin{matrix}目标值变动百分比\\(即利润变动百分比)\end{matrix}=(86\,400-96\,000)\div96\,000=-10\%$$

$$固定成本的敏感系数=-10\%\div40\%=-0.25$$

这就表明，固定成本增长1%，利润将降低0.25%。

需要说明的是，敏感系数是正数，表明该因素与利润是同向变动关系；敏感系数是负数，则表明该因素与利润是反向变动关系。分析敏感程度的关键是看敏感系数绝对值的大小，绝对值越大，则敏感程度越高；反之，越小。

从[例3-7]的计算中可以看出，利润对各因素变动的敏感程度是不同的，对销售单价的变动最敏感，其次是销售量，再次是单位变动成本，最后是固定成本。也就是说，销售单价变动对利润影响最大，固定成本变动对利润影响最小，销售量、单位变动成本变动对利润影响居中。但是，这一排列顺序会因为条件变化而发生改变。

【例3-8】 在[例3-6]的资料中，如果单位变动成本是12元而不是8元，其他条件不变。则各因素分别增长40%时，它们的敏感系数分别如下：

目标利润＝(20－12)×10 000－24 000＝56 000(元)

销售单价的敏感系数＝{[20×(1＋40%)－12]×10 000－24 000－56 000}÷56 000÷40%＝3.57

销售量的敏感系数＝[(20－12)×10 000×(1＋40%)－24 000－56 000]÷56 000÷40%＝1.43

单位变动成本的敏感系数＝{[20－12×(1＋40%)]×10 000－24 000－56 000}÷56 000÷40%＝－2.14

固定成本的敏感系数＝[(20－12)×10 000－24 000×(1＋40%)－56 000]÷56 000÷40%＝－0.43

从[例3-8]这个例子可以看出，四个因素的敏感系数排列顺序发生了变化，依次是销售单价、单位变动成本、销售量和固定成本。与[例3-7]相比，单位变动成本和销售量两个因素互换了位置。一般来说，单价的敏感系数是最大的。为验证这一结论，可以通过下列公式进行推导。

$$\text{单价的敏感系数}=\frac{P_2-P_1}{P_1}\times\frac{p_1}{p_2-p_1}=\frac{(p_2-b)x-a-[(p_1-b)x-a]}{P_1}\times\frac{p_1}{p_2-p_1}$$
$$=\frac{(p_2-p_1)x}{P_1}\times\frac{p_1}{p_2-p_1}=\frac{p_1x}{P_1}=\frac{px}{P}$$

相应地，可以推导出其他几个因素的敏感系数公式。

$$\text{销售量的敏感系数}=\frac{(p-b)x}{P}$$

$$\text{单位变动成本的敏感系数}=-\frac{bx}{P}$$

$$\text{固定成本的敏感系数}=-\frac{a}{P}$$

从这几个公式中可以看出，各公式的分母均为利润P，所以公式值的大小完全取决于分子的大小。因此，对各敏感系数的分子进行比较即可。

从销售单价和销售量的敏感系数公式的分子来看，$px>(p-b)x$，所以销售单价的敏感系数一定大于销售量的敏感系数。从销售单价和单位变动成本的敏感系数公式的分子来看，企业在正常盈利条件下，$px>bx$，所以销售单价的敏感系数一定大于单位变动成本的敏感系数。同样的，销售单价的敏感系数也大于固定成本的敏感系数。所以，一般来说，销售单价的敏感系数应该是最大的，也就是利润对销售单价变动的反应最为敏感。

所以，与其他因素相比，销售单价变动对企业利润的影响最大。

根据敏感系数公式，并在已知各因素变动幅度时，企业可以很容易预测利润变动幅度，从而很容易计算出各因素变动后的利润值。下面举例说明。

【例 3-9】 甲企业计划年度的销售量为 4 000 件，销售单价为 100 元，单位变动成本为 40 元，固定成本为 40 000 元。如果这些因素变动幅度均为 20% 和 −20%，则利润各为多少？

(1) 计算目标利润。

$$目标利润=(p-b)x-a=(100-40)\times4\,000-40\,000=200\,000(元)$$

(2) 计算各因素的敏感系数。根据敏感系数公式：

$$销售单价的敏感系数=\frac{px}{P}=100\times4\,000\div200\,000=2$$

$$销售量的敏感系数=\frac{(p-b)x}{P}=\frac{(100-40)\times4\,000}{200\,000}=1.2$$

$$单位变动成本的敏感系数=-\frac{bx}{P}=-40\times4\,000\div200\,000=-0.8$$

$$固定成本的敏感系数=-40\,000\div200\,000=-0.2$$

(3) 计算各因素单独变动后的利润。

由于，$敏感系数=\frac{目标值变动百分比}{因素值变动百分比}$，也就是，目标值变动百分比＝敏感系数×因素值变动百分比，所以：

第一，当各因素单独增长 20% 时，利润变动百分比和增减后的利润总额情况如下：

销售单价增长 20% 时，利润将增长 40%(2×20%)。

即：$$利润总额=200\,000\times(1+40\%)=280\,000(元)$$

销售量增长 20% 时，利润将增长 24%(1.2×20%)。

即：$$利润总额=200\,000\times(1+24\%)=248\,000(元)$$

单位变动成本增长 20% 时，利润将降低 16%(0.8×20%)。

即：$$利润总额=200\,000\times(1-16\%)=168\,000(元)$$

固定成本增长 20% 时，利润将降低 4%(0.2×20%)。

即：$$利润总额=200\,000\times(1-4\%)=192\,000(元)$$

第二，当各因素单独降低 20% 时，利润变动百分比和增减后的利润总额情况如下：

销售单价降低 20% 时，利润将降低 40%。

即：$$利润总额=200\,000\times(1-40\%)=120\,000(元)$$

销售量降低 20% 时，利润将降低 24%。

即：$$利润总额=200\,000\times(1-24\%)=152\,000(元)$$

单位变动成本降低 20% 时，利润将增长 16%。

即：$$利润总额=200\,000\times(1+16\%)=232\,000(元)$$

固定成本降低 20% 时，利润将增长 4%。

即：$$利润总额=200\,000\times(1+4\%)=208\,000(元)$$

可见，通过使用敏感系数公式，企业可以很方便地预测各因素变动情况下的利润值。

企业有时会列出有关因素变动的敏感分析表来直接反映各因素变动后的利润值，以便为企业决策人员提供直观数据。例如，在[例 3-9]中，除了 20%的变动率之外，企业还有各因素的变动率分别为 10%、30%两种情况。于是可以列出有关因素变动后的利润表。如表 3-2 所示。

表 3-2 有关因素变动的敏感分析表 单位：万元

利润 \ 变动率 / 项目	-30%	-20%	-10%	0	10%	20%	30%
销售单价	8	12	16	20	24	28	32
销售量	12.8	15.2	17.6	20	22.4	24.8	27.2
单位变动成本	24.8	23.2	21.6	20	18.4	16.8	15.2
固定成本	21.2	20.8	20.4	20	19.6	19.2	18.8

在表 3-2 中，各因素变动幅度只是选择了正负各三个值，如果选择更多的值，就可以得到更多的利润数据，这样，由各因素的变动幅度值和相应的利润值，就可以得到一系列的点，把这些点连接起来，就可以得到一张分析图了。

第三节 本量利分析扩展

前面本量利分析中假设收入和成本都呈线性，在盈亏临界点和保利点分析时，也假设销售单价、单位变动成本和销售量等因素也是确定的。而在现实经济生活中，情况可能复杂得多，如收入和成本可能不呈线性，某些因素在未来期间的状况不能确定等。本节将阐述在这样一些复杂条件下如何来进行本量利分析。

一、非线性条件下的本量利分析

在非线性条件下，总收入或总成本随业务量的增长而呈曲线增长时，就可能应用非线性回归。非线性回归分析中最常用的方程式是：$y=a+bx+cx^2$。企业可以根据销售量、销售额和成本等历史数据，计算出非线性回归方程的系数，然后分别计算一阶和二阶导数，以分别求出盈亏临界点和预计目标利润。

【例 3-10】 某公司只生产和销售单一产品，而且产销平衡。会计人员对过去销售量、销售额和成本数据进行分析时发现，总成本和销售量、总收入和销售量均为非线性关系，进行回归分析后，确定了总成本和总收入的非线性回归方程，分别是：

总成本方程： $TC=0.005x^2-4x+2\,400$

总收入方程： $TR=8x-0.007x^2$

计算该公司的盈亏临界点、利润最大化下的销售量和最大利润、最优售价。

式中：TR——总收入；

TC——总成本；

x——产销量。

$$利润(P)=TR-TC=(8x-0.007x^2)-(0.005x^2-4x+2\,400)=-0.012x^2+12x-2\,400$$

(1) 计算盈亏临界点。

令 $P=0$，即：$-0.012x^2+12x-2\,400=0$，可以得到盈亏临界点。

解得：
$$x_1=723(台)$$
$$x_2=276(台)$$

也就是说，总收入线和总成本线有两交点，即两个盈亏临界点，分别对应的销售量是723台和276台。

这一现象如图3-4所示。

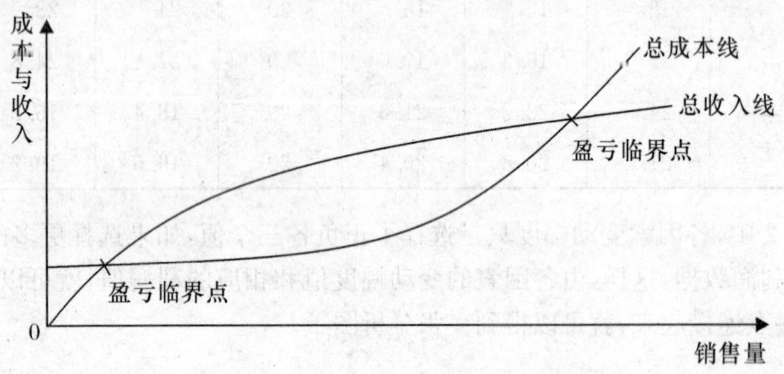

图3-4 非线性关系下的盈亏临界图

(2) 计算利润最大化的销售量和最大利润。

由于 $P=-0.012x^2+12x-2400$，所以可以求出 x 的一阶导数 Px'，当 $Px'=0$ 时，可实现利润最大化，即：$Px'=(-0.012x^2+12x-2400)'=-0.024x+12$

令 $Px'=0$，则有 $x=500$(台)

也就是说，产量达到500台时，企业实现最大利润，此时的利润=600(万元)

(3) 计算最优售价。

在 $x=500$ 台时，企业的总收入(TR)$=8x-0.007x^2=8\times500-0.007\times500^2=$ 2 250(万元)

$$此时的产品售价=\frac{TR}{x}=\frac{2\,250}{500}=4.5(万元/台)$$

在成本与销售量、收入与销售量呈非线性的条件下，企业制订生产计划和营销策略时，不能以产销量最大化为目标，而应以利润最大化作为经营目标，以此来确定最优产销量和最优售价。

二、不确定情况下的本量利分析

我们知道，利润受到销售单价、销售量、单位变动成本和固定成本等因素的影响。这些因素的变动必然引起利润的变动。如果这些因素的未来变动情况可以确定，如销售单价由现在的多少元提高或降低到多少元，单位变动成本将来会提高或降低到多少元，等等，那么，利润由此增加或减少的数值也就可以确定。但在实际经济生活中，销售单价、销售量、单位变动成本和固定成本因素的未来变动情况受多种因素影响，对它们未来变动情况的估计往往很难十分准确，只能粗略地估计，即只能估计它们的变动范围，以及有关数值在这个范围内出现的可能性(概率)是多少。这样，对利润变动的预测值必将有多种可能。可见，对于不确定情况下的本量利分析，首先，要确定影响利润的各因素的各种可能值；其次，计算各因素可能值的每一种组合下的盈亏临界点或目标利润；再次，以各种组合下的组合概率为权数计算盈亏临界点或目标利润的组合期望值；最后，计算出各期望值的合计数，即盈亏临界点或目标利润的预测值。

(一) 不确定情况下的盈亏临界点分析

【例 3-11】 某企业只生产和销售一种产品。经过对影响销售单价、单位变动成本和固定成本的各因素的考察分析，估计出未来年度销售单价、单位变动成本和固定成本的数值和相应的概率如表 3-3 所示。

表 3-3　**估计未来年度售价、成本的数值及相应的概率表**

销售单价		单位变动成本		固定成本	
估计值(元)	概率	估计值(元)	概率	估计值(元)	概率
200	0.7	120	0.8	40 000	0.9
190	0.3	118	0.2	45 000	0.1

根据表 3-3 资料，可以预测出盈亏临界点。具体计算过程如表 3-4 所示。

表 3-4　**盈亏临界点的预测计算表**

销售单价（元）	单位变动成本（元）	固定成本（元）	组合	盈亏临界点	组合概率 P	期望值(件)
(1)	(2)	(3)	(4)	(5)	(6)	(7)=(5)×(6)
200 P=0.7	120 P=0.8	40 000 P=0.9	1	500	0.504	252
		45 000 P=0.1	2	563	0.056	32
	118 P=0.2	40 000 P=0.9	3	488	0.126	61
		45 000 P=0.1	4	549	0.014	8
190 P=0.3	120 P=0.8	40 000 P=0.9	5	571	0.216	123
		45 000 P=0.1	6	643	0.024	15
	118 P=0.2	40 000 P=0.9	7	556	0.054	30
		45 000 P=0.1	8	625	0.006	4
预计盈亏临界点销售量						525

从表 3-4 可以看出，销售单价、单位变动成本和固定成本三个因素都有两种可能出现的结果，这样，盈亏临界点就有八种可能出现的结果。以每一种盈亏临界点的结果乘以与这种结果相对应的组合概率，就可以得到该组合下的期望值。八种组合下期望值的合计数就是盈亏临界点的销售量的预测数 525 件。

可见，在预测未来的盈亏临界点时，如果能把影响盈亏临界点的各因素未来可能发生的各种结果都考虑进去，将会更加接近客观实际。

（二）不确定情况下的利润分析

【例 3-12】 假定[例 3-11]中该企业预计未来年度一定会销售 4 000 件产品（此时概率为 1），则未来年度预计目标利润的计算过程如表 3-5 所示。

表 3-5 **利润预测计算表**

销售量（件）	销售单价（元）	单位变动成本（元）	固定成本（元）	组 合	利 润	组合概率 P	期望值(件)
(1)	(2)	(3)	(4)	(5)	(6)=(1)×[(2)-(3)]-(4)	(8)	(9)=(7)×(8)
4 000 P=1	200 P=0.7	120 P=0.8	40 000 P=0.9	1	280 000	0.504	141 120
			45 000 P=0.1	2	275 000	0.056	15 400
		118 P=0.2	40 000 P=0.9	3	288 000	0.126	36 288
			45 000 P=0.1	4	283 000	0.014	3 962
	190 P=0.3	120 P=0.8	40 000 P=0.9	5	240 000	0.216	51 840
			45 000 P=0.1	6	235 000	0.024	5 640
		118 P=0.2	40 000 P=0.9	7	248 000	0.054	13 392
			45 000 P=0.1	8	243 000	0.006	1 458
预期利润							269 100

在不确定情况下预测利润，其方法与前面预测盈亏临界点的方法基本相同。[例 3-12]中如果销售量也有多种可能值，就需要分别确定各种销售量情况下的利润值。此时，各种组合的数量会更大，利润预测也会变得更加复杂。

习 题

一、思考题

1. 销售单价、单位变动成本和固定成本变动对盈亏临界点和保本点有哪些影响？

2. 什么是盈亏临界点作业率和企业的安全边际？如何计算？

3. 为什么对本量利分析的前提做出假设？这些假设包括哪些内容？

二、计算分析题

1. A企业只产销一种产品，年度内计划销售8 000件产品，销售单价为50元，期初期末无产品存货，总成本函数为：$y=50\,000+10x$。

要求：计算贡献毛益率、盈亏临界点销售额和销售量、达到盈亏临界点的作业率、安全边际销售量和目标利润额。

2. 假定某公司计划年度内生产和销售甲、乙、丙三种产品，该公司计划年度固定成本总额为310 000元。其他有关资料如表3-6所示。

表3-6 **有关资料**

产品名称	甲	乙	丙
产销量(台)	100	80	150
销售单价(元)	5 000	7 500	6 000
单位变动成本(元)	3 000	4 500	4 800

要求：

(1) 采用综合贡献毛益率法，预测公司计划年度的盈亏临界点销售额，以及甲、乙、丙三种产品的盈亏临界点销售额。

(2) 如果公司计划年度内计划销售总额不变，而三种产品的销售收入比例为3∶4∶1，计算这三种产品的盈亏临界点销售额。

3. 假设某企业只生产和销售一种产品，销售单价为120元，单位变动成本是60元，预计每年固定成本为120 000元，计划年度销售量为2 500件。

要求：

(1) 如果销售单价增加10%，计算利润变动百分比和变动后的利润额各是多少？

(2) 如果销售量下降5%，计算利润变动百分比和变动后的利润额各是多少？

(3) 如果单位变动成本上升15%，计算利润变动百分比和变动后的利润各是多少？

4. 某企业生产和销售单一产品，产销平衡。会计人员对过去销售量、销售额和成本数据进行分析时发现，总成本和销售量、总收入和销售量均为非线性关系，进行回归分析后，确定了以销售量(用x表示)为自变量的总成本和总收入的非线性回归方程，分别是：

$$TR=5.6x-0.05x^2$$

$$TC=10-0.4x+0.7x^2$$

要求：计算盈亏临界点、最大利润的销售量、最大利润和最优售价。

第四章　企业经营预测

本章重点

1. 企业经营预测的内容、方法、程序。
2. 销售预测的各类方法。
3. 利润预测及其敏感性分析。
4. 成本预测的各类方法、资金需要量的预测。

本章难点

企业各种经营预测的具体方法。

第一节　经营预测概述

预测,是指用科学的理论和方法来预计、推测事物发展的必然性和可能性的行为。企业的经营预测,是指根据企业现有的经济条件和掌握的历史资料以及客观事物的内在联系,对企业生产经营活动的未来发展趋势及其状况所进行的预计和推算。在社会主义市场经济条件下,企业间的竞争是不可避免的。企业要想在竞争中立于不败之地,就必须对整个市场的发展趋势作出准确的预计和推测。企业必须在准确的经营预测的基础上进一步进行决策和规划。

一、经营预测的内容

准确的经营预测是企业制定经营决策和经营计划的前提和基础,它对加速企业的发展和提高经济效益会产生极其重要的作用。企业经营预测主要包括以下几方面内容。

(一) 销售预测

销售预测是企业在对预测对象(即特定的产品)进行充分调查和分析的基础上,根据不同产品的特点,运用一定的预测方法,对产品的未来销售趋势进行分析和评价,进而对其在未来一定时期内的市场销售数量作出估计和推算。销售预测在企业内部的生产经营管理中是一个十分重要的环节,它是企业经营预测领域的一个重要方面。企业从事生产经营活动,首先要确定经营目标,即目标利润,而这一经营目标能否实现,很大程度上取决于本企业产品在未来市场上的销售情况,因为销售是企业生产经营的关键,只有经历这一过程，企业在产品上的各种投入才能转化为现实的成果。因此，如果没有正确可靠的销售预测，企业的生产经营管理就会迷失方向，企业在生产经营管理上的投入也将付之东流。

（二）利润预测

利润预测一般可根据企业销售预测中预计的计划期经营活动水平（销售量）和成本水平，建立有关的数学模型来进行。利润是收入和费用配比的结果，税前利润的预测实际上是收入和成本费用预测，税后利润的预测则要受国家税率的影响。要增加利润，就必须从增加收入和降低成本着手。

（三）成本预测

成本预测是确定目标成本和选择达到目标成本的最佳途径的重要环节，是动员企业内部一切潜力，消耗最少的人力、物力和财力去完成既定目标的过程。它主要预测企业在现有生产能力下所能达到的成本水平，各种技术进步对降低成本的影响，各种合理化建议对成本工作的促进作用以及原材料价格变化对成本的影响。成本预测对于提高企业经营管理水平、增加经济效益，具有十分重要的意义。

（四）资金需要量预测

企业筹集资金，首先要对资金需要量进行预测，即对企业未来组织生产经营活动的资金需要量进行估计、分析和判断。只有这样，才能使筹集的资金既能保证生产经营的需要，又不会因闲置而产生不合理的损失。

二、经营预测的基本原则

（一）延续性原则

延续性原则，是指企业经营活动中，过去和现在的某种发展规律将会延续下去，并假设决定过去和现在发展的条件，同样适用于未来。企业经营预测根据这条原则，就可以把未来视作历史的延伸进行推测。如趋势预测分析法就是基于这条原则而建立的。

（二）相关性原则

相关性原则，是指企业经营活动过程中一些经济变量之间存在着相互依存、相互制约的关系。企业经营预测根据这条原则，就可以利用对某些经济变量的分析研究来推测受它们影响的另一个（或另一些）经济变量发展的规律性。如因果预测分析法就是基于这条原则而建立的。

（三）相似性原则

相似性原则，是指企业在经营活动过程中不同的（一般是无关的）经济变量所遵循的发展规律有时会出现相似的情况。企业经营预测根据这条原则，可以利用已知变量的发展规律类推出未知变量的发展趋势。如判断分析法就是基于这条原则而建立的。

（四）统计规律性原则

统计规律性原则，是指企业在经营活动过程中对于某个经济变量所作出的一次观测结果，往往是随机的；但多次观测的结果，却会出现具有某种统计规律性的情况。企业经营预测根据这条原则，就可以利用概率分析及数理统计的方法进行推测。如回归分析法就是基于这条原则而建立的。

三、经营预测的方法

经济规律的客观性及其可认识性是预测分析方法论基础，系统的、准确的会计信息及其他有关资料，是开展预测分析工作的必要条件。进行预测分析所采用的专门方法种类繁多，随分析对象和预测期限的不同而不同。但其基本方法大体上可归纳为定量分析法和定性分析法两大类。

（一）定量分析法

定量分析法也称数量分析法，是指应用现代数学方法（包括运筹学、概率论等）和各种现代化计算工具对与预测对象有关的各种经济信息进行科学的加工处理，并建立预测分析的数学模型，充分揭示各有关变量之间的规律性联系，最终对计算结果作出结论的分析方法。定量分析法按照具体做法不同，又可分为趋势预测分析法和因果预测分析法。

（1）趋势预测分析法。趋势预测分析法也称时间序列分析法或外推分析法，是指根据预测对象过去的、按时间顺序排列的一系列数据，应用一定的数学方法进行加工、计算，借以预测其未来发展趋势的分析方法。它的实质就是遵循事物发展的延续性原则，并采用数理统计的方法，来预测事物发展的趋势。例如，算术平均法、移动加权平均法、指数平滑法、回归分析法、二次曲线法等都属于这种类型。

（2）因果预测分析法。因果预测分析法，是指根据预测对象与其他相关指标之间相互依存、相互制约的规律性联系，来建立相应的因果数学模型所进行的预测分析方法。它的实质就是遵循事物发展的相关性原则，来推测事物发展的趋势。例如，本量利分析法、投入产出分析法、经济计量法等都属于这种类型。

（二）定性分析法

定性分析法也称非数量分析法，它是一种直观性的预测方法，是指依靠预测人员的丰富实践经验以及主观的判断和分析能力（它们必须建立在预测者的智慧和广博的科学知识的基础之上），在不用或少量应用计算的情况下，就能推断事物的性质和发展趋势的分析方法。这种方法在量的方面不易准确，一般是在企业缺乏完备、准确的历史资料的情况下，首先邀请熟悉该行业经济业务和市场情况的专家，根据他们过去所积累的经验进行分析判断，提出预测的初步意见；然后再通过召开调查会或座谈会的方式，对上述初步意见进行修正补充，并作为提出预测结论的依据。

（三）定性分析法和定量分析法的关系

定性分析法和定量分析法在实际应用中并非相互排斥，而是相互补充、相辅相成的。定量分析法虽然较精确，但许多非计量因素无法考虑，这就需要通过定性分析法将一些非计量因素考虑进去，但定性分析法要受主观因素的影响，因此在实际工作中常常将两种方法结合应用，相互取长补短，以提高实用性。

四、经营预测的一般程序

经营预测是一项复杂且要求比较高的工作，一般可按以下步骤进行。

（一）确定预测目标

确定预测目标就是确定对什么进行预测，并达到什么目的。例如，是预测企业的销售量还是预测企业的利润，这是根据企业经营的总体目标来设计和选择的。确定预测目标是做好经营预测的前提，是制订预测分析计划、确定信息资料来源、选择预测方法及组织预测人员的依据。

(二) 搜集、整理和分析资料

预测目标确定后，应着手搜集有关经济的、技术的、市场的计划资料和实际资料。这是开展经营预测的前提条件。在搜集资料的过程中要尽量保证资料的完整全面。在占有大量资料的基础上，对资料进行加工、整理、归集、鉴别，去粗取精、去伪存真，找出各因素之间的相互依存、相互制约的关系，从中发现事物发展的规律，作为预测的依据。

(三) 选择预测方法

不同的预测方法能达到不同的目的，所以对于不同的对象和内容，应采用不同的预测方法，不能一成不变。对于那些资料齐全、可以建立数学模型的预测对象，应在定量预测方法中选择合适的方法；对于那些缺乏定量资料的预测对象，应当结合以往的经验选择最佳的定性预测方法。

(四) 实际预测过程

根据预测模型及掌握的未来信息，进行定性、定量的预测分析和判断，揭示事物的变化趋势，提出企业需要的符合实际的预测结果，为企业的经营管理提供信息。

(五) 检查验证

经过一段时间的实际操作，对上一阶段的预测结果需要进行验证和分析评价，即以实际数与预测数进行比较，检查预测的结果是否准确，并找出误差原因，以便及时对原选择的预测方法加以修正。这是个反复进行信息数据处理和选择判断的过程，也是多次进行反馈的过程，目的是保证预测的正确性。

(六) 修正预测结果

对于原用定量分析法进行的预测，常常由于某些因素的数据不充分或无法定量而影响预测的精度，这就需要用定性分析法考虑这些因素，并修正定量预测的结果。对于原用定性分析法预测的结果，往往也需用定量分析法加以修正补充，使预测结果更接近实际。总之，这个过程是一个定性和定量相结合的过程。

(七) 报告预测结论

将修正补充过的预测结论向企业的有关领导报告。

以上经营预测的一般程序，如图 4-1 所示。

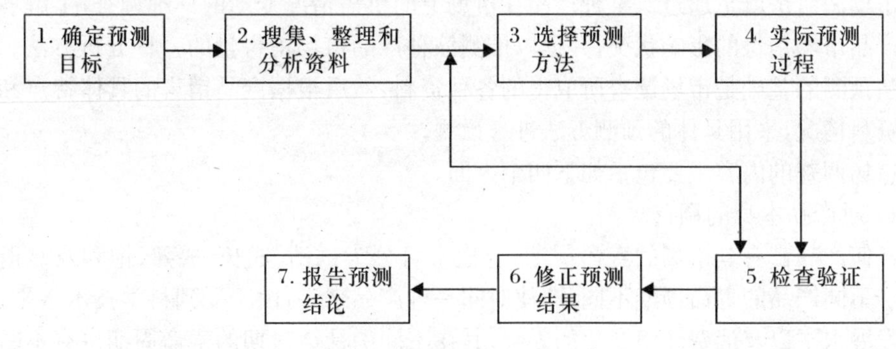

图 4-1　经营预测的一般程序

第二节　销 售 预 测

一、销售预测应考虑的因素

随着我国经济体制改革的不断深入和社会主义市场经济体制的逐步建立和完善，市场竞争必将日趋激烈。在这种形势下，更要求企业重视和加强销售预测，认真研究市场对企业可能产生的各种影响，了解本企业产品在市场上的占有情况和竞争能力，以便更有效地、更明确地组织企业的产品生产和推销工作，使企业在激烈的市场竞争中求得生存和发展。

影响销售预测的因素很多，彼此之间的关系也很复杂，必须对它们仔细分析，综合考虑它们的影响。这些因素一般可分为外部和内部两方面。外部的因素有：① 当前市场的状况。② 企业过去的销售业绩。③ 经济发展趋势。④ 竞争对手情况。⑤ 客户的变化。⑥ 一般商业环境与市场的变化等。内部的因素有：① 产品的价格。② 产品的功能和质量。③ 企业提供的配套服务。④ 企业的生产能力。⑤ 各种广告手段的应用。⑥ 推销的方法等。

衡量销售预测的结果，主要看预测的结果是否符合客观实际，也就是看它的可靠性。由于预测涉及未来，本来就有一定的不确定性，加之影响的因素多而复杂，要提高销售预测的可靠性，除了选择正确的方法外，正确组织预测工作也是十分重要的。

二、销售预测的方法

(一) 销售预测的定性分析法

销售预测的定性分析法是在预测人员具备丰富的实践经验和广泛的专业知识的基础上，根据其对事物的分析和主观判断能力对预测对象的性质和发展趋势作出推断的预测方法，如市场调研法和判断分析法。这类方法主要是在企业所掌握的数据资料不完备、不准确的情况下使用，通过对经济形势、国内外科学技术发展水平、市场动态、产品特点和竞争对手情况等资料的分析研究，对本企业产品的未来销售情况作出质的判断。

1. 市场调研法

市场调研法就是通过对某种产品在市场上的供需情况变动的详细调查，了解各因素对该产品市场销售的影响状况，并据以推测该种产品市场销售量的一种分析方法。市场调研法预测的基础是市场调查所取得的各种资料，然后根据产品销售的具体特点和调查所得资料情况，采用具体的预测方法进行预测。

市场调查的内容主要包括如下四个方面。

1）对产品本身的调查

任何产品都有其市场的寿命周期，它通常可分为试销、成长、成熟、饱和及衰退五个阶段。不同产品的寿命周期不同，即使对同一种产品来讲，由于受到科学技术水平、社会经济发展水平以及消费环境变化的影响，其在不同的社会时期的寿命周期也有不断缩短的趋势。对产品本身的调查，就是要查清产品在当前市场的寿命周期长度以及所处的寿命周期阶段，以把握产品的市场销售前景。

2）对消费者情况的调查

一种产品能否实现销售主要决定于市场需求，而消费者的情况、消费心理、个人爱好、消费的风俗习惯、对产品及其供应者的要求等等都会影响到对产品的需求量。因此，掌握消费者的爱好及其对产品的购买意图等是市场调查的一项很重要的内容，尤其是生活消费品的销售预测，因为生活消费品使用面广，挑选性强，消费者的消费意愿极易变化，消费行为对市场需求的影响更为直接。

3）对经济发展趋势的调查

一国或地区的社会经济发展趋势都会直接或间接地影响到市场需求。因此，了解国民收入增长情况、社会商品购买力变动情况、消费动向、行业生产增长速度和规模等，将有助于对产品的市场需求作出正确的判断。

4）对市场竞争情况的调查

市场经济离不开竞争，要能在市场竞争中求得生存和发展，既要清楚本企业产品的竞争能力，更要了解竞争对手的情况，包括在产品的设计、生产、销售、价格等方面有哪些新动向，对销售将会产生什么影响，知己知彼，正确估计本企业产品在市场上的地位。

最后，把上述四方面的调查分析资料进行综合、整理、加工、计算，就可以对产品的销售作出预测。

当然，企业的管理当局也可利用社会上的专门机构（如统计部门或同业公会的调研机构等）的调查资料。他们一般只提供某类产品的整个行业市场的需求潜量。根据这项信息再乘以本企业产品的市场占有率，即可算出本单位的预计销售量。

2. 判断分析法

判断分析法主要是根据熟悉市场未来变化的专家的丰富实践经验和综合判断能力，在对预测期销售情况进行综合分析研究以后所作出的产品销售趋势的判断。参与判断预测的专家既可以是企业内部人员，如销售部门经理和销售人员，也可以是企业外界的人员，如有关推销商和经济分析专家等。

判断分析法的具体方式一般可分为下列四种。

1）意见汇集法

意见汇集法也称主观判断法，它是由本企业熟悉销售业务、对于市场的未来发展变化趋势比较敏感的领导人、主管人员和业务人员，根据其多年的实践经验集思广益，分析各种不同意见并对之进行综合分析评价后进行判断预测的分析方法。这一方法产生的依据是，企业内部的各有关人员由于工作岗位和业务范围及分工有所不同，尽管他们对各自的业务都比较熟悉，对市场状况及企业在竞争中的地位也比较清楚，但其对问题理解的广度和深度却往往受到一定的限制。在这种情况下就需要各有关人员既能对总的社会经济发展趋势和企业的发展战略有充分的认识，又能全面了解企业当前的销售情况，进行信息交流和互补，在此基础上经过意见汇集和分析，就能作出比较全面客观的销售判断。

这一方法在企业实行分片推销责任制的情况下尤为适用。因为在这种推销方式下，每个推销人员对他所负责推销地区的各方面情况都比较熟悉，并能根据该地区消费习惯、消费结构、收入水平等因素的变动，凭经验及时地估计出本企业的产品在该地区的市场需求情况，而把本企业某一产品在所有地区的预测数汇总后，就能得到企业对该产品的整体销售预测。采用这一方法，费时不长，耗费较小，运用灵活，并能根据销售市场的变动及时对预测数进行修正，是一种比较实用的方法。

2）特尔菲法

特尔菲法也称专家调查法，它是一种客观判断法，由美国兰德公司在 20 世纪 40 年代首先倡导使用。它主要是采用通讯的方式，通过向见识广、学有专长的各有关专家发出预测问题调查表的方式来搜集和征询专家们的意见，并经过多次反复，综合、整理、归纳各专家的意见以后，作出预测判断的分析方法。

采用这一方法在征询意见时，各专家之间应尽量互不通气，以使各人能根据自己的经验、观点和方法进行预测，避免专家之间因为观点不同、地位不同等原因而产生干扰和影响。同时，在每次重复征询意见过程中，都应注意把上次征询意见的结果进行加工整理后反馈给各专家，特别要注意不应忽略少数人的意见，以使各专家在重复预测时能作出较全面的分析和判断。

3）专家小组法

专家小组法也属于一种客观判断法，它是由企业组织各有关方面的专家组成预测小组，通过召开各种形式座谈会的方式，进行充分广泛的调查研究和讨论，然后运用专家小组的集体科研成果作出最后的预测判断的分析方法。

与特尔菲法各专家“背靠背”预测形式相反，这一方法是由各专家组成小组面对面的进行集体讨论和研究，因此可以相互启发和补充，使对预测问题的分析、研究更为全面和深入，避免各专家之间因信息资料不共享而使预测带有片面性。采用这一方法，要求各专家从企业的整体利益出发，畅所欲言，充分表达各自的观点，而不要受不同意见的干扰和影响。

4）模拟顾客综合判断法

模拟顾客综合判断法先请各位专家模拟成各种类型的顾客，通过比较本企业和竞争对手的产品质量、售后服务和销售条件等作出购买决策，然后把这些“顾客”准备购买本企业产品的数量加以汇总，形成一个销售预测值的分析方法。

（二）销售预测的定量分析法

销售预测的定量分析法主要是根据有关的历史资料，运用现代数学方法对历史资料进行分析加工处理，并通过建立预测模型来对产品的市场变动趋势进行研究并作出推测的预测方法，如趋势预测分析法和因果预测分析法。这类方法是在拥有尽可能多的数据资料的前提下运用，以便能通过对数据类型的分析确定具体适用的预测方法，对产品的市场需求作出量的估计。

1. 趋势预测分析法

趋势预测分析法是应用事物发展的延续性原理预测事物发展的趋势。首先把本企业的历年销售资料按时间的顺序排列下来，然后运用数理统计的方法来预计、推测计划期间的销售数量或销售金额，也称时间序列预测分析法。这类方法的优点是搜集信息方便、迅速；缺点是对市场供需情况的变动因素未加考虑。

趋势预测分析法根据具体所采用的计算方法的不同，分为加权平均法、移动加权平均法和指数平滑法等。

1) 算术平均法

算术平均法是以过去若干期的销售量或销售额的算术平均数作为计划期的销售预测数。其计算公式如下：

$$\text{计划期销售预测数}(\bar{x})=\frac{\text{各期销售量(额)之和}}{\text{期数}}=\frac{\sum x_i}{n}$$

【例 4-1】 甲公司今年下半年 A 产品各月的实际销售量如表 4-1 所示。预测明年 1 月份 A 产品的销售量。

表 4-1　**A 产品下半年各月实际销售量**

月　份	7	8	9	10	11	12
实际销售量(件)	1 000	1 100	1 400	1 200	1 300	1 350

$$\text{预计 1 月份的销售量 }\bar{x}=\frac{1\,000+1\,100+1\,400+1\,200+1\,300+1\,380}{6}=1\,230(\text{件})$$

这种方法的优点是计算简单；缺点是使各月份的销售差异平均化，特别是没有考虑到近期(如 10 月、11 月、12 月三个月)的变动趋势，从而使测出的预计数与实际数可能会发生较大误差。这种方法一般只适用于销售量比较稳定的商品，如没有季节性的食品、文具、日常用品等。

2) 移动加权平均法

移动加权平均法是先根据过去若干期的销售量或销售额，按其距离预测期的远近分别进行加权(近期权数大些，远期权数小些)；然后计算其加权平均数，并以此作为计划期的销售预测值。所谓“移动”，是指对计算平均数的时期不断向后推移。例如，预测 7 月份的销售量以 4 月、5 月、6 月份的历史资料为依据；若预测 8 月份的销售量，则以 5 月、6 月、7 月份的资料为依据。一般情况下，预测数受近期实际销售的影响程度较大，因此越接近预测期的实际销售情况其权数应越大些。其计算公式如下：

$$\text{计划期销售预测数}(\bar{x})=\sum\text{某期销售量(额)}\times\text{该期权数}=\sum W_i x_i$$

式中：W_i——第 i 期权数；

x_i——各期实际销售量(额)。

为了简化计算，可令 $\sum W_i=1$。

但西方统计学家认为，上述公式只能代表预测期前一定期间的实际水平。为了能反映近期的销售发展趋势，应在上述公式中，再加上平均每月的销售变动趋势值(b)。

因此，上述公式可修正为：

$$\text{计划期销售预测数}(\bar{x})=\sum W_i x_i+b \qquad (\sum W_i=1)$$

式中：$b=\dfrac{\text{后一季度每月平均实际销售量(额)}-\text{前一季度每月平均实际销售量(额)}}{3}$。

【例 4-2】 仍按[例 4-1]资料，根据 10 月、11 月、12 月三个月的实际资料预测甲公司明年 1 月份 A 产品的销售量。

(1) 计算每月销售平均变动趋势值 b。

$$第三季度实际平均销售量=\frac{1\,000+1\,100+1\,400}{3}=1\,166.67(件)$$

$$第四季度实际平均销售量=\frac{1\,200+1\,300+1\,350}{3}=1\,283.33(件)$$

$$b=\frac{1\,283.33-1\,166.67}{3}=38.89(件)$$

(2) 预测甲公司明年1月份A产品的销售量。

令$\sum W_i=1(W_1=0.2, W_2=0.3, W_3=0.5)$

则：$\bar{x}=\sum W_i x_i+b=1\,200\times0.2+1\,300\times0.3+1\,350\times0.5+38.89=1\,343.89$(件)

这种方法既考虑到销售的发展趋势，同时又根据时期的远近分别加权，消除了各个月份销售差异的平均化，故其预测结果比较接近计划期的实际情况。

3) 指数平滑法

指数平滑法就是遵循重近轻远的原则，对全部历史数据采用逐步衰减的不等加权办法进行数据处理的一种预测方法。指数平滑法通过对历史时间序列进行逐层平滑计算，从而消除随机因素的影响，识别经济现象基本变化趋势，并以此预测未来，它是短期预测中最有效的方法。使用指数平滑系数来进行预测，对近期的数据观察值赋予较大的权重，而对以前各个时期的数据观察值则顺序地赋予递减的权重。指数平滑法是同类预测法中被认为是最精确的，因为最近的观察值已经包含了最多的未来情况的信息。其计算公式如下：

计划期销售预测数($\bar{x}$)＝平滑系数×上期实际销售数＋(1－平滑系数)×上期预测销售数＝$\alpha A+(1-\alpha)F$

平滑系数的值要求大于0，小于1；一般取值在0.3与0.7之间。

【例4-3】 仍按[例4-1]资料，假定甲公司12月份的A产品实际数的原预测数为1 400件，平滑系数采用0.5。采用平滑系数法预测明年1月份的A产品的销售量。

预计1月份的销售量 $\bar{x}=\alpha A+(1-\alpha)F=0.5\times1\,350+(1-0.5)\times1\,400=1\,375$(件)

指数平滑法与移动加权平均法实质上是近似的，其优点是可以排除在实际销售中所包含的偶然因素的影响。但确定平滑系数的值还带有一定的主观性。平滑系数越大，则近期实际数对预测结果的影响越大；反之，平滑系数越小，则近期实际数对预测结果的影响越小。因此，我们可以采用较小的平滑系数，使此法的平均数能反映实际值变动的长期趋势；也可以采用较大的平滑系数，使此法的平均数能进行近期的销售预测。

2. 因果预测分析法

因果预测分析法是利用事物发展的因果关系来推测事物发展趋势的方法。它一般是根据过去掌握的历史资料，找出预测对象的变量与其相关变量之间的依存关系，来建立相应的因果预测数学模型，然后通过对数学模型的求解来确定对象在计划期的销售量或销售额。

因果预测所采用的具体方法较多，最常用而且最简单的是回归分析法。回归分析主要是研究事物变化中的两个或两个以上因素之间的因果关系，并找出其变化的规律，应用回归数学模型，预测事物未来的发展趋势。由于在现实的市场条件下，企业产品的销售量往往与某些变量因素(如国民生产总值、个人可支配的收入、人口、相关工业产品的销售量、需要的价格弹性或收入弹性等)之间存在着一定的函数关系,因此我们可以利用这种关系,选择最恰当的相关因素建立起预测销售量或销售额的数学模型,这往往会比采用趋势预测分析法获得更为理想的预测结果。如轮胎与汽车,面料、辅料与服装,水泥与建筑之间存在着依存关系,而且都是前者的销售量取决于后者的销售量。所以,可以利用后者现成的销售预测的信息,采用回归分析的方法来推测前者的预计销售量。这种方法的优点是简便易行,成本低廉。回归分析法主要包括一元线性回归法(预测对象的相关因素有一个)与多元回归法(预测对象的相关因素有两个或两个以上)。

1) 一元线性回归法

一元线性回归法即最小二乘法,是用途较为广泛的一种预测方法,是用来处理两个变量之间具有的线性关系的一种方法。其具体做法是:

(1) 设 x 为影响预测对象的相关因素的销售量或销售额,即自变量;y 为预测对象的销售量或销售额,即因变量。

(2) 搜集本企业近年来有关因变量的历史资料,以及相关工业有关自变量的相应统计数据。

(3) 根据直线方程式 $y=a+bx$,按照数学上最小二乘法的原理来确定一条能反映自变量 x 与因变量 y 之间具有误差平方和最小的直线(即回归线)。它的常数项 a 和系数 b 的值可按下列公式计算:

$$a=\frac{\sum y-b\sum x}{n}$$

$$b=\frac{n\sum xy-\sum x\cdot\sum y}{n\sum x^2-(\sum x)^2}$$

(4) a 与 b 的值求得后,结合计划期自变量 x 的预计销售量或销售额的信息,代入计划期 $y=a+bx$ 的计算公式,即可求得预测对象 y 的预计销售量或销售额。

【例 4-4】 假设乙轮胎厂主要生产轮胎。假设某地区各年份汽车实际销售量和轮胎实际销售量情况如表 4-2 所示。

表 4-2 **各年份汽车销售量及轮胎销售量**

年　份	20×1	20×2	20×3	20×4	20×5
汽车销售量(万辆)	10	12	15	18	20
轮胎销售量(万只)	64	78	80	106	120

假定计划期 2006 年汽车销售量根据汽车工业联合会的预测为 25 万辆,乙轮胎厂的市场占有率为 35%。要求采用回归分析法预测乙轮胎厂 2006 年的轮胎销售量。

设 y 为轮胎销售量,x 为汽车销售量,a 为原来市场上拥有的汽车对轮胎的每年需要量,b 为每销售万辆汽车对轮胎的销售量,则它们之间的关系可用直线方程式 $y=a+bx$ 来表示。

先根据给定的资料编制计算表如表 4-3 所示。

表 4-3　　相关数据计算表

年度	汽车销售量(万辆) x	轮胎销售量(万只) y	xy	x^2
20×1	10	64	640	100
20×2	12	78	936	144
20×3	15	80	1 200	225
20×4	18	106	1 908	324
20×5	20	120	2 400	400
$n=5$	$\sum x=75$	$\sum y=448$	$\sum xy=7\,084$	$\sum x^2=1\,193$

将表中所列计算数据带入公式：

$$a=\frac{\sum y-b\sum x}{n}$$

$$b=\frac{n\sum xy-\sum x\cdot\sum y}{n\sum x^2-(\sum x)^2}$$

得到：

$$b=\frac{5\times 7\,084-75\times 448}{5\times 1\,193-75^2}=5.35$$

$$a=\frac{448-5.35\times 75}{5}=9.35$$

$$y=9.35+5.35x$$

2006 年市场对轮胎的需求量：

$$y=9.35+5.35\times 25=143.1(\text{万只})$$

乙轮胎厂 2006 年轮胎销售量预计为：

$$y=143.1\times 35\%=50.085(\text{万只})$$

2) 多元回归法

企业的经营活动往往受多方面因素的影响，即一个因变量和几个自变量存在依存关系。例如，有的企业的产品是供应若干个其他企业生产用的零部件，因此生产零部件企业的产品销售量受其他企业生产量的影响。在因变量同时受两个或两个以上的自变量的影响的情况下，就要用多元回归法进行预测。

多元回归法最基本的是二元线性回归分析法，其计算公式如下：

$$y=a+b_1x_1+b_2x_2$$

根据最小二乘法原理，可求出下列三个标准方程式：

(1) 把上列方程式求和，得：

$$\sum y=na+b_1\sum x_1+b_2\sum x_2 \quad (1)$$

(2) 把(1)式×x_1 并求和，得：

$$\sum x_1y=a\sum x_1+b_1\sum x_1^2+b_2\sum x_1x_2 \quad (2)$$

(3) 把(1)式×x_2 并求和,得:

$$\sum x_2 y = a\sum x_2 + b_1\sum x_1 x_2 + b_2\sum x_2^2 \quad (3)$$

【例 4-5】 某工业企业生产的扬声器主要供应电视机厂和无线电厂生产电视机和收录机用,两厂的产量与扬声器的销售量之间存在密切的关系。两厂的电视机、收录机产量与某企业扬声器的销售额资料如表 4-4 所示。要求采用多元回归分析法预测电视机产量和收录机产量的变动对扬声器的销售量的影响。

表 4-4 **电视机、收录机产量变动和扬声器销售额变动的资料**

年 份	销售额(万元) y	电视机产量(万台)x_1	收录机产量(万台)x_2	x_1y	x_2y	x_1x_2	x_1^2	x_2^2
20×3	40	32	21	1 280	840	672	1 024	441
20×4	43	33	22	1 419	946	726	1 089	484
20×5	47	36	22	1 692	1 034	792	1 296	484
20×6	50	39	26	1 950	1 300	1 014	1 521	676
20×7	60	40	29	2 400	1 740	1 160	1 600	841
$n=5$	240	180	120	8 741	5 860	4 364	6 530	2 926

根据表 4-4 计算资料,代入方程式为:

$$240 = 5a + 180b_1 + 120b_2 \quad (1)$$

$$8\,741 = 180a + 6\,530b_1 + 4\,364b_2 \quad (2)$$

$$5\,860 = 120a + 4\,364b_1 + 2\,926b_2 \quad (3)$$

解以上方程组得:

$$a = -12.9888 \quad b_1 = 0.6758 \quad b_2 = 1.5275$$

代入方程式,得:

$$y = -12.9888 + 0.6758x_1 + 1.5275x_2$$

若 2008 年电视机的产量为 45 万台,收录机的产量为 40 万台,则扬声器的预测销售量为:

$$y = -12.9888 + 0.6758 \times 45 + 1.5275 \times 40 \approx 78.52(\text{万元})$$

应用线性回归技术进行经济预测,需要注意以下几个问题:

(1) 准确选定能起决定性作用的主要因素。预测期内经济变量的影响因素,必须准确地选定对预测对象的发展变化能起决定性作用的一个或若干个主要影响因素,否则,回归数学模型就无法建立。

(2) 要搜集足够多的数据点。把能对预测对象起决定性作用的主要因素,通过定量的数据点表示出来。在正常情况下,搜集到的数据点越多,应用回归数学模型预测经济变量的结果越准确。

(3) 回归数学模型的建立是随着主要影响因素的改变而改变。回归数学模型的建立不是一成不变的,当主要影响因素变为次要因素,或未被考虑到的次要因素变为主要影响因素时，对于原先建立的回归数学模型就需要更改或重新建立。

(4) 不能单纯从纯数学模型的角度机械地去理解现实中的经济变量。当自变量全等于零时，不能把它当成实际上影响因素变量全等于零。

(5) 回归数学模型中的回归系数，是当自变量增长其单位数值时因变量的增长值。因变量是随着自变量的变化而变化，这个变化是反映实际情况的平均值。所以实际的变化所表示的数值围绕这一平均值上下波动。

需要说明的是，销售预测的定性分析法与定量分析法在实践中常常是相辅相成的。诚然，在企业无法取得准确完备的数据资料的情况下，只得采用定性分析法。但是，当企业拥有较完备准确的数据资料的情况下，在运用定量分析法进行预测时，却往往需要同时采用一些定性分析法来对一些影响产品销售的非计量因素作出估计和判断，以使预测结果更为准确可靠，取得更好的预测效果。

第三节　利润预测

利润是收入和费用配比的结果，税前利润的预测实际上是收入和成本费用预测，税后利润的预测则要受国家税率的影响。要增加利润，就必须从增加收入和降低成本两方面着手。

一、利润敏感性

(一) 利润敏感性分析的假定

研究利润敏感性，须作如下假定：

(1) 有限因素的假定。为简化分析，假定利润只受到以下因素，即单价、单位变动成本、销量和固定成本的影响，它们的序号分别为1,2,3,4。

(2) 单独变动的假定。为正确反映各个因素对利润的影响，假定上述因素中任何一个因素的变动均不会引起其他三个因素的变动。

(3) 利润增长的假定。为了使分析的结论具有可比性，使每项因素的变动最终都导致利润的增加，要求属于正指标的单价与销量的变动率为增长率，属于反指标的单位变动成本与固定成本的变动率为降低率。

(4) 同一变动幅度假定。为了定量分析利润受各个因素变动影响程度的大小，假定任一个因素均按同一幅度1%变动。即单价增长1%，销量增长1%，单位变动成本降低1%，固定成本降低1%。

(二) 利润敏感性指标的计算

利润敏感性分析的关键是计算利润受各个因素影响的灵敏度指标(后者简称因素的利润灵敏度)。某因素的利润灵敏度指标即该因素按上述假定变动而使利润增长的百分比指标。其计算公式如下：

$$S_i=\frac{M_i}{P}\times 1\% \quad (i=1,2,3,4)$$

式中：S_i——第 i 个影响因素的利润灵敏度；

M_i——第 i 个影响因素的中间变量；

P——基期利润。

第 i 个影响因素的中间变量分别如下：

$$M_1=px$$
$$M_2=bx$$
$$M_3=UCM$$
$$M_4=a$$

这部分内容的计算举例，详见第三章本量利分析中"相关因素变化对利润变化的影响程度"举例，只不过那里的是敏感系数，而此处是因素的利润灵敏度指标，前者乘以 1% 就是后者。

（三）利润敏感性指标的应用

利用利润敏感性指标，不仅有助于判断利润受不同因素影响的程度，分清主次，而且还可以从以下三方面应用于利润预测分析。

1. 某一因素单独变动

当影响利润的任一因素以任意幅度和任意方向单独变动时，对利润的影响可以用以下公式计算：

$$K_0=(-1)^{1+i}100K_iS_i \quad (i=1,2,3,4)$$

式中：K_0——利润的变动率；

K_i——第 i 个因素的变动率；

S_i——第 i 个因素的灵敏度指标。

【例 4-6】 某企业经营某种产品，销售单价为 20 元，单位变动成本为 15 元，固定成本为 5 000 元，基期实际销售量 3 000 件。根据因素的利润灵敏度公式，可以计算出单价的利润灵敏度指标 $S_1=6\%$，单位变动成本的利润灵敏度指标 $S_2=4.5\%$，销售量的利润灵敏度指标 $S_3=1.5\%$，固定成本的利润灵敏度指标 $S_4=0.5\%$。假定该企业的单价、单位变动成本分别上升 5%，销售量、固定成本分别下降 4%。要求计算各因素单独变动后对利润带来的影响。

(1) 单价上升 5%，即 $K_1=5\%$，又 $S_1=6\%$，

则：$$K_0=(-1)^{1+1}\times100\times5\%\times6\%=30\%$$

(2) 单位变动成本上升 5%，即 $K_2=5\%$，又 $S_2=4.5\%$，

则：$$K_0=(-1)^{1+2}\times100\times5\%\times4.5\%=-22.5\%$$

(3) 销售量下降 4%，即 $K_3=-4\%$，又 $S_3=1.5\%$，

则：$$K_0=(-1)^{1+3}\times100\times(-4\%)\times1.5\%=-6\%$$

(4) 固定成本下降 4%，即 $K_4=-4\%$，又 $S_4=0.5\%$，

则：$$K_0=(-1)^{1+4}\times100\times(-4\%)\times0.5\%=2\%$$

所以当单价和单位变动成本分别上升 5%，利润将分别上升 30% 和下降 22.5%；当销售量和固定成本分别下降 4%，利润将分别下降 6% 和上升 2%。

2. 多因素的同时变动

当影响利润的多个因素以任意幅度同时变动时，对利润的影响程度可用如下公式计算：

$$K_0=100\times[(K_1+K_3+K_1K_3)\times S_1-(K_2+K_3+K_2K_3)\times S_2-K_4S_4]$$

【例 4-7】 已知各因素的利润灵敏度指标和各因素变动率如[例 4-6]所示。要求计算四个因素同时变动后对利润带来的影响。

因为：$S_1=6\%$　$S_2=4.5\%$　$S_4=0.5\%$

$K_1=5\%$　$K_2=5\%$　$K_3=-4\%$　$K_4=-4\%$

所以：

$$K_0=100\times[(5\%-4\%-5\%\times4\%)\times6\%-(5\%-4\%-5\%\times4\%)\times 4.5\%-(-4\%)\times0.5\%]=3.2\%$$

由此可知，当四个因素同时变动后，利润增长了 3.2%。

3. 为实现目标利润增长可采取的措施

如已知目标利润变动率为 K_0 和某因素利润的灵敏度为 S_1，则为实现目标利润变动率而应采取的单项措施可用以下公式计算：

$$K_i=(-1)^{1+i}\times\frac{K_0}{S_i}\times1\%\quad(i=1,2,3,4)$$

【例 4-8】 已知有关因素的利润灵敏度指标如[例 4-6]所示。假定目标利润比基期增长了 10%。计算为实现该目标利润变动率应采取的单项措施。

已知：$K_0=10\%$　$S_1=6\%$　$S_2=4.5\%$　$S_3=1.5\%$　$S_4=0.5\%$

单价的变动率 $K_1=(-1)^{1+1}\times\frac{10\%}{6\%}\times1\%=1.67\%$

单位变动成本的变动率 $K_2=(-1)^{1+2}\times\frac{10\%}{4.5\%}\times1\%=-2.22\%$

销售量的变动率 $K_3=(-1)^{1+3}\times\frac{10\%}{1.5\%}\times1\%=6.67\%$

固定成本的变动率 $K_4=(-1)^{1+4}\times\frac{10\%}{0.5\%}\times1\%=-20\%$

上列计算结果表明，要达到今年目标利润比去年增长 10%，单价必须上升 1.67%，或单位变动成本下降 2.22%，或销售量增加 6.67%，或固定成本总额下降 20%。

二、经营杠杆系数及其在利润预测中的应用

(一) 经营杠杆的概念

经营杠杆，是指由于固定成本的存在，使企业息税前利润(earnings before interest and taxes，EBIT)的变动率大于销售量变动率的作用。两者的关系可用如下表达式表示：

$$DOL=\frac{\frac{\Delta EBIT}{EBIT}}{\frac{\Delta Q}{Q}}$$

式中：DOL——经营杠杆系数；

$EBIT$——息税前利润；

Q——销售产品的数量。

当企业的成本、销售量、利润呈线性关系时，即：

$$EBIT=Q(p-b)-a=Q\cdot UMC-a$$

式中：p——单位产品价格；

b——单位变动成本；

a——固定成本总额；

UMC——单位贡献毛益。

经营杠杆系数可用下面的公式表示：

$$DOL=\frac{Q(p-b)}{Q(p-b)-a}=\frac{S-VC}{S-VC-FC}$$

式中：S——销售收入总额；

VC——变动成本总额；

FC——固定成本总额。

(二) 经营杠杆的计算

【例 4-9】 甲企业生产A产品，销售单价 p 为100元，单位变动成本 b 为60元，固定成本 a 为40 000元，基期销售量为2 000件，假设销售量增长25%(2 500件)，销售单价及成本水平保持不变，其有关资料见表4-5所示。

表 4-5　　有关资料　　单位：元

项　目	20×0年	20×1年	变动额	变动率
销售收入	200 000	250 000	50 000	+25%
减:变动成本	120 000	150 000	30 000	+25%
边际贡献	80 000	100 000	20 000	+25%
减:固定成本	40 000	40 000	—	—
息税前利润	40 000	60 000	20 000	+50%

根据上述公式得销售量为2 000件时的经营杠杆系数为：

$$DOL=\frac{20\,000\div 40\,000}{50\,000\div 200\,000}=\frac{50\%}{25\%}=2$$

该系数表示，如果企业销售量(额)增长1倍，则其息税前利润就增长2倍。如[例4-9]销售额从200 000元上升到250 000元，即销售增长25%时，其息税前利润会从40 000元增长到60 000元，增长幅度为50%。

将[例 4-9]资料代入简化公式中，得以2 000件为基准销售额的经营杠杆系数为：

$$DOL_{(2\,000)}=\frac{2\,000\times(100-60)}{2\,000\times(100-60)-40\,000}=\frac{80\,000}{40\,000}=2$$

两个公式计算的结果相同，但公式简化更加清晰地表明了经营杠杆系数是处于哪一销售水平上，即在不同销售水平上，其经营杠杆系数各不相同。

(三) 经营杠杆系数的变动规律

根据上述公式可以看出，经营杠杆系数有如下变动规律：

(1) 只要固定成本不等于零，经营杠杆系数恒大于1。

(2) 产销量与经营杠杆系数的变动方向相反。

(3) 成本指标的变动与经营杠杆系数的变动方向相同。

(4) 单价的变动与经营杠杆系数的变动方向相反。

(5) 利润的变动与经营杠杆系数的变动方向相同。

(四) 经营杠杆系数在利润预测中的应用

(1) 预测产销量变动对利润变动的影响。在已知经营杠杆系数 DOL、基期利润 P 和销量的变动率 K_3 的情况下，预测计划期利润 P_1 的计算公式如下：

$$P_1 = P(1 + K_3 \cdot DOL)$$

【例 4-10】 某企业上一年利润 100 000 元，经营杠杆系数为 3，下一年的销售量变动为 15%。计算下年的利润。

由于：$P=100\,000 \quad DOL=3 \quad K_3=15\%$

则： $P_1=100\,000\times(1+15\%\times 3)=145\,000$(元)

即下一年度将完成 145 000 元的利润。

(2) 预测为实现目标利润应采取的产销量变动措施。其计算公式如下：

$$K_3 = \frac{P_1 - P}{P \cdot DOL}$$

【例 4-11】 某企业上一年度完成销售额 100 000 元，利润额 20 000 元，经营杠杆系数为 3，下一年度目标利润为 26 000 元。计算下一年度销售增长率为多少时，才能实现目标利润。

已知：$P_1=26\,000 \quad P=20\,000 \quad DOL=3$

$$K_3 = \frac{26\,000-20\,000}{20\,000\times 3} = 10\%$$

即下一年度要实现 26 000 元利润，销售额增长率必须达到 10%。

第四节 成本预测及资金需要量预测

一、成本预测

成本预测是根据企业目前经营状况和发展目标，利用专门的方法对企业未来成本水平和变动趋势进行的推测。通过成本预测，有助于提高预见性，减少盲目性，同时也为进行科学决策提供有效依据。

成本预测的方法主要有历史资料分析法、技术测算法、倒推成本法等。

(一) 历史资料分析法

成本预测一般是根据企业未来的发展目标和现实条件，在掌握有关历史资料的基础上，按照成本习性的原理，运用数理统计的方法来估计推测成本的发展趋势。具体做法是：通过建立总成本模型 $y=a+bx$，利用销售量的预测值 x，预测出未来总成本和单位变动成本水平(模型中的 a 表示固定成本，b 表示单位变动成本)。常用的方法有高低点法、加权平均法、回归分析法。由于高低点法和回归分析法在第二章中已经介绍过，本章只介绍加权平均法。

加权平均法就是根据过去若干时期的固定成本总额和单位变动成本的历史资料，按其距计划期的远近分别进行加权，距计划期越近权数越大，反之越小。此外，为了简化计算，可令$\sum w_i=1$（w为权数）。其计算公式如下：

$$y=a+bx$$

$$\text{计划期总成本的预测值 } y_p=\sum a_iw_i+\sum b_iw_i\cdot x_p$$

$$\text{计划期单位变动成本的预测值}=\frac{y_p}{x_p}$$

【例 4-12】 根据表 4-6 中的资料，预计 20×6 年 1 月份 B 产品产量为 210 件时的总成本。

表 4-6　　**B 产品总成本预计**

月　份	固定成本 a	单位变动成本 b	权数 w
7	63	4.55	0.1
8	65	4.85	0.1
9	82.5	4.65	0.1
10	90	4.75	0.2
11	81	4.95	0.2
12	72	4.65	0.3

预计 2006 年 1 月份 B 产品的总成本：

$$\begin{aligned}y_p&=\sum a_iw_i+\sum b_iw_i\cdot x_p\\&=63\times0.1+65\times0.1+82.5\times0.1+90\times0.2+81\times0.2+72\times0.3+(4.55\times0.1\\&\quad+4.85\times0.1+4.65\times0.1+4.75\times0.2+4.95\times0.2+4.65\times0.3)\times210\\&=1\,072.25(\text{元})\end{aligned}$$

这种方法一般适用于企业的历史成本资料具有详细的固定成本总额与单位变动成本的数据，否则就只能采用高低点法或回归分析法。

（二）技术测算法

技术测算法，是指通过分析研究与成本变动有关的各项技术进步、劳动生产率变动、物价变动方向和经济发展趋势等因素，并考虑这些因素以及准备采取的相应措施对成本的影响，进而预测产品成本水平的方法。

（三）倒推成本法

倒推成本法也叫目标利润反算法，是为达到目标利润逆向推测的方法，是指企业先根据市场状况确定其预计销售量，进而确定其目标利润，再根据目标利润来倒推目标成本的方法。

二、资金需要量预测

企业筹集资金，首先要对资金需要量进行预测，即对企业未来组织生产经营活动的资金需要量进行估计、分析和判断。只有这样，才能使筹集的资金既能保证生产经营的需要，又不会产生闲置不合理的损失。

企业资金需要量的预测方法主要有定性预测法和定量预测法两种。

（一）定性预测法

定性预测法，是指根据调查研究所掌握的情况和数据资料，凭借预测人员的知识和经验，对资金需要量所作的判断的一种方法。这种方法一般不能提供有关事件确切的定量概念，而主要是定性的估计某一事件的发展趋势、优劣程度和发生的概率。定性预测是否正确，完全取决于预测者的知识和经验。在进行定性预测时，虽然要汇总各方面人士的意见和综合地说明财务问题，但也需将定性的财务资料进行量化，这并不改变这种方法的性质。定性预测主要是根据经济理论和实际情况进行理性地、逻辑地分析和论证，以定量方法作为辅助，一般在缺乏完整、准确的历史资料时采用。

1. 特尔菲法

前面销售预测时已做过介绍。其主要是通过向财务管理专家进行调查，利用专家的经验和知识，对过去发生的财务活动、财务关系和有关资料进行分析综合，从财务方面对未来经济的发展作出判断。预测一般分两步进行：首先，由熟悉企业经营情况和财务情况的专家，根据其经验对未来情况进行分析判断，提出资金需要量的初步意见；然后，通过各种形式（如信函调查、开座谈会等），在与本地区一些同类企业的情况进行对比的基础上，对预测的初步意见加以修订，最终得出预测结果。

2. 市场调查法

市场的主体是在市场上从事交易活动的组织和个人，客体是各种商品和服务，商品的品种、数量和质量、交货期、金融工具和价格则是市场的配置资源。在我国，既有消费品和生产资料等商品市场，又有资本市场、劳动力市场、技术市场、信息市场及房地产市场等要素市场。市场调查的主要内容是对各种与财务活动有关的市场主体、市场客体和市场要素的调查。

市场调查以统计抽样原理为基础，包括简单随机抽样、分层抽样、分群抽样、规律性抽样和非随机抽样等技术，主要采用询问法、观测法和实验法等，以使定性预测准确、及时。

3. 相互影响预测方法

专家调查法和市场调查法所获得的资料只能说明某一事件的现状发生的概率和发展的趋势，而不能说明有关事件之间的相互关系。相互影响预测方法就是通过分析各个事件由于相互作用和联系引起概率发生变化的情况，研究各个事件在未来发生可能性的一种预测方法。

（二）定量预测法

定量预测法，是指以资金需要量与有关因素的关系为依据，在掌握大量历史资料的基础上选用一定的数学方法加以计算，最终得出预测结果的一种方法。定量预测方法很多，如趋势分析法、相关分析法、线性规划法等，下面主要介绍销售百分比法和资金习性法两种预测方法。

1. 销售百分比法

销售百分比法，是指在分析报告年度资产负债表有关项目与销售额关系的基础上，根据市场调查和销售预测取得的资料，确定资产、负债和所有者权益的有关项目占销售额的百分比，然后依据计划期销售额及假定不变的百分比关系预测计划期资金需要量的一种方法。其具体步骤为：

（1）对资产负债表有关项目进行分析，区分敏感性项目与非敏感性项目。敏感性项目，是指随销售额变动而变动的资产负债表项目；非敏感性项目，是指不随销售额的变动而变动的资产负债表项目。在资产负债表中，从资产类项目来看，周转中的货币资金、正常的应收账款和存货等流动资产项目，一般都随销售额的增加而增加，这些资产项目属于敏感性项目；而固定资产是否需要增加，则需视基期的生产能力是否已被充分利用而定。如果增加产销量，企业的生产能力仍然允许，则固定资产并不随销售额的增加而增加；如果现有固定资产已充分利用，则增加销售额就需要增加固定资产。至于长期投资、无形资产、递延资产等项目，一般不随销售额的增加而增加，这些资产项目属于非敏感性项目。从权益类项目看，应付账款、应付费用等流动负债项目，通常随销售额的增加而自动增加，因此属于敏感性项目。若利润保持不变，保留盈余也可能增加，但由于受股利分配政策等因素的影响，保留盈余的增加与销售额的增加不存在固定的比例关系。至于长期负债和所有者权益的其他项目，则不一定随销售额的增加而增加。

（2）计算敏感性项目占销售收入的百分比。

（3）计算预计销售额下的资产和负债。

其计算公式如下：

预计资产（或负债）＝预计销售额×各项目销售百分比

（4）计算预计留存收益的增加额。在给定损益表的情况下，可根据损益表各项目的变动情况计算；在没有给定损益表的情况下，可根据下式推算：

留存收益增加额＝预计销售额×销售净利率×（1－股利支付率）

（5）计算外部融资需求。其计算公式如下：

外部融资需求＝预计总资产－预计总负债－预计所有者权益

【例 4-13】 ABC公司20×7年的资产负债表、损益表如表4-7、表4-8所示。假定20×7年的销售收入为500万元，该公司固定资产尚未充分利用，20×8年增加销售额无需增加固定资产，20×8年的销售额预计为750万元，计算过程如表4-9、表4-10所示。

表 4-7　**ABC公司资产负债表**

20×7年12月31日　单位：万元

资产	金额	权益	金额
流动资产：		流动负债：	
现金	10	应付账款	40
应收账款	85	应付票据	10
存货	100	应付工资	25
合　计	195	合　计	75
净固定资产	150	应付债券	72
		股本	150
		留存收益	48
资产总计	345	权益总计	345

表 4-8 **ABC公司损益表**

20×7 年度 单位：万元

销售额	500
减：销售成本	400
销售费用	52
息税前利润	48
减:利息	8
税前利润	40
减:所得税(40%)	16
税后利润	24
减:股利(税后利润的 50%)	12
留存收益的增加	12

根据资产负债表和损益表并结合企业实际情况，我们可以判断出资产负债表中预计随销售变动而变动的项目，这些项目都是敏感性项目，包括现金、应收账款、存货、应付账款、应付工资。据此再计算敏感性项目占销售额的百分比，然后推算出预计资产和权益，最后倒挤出计划年度所需外部筹资额。计算过程如表 4-9、表 4-10 所示。

表 4-9 **ABC公司预计资产负债表**

20×8 年 12 月 31 日 单位：万元

项　　目	20×7 年各项目占销售额的百分比	20×8 年的预测值
资产		
现金	2	15
应收账款	17	127.5
存货	20	150
流动资产合计	—	292.5
固定资产	*n*	150
资产总计	—	442.5
负债和所有者权益		
应付账款	8	60
应付票据	*n*	10
应付工资	5	37.5
流动负债合计	—	107.5
长期债券	*n*	72
股本	*n*	150
留存收益	*n*	67.2
负债和所有者权益合计	—	396.2
所需外部筹资额		45.8
负债和所有者权益总计		442.5

注：① *n* 表示非敏感项目。

② 预计留存收益是原有留存收益与新增留存收益之和 67.2 万元(48+19.2)。

③ 融资需求额的另一种计算方法是：

$$
\begin{aligned}
\text{融资需求} &= \text{资产增加} - \text{负债增加} - \text{所有者权益增加} \\
&= \sum \text{资产销售百分比} \times \text{新增销售额} - \sum \text{负债销售百分比} \times \text{新增销售额} \\
&\quad - \text{计划销售净利润} \times (1 - \text{股利支付率})
\end{aligned}
$$

表 4-10 **ABC 公司预计损益表**

20×8 年度 单位：万元

项　　目	20×7 年各项目占销售额的百分比	20×8 年预计值
销售额	100	750
减：销售成本	80	600
销售费用	10.4	78
息税前利润		72
减：利息	*n*	8
税前利润	*n*	64
减：所得税(40%)	*n*	25.6
税后利润	*n*	38.4
减：股利(税后利润的 50%)	*n*	19.2
留存收益的增加		19.2

注：*n* 表示非敏感项目。

销售百分比法能为企业提供短期预计的财务报表，以适应进行外部融资的需要，但是它是以预测年度敏感项目与销售收入的比例及非敏感项目与基年保持不变为前提的，如果有关比例发生了变化，那么据以进行预测就会对企业产生不利的影响。

2. 资金习性法

资金习性，是指资金占用量与产品产销量之间的依存关系。按照这种关系，可将占用资金区分为不变资金、变动资金和半变动资金。不变资金，是指在一定的产销规模内不随产量(或销量)变动的资金，主要包括为维持经营活动展开而占用的最低数额的现金，原材料的保险储备，必要的成品储备和厂房、机器设备等固定资产占用的资金。变动资金，是指随产销量变动而同比例变动的资金，一般包括在最低储备以外的现金、存货、应收账款等所占用的资金。半变动资金，是指虽受产销量变动的影响，但不成同比例变动的资金，如一些辅助材料上占用的资金等。半变动资金可采用一定的方法划分为不变资金和变动资金两部分。

资金习性法就是根据上述原理，预测资金需要量的方法。其数学模型如下：

$$y=a+bx$$

式中：y——资金占用；

a——不变资金；

b——单位变动资金；

x——产(销)量。

运用上式，在已知 a、b 的条件下，即可计算出一定产销量 x 所需占用的资金量。利用这种方法，可以直接预测资金需要占用量的总额，也可以先分若干资金占用项目预测，然后汇总测算出资金占用总额。

使用资金习性法，关键是利用真实的历史资料，正确地区分不变资金和变动资金。

区分的方法通常有高低点法、图解法和回归分析法。下面举例说明。

【例 4-14】 A公司销量和资金占用量的历史资料如表4-11所示,假定20×8年预计销售量为7.8万件。

表4-11 **A公司销量与资金占用量关系表**

年　度	产量 x(万件)	资金占用量 y(万元)
20×3	6.0	500
20×4	5.5	475
20×5	5.0	450
20×6	6.5	520
20×7	7.0	550

1) 高低点法

高低点法是运用下列公式来计算不变资金和可变资金,从而预测资金需要量的方法:

$$b=\frac{\text{最高资金占用量}-\text{最低资金占用量}}{\text{最高销量}-\text{最低销量}}$$

$$a=y-bx$$

根据上式,得:

$$b=\frac{550-450}{7-5}=50(\text{万元})$$

$$a=y-bx=550-50\times7=200(\text{万元})$$

所以,20×8年的资金需要量 $y=200+50\times7.8=590$(万元)

2) 图解法

图解法是借助直角坐标图绘入历史资料,确定 a、b 的值,从而预测资金占用量的方法。图解法对绘图技术要求很高,以防绘图上的误差造成预测结果的失真。图解法通常分如下几个步骤,如图4-2所示。

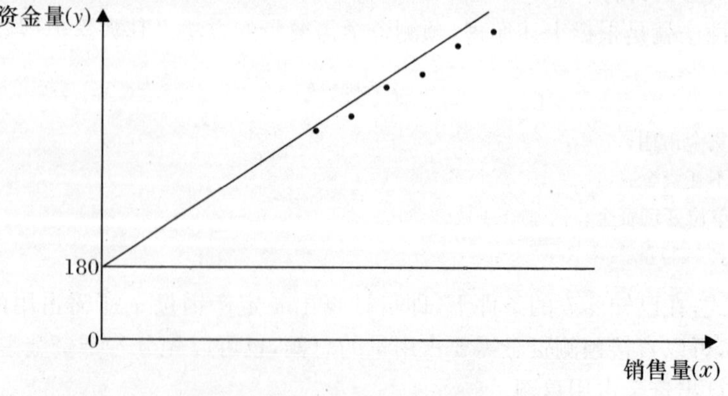

图4-2　图解法预测资金占用量

(1) 将各期历史数据标入坐标系，并勾画出最能反映资金平均变动的直线。

(2) 根据各点的分布划一直线，使各点到直线的距离之和尽可能最小。该直线与纵轴 y 的交点即为不变资金占用量 a，确定为 180。

(3) 利用 20×7 年的销量、资金占用量数据，可得：

$$b=(550-180)\div 7=52.86(\text{万元})$$

(4) 运用 $y=a+bx$，预测出 20×8 年的资金需要量为：

$$y=180+52.86\times 7.8=592.31(\text{万元})$$

3）回归分析法

回归分析法是运用最小二乘法原理，用回归直线方程确定 a，b 的值，然后预测资金需要量的方法。回归直线方程的计算公式如下：

$$\sum y=na+b\sum x$$
$$\sum xy=a\sum x+b\sum x^2$$

运用该方程计算的过程如下：根据表 4-11 的数据计算出表 4-12 的数据。

表 4-12　**回归分析法有关数据计算**

年　度	产量(x)	资金占用量(y)	xy	x^2
20×3	6.0	500	3 000	36
20×4	5.5	475	2 612.5	30.25
20×5	5.0	450	2 250	25
20×6	6.5	520	3 380	42.25
20×7	7.0	550	3 850	49
合计($n=5$)	$\sum x=30$	$\sum y=2\,495$	$\sum xy=15\,092.5$	$\sum x^2=182.5$

将表 4-12 的数据代入回归方程，可得出：

$$a=205(\text{万元})$$
$$b=49(\text{万元})$$

将 a，b 及 20×8 年预计销售额代入 $y=a+bx$ 公式中，可得预计资金需要量为：

$$y=205+49x=205+49\times 7.8=587.2(\text{万元})$$

习　题

一、思考题

1. 什么是预测分析？预测分析的步骤包括哪些？
2. 可用于成本预测的方法有哪些？
3. 什么是利润敏感性分析？影响利润变动的因素有哪些？它们的敏感程度应怎样

计算？

4. 资金需要量预测最常用的有哪两种方法？它们是怎样进行的？

二、计算分析题

1. 甲公司今年下半年A产品6个月的实际销售量如表4-13所示。

表4-13　　实际销售量

月　份	7	8	9	10	11	12
实际销售量(件)	5 000	5 200	5 400	5 300	5 350	5 400

假定该公司12月份的A产品实际金额原预测数为5 420元，平滑系数为0.6。

要求：采用平滑指数法预测明年1月份A产品的销售量。

2. 已知A公司20×6年下半年甲产品产量与某项混合成本的资料如表4-14所示。

表4-14　　下半年甲产品产量与总成本资料

月　份	产量 x(件)	总成本 y(元)
7	700	3 500
8	500	2 750
9	750	3 900
10	1 000	5 200
11	900	4 860
12	800	4 380

预计20×7年1月份B产品产量为1 050件。

要求：采用高低点法预计20×7年1月份的总成本。

3. 假定甲公司近5年销售收入总额和资金总量的历史资料如表4-15所示。

表4-15　　近5年销售收入总额和资金总量

年　度	20×1	20×2	20×3	20×4	20×5
销售收入总额(万元)	40	43	42	45	50
资金总量(万元)	25	27	26	28	29

若甲公司计划年度(20×6年)的销售收入总额的预测值为55万元，又计划年度已拥有的资金总量为30万元。

要求：预测计划年度需追加资金数额。

第五章 短期经营决策分析

本章重点

1. 经营决策中的成本概念。
2. 生产决策的方法及应用。
3. 产品定价决策。

本章难点

1. 生产决策方法中的无差别点分析法。
2. 产品定价决策的方法。

第一节 决策分析概述

一、决策分析的基本内涵

(一) 决策的定义

决策,是指人们基于对客观规律的认识,在充分考虑各种可能的前提下,对未来某一活动的方向、目标、原则和方法作出决定的过程。

对于决策的认识,一般有狭义和广义两种解释。从狭义的角度看,决策就是作出决定,即为达到同一目的,从许多可以互相更换替代的行动方案中选定最优方案的行为。从广义的角度看,决策是一个选优的过程,即从两个以上的备选方案中选择一个最优方案的过程。现代管理理论认为,管理的重心在经营,经营的重心在决策,决策的正确与否对于企业的生存与发展至关重要。

(二) 决策的特征

从决策的定义看,它有以下基本特性。

1. 决策是行动的基础

企业的任何一项管理活动都必须事先明确应解决的问题和所要达到的目的,为此就要提出若干可行的方案,通过充分地分析比较,进而作出正确的决策。可以说,没有决策就不会有理性的行为,也就不会有实现特定目的的有效方法。从这个意义上说,管理就是决策,管理的核心是决策,管理的首要职能是决策。

2. 决策有明确的目的

企业的任何一项经济决策都要明确其应达到的目的，而决策的目标必须要有一定的评价标准，人们可以通过对其进行定性和定量分析，以确定每个决策方案的最终结果。因此，决策是一个提出问题、分析问题并最终解决问题的过程。

3. 决策有可行的方案

企业进行项目决策的前提是制定出若干可行方案。每个方案都应具备以下条件：① 能够实现预期的目标。② 各种影响因素都能进行定性分析和定量分析。③ 无法控制的因素基本能预测出其实现的概率。

4. 决策要进行因果分析和综合评价

企业制定的每个决策方案对决策目标的实现，既有可能产生某种积极的作用和影响，也有可能产生某种消极的作用和影响。因此，在决策分析时，必须对每个可行方案进行综合的分析与评价，确定每个方案的实际效果和可能带来的潜在问题，以便比较各个方案的优劣。

5. 决策要经过方案的选优过程

企业进行项目决策分析，最终要从若干可行方案中选择一个较为合理的方案。这个合理方案尽管未必是最优的，但它必须是能够实现决策目标的诸方案中最理想的方案。

二、决策分析的原则

企业进行经济决策分析应遵循以下各项原则。

（一）合法性原则

在进行决策分析时，企业不仅要考虑自身利益，还要考虑国家利益和社会利益。企业必须自觉遵守国家的有关法律法规和政策，使决策方案在法律允许的范围内运行。

（二）合理性原则

企业进行决策时，要从实际出发，充分研究企业内部的技术经济条件和企业外部的运行环境，在充分掌握与决策有关的信息与资料的基础上，采用科学的决策方法进行定量与定性分析，使决策既可靠又可行。

（三）效益性原则

在合法经营的条件下，追求利润是企业的目标。决策的正确与否，直接关系到企业的经济效益和今后的生存与发展。因此，企业在进行决策分析时，不仅要考虑决策方案本身的经济效益，还要注意提高决策分析工作的效率，以最少的时间投入，最低的成本支出，确定最佳的决策方案。

（四）民主性原则

企业的经济决策，涉及面广，影响因素多，需收集整理大量的信息，单凭一两个人的能力很难作出正确的决策。因此，必须发挥集体的力量，广泛征求专家及有关各方的意见，集思广益，群策群力，提高决策分析的效率。

（五）责任性原则

由于决策的正确与否关系到企业未来的生存与发展，也与企业决策者的切身利益相联系，因此，决策者应按其所处的地位及决策内容的性质对其所作的决策承担相应的经济、法律和行政责任。

三、决策分析的程序

决策过程就是提出问题、分析问题和解决问题的过程,它需要经过系统的逻辑分析与综合的判断。企业要想作出正确的决策,必须有一个科学的决策程序。

决策分析一般要经过以下步骤:

(1) 调查研究,提出经营问题。

(2) 系统分析,确定决策目标。

(3) 搜集信息,设计各种备选方案。

(4) 评价方案的可行性。

(5) 对比选优,确定最优方案。

(6) 组织决策方案的实施、跟踪和反馈。

四、决策分析的分类

决策分析根据解决问题的性质和内容的不同,可以分成多种不同的类型。

(一) 按决策本身的重要程度分类

按决策本身的重要程度分类,可将决策分为战略性决策和战术性决策两种。

战略性决策,是指涉及企业未来发展方向并影响企业全局的重大决策。例如,企业长远规划及经营目标的确定、新建项目或新产品的开发、企业生产能力的大规模扩展等决策。这类决策应由企业最高管理当局控制并作出,旨在提高企业的经济效益。决策时应考虑企业的长远规划和外部环境对企业的影响,其正确与否,决定着企业的兴衰存亡,关系到企业的发展方向、发展规模和发展速度。

战术性决策,是指为实现企业的战略性决策而对日常生产经营活动所作出的局部性决策。例如,企业产品生产品种、生产数量及生产工艺的决策等。这类决策一般应由企业中层管理部门或基层管理部门控制并作出,旨在提高企业的管理效率和生产工作效率,其正确与否,不会对企业的全局产生决定性的影响。

(二) 按决策影响的时间长短分类

按决策影响的时间长短分类,可将决策分为短期经营决策和长期投资决策两种。

短期经营决策,是指只涉及企业1年以内的经营活动并对当年损益产生影响而进行的决策。例如,企业生产、定价和库存的决策等。这种决策主要是使企业的现有条件和资源得到最优的利用,以取得最大的经济效益。

长期投资决策,是指涉及企业1年以上的经营活动并对若干年度的损益产生影响而进行的决策。例如,企业新建项目、原有项目改建扩建和固定资产更新改造的决策等。这种决策主要是通过选择最优的投资方案,以取得最佳的投资效益。

(三) 按决策方案之间的关系分类

按决策方案之间的关系分类,可将决策分为单一方案决策、互斥方案决策和组合方案决策三种。

单一方案决策,是指只需对一个备选方案作出接受或拒绝的选择。例如,企业是否购置新设备、亏损产品是否停产、是否接受特殊订货的决策等。

互斥方案决策,是指需要在两个或两个以上的备选方案中选出一个最优方案的决策。这类决策属于多方案决策，方案之间是互相排斥的，选择了一个方案，就必然放弃其他的决策方案。例如，企业零部件自制或外购、半成品或联产品是否进一步加工的决策等。

组合方案决策，是指需要在多个备选方案中选出一组最优组合方案的决策。这类决策也属于多方案决策，但决策方案之间不是相互排斥的关系，可选方案不止一个，可以任意进行组合。

（四）按决策条件的确定程度分类

按决策条件的确定程度分类，可将决策分为确定型决策、风险型决策和不确定型决策三种。

确定型决策，是指决策所涉及的备选方案的各项条件都是已知和肯定的，并且每个备选方案只有一个确定的结果。这类决策问题比较容易作出选择，只要根据每个方案的结果即可选出最优方案。

风险型决策，是指决策所涉及的备选方案的各项条件呈现出某种程度的随机变动性，每个备选方案可能会出现两个或两个以上的不同结果，但却可以通过预测确定其发生的概率。这类决策问题由于决策结果的可变性，必然使决策存在一定的风险。

不确定型决策，是指决策所涉及的备选方案的各项条件也呈现出某种程度的随机变动性，每个备选方案可能会出现两个或两个以上的不同结果，但却无法预测其发生的概率。这类决策问题由于决策结果的不确定性，使决策很难得出正确的结论。

（五）经营决策的其他分类

决策还可以按其他许多标准进行分类，例如，按决策的层次分类，可将决策分为高层决策、中层决策和基层决策三种；按决策的重复程度分类，可将决策分为程序性决策和非程序性决策两种；按决策的目标分类，可将决策分为单目标决策和多目标决策两种；按管理的职能分类，可将决策分为计划决策和控制决策两种。

第二节　经营决策中的成本概念

成本是反映企业生产经营管理工作质量的一项综合性指标，也是影响企业经济效益的一项重要因素。在短期经营决策分析中应用的一些成本概念是在财务会计成本概念的基础上，经过一定的加工、改制和延伸而形成的一些特殊的成本概念。这些成本概念与财务会计应用的成本概念既有一定的联系，又有一定的区别。

一、机会成本

机会成本，是指在经营决策中，从多种可供选择的方案中选取某一最满意方案而放弃次满意方案所丧失的潜在利益。

企业的每一项经济资源都会有多种用途，但用于某一方面，就不能同时用于另一方面。比如，企业有一笔资金，既可用于购置机器设备，扩大企业生产规模；也可用于购买有价证券进行对外投资。如果选择购买机器设备这一方案，那么购买有价证券预期可能获得的收益就是购买机器设备这一方案的机会成本；反之，如果选择购买有价证券对外投资这一方案，则购买机器设备预期可能实现的利润就是购买有价证券这一方案的机会成本。

在企业进行短期经营决策时，对机会成本必须予以足够的重视，就是说要考虑每个方案的机会成本，否则容易导致错误的选择。

例如，某汽车装配厂年需 5 000 个配件，现有两个方案可供选择。企业有剩余的生产能力，若自行制造，每个配件的单位变动成本为 50 元；若向外采购，单价为 65 元，但剩余设备可以出租，每月能收取租金 7 000 元。若不考虑机会成本，自制总成本为 250 000 元（5 000×50），外购总成本为 325 000 元（5 000×65），应选择自制方案。但是，选择自制方案，外购方案就要放弃，而出租生产设备每年可获得的 84 000 元（7 000×12）租金也势必放弃，这正是自制方案的机会成本。因此，自制方案的"成本"除实际支付的 250 000 元外，还应加上 84 000 元的机会成本，计 334 000 元。据此分析，就不宜采用自制方案，而应选择外购方案。需要注意的是，机会成本并非企业的实际支出，不应在财务会计的任何账簿中加以记录。

二、差量成本与边际成本

（一）差量成本

差量成本或称差别成本，有广义和狭义之分。广义的差量成本，是指可供选择的不同备选方案之间预计成本总额的差异。不同方案的优劣，可以通过对比不同方案的差量成本来判断。如前例中配件自制与外购的选择，就是通过计算两个方案的差量成本来进行的。狭义的差量成本，是指由于生产能力利用率不同而产生的成本差异。由于企业现有生产量的增加或减少，生产成本也必然会发生相应的变动。

在相关范围内，增加一个单位产量的差量成本与单位变动成本相一致；超出相关范围，差量成本也可能包括固定成本。差量成本与单位变动成本的关系，如表 5-1 表示。

表 5-1　**差量成本与单位变动成本的关系**　金额单位：元

	正常的生产能力		
生产能力利用率	80%	95%	110%
产品产量	8 000	9 500	11 000
变动成本总额	24 000	28 500	33 000
固定成本	120 000	120 000	150 000
成本总额	144 000	148 500	183 000
单位变动成本	3	3	3
单位固定成本	15	12.63	13.64
单位成本	18	15.63	16.64
差量成本总额		4 500	34 500
单位差量成本（差量成本总额/差量产量）		3	23

（二）边际成本

边际成本，是指产量每增加或减少一个单位所引起的成本变动。因此，边际成本实际上就是增加一个单位产量的差量成本。在相关范围内，边际成本、单位差量成本与单位变动成本是一致的。在经济学上，边际成本是指由于产量无限小变化所引起的总成本的变动。如果用数学方式来表述,边际成本(用 MC 表示)就是总成本(用 TC 表示)的一阶导数。

边际成本在短期经营决策中具有重要的作用。

(1) 当某产品的平均成本(用 AC 表示)与边际成本相等时,平均成本最低。根据边际成本与平均成本之间的这一关系,可以确定使平均成本达到最低的产量。

【例 5-1】 某企业的总成本模型为:

$$TC=500+30x+0.05X^2$$

根据总成本模型可以确定平均成本与边际成本如下:

$$\text{平均成本 } AC=\frac{TC}{X}=\frac{500+30x+0.05x^2}{x}=\frac{500}{x}+30+0.05x$$

$$\text{边际成本 } MC=TC'=(500+30X+0.05X^2)'=30+0.1X$$

当平均成本等于边际成本时,平均成本最低。即:

$$AC=MC$$

$$\frac{500}{x}+30+0.05x=30+0.1X$$

$$X=100(\text{件})$$

$$AC=\frac{500}{x}+30+0.05x=40(\text{元})$$

因此,当产品产量为 100 件时,平均成本最低为 40 元。

(2) 当某产品的边际收入与边际成本相等时,企业能实现最多的利润。根据边际收入与边际成本之间的这一关系,我们可以确定使企业利润达到最多的产销数量。

【例 5-2】 假设以 TS 代表销售产品为 X 件时的销售收入,TP 代表销售产品 X 件时的利润,单位产品售价为 50 元。仍用[例 5-1]中的总成本模型即:

$$TC=500+30x+0.05X^2$$

$$\text{总收入 } TS=50X$$

$$\text{边际收入 } TS'=50$$

$$\text{总成本 } TC=500+30x+0.05X^2$$

$$\text{边际成本 } TC'=30+0.1X$$

当边际收入等于边际成本时,企业能够实现最多的利润。即:

$$50=30+0.1X$$

$$X=200(\text{件})$$

$$\text{利润}=(50\times200)-(500+30\times200+0.05\times200^2)$$

$$=1\,500(\text{元})$$

因此,当产品产量为 200 件时,实现的利润最多,为 1 500 元。

三、付现成本与沉落成本

付现成本,是指在决策中需要用现金支付的成本。企业在选择方案时,必须考虑付现成本,尤其是当企业资金紧张时,管理部门对付现成本的考虑,往往会比对总成本的考虑更为重视,企业宁肯用付现成本最少的方案来取代总成本最低的方案。例如,企业急需一台设备,但由于资金紧张,财务恶化状况短期内难以改变,目前只有100 000元现金,银行拒绝提供贷款。经企业多方联系,现有两家公司愿意提供这台设备。其中,甲公司的设备单价250 000元,需在交货时全部支付现金;乙公司的设备单价300 000元,约定交货时先付60 000元现金,余款在1年内付清,每月支付20 000元。根据上述情况,虽然乙公司设备的价格高于甲公司设备的价格,但由于其付现成本很低,企业也只得购买乙公司的设备。而多支付的50 000元,可从该设备投入生产所取得的销售收入中得到补偿。

沉落成本也称沉没成本、沉入成本、旁置成本,是指由过去行动决定的,无法由现在或将来的任何决策所能改变的成本。也就是说,沉没成本是过去发生的成本支出,与现在或将来的决策没有关系。因此,企业在进行决策时可以不予考虑。例如,企业原有一台设备,原始价值100 000元,累计折旧为60 000元,由于技术进步,该设备已不适用,现拟报废予以更新,残值10 000元。本例中,设备的账面价值减去残值的余额,是过去发生的原始成本支出中无法收回的部分,属于沉没成本,在设备如何更新的决策中无需加以考虑。

四、重置成本与历史成本

重置成本也称现时成本,是指按照现在的市场价格购买原有某项资产所需支付的成本。历史成本,是指某项资产应当按照取得时的实际成本计价。历史成本是过去实际发生的成本,对于当前的各种决策问题没有多大关系,而重置成本在某些决策问题中却是不可忽视的重要因素。例如,企业1年前购入的C原料现剩余50 000千克,单价50元,购货总成本为2 500 000元,由于市场变化,现在购买C原料每千克需要60元。企业在决策时,必须考虑重置成本这一因素。因为如销售C原料,若按历史成本考虑,每千克售价超过50元即可,但该原料出售后重新购进时,由于物价上涨,重置成本为60元,会使公司的存货减少。

五、专属成本与共同成本

专属成本,是指能够明确归属于某一特定决策方案的成本开支,通常是指固定成本。专属成本在发生时就能够明确认定应归属于某种或某批产品成本之中。如果企业决定生产该种或该批产品,则会发生这种专属成本;如果企业不生产该种或该批产品,就不会发生这种专属成本。因此,专属成本属于企业的某一特定决策方案,是企业进行决策分析时必须考虑的一项成本。例如,企业为了增加某种产品的功能而购买的专用设备发生的成本就是该产品专属成本。

共同成本也称联合成本,是与专属成本相对应的一个成本概念,是指当成本发生时不能明确认定应归属于某一特定决策方案,应当由多个决策方案共同分担的固定成本。这类固定成本在发生时不能明确归属于某种或某批产品,无论采用哪一决策方案均会发生,与特定的决策方案没有关系,是企业进行决策分析时不必加以考虑的一项成本。例如,企业利用原有的机器、设备生产多种产品,体现原有生产能力的固定成本就是共同成本。

六、可避免成本与不可避免成本

可避免成本,是指其发生与否及发生金额多少都会受到管理当局决策影响的那部分成本。也就是说，如果企业采用了某一特定决策方案，与其相联系的某项成本就必然发生；反之，如果企业没有采用该方案，则该项成本就不会发生。例如，企业为了接受某项特殊订货，需增购一台专用设备，则购置专用设备的成本即为可避免成本；如果企业不接受该项订货，则不会发生这项成本。

不可避免成本是与可避免成本相对应的一个成本概念，是指目前已经客观存在或注定要发生的未来成本。也就是说，这类成本是否发生，并不取决于有关决策方案的取舍。例如，企业利用现有剩余生产能力接受某项追加订货，企业的固定成本与是否接受这项订货没有关系，是不可避免成本。

七、可延缓成本与不可延缓成本

可延缓成本，是指在生产经营中对其延缓开支，不会对企业未来的生产经营活动产生重大不利影响的那部分成本。例如，企业已在预算中决定对办公楼进行装修，但企业的生产线突发事故，急需更换一批关键设备。由于资金有限，只能推迟办公楼的装修，由于推迟办公楼的装修的方案不会影响企业生产经营活动的正常进行，因此，与之有关的成本即为可延缓成本。

不可延缓成本是与可延缓成本相对应的一个成本概念，是指如果延缓执行某一特定决策方案，会对企业未来的生产经营活动产生重大不利影响，则与该方案相联系的成本就称为不可延缓成本。例如，前例中由于企业的生产线突发事故，更换关键设备的购置方案是不可以推迟执行的，否则会影响企业生产经营活动的正常进行。因此，与购置设备有关的成本即为不可延缓成本。

八、相关成本与无关成本

相关成本，是指与特定决策方案相联系、能对决策产生重大影响的、在短期经营决策中必须予以考虑的成本。如果某项成本专属于某个决策方案，即有该方案就会发生这项成本，没有该方案就不会发生这项成本，则这项成本就是相关成本。相关成本包括差量成本、边际成本、机会成本、重置成本、付现成本、专属成本、可避免成本、可延缓成本等。

无关成本，是指凡与特定决策方案关系不大、对未来决策没有影响的成本。对于企业来说，无论是否存在某项决策，均会发生某项成本，则该项成本即为无关成本。如沉没成本、共同成本、不可避免成本、不可延缓成本及各个方案中项目相同、金额相等的成本。

第三节　生产决策

一、生产决策的内容及方法

(一) 生产决策的内容

生产决策要解决的问题主要有三个，即生产什么、如何组织生产和生产多少数量的问题，目的是在企业生产能力既定的条件下，如何充分利用企业现有的生产能力和经济资源，使企业获得更大的经济效益。

(二) 生产决策的方法

生产决策方法，是指在决策过程中，通过计算、比较和分析有关生产经营决策的评价指标，从而作出选择的各种方法的统称。主要有贡献毛益分析法、差量分析法、成本无差别点分析法、相关损益分析法和相关成本分析法等。

1. 贡献毛益分析法

一般来说，若企业利用现有生产能力生产多种产品，则不需要增加固定成本，也不需考虑机会成本。在这种情况下，企业进行产品生产品种的决策分析，通常采用贡献毛益分析法。贡献毛益分析法，是指在进行短期经营决策时，根据贡献毛益理论，以有关备选方案的贡献毛益指标作为决策评价指标的一种决策分析方法。在短期经营决策中，由于企业一般不会改变生产能力，原有固定成本通常稳定不变，属于无关成本，在决策分析时可以不予考虑。因此，若有关决策方案不需增加新的专属固定成本，没有机会成本，则相关成本即为变动成本，因而可通过计算有关方案的贡献毛益指标作为选择最优方案的标准。但应该注意，作为选优标准的贡献毛益指标只能是贡献毛益总额或单位资源贡献毛益，而不能以单位产品贡献毛益指标作为选优的标准。所以，贡献毛益分析法又可分为单位资源贡献毛益分析法和贡献毛益总额分析法两种。

(1) 单位资源贡献毛益分析法。单位资源贡献毛益分析法，是指以有关备选方案的单位资源贡献毛益指标作为决策评价指标的一种决策分析方法。当企业生产受到某项资源(如加工能力、原材料、能源等)的限制时，在已知备选方案中各种产品的单位贡献毛益和单位产品资源消耗定额的条件下，即可通过计算单位资源贡献毛益指标作为决策方案选优的标准。单位资源贡献毛益指标是一个正指标，该项指标越大，方案越好。其计算公式如下：

$$\text{单位资源贡献毛益}=\frac{\text{单位贡献毛益}}{\text{单位产品资源消耗定额}}$$

单位资源贡献毛益分析法计算简便，容易理解，主要用于生产经营决策中的互斥方案决策，如开发何种新产品的决策。

(2) 贡献毛益总额分析法。贡献毛益总额分析法，是指以有关备选方案的贡献毛益总额指标作为决策评价指标的一种决策分析方法。当有关决策方案的相关收入均不为零，相关成本全部为变动成本时，即可将贡献毛益总额指标作为决策评价的标准。贡献毛益总额指标也是一个正指标，该项指标越大，方案越好。

贡献毛益总额分析法常被用于生产经营决策中不涉及专属成本和机会成本的单一方案决策或多方案决策中的互斥方案决策，如亏损产品的决策。

2. 差量分析法

差量分析法又称差量损益分析法、差别损益分析法，是指在进行短期经营决策时，以有关备选方案的差量损益指标作为决策评价指标的一种决策分析方法。差量分析法的基本原理是：首先，计算两个备选方案的差量收入(两个备选方案的相关收入的差额)与差量成本(两个备选方案的相关成本的差额)；然后，用两个备选方案的差量收入减去其差量成本以计算出差量损益。若差量收入大于差量成本即差量收益为正，则前一个方案为优；若差量收入小于差量成本即差量收益为负，则后一个方案为优。按差量分析法编制差量损益分析表如表 5-2 所示。

表 5-2　**差量损益分析表**

方案 项目	A 方案	B 方案	差异额(Δ)
相关收入 相关成本	R_A C_A	R_B C_B	ΔR ΔC
差量损益			ΔP

差量分析法一般只适用于两个互斥方案的选择。对于两个以上互斥方案的选择，只能通过两个方案逐次进行比较，故比较繁琐，不宜采用，这类决策问题一般采用相关损益分析法进行决策分析。

3. *成本无差别点分析法*

成本无差别点分析法，是指在短期经营决策中，当各备选方案的相关收入均为零，相关业务量为不确定因素时，通过判断处于不同水平上的业务量与成本无差别点业务量之间的关系，来作出互斥方案决策的一种方法。成本无差别点业务量，是指能使两个备选方案的总成本相等时的业务量，又叫成本平衡点、成本分界点。

X_0 为成本平衡点业务量，A 方案的总成本为 Y_1，固定成本为 a_1，单位变动成本为 b_1；B 方案的总成本为 Y_2，固定成本为 a_2，单位变动成本为 b_2。

则有：

$$y_1=a_1+b_1x$$

$$y_2=a_2+b_2x$$

$$x_0=\frac{a_1-a_2}{b_2-b_1}$$

当业务量大于 x_0 时，固定成本较高的 A 方案优于 B 方案；当业务量小于 x_0 时，固定成本较低的 B 方案优于 A 方案；当业务量等于 x_0 时，则两个备选方案的总成本相等，利润无差别。

成本无差别点分析法主要适用于零部件需用量不确定时的自制或外购的决策和生产工艺技术方案选择的决策。

4. *相关损益分析法*

相关损益分析法，是指在进行短期经营决策时，以有关备选方案的相关损益指标作为决策评价指标的一种决策分析方法。相关损益分析法的基本原理是：首先，计算每个备选方案的相关损益(每个备选方案的相关收入与其相关成本的差额)；然后，比较每个备选方案的相关损益。相关损益为一个正指标，其正值为相关收益，其负值为相关损失。备选方案的相关收益越大，则该方案的经济效益越好。按相关损益分析法编制的相关损益分析表如表 5-3 所示。

表 5-3　**相关损益分析表**

方案 项目	A 方案	B 方案	……	N 方案
相关收入 相关成本 差量损益	R_A C_A P_A	R_B C_B P_B	…… …… ……	R_N C_N P_N

相关损益分析法是短期经营决策中应用最广泛的一种决策分析方法，上面介绍的贡献毛益分析法可以看作是它的特殊形式。相关损益分析法不但适用于两个互斥方案的选择，而且尤其适用于两个以上互斥方案的选择。

5. 相关成本分析法

相关成本分析法，是指在进行短期经营决策时，以有关备选方案的相关成本指标作为决策评价指标的一种决策分析方法，是相关损益分析法的一种特殊形式。当各备选方案的相关收入均为零，相关业务量为确定因素时，通过比较各方案的相关成本指标，即可对决策方案作出选择。相关成本为一个反指标，该项指标越小，则方案的经济效益越好。相关成本分析法的基本原理如表 5-4 所示。

表 5-4　　相关成本分析表

方案 项目	A 方案	B 方案	……	N 方案
增量成本	C_{A1}	C_B1	……	C_{N1}
机会成本	C_{A2}	C_{B2}	……	C_{N2}
专属成本	C_{A3}	C_{B3}	……	C_{N3}
……	……	……	……	……
相关成本合计	$\sum C_A$	$\sum C_B$		$\sum C_N$

相关成本分析法主要适用于零部件需用量确定时的自制或外购的决策分析。

二、生产决策的实际应用

(一) 亏损产品是否生产的决策

亏损产品的决策，是指企业在组织多品种生产经营的条件下，当其中一种产品为亏损产品(即其收入低于按完全成本法计算的销货成本)时，所作出的是否按照原有规模继续生产，或是按照扩大的规模生产该亏损产品的决策。

1. 亏损产品是否继续生产的决策

某种产品发生亏损，是企业常会遇到的问题。亏损产品是否停产？如果我们按照完全成本法来进行分析，答案似乎很简单，既然产品不能为企业提供盈利，当然应当停产。但是，如果我们按照变动成本法来进行分析，往往会得出相反的结论。由于亏损产品是否停产的决策并不影响企业的固定成本总额，因此这类决策问题一般采用贡献毛益分析法进行分析。

【例 5-3】 某公司生产 A、B、C 三种产品，按完全成本法计算损益如表 5-5 所示。分析亏损产品是否停产。

表 5-5　　完全成本法损益表　　单位：元

项　　目	A 产品	B 产品	C 产品	合　　计
销售收入	100 000	100 000	25 000	225 000
销售成本	75 000	107 500	22 500	205 000
利润	25 000	−7 500	2 500	20 000

根据表5-5提供的资料，公司生产B产品亏损7 500元，如果认为停止B产品的生产可以减少亏损7 500元，从而使公司利润增加7 500元，达到27 500元，则是错误的。因为，如果停止B产品的生产，公司的生产能力必然会有剩余，固定成本并不会随着生产能力的下降而减少，这样原来由B产品负担的固定成本势必转由A、C两种产品来负担。

在[例5-3]中，如果在公司的销售成本中，固定成本总额为112 500元，并按各种产品的销售比重进行分配。固定成本分配率和各种产品分摊的固定成本可计算如下：

固定成本分配率＝112 500÷225 000＝0.5

A产品分配的固定成本＝100 000×0.5＝50 000(元)

B产品分配的固定成本＝100 000×0.5＝50 000(元)

C产品分配的固定成本＝25 000×0.5＝12 500(元)

按变动成本法计算损益如表5-6所示。

表5-6 **变动成本法损益表** 单位：元

项　目	A产品	B产品	C产品	合　计
销售收入	100 000	100 000	25 000	225 000
变动成本	25 000	57 500	10 000	92 500
贡献毛益	75 000	42 500	15 000	132 500
固定成本	50 000	50 000	12 500	112 500
利润	25 000	－7 500	2 500	20 000

若B产品停止生产，则固定成本分配率和各种产品分摊的固定成本计算如下：

固定成本分配率＝112 500÷125 000＝0.9

A产品分配的固定成本＝100 000×0.9＝90 000(元)

C产品分配的固定成本＝25 000×0.9＝22 500(元)

则按变动成本法重新计算损益如表5-7所示。

表5-7 **变动成本法损益表** 单位：元

项　目	A产品	C产品	合　计
销售收入	100 000	25 000	125 000
变动成本	25 000	10 000	35 000
贡献毛益	75 000	15 000	90 000
固定成本	90 000	22 500	112 500
利润	－15 000	－7 500	－22 500

从表5-6和表5-7可见，由于停止B产品的生产，公司不仅没有增加利润，反而由盈利20 000元变为亏损22 500元，两者相差42 500元，而这个差额正是B产品提供的贡献

毛益。这就是说，尽管B产品是亏损产品，但仍能为企业提供42 500元的贡献毛益，用以补偿固定成本，因此不能停止B产品的生产。

由此我们可以得出结论：当亏损产品仍能为企业提供贡献毛益时，在停止其生产又不能增加其他产品的生产或转产新产品的情况下，亏损产品就应继续生产。

2. 亏损产品是否转产的决策

如果亏损产品停产后，其剩余的生产能力可以用来转产其他产品，只要转产产品提供的贡献毛益总额大于亏损产品提供的贡献毛益总额，就可以进行转产。

【例5-4】 仍按[例5-3]的资料，若公司在B产品停产后，可用其剩余的生产能力转产D产品，并能取得同样的销售收入，如表5-8所示。

表5-8　**变动成本法损益表**　单位：元

项　目	A产品	B产品	C产品	合　计
销售收入	100 000	25 000	100 000	225 000
变动成本	25 000	10 000	30 000	65 000
贡献毛益	75 000	15 000	70 000	160 000
固定成本	50 000	12 500	50 000	112 500
利润	25 000	2 500	20 000	47 500

根据表5-8的资料，由于D产品提供的贡献毛益比B产品多27 500元，因而转产D产品比继续生产B产品增加利润27 500元，说明转产方案是可行的。

(二) 是否接受特殊订货的决策

特殊订货，是指产品的订货单价不但低于产品的正常订货价格，有时还低于产品的单位成本的订货。这里所说的正常订货，是指已纳入年度生产经营计划的订货，又称正常任务，其售价为正常价格。追加订货，是指在计划执行过程中，由外单位临时提出的额外订货任务。

在企业订货不足、尚有剩余生产能力的情况下，是否接受特殊订货，必须考虑以下因素：

(1) 特殊订货的单价。

(2) 产品的单位变动成本。

(3) 特殊订货的数量。

(4) 特殊订货需要追加的专属成本。

综合上述四项因素，是否接受特殊订货，关键在于接受特殊订货能否为企业增加盈利。特殊订货决策分析的基本模型可用下式表示：

盈利(或亏损)＝(订货单价－单位变动成本)×订货数量－追加的专属成本
＝单位贡献毛益×订货数量－追加的专属成本
＝贡献毛益总额－追加的专属成本

特殊订货决策分析基本模型的核心问题是贡献毛益。是否接受特殊订货，主要取决于特殊订货提供的贡献毛益在补偿追加的专属成本后能否为企业提供一定数额的盈利。

若特殊订货能够为企业提供一定的盈利，就应接受特殊订货。

【例 5-5】 某公司生产 A 产品，年生产能力 200 000 件，产品销售单价 60 元，其单位成本资料如表 5-9 所示。

表 5-9　**单位成本资料**　单位：元

项　　目	数　　额
直接材料	25
直接人工	12
变动制造费用	3
固定制造费用	6
单位成本合计	46

根据公司目前的生产情况尚有 20%的生产能力未被利用，公司可以继续接受订货。现有一客户要求订货 30 000 件，所提订货单价为 45 元，且对产品性能有特殊要求，公司为此需购置一台专用设备，价值 10 000 元。分析企业是否接受这项订货。

按照传统财务会计的分析方法，这项特殊订货的单价为 45 元，不但低于正常销售单价(60 元)，而且还低于单位成本(46 元)。这就是说，公司每销售 1 件要亏损 1 元，接受 30 000 件订货要发生亏损 30 000 元，加上购置专用设备还要支出 10 000 元，公司总共要亏损 40 000 元。因此，这项订货不能接受。

按照管理会计的分析方法，必须将企业的成本划分为变动成本和固定成本，与这项决策有关的成本只是变动成本，原有的固定成本属于无关成本，不论是否接受这项订货，都会照样发生，可以不必考虑。因此，按照特殊订货决策分析的基本模型，只要该项订货能够为企业提供一定的贡献毛益、补偿追加的专属成本支出后尚有一定的余额，这项订货就可以接受。

将表 5-9 中的数据代入特殊订货决策分析基本模型：

$$盈利=(45-40)\times 30\,000-10\,000=140\,000(元)$$

从上述计算结果来看，接受这项订货可以为公司增加盈利 140 000 元，所以应接受这项订货。

由此可见，进行特殊订货的决策分析，关键要使特殊订货提供的贡献毛益总额大于其追加的专属成本总额，使企业有利可图。除了这个最基本的条件之外，是否接受特殊订货还必须满足下列条件：

(1) 企业要有剩余的生产能力，若接受特殊订货，固定成本不需增加或很少增加；若不接受特殊订货，剩余生产能力不能转移，否则需要考虑机会成本问题。

(2) 企业的产品没有更好的销路，只能按照特殊订货单价出售。

(3) 企业接受特殊订货，不能影响原有产品的正常销售；若影响正常销售，需要考虑机会成本问题。

【例 5-6】 仍按[例 5-5]资料，若客户要求追加订货 45 000 件，每件单价 58 元。

(1) 若公司剩余生产能力无法转移，也不需要追加固定成本，但有 40 000 件影响正常销售，分析是否接受追加订货？

(2) 若公司接受追加订货需增购特殊设备，价值 15 000 元，剩余生产能力可以转移，对外出租可获租金收入 5 000 元。估计 45 000 件中有 40 000 件影响正常销售，分析是否接受追加订货？

公司剩余生产能力无法转移，不需追加固定成本，可用相关损益分析法编制相关损益分析表如表 5-10 所示。

由于接受特殊订货的相关损益为正值，因此公司应接受该项特殊订货。

公司剩余生产能力可以转移，需要追加固定成本，可用相关损益分析法编制相关损益分析表如表 5-11 所示。

表 5-10　　相关损益分析表　　单位：元

项目 \ 方案	接受特殊订货	不接受特殊订货
相关收入	2 610 000(45 000×58)	0
相关成本		
变动成本	200 000(5 000×40)	0
机会成本	2 400 000(40 000×60)	0
合　计	2 600 000	0
相关损益	10 000	0

表 5-11　　相关损益分析表　　单位：元

项目 \ 方案	接受特殊订货	不接受特殊订货
相关收入	2 610 000(45 000×58)	0
相关成本		
变动成本	200 000(5 000×40)	0
专属成本	15 000	0
机会成本(租金)	5 000	0
机会成本	2 400 000(40 000×60)	0
合　计	2 620 000	
相关损益	−10 000	

由于接受特殊订货的相关损益为负值，因此公司不应该接受该项特殊订货。

(三) 新产品开发决策

新产品开发的决策，是指企业在利用现有剩余的生产能力开发新产品的过程中，在两个或两个以上可供选择的多个新品种中选择一个最优品种的决策，属于互斥方案的决策。

1. 不追加专属成本的新产品开发决策

在新产品开发的决策中，若企业利用现有生产能力生产多种产品，一般不需要增加固定成本，也不需考虑机会成本，那么企业在进行产品生产品种的决策分析时，通常采用贡献毛益分析法。

【例 5-7】 某公司利用剩余生产能力可以用于开发新产品，现有 A、B 两种产品可供选择。A 产品的预计单价为 100 元，单位变动成本为 80 元，单位产品工时定额为 5 工时；B 产品的预计单价为 50 元，单位变动成本为 35 元，单位产品工时定额为 3 工时。开发新产品不需要追加专属成本。分析企业应开发何种新产品。

在[例 5-7]中，应采用单位资源贡献毛益分析法，通过计算每种产品单位工时提供的贡献毛益的大小作为选择的依据，如表 5-12 所示。

表 5-12　　**单位工时贡献毛益分析表**

项　　目	A 产 品	B 产 品
单位贡献毛益(元)	20	15
单位产品工时定额(工时)	5	3
单位工时贡献毛益	4	5

从表 5-12 中可以看出，B 产品单位工时提供的贡献毛益大于 A 产品单位工时提供的贡献毛益，在生产能力一定的情况下，B 产品提供的贡献毛益总额必然大于 A 产品提供的贡献毛益总额。因此，公司应选择生产 A 产品。

【例 5-8】 仍按[例 5-7]的资料，如果公司现有剩余生产能力为 30 000 工时。分析企业应开发何种新产品。

在[例 5-8]中，由于公司是利用现有生产能力生产新产品，固定成本属于无关成本，与决策分析没有关系，可以不予考虑，因此应采用贡献毛益总额分析法，通过计算每种产品提供的贡献毛益总额的大小作为选择的依据，如表 5-13 所示。

表 5-13　　**贡献毛益总额分析表**　　金额单位：元

项　　目	A 产 品	B 产 品
最大产量(件)	6 000	10 000
销售单价	100	50
单位变动成本	80	35
单位贡献毛益	20	15
贡献毛益总额	120 000	150 000

从表 5-13 中可以看出，尽管 B 产品单位产品的获利能力比较低，但是由于其工时消耗也低，产品生产总量多，为公司提供的贡献毛益总额也就多，因此公司应选择生产 B 产品。

2. 追加专属成本新产品开发决策

当新产品开发的决策方案中需要追加专属成本时，就不能用贡献毛益分析法进行分析，而需应用相关损益分析法或差量损益分析法进行决策。

【例 5-9】 开发新产品 A 和新产品 B 的相关产销量、单价与单位变动成本等资料同[例 5-8]，但假定开发过程中需要装备不同的专用设备，分别需要追加专属成本 10 000 元和 50 000 元。分析企业应开发何种新产品。

在[例 5-9]中，由于公司是利用现有生产能力在两种新产品中选择一种产品进行生产，并且需要增加专属固定成本，因此可以采用差量损益分析法进行分析。差量损益分析表如表 5-14 所示。

表 5-14　　　　　　　　　　差量损益分析表　　　　　　　　　　单位：元

方案 项目	A 产品	B 产品	差异额
相关收入	600 000	500 000	+100 000
相关成本			
增量成本	480 000	350 000	
专属成本	10 000	50 000	
合　计	490 000	400 000	+90 000
差　量　损　益			+10 000

从表 5-14 可以看出，评价指标差量损益为+10 000 元，大于零，可以据此判定应当开发生产 A 产品，这样可以使企业增加利润 10 000 元。

（四）产品是否继续加工的决策

1. 半成品是否进一步加工的决策

半成品是否进一步加工的决策，是指企业对于那种即可以直接出售，又可以经过进一步加工变成产成品之后再出售的半成品所作的决策，又称是否直接出售半成品的决策。将半成品进一步加工成产成品出售，其销售单价会提高，但进一步加工也会增加一定的成本（包括变动成本和固定成本）。对这类问题进行决策分析，可以采用差量损益分析法。首先，用进一步加工后的销售收入减去半成品的销售收入形成差量收入，用进一步加工后的成本减去半成品的成本（即进一步加工后的追加成本）形成差量成本；然后，将差量收入与差量成本进行对比，如果前者大于后者，差量损益为正数，则应选择进一步加工的方案；反之，如果前者小于后者，差量损益为负数，则应选择出售半成品的方案。

【例 5-10】 某企业每年可生产甲半成品 15 000 件，单位成本 8 元，销售单价 12 元。如果把甲半成品进一步加工为乙产成品，需要追加单位变动成本 3 元，专属固定成本 20 000 元，但销售单价可提高到 15 元。分析甲半成品是直接出售还是进一步加工。

在[例 5-10]中，由于企业是分析甲半成品是直接出售还是进一步加工，并且需要增加专属固定成本，因此可以采用差量损益分析法进行分析。差量损益分析表如表 5-15 所示。

表 5-15　　　　　　　　　　差量损益分析表　　　　　　　　　　单位：元

方案 项目	甲半成品进一步加工为乙产成品	直接出售甲半成品	差　异　额
相关收入	225 000	180 000	+45 000
相关成本			
加工成本	45 000		
专属固定成本	20 000		
合　计	65 000		+65 000
差　量　损　益			−20 000

从表 5-15 可以看出，由于差别收入小于差别成本，差别损益为负数，说明直接出售对企业有利，可使企业增加盈利 20 000 元。因此，应选择将甲半成品直接出售的方案。

2. 联产品是否进一步加工的决策

联产品，是指利用同一原材料，在同一生产过程中生产出若干种经济价值较大的产品，例如，炼油厂提炼原油，可以生产出汽油、柴油、煤油等各种燃料油。有许多联产品既可以在分离后立即出售，也可以经进一步加工后再出售。

这种决策与半成品是否进一步加工的决策十分相似，只是在进一步加工联产品方案的相关成本中，变动性进一步加工成本称为可分成本，属于相关成本，联产品本身的成本称为联合成本，属于无关成本。对这类问题进行决策分析，仍可采用差量损益分析法或相关损益分析法来对方案进行选择。

【例 5-11】 某企业对同一种原料进行加工，可生产出 A、B、C 三种联产品，年产量分别为 7 500 千克、4 500 千克、3 000 千克。全年共发生 1 350 000 元联合成本，每种联产品承担的联合成本分别是 675 000 元、405 000 元、270 000 元。其中 C 联产品可直接出售。企业已经具备将 80%的 C 联产品深加工为 D 产品的能力，且无法转移。每深加工 1 千克 D 产品需额外追加可分成本 60 元。C 联产品与 D 产品的投入产出比例为 1∶0.7。如果企业每年额外支付 60 000 元租金租入一台设备，可以使深加工能力达到 100%。A、B、C 三种联产品单价分别是 600 元、620 元、405 元，D 产品的单价为 720 元。计划年度企业可以在以下三个方案中作出选择，即将全部 C 联产品深加工为 D 产品、将 80%的 C 联产品深加工为 D 产品和直接出售全部 C 联产品。确定各个方案的相关业务量、相关收入和相关成本，并作出是否将 C 联产品深加工为 D 产品的决策。

(1) 各方案的相关业务量、相关收入和相关成本。

a. 将全部 C 联产品深加工为 D 产品方案。

该方案确认相关收入的相关业务量是 D 产品的产销量。

D 产品的产销量＝3 000×0.7＝2 100(千克)

相关收入＝720×2 100＝1 512 000(元)

该方案确认可分成本相关业务量是 C 联产品产量为 3 000 千克。

可分成本＝60×3 000＝180 000(元)

专属成本＝60 000(元)

b. 将 80%的 C 联产品深加工为 D 产品方案。

该方案确认相关收入的相关业务量包括 D 产品的产销量和直接出售的 C 联产品销量。

D 产品的产销量＝3 000×0.7×80%＝1 680(千克)

直接出售的 C 联产品销量＝3 000×(1－80%)＝600(千克)

相关收入＝720×1 680＋405×600＝1 452 600(元)

该方案确认可分成本的相关业务量是 C 联产品的产量为 3 000 千克。

可分成本＝60×3 000×80%＝144 000(元)

c. 直接出售全部 C 联产品方案。

该方案确认相关收入的相关业务量是 C 联产品的产量为 3 000 千克。

相关收入＝405×3 000＝1 215 000(元)

相关成本＝0

(2) 是否将C联产品深加工为D产品的决策可采用相关损益分析法进行分析。相关损益分析表如表5-16所示。

表5-16　**相关损益分析表**　单位：元

项目＼方案	将C联产品深加工为D产品		直接出售全部C联产品
	将全部C联产品深加工为D产品	将80%的C联产品深加工为D产品	
相关收入	1 512 000	1 452 600	1 215 000
相关成本			
加工成本	180 000	144 000	0
专属固定成本	60 000	0	0
合计	240 000	144 000	0
贡献毛益	1 272 000	1 308 600	1 215 000

从表5-16可以看出，将80%的C联产品深加工为D产品方案的贡献毛益总额最大，因此应将80%C联产品加工成D产品后再出售。

(五) 零部件自制还是外购的决策

零部件自制还是外购的决策又叫零部件取得方式的决策。企业生产产品所需要的零部件，是自己组织生产还是从外部购进，这是任何企业都会遇到的决策问题。需要指出，无论是零部件自制还是外购，并不影响产品的销售收入，只需考虑两个方案的成本，哪一个方案的成本低则选择哪一个方案。

零部件自制或外购的决策分析一般可采用相关成本分析法和成本平衡点分析法。

1. 零部件自制不需增加固定成本且自制能力无法转移

在企业已经具备的自制能力无法转移的情况下，原有的固定成本属于沉落成本，不会因零部件的自制或外购而发生变动。因此，在这项决策分析中，只需将自制方案的变动成本与外购成本进行比较。如果自制变动成本高于外购成本，应外购；如果自制变动成本低于外购成本，应自制。

【例5-12】 某企业每年需用A零件100 000件，该零件既可以自制，又可以外购。若外购，每件单价为40元；若自制，企业拥有多余的生产能力且无法转移，其单位成本资料如表5-17所示。分析A零件是自制还是外购。

表5-17　**单位成本资料**　单位：元

项　　目	数　　额
直接材料	30
直接人工	6
变动制造费用	3
固定制造费用	5
单位成本合计	44

根据题意,可采用相关成本分析法。由于企业拥有多余的生产能力,固定成本属于无关成本,不需考虑,自制单位变动成本为39元(30+6+3),外购单价为40元。

$$自制总成本=100\,000\times39=3\,900\,000(元)$$
$$外购总成本=100\,000\times40=4\,000\,000(元)$$

所以,企业应选择自制方案,可节约成本100 000元。

2. 零部件自制不需增加固定成本且自制能力可以转移

在自制能力可以转移的情况下,自制方案的相关成本除了包括按零部件全年需用量计算的变动生产成本外,还包括与自制能力转移有关的机会成本,无法通过直接比较单位变动生产成本与外购单价作出决策,必须采用相关成本分析法。

【例5-13】 仍按[例5-12]中的资料。假定自制A零件的生产能力可以转移,每年预计可以获得贡献毛益1 000 000元。分析A零件是自制还是外购。

根据题意,可采用相关成本分析法。由于企业拥有多余的生产能力,固定成本属于无关成本,不需考虑,自制单位变动成本为39元,外购单价为40元。

依题意编制的相关损益分析表如表5-18所示。

表5-18 **相关损益分析表** 单位:元

项目 \ 方案	自制A零件	外购A零件
变动成本	3 900 000(100 000×39)	4 000 000(100 000×40)
机会成本	1 000 000	
相关成本合计	4 900 000	4 000 000

从表5-18可以看出,企业应选择外购方案,可节约成本900 000元。

3. 零部件自制但需要增加固定成本

当自制零部件时,如果企业没有多余的生产能力或多余生产能力不足,就需要增加固定成本以购置必要的机器设备。在这种情况下,自制零部件的成本不仅包括变动成本,而且还包括增加的固定成本。由于单位固定成本是随产量成反比例变动的,因此对于不同的需要量,决策分析的结论就可能不同。这类问题的决策分析,根据零部件的需要量是否确定,可以分别采用相关成本分析法和成本平衡点分析法来进行分析。若零部件的需要量确定,可以采用相关成本分析法;若零部件的需要量不确定,则采用成本平衡点分析法。因零部件的需要量确定情况下的零部件自制与否的决策与[例5-13]相似,这里仅就零部件需要量不确定情况下的自制与否的决策进行举例。

【例5-14】 企业需要的B零件可以外购,单价为60元;若自制,单位变动成本为24元,每年还需增加固定成本45 000元。分析B零件是自制还是外购。

由于零部件的需要量不确定,因此需采用成本平衡点分析法进行分析。

x_0为成本平衡点业务量,自制方案的总成本为y_1,固定成本为a_1,单位变动成本为b_1;外购方案的总成本为Y_2,固定成本为a_2,单位变动成本为b_2。

其中:$a_1=45\,000$

$b_1=24$

$a_2=0$

$b_2=60$

则有：$y_1=a_1+b_1x=45\,000+24x$

$y_2=60x$

$$x_0=\frac{45\,000}{60-24}=1\,250(\text{件})$$

当零部件需要量为 1 250 件时，外购总成本与自制总成本相等；当零部件的需要量小于 1 250 件时，外购总成本低于自制总成本，应选择外购方案；当零部件需要量大于 1 250 件时，自制总成本低于外购总成本，应选择自制方案。

(六) 不同生产工艺技术方案的决策

不同生产工艺技术方案的决策，是指企业在组织生产某一种产品或零件时，如果采用的加工设备不同，其加工成本往往也会有很大的差别。一般地说，采用技术含量较高设备的固定成本较高，但单位变动成本较低；采用技术含量较低设备的固定成本较低，但单位变动成本较高。由于单位固定成本与产量成反比，因此采用哪种类型的设备取决于加工批量的大小。当加工批量较大时，应采用技术含量较高的设备；当加工批量较小时，应采用技术含量较低的设备。不同加工设备的决策，在加工批量不确定的条件下，可通过成本平衡点分析法进行分析。

【例 5-15】 某公司生产 C 零件，有甲、乙两种不同的工艺方案可供选择。甲方案的固定成本为 720 000 元，单位变动成本为 24 元，乙方案的固定成本为 480 000 元，单位变动成本为 36 元。分析加工 C 零件应采用哪种方案。

因加工数量不确定，应采用成本平衡点分析法。

x_0 为成本平衡点业务量，甲方案的固定成本为 a_1，单位变动成本为 b_1；乙方案的固定成本为 a_2，单位变动成本为 b_2。

$$\text{成本平衡点业务量 } x_0=\frac{720\,000-480\,000}{36-24}=20\,000(\text{件})$$

当加工批量小于 20 000 件时，采用乙方案加工成本较低；当加工批量大于 20 000 件时，应选用甲方案。

(七) 产品组合决策

在生产多种产品的企业中，常常会遇到产品的最优组合问题。产品最优组合就是通过产品品种的合理搭配，使企业有限的资源和生产能力得到最充分的利用，以提高企业的经济效益，一般应采用线性规划分析法。具体步骤如下：

(1) 确定目标函数与约束条件，并列出其代数式。

(2) 根据约束条件在平面直角坐标系中作图，确定产品组合的可行解区域。

(3) 在可行解区域里，确定能使目标函数得到最大值或最小值的产品最优组合。

【例 5-16】 某公司生产甲、乙两种产品，其有关数据如表 5-19 所示。用线性规划分析法确定两种产品的最优组合。

甲产品产量为 X_1，乙产品产量为 X_2，最大贡献毛益为 CM，则，目标函数为：

$$CM=40X_1+50X_2$$

表 5-19　　甲、乙产品有关数据

项　　目	甲产品(件)	乙产品(件)	最大生产能力
机器工时定额(工时)	5	10	2 000
电力消耗定额(度)	30	20	6 000
单位贡献毛益(元)	40	50	

约束条件为：

$$\begin{cases} 5X_1+10X_2\leqslant 2\,000 & ① \\ 30X_1+20X_2\leqslant 6\,000 & ② \\ X_1\geqslant 0, X_2\geqslant 0 \end{cases}$$

根据上述约束条件，可用图解法求出最优解，下面说明求解过程。

(1) 根据约束条件在直角坐标系中作图。

根据①式：

令 $X_1=0$，则 $X_2\leqslant 200$

令 $X_2=0$，则 $X_1\leqslant 400$

根据②式：

令 $X_1=0$，则 $X_2\leqslant 300$

令 $X_2=0$，则 $X_1\leqslant 200$

据此在坐标系中绘出约束条件的图形，如图 5-1 所示。

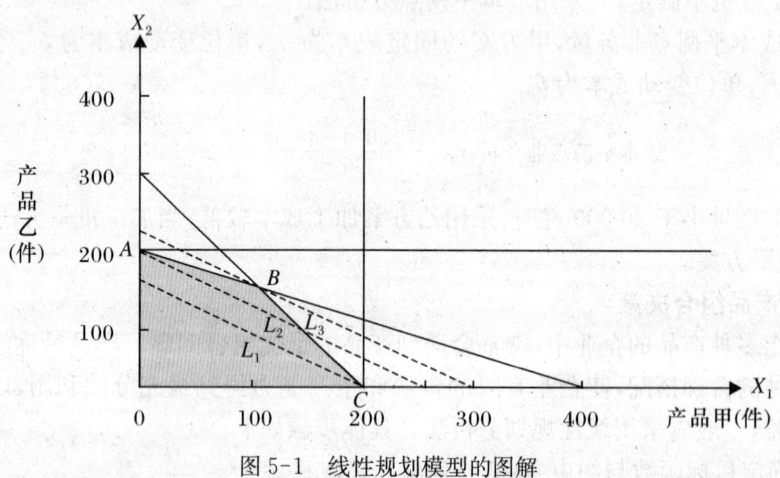

图 5-1　线性规划模型的图解

(2) 根据坐标图，确定可行解区域。在图 5-1 中，由两个约束条件方程形成的两条直线与 X_1 轴和 X_2 轴共同围成一个区域 $0ABC$(图中阴影部分)，在这个区域内的任何一点均满足约束条件。因此，该区域就是可行解区域。

(3) 根据可行解区域，确定最优解。线性规划理论证明，目标函数最优解一定在可行解区域的顶点上。图 5-1 中的可行解区域有四个顶点，究竟哪一个顶点代表最优产品组合，需将各顶点的坐标代入目标函数，如表 5-20 所示。

表 5-20 **由目标函数计算贡献毛益总额** 单位：元

顶　点	目标函数	贡献毛益总额
0(0,0)	40×0+50×0	0
A(0,200)	40×0+50×200	10 000
B(100,150)	40×100+50×150	11 500
C(200,0)	40×200+50×0	8 000

从表 5-19 可以看出，顶点 $B(100,150)$ 的目标函数值最大，为最优解，即企业生产 100 件甲产品和 150 件乙产品是两种产品的最优组合，可使企业获得最大贡献毛益 11 500元。

最优产品组合也可以通过等利润线确定。等利润线是提供相等利润的各种产品组合点连成的线，可由目标函数来确定。

［例 5-16］的目标函数为：

$$CM=40X_1+50X_2$$

$$X_2=\frac{CM}{50}-\frac{40}{50}X_1$$

式中的$\frac{CM}{50}$是常数，是等利润线的截距，X_1 的系数$\frac{-40}{50}$是等利润线的斜率。设 $CM_1=8\ 000$，代入目标函数：

$$8\ 000=40X_1+50X_2$$

设 $X_1=0$，则 $X_2=160$，$X_2=0$，则 $X_1=200$。连接两点即可得到等利润线 L_1，在这条线上所有的各种组合都能得到 8 000 元的贡献毛益，也就是说利润相等。同理，设 $CM_2=10\ 000$，$CM_3=11\ 500$，可得到等利润线 L_2 和 L_3，如图 5-1 所示。

从图 5-1 可以看出，等利润线 L_1、L_2 和 L_3 都是平行线，即它们的斜率相等，都是$\frac{-40}{50}$，因而等利润线截距越大，其目标函数 CM 的值也就越大。在［例 5-16］的可行解区域中，通过 B 点的等利润线 L_3 的截距最大，因而可以确定 B 点代表产品的最优组合，即当生产 100 件甲产品和 150 件乙产品时，可获得最大贡献毛益 11 500 元。

从图 5-1 可以看出，代表最优产品组合的 B 点是两条约束条件线的交点。那么是否可以说，两条约束条件线的交点一定是最优的产品组合点呢？这要根据等利润线的斜率与约束条件线的斜率进行比较才能确定。如果等利润线的斜率介于两条约束条件线的斜率之间，那么两条约束条件线的交点就是最优的产品组合点。如［例 5-16］，等利润线的斜率是$\frac{-40}{50}$，工时约束条件线的斜率是$\frac{-1}{2}$，电力约束条件线的斜率是$\frac{-3}{2}$。如果等利润线的斜率小于两条约束条件线的斜率或大于两条约束条件线的斜率，那么两条约束条件线的交点就不是最优的产品组合点。如［例 5-16］，乙产品的单位贡献毛益不是 50 元，而是 20 元；或者甲产品的单位贡献毛益不是 40 元，而是 15 元。则最优的产品组合就不在 B 点，而是分别在 C 点和 A 点。

基于上述原理，对于两种产品、两项约束条件下的最优产品组合，如果等利润线的斜率介于两条约束条件线的斜率之间,也可以用求解二元一次方程组的方法对约束条件方程组进行求解,以确定其最优组合。至于多种产品的最优组合,无法用图解法进行求解,可根据线性规划原理,用单纯形法或借助于电子计算机进行求解。本书不再赘述,可参考经济数学的有关内容。

第四节　不确定型经营决策

不确定型决策,是指决策所涉及的有关备选方案的各项条件具有某种程度的不确定性,每个备选方案都可能会出现两个或两个以上的不同结果,但却无法预测其发生的概率。这类决策问题一般可采用大中取大决策法、小中取大决策法、大中取小决策法和折中决策法进行决策。

一、大中取大决策法

大中取大决策法又称为最大最大原则,或乐观决策方法,它是在几种不确定的随机事件中,选择最有利的市场需求状况下的收益值最大的方案作为中选方案的决策方法。大中取大决策法的决策程序为:

(1) 在每个备选方案中确定一个最大的收益值。

(2) 从各个备选方案的最大收益值中选出一个收益值最大的方案作为最优决策方案。

【例 5-17】 某公司拟开辟新市场,根据需求预测,拟定了四种不同的决策方案并对每个决策方案预计可能实现的收益作了初步的估计,有关数据如表 5-21 所示。用大中取大决策法分析公司应选择哪个决策方案。

表 5-21　　**不同决策方案有关数据估计**　　单位:万元

决策方案	市场需求状况		
	旺　盛	一　般	冷　淡
A方案	3 000	2 000	50
B方案	4 000	2 000	−100
C方案	5 000	3 000	−150
D方案	6 000	1 500	−200

根据表 5-21 提供的数据,确定每个备选方案的“最大收益值”如下:

A 方案的最大收益值为 3 000;

B 方案的最大收益值为 4 000;

C 方案的最大收益值为 5 000;

D 方案的最大收益值为 6 000。

按照大中取大决策法,需从每个方案的最大收益值中选取一个最大的收益值为最优方案,因此 D 方案为最优决策方案。

二、小中取大决策法

小中取大决策法也称为悲观决策方法，它是在几种不确定的随机事件中，选择最不利的市场需求状况下的收益值最大的方案作为中选方案的决策方法。小中取大决策法的决策程序为：

(1) 在每个备选方案中确定一个最小的收益值。

(2) 从各个备选方案的最小收益值中选出一个收益值最大的方案作为最优决策方案。

【例 5-18】 有关资料仍如表 5-21 所示。用小中取大决策法分析公司应选择哪个决策方案。

根据表 5-21 提供的数据，确定每个备选方案的“最小收益值”如下：

A 方案的最小收益值为 50；

B 方案的最小收益值为－100；

C 方案的最小收益值为－150；

D 方案的最小收益值为－200。

按照小中取大决策法，需从每个方案的最小收益值中选取一个最大的收益值为最优方案，因此 A 方案为最优决策方案。

三、大中取小决策法

大中取小决策法也称最小的最大后悔值决策法，它是在几种不确定的随机事件中，选择最大后悔值中的最小值的方案作为中选方案的决策方法。后悔值，是指在各种不同市场需求状况下最优方案的收益值与所采取的方案收益值的差额，即如果选错决策方案可能发生的损失额。大中取小决策法的决策程序为：

(1) 确定不同市场需求状况下各个方案的最大收益值。

(2) 计算不同市场需求状况下各个方案的后悔值。

(3) 确定每个备选方案的最大后悔值，然后从中选取最小的后悔值对应的决策方案为最优方案。

【例 5-19】 有关资料仍如表 5-21 所示。用大中取小决策法分析公司应选择哪个决策方案。

(1) 根据表 5-21 提供的数据，确定不同市场需求状况下各个方案的最大收益值为：需求旺盛 6 000，需求一般 3 000，需求冷淡 50。

(2) 计算不同市场需求状况下各个方案的后悔值如表 5-22 所示。

表 5-22 **各方案后悔值的计算** 单位：万元

决策方案	市场需求状况			各方案的最大后悔值
	旺盛	一般	冷淡	
A 方案	3 000	1 000	0	3 000
B 方案	2 000	1 000	150	2 000
C 方案	1 000	0	200	1 000
D 方案	0	1 500	250	1 500

(3) 根据表 5-21 提供的数据,确定每个备选方案的最大后悔值为:A 方案 3 000,B 方案 2 000,C 方案 1 000,D 方案 1 500。其中 C 方案的后悔值最小,为最优方案。

四、折中决策法

折中决策法是在确定乐观系数 α 和各方案预期价值的基础上,在不确定型的各个备选方案中选择预期价值最大的方案作为中选方案的决策方法。决策者在确定乐观系数 α 时,既不能过于乐观,也不能过于悲观,而是采取现实主义的态度,根据实际情况和自己的实践经验折中确定。α 的取值范围是:$0<\alpha<1$,如果 α 取值接近 1,则比较乐观;如果接近 0,则比较悲观。

每个备选方案的预期价值的计算公式如下:

$$每个备选方案的预期价值=\alpha\times最高收益值+(1-\alpha)\times最低收益值$$

【例 5-20】 有关资料如表 5-21,该公司的乐观系数为 0.7。

用折中决策法分析公司应选择哪个决策方案。

每个决策方案的预期价值计算如下:

A 方案的预期价值=3 000×0.7+50×0.3=2 185(万元)

B 方案的预期价值=4 000×0.7+(-100)×0.3=2 770(万元)

C 方案的预期价值=5 000×0.7+(-150)×0.3=3 455(万元)

D 方案的预期价值=6 000×0.7+(-200)×0.3=4 140(万元)

由于 D 方案的预期价值最大,因此应选择 D 方案。

第五节 产品定价的决策分析

定价决策分析主要包括定价决策方法和定价决策策略两部分内容。

企业在进行定价决策分析时通常需要考虑国家的价格政策和定价方法与策略、定价目标、商品的价值、成本的消耗水平、商品的质量水平、供求关系与竞争形式、价格的弹性、产品所处的寿命周期阶段、产品的比价、差价与价格体系等因素。

在上述各因素中,定价目标,是指特定商品在实现其价格后应达到的目标。这种特定价格目标一般包括追求最大利润、追求一定的投资利润率或投资收益率、保持和提高市场占有率、应付和防止竞争的加剧、保持良好的企业形象等类型。

企业确定的定价目标不同,所采取的定价方法与策略也不同,价格的高低也会不尽相同。定价目标的确定,是企业做好定价工作首先应该解决的问题。

一、产品的定价策略

(一) 定价策略的概念

定价策略,是指企业在进行定价决策时,按照一定经验,最终作出特定价格定性选择分析所遵照的原则或技巧,是定价决策策略的简称。

定价策略与定价方法不同。首先,定价策略与定价方法的性质不同,定价策略属于定性分析,定价方法属于定量分析;其次,定价策略与定价方法的依据不同,定价策略主要凭经验,定价决策方法必须依靠定价模型。关于定价策略,本书主要介绍弹性定价策略和新产品定价策略。

(二) 弹性定价策略

弹性定价策略,是指根据价格弹性确定价格调整方向的原则或技巧。价格弹性又称为价格影响需求量的弹性系数,也叫需求的价格弹性系数,其经济学涵义可以用公式表示为:

$$价格弹性=\frac{需求量变化的百分比}{价格变化的百分比}$$

它能反映需求量受价格变动率影响的变动程度,表示价格每增加(或减少)1%时,需求量降低(或增加)的百分比。

在经济学上,价格弹性的绝对值可以反映出需求与价格变动水平的关系,主要有以下三种情况:

(1) 价格弹性的绝对值大于1,简称为弹性大,表明价格以较小幅度变动时,可使需求量产生较大幅度的反弹。

(2) 价格弹性的绝对值小于1,简称为弹性小。表明即使价格变动幅度很大,需求量的变化幅度也不会太大。

(3) 价格弹性的绝对值等于1,表明需求量受价格变动影响的幅度完全与价格本身变动幅度一致。

价格弹性的大小说明了商品价格与需求之间反方向变动的水平的大小。就某一种产品在不同时期及不同销量而言,其弹性可能有大有小;即使同一条件下的不同商品,也会出现弹性有大有小的情况。弹性大,则价格下降,促使需求大大提高,因此,对弹性大的商品应采取调低价格的方法,薄利多销;弹性小,当价格变动时,需求量的增减幅度相应很小,对弹性小的商品不仅不应调低价格,相反,在条件允许的范围内应适当调高价格。

(三) 新产品定价策略

新产品定价策略,是指用于指导新产品定价的原则或技巧。新产品的定价往往具有不确定性的特点,对其一般都采用试销的办法,进而收集各种有用的信息,为最终制订能够实现企业预定目标的产品价格提供依据。

新产品的定价策略具体包括撇油策略和渗透策略两种。

撇油策略是对于那些初次投放市场尚未形成竞争的新产品在试销初期订出较高的价格,以保证初期高额获利,随着市场销量提高、竞争加剧而逐步降价的策略,又叫先高后低策略。

渗透策略是对于那些初次投放市场尚未形成竞争的新产品在试销初期订出较低的价格,以期能够迅速获得市场认可,当占有市场以后,再逐步提价的策略,又叫先低后高策略。

撇油策略着眼于短期收益,渗透策略着眼于长期利益,各有优缺点。对于那些与同类竞争产品相比差异性较大,能满足较大市场需要,需求弹性小、不易仿制的新产品最好采取撇油策略;而对于那些与同类产品相比差别不大,需求弹性大、易于仿制、市场前景光明的新产品则应考虑采取渗透策略。

二、产品的定价决策方法

产品的定价决策方法，是指企业在进行产品的定价决策时，按照一定程序和模型，最终作出特定价格定量选择分析的技术手段。

按照定价决策所要考虑的主要因素，可将产品的定价决策方法分为以成本为导向的定价决策方法、以需求为导向的定价决策方法和以特殊要求为导向的定价决策方法三种类型。

（一）以成本为导向的产品定价决策方法

以成本为导向的定价决策方法，是指在集中考虑如何实现成本补偿的基础上，作出产品定价决策的方法。其基本思想是企业产品的价格应该在补偿成本的基础上还能为企业提供预期的收益，所依据的成本指标既可以是总成本，又可以是单位成本；既可以利用完全成本法提供的成本参数，也可以利用变动成本法提供的成本参数。具体包括以下几种定价方法。

1. 总成本定价法

总成本定价法，是指当企业只生产一种产品时，在已知的总成本资料的基础上加上一定的目标利润，并以之除以预计产销数量来作出定价决策的方法。其计算公式如下：

$$价格=\frac{预计总成本+目标利润}{预计产销数量}$$

不论在哪种成本法下，公式中的总成本都可以按相应的产品成本加上期间成本来确定，目标利润也可以事先确定，只要能够正确预测出产销量资料就可以测定出价格。因此，这种方法比较简单。

在多品种产品生产的条件下，若应用此法，则应将有关固定成本合理地分配给各种产品，以确定各产品的总成本，当然也要求将目标利润在各种产品之间分配。这种方法在完全成本法下应用较为简便。

2. 收益比率定价法

收益比率定价法，是指在单位产品成本及相关收益比率的基础上进行定价决策的方法。又分为两种情况：

(1) 在完全成本法下，其计算公式如下：

$$价格=\frac{单位产品成本}{1-销售毛利率}=\frac{单位材料成本+单位加工成本}{1-销售毛利率}$$

在完全成本法下，由于单位产品成本受到产销量的制约，按照这种方法确定的价格精度要差一些。

(2) 在变动成本法下，其计算公式如下：

$$价格=\frac{单位产品成本}{1-贡献毛益率}$$

由于单位产品成本和贡献毛益率指标可利用历史资料或有关规划目标等现成资料，因此，这种方法比较简单，尤为适用于临时定价。

3. 成本加成定价法

成本加成定价法，是指在单位产品成本的基础上按一定的加成率计算相应的加成额，进而确定产品价格的方法。其计算公式如下：

$$价格=单位产品成本+加成额=单位产品成本\times(1+加成率)$$

式中：

$$成本加成率=\frac{加成内容}{相关成本}$$

成本加成定价法应用范围最广，因为加成率可以沿用标准成本有关的指标，故在长期定价时运用这种方法十分方便。

在不同的成本计算模式下，单位产品成本和加成率的口径均有所不同。

(1) 在完全成本法下的成本加成定价法。在完全成本法下，单位产品成本就是单位生产成本，成本加成率为成本毛利率。其计算公式如下：

$$价格=单位产品成本\times(1+成本毛利率)$$

式中：

$$成本毛利率=\frac{利润+非生产成本}{生产成本}$$

【例 5-21】 某企业生产 A 产品的单位生产成本为 25 元(其中：单位变动生产成本为 20 元)，成本毛利率为 64%。用成本加成定价法计算目标售价。

$$目标售价=25\times(1+64\%)=41(元)$$

(2) 变动成本法下的成本加成定价法。在变动成本法下在变动成本上进行成本加成，成本加成的内容包括全部固定成本和目标利润。其计算公式如下：

$$价格=单位变动成本\times(1+变动成本加成率)$$

式中：

$$变动成本加成率=\frac{利润+固定成本}{变动成本}$$

【例 5-22】 某公司生产甲产品的单位变动成本为 20 元，预计在变动成本的基础上加成 105%可实现目标利润。用成本加成定价法计算目标售价。

$$目标售价=20\times(1+105\%)=41(元)$$

由[例 5-21]和[例 5-22]可知，在成本定价法下，无论是按完全成本法的数据，还是按变动成本法的数据，所计算出来的目标价格应当是一致的。

(二) 以需求为导向的定价方法

以需求为导向的定价决策方法，是指在优先考虑市场供求关系和消费者可能对价格的接受程度的基础上，作出产品定价决策的方法。其主要包括用于最优售价决策的边际分析法和用于调价决策的利润无差别点法。

1. 边际分析法

边际分析法，是指通过分析不同价格与销售量组合条件下的产品边际收入、边际成本和边际利润之间的关系，作出相应决策的一种定量分析方法。

从数学意义上看，边际收入是以销售量为自变量的销售收入函数的一阶导数；边际利润是以销售量为自变量的销售利润函数的一阶导数，又等于边际收入与边际成本之差。按照微分极值原理，如果利润的一阶导数为零，即边际利润为零，边际收入等于边际成本，且利润的二阶导数小于零，此时的利润达到极大值，这时的售价就是最优售价。

管理会计的定价决策中的最优售价决策就是要设法找到能使企业获得最大利润的价格。但是在高等数学中，自变量（销售量）的变化是指无限小变动的情形，而在经济生活中，自变量（销售量）的变化是指每增加或减少一个单位。因此，边际利润则是指销售量每增加或减少一个单位所形成的利润差。这里的一个销售量单位可以指一件产品，也可以指一批产品。在这种情况下，仍然可以根据"边际收入等于成本"，"边际利润等于零"的条件来判断能否找到最优售价。如果确实无法找到能够使"边际利润等于零"的售价，也可以根据"边际收入接近于边际成本"这个条件，来判断最优售价的位置。

(1) 边际分析法的公式法。公式法，是指当收入和成本函数均为可微函数时，可直接通过对利润函数求一阶导数，进而求得最优售价的方法。计算原理如下：

假定售价与需求量之间存在如下函数关系：

$p=\varphi(x)$，则销售收入函数为 $TR=g[\varphi(x)]$，销售总成本函数为 $TC=f(x)$，于是利润函数可写为：

$$P=TR-TC=g[\varphi(x)]-f(x)$$

对上式求导，可得 $$P'=(TR-TC)'=TR'-TC'$$

式中：利润的导数 $P'=MP$ 为边际利润；

销售收入的导数 $TR'=MR$ 为边际收入；

总成本的导数 $TC'=MC$ 为边际成本。

若 $P''<0$，当 $MP=MR-MC=0$ 时，利润 P 有极大值。

令：边际收入（MR）－边际成本（MC）$=0$，可以求得极值点销量 x_0，将 x_0 代入价格和利润模型，可分别求得极值点售价 $p_0=\varphi(x_0)$ 和极值利润 $P_0=g[\varphi(x_0)]-f(x_0)$。$x_0$ 和 $\varphi(x_0)$ 被称作极值点"销量——售价"的优化组合。

如果这种极值点是唯一的，则 x_0 与 $\varphi(x_0)$ 为最优的"销量——售价组合"；若极值点不止一个，则可通过比较极值利润，最终确定最优的"销量——售价组合"。

【例 5-23】 某产品的销售单价与销售量的关系式为 $p=120-5x$；单位变动成本与销售量的关系是：$b=10+0.5x$，固定成本 $a=500$ 元。用公式法求产品的最优售价。

依题意，建立的总收入模型为：

$$TR=px=(120-5x)x=120x-5x^2$$

则， $$MR=120-10x$$

总成本模型为：

$$TC=a+bx=500+(10+0.5x)x=500+10x+0.5x^2$$

则， $$MC=10+x$$

令 $MR=MC$，可求得最优销量 $x_0=10$（件）

将最优销量 $x_0=10$，代入 $p=120-5x$

可求得最优售价 $p_0=70$（元）

单位变动成本 $b=10+0.5\times10=15$（元）

显然，当企业按 70 元的价格销售 10 件产品时，可实现最大利润为：

$$P_0=(p-b)x-a=(70-15)\times 10-500=50(\text{元})$$

公式法的优点是以微分极值原理为理论依据，可直接对收入与成本函数求导，计算结果比较精确。缺点在于售价与销量的函数关系以及总成本函数关系较难确定，另外只有可微函数才能求导数，对于非连续函数则无法用公式法，只能借助列表法才能求得最优售价。

(2) 边际分析法的列表法。当收入和成本函数为离散型函数，可通过列表判断边际收入与边际成本的关系或考察边际利润的值来确定最优的售价。

【例 5-24】 某公司生产甲产品，有关销售量和销售价格资料如表 5-23 所示，有关成本资料如表 5-24 所示。

表 5-23　**甲产品销售情况资料表**　单位：元

销售量(件)	销售单价	销售收入	边际收入
10	60	600	—
20	54	1 080	480
30	45	1 350	270
40	42	1 680	330
50	39	1 950	270
60	36	2 160	210
70	33	2 310	150
80	30	2 400	90
90	27	2 430	30
100	21	2 100	−330

表 5-24　**甲产品成本资料表**　单位：元

销售量(件)	固定成本	单位变动成本	总成本	边际成本
10	500	15	650	—
20	500	15	800	150
30	500	15	950	150
40	500	15	1 100	150
50	500	15	1 250	150
60	500	15	1 400	150
70	500	15	1 550	150
80	500	15	1 700	150
90	500	15	1 850	150
100	1 000	15	2 500	650

根据表 5-23 和表 5-24,可编制分析计算表如表 5-25 所示。

表 5-25 **甲产品成本分析计算表** 单位：元

销售量(件)	销售单价	销售收入	边际收入	总成本	边际成本	利 润
10	60	600	—	650	—	−50
20	54	1 080	480	800	150	280
30	45	1 350	270	950	150	400
40	42	1 680	330	1 100	150	580
50	39	1 950	270	1 250	150	700
60	36	2 160	210	1 400	150	760
70	33	2 310	150	1 550	150	760
80	30	2 400	90	1 700	150	700
90	27	2 430	30	1 850	150	580
100	21	2 100	−330	2 500	650	−400

从表 5-25 中计算数据可看出,当售价为 33 元,销售量为 70 件时,边际收入等于边际成本,边际利润为零,这时的利润最大值达到 760 元。因此,最优售价为 33 元。

因此可以得出结论:当销售单价下降时,如果边际收入大于边际成本,即边际利润大于零,说明降价扩大销售对企业有利;如果边际收入小于边际成本,即边际利润小于零,说明降价不仅不能增加利润,反而使利润降低,对企业不利。

在[例 5-23]中,虽然当售价为 33 元时,实现了边际收入等于边际成本、边际利润为零的条件,利润达到极大值 760 元,但当售价为 36 元,销售量为 60 件时,企业的利润也已经达到了 760 元。因此,也许有人会认为当边际收入等于边际成本、边际利润为零时,并不意味着可找到最优售价,而仅仅表明继续降价已经没有意义。实际上,不能因为在边际利润不等于零的地方找到了与边际利润等于零时一样多的利润,就全面否定微分极值原理。必须承认,当售价分别为 33 元和 36 元时,都可以找到最优售价。如果从另一个角度看问题,售价从 36 元降到 33 元时,可以使市场销售量从 60 件上升到 70 件,这样可以满足社会需要,并提高企业的知名度和市场占有率,因此,降价是有意义的。

2. 利润无差别点法

利润无差别点法,是指利用调价后预计销量与利润无差别点销量之间的关系进行调价决策的一种方法,也称为价格无差别点法。利润无差别点销量,是指某种产品为确保原盈利能力,在调价后应至少达到的销售量指标。其计算公式如下：

$$\text{利润无差别点销售量}=\frac{\text{固定成本}+\text{调价前可获利润}}{\text{拟调单价}-\text{单位变动成本}}$$

应用利润无差别点法进行调价决策的原则是:若调价后预计销售量大于利润无差别点销售量,则可考虑调价;若调价后预计销售量小于利润无差别点销售量,则不能调价;若调价后预计销售量等于利润无差别点销售量,则调价与不调价的效益一样。

在此类决策中,需要综合考虑最大生产能力、调价后预计销售量因素,以及是否追加专属成本投入、绝对剩余生产能力能否转移等条件。

【例 5-25】 某公司甲产品的单价为 50 元时，可销售 20 000 件，固定成本为 200 000 元，单位变动成本为 30 元，实现利润 200 000 元。假定企业现有最大生产能力为 35 000 件。利用利润无差别点法评价以下各不相关条件下的调价方案的可行性。

(1) 若将售价调低为 42 元，预计销量可达到 34 000 件左右。

(2) 若将售价调低为 40 元，预计销量可达到 36 000 件以上。

(3) 若将售价调低为 40 元，预计最大销量可达到 45 000 件，但企业必须追加 30 000 元固定成本才能具备生产 45 000 件产品的能力。

(4) 若将售价调高为 55 元，只能争取到 14 000 件订货(剩余生产能力无法转移)。

(5) 调价水平与销量情况同(4)，但剩余生产能力可以转移，可获收入 100 000 元。

解：利用无差别点法评价如下：

(1) $利润无差别点销售量=\frac{200\ 000+200\ 000}{42-30}=33\ 333(件)$

因为最大生产能力 35 000 件＞预计销量 34 000 件＞利润无差别点销量 33 333 件，所以应予以调价。

(2) $利润无差别点销售量=\frac{200\ 000+200\ 000}{40-30}=40\ 000(件)$

因为最大生产能力 35 000 件＜预计销量 36 000 件＜利润无差别点销量 40 000 件，所以不应予以调价。

(3) $利润无差别点销售量=\frac{200\ 000+30\ 000+200\ 000}{40-30}=43\ 000(件)$

因为最大生产能力和预计销量 45 000 件＞利润无差别点销量 43 000 件，所以应予以调价。

(4) $利润无差别点销售量=\frac{200\ 000+200\ 000}{55-30}=16\ 000(件)$

因为预计销量 14 000 件＜利润无差别点销量 16 000 件，所以不应予以调价。

(5) $利润无差别点销售量=\frac{200\ 000+200\ 000-100\ 000}{55-30}=12\ 000(件)$

因为预计销量 14 000 件＞利润无差别点销量 12 000 件，所以应予以调价。

(三) 以特殊要求为导向的定价决策方法

以特殊要求为导向的定价决策方法，是指在充分满足企业除社会需求或成本补偿以外的其他特殊要求的前提下，作出产品定价决策的方法。一般有保利定价法、保本定价法以及极限定价法等。

保利定价法，是指在已知目标利润或目标贡献毛益，在预计销售量和相关成本指标的基础上，计算以保利为目的的保利价格的一种定价方法。

保本定价法，是指在预计销售量和已知相关成本指标的基础上，计算以保本为目的的保本价格的一种定价方法。

极限定价法，是指企业把事先确定的一定单位成本标准作为定价决策的最低价格的一种定价决策方法。

由于上述方法比较简单，故不予举例。

习　题

一、思考题

1. 如何进行特殊订货决策？需要考虑哪些定性因素？
2. 如何进行自制或外购的决策？需要考虑哪些定性因素？
3. 如何进行联产品进一步加工与否的决策？需要考虑哪些定性因素？

二、计算分析题

1. 某公司生产一种产品，正常的单位生产成本资料如表5-26所示。其单位售价为28元，企业目前生产能力只利用了80%。该企业的年生产能力为15 000件。现有一客户预订2 000件，每件定价22元，且有特殊要求，每件需增加材料和加工成本0.3元。另外，客户将自行提货，因此，不需要发生变动性销售费用。

要求：作出是否接受此订货的决策。

表5-26　**生产成本资料**

项　目	金额（元）
直接材料	15
直接人工(2工时×2元/工时)	2
变动制造费用(2工时×2元/工时)	2
固定制造费用(2工时×4元/工时)	4
合　计	23
销售费用	
变动性	2
固定性	2

2. 某企业生产三种产品，预计损益表如表5-27所示。

表5-27　**预计损益表**　单位：元

项　目	产品 A	产品 B	产品 C	合　计
销售收入	400 000	360 000	300 000	1 060 000
变动成本	280 000	216 000	240 000	736 000
贡献毛益	120 000	144 000	60 000	324 000
固定成本	40 000	90 000	70 000	200 000
税前利润(亏损)	80 000	54 000	−10 000	124 000

要求：

(1) 作出是否停止生产C产品的决策。

(2) 假设停产 C 产品后，可将生产能力转移到 A 产品和 B 产品的生产上去，使 A 产品的销量增加 30%，B 产品的销量增加 20%，此时是否应停止生产 C 产品？

3. 某公司正考虑将零件外包。该公司的生产部门每年能生产 50 000 个 A 零件，供应商愿意按单价 20 元提供企业每年的生产需要量。目前公司生产该汽车配件的年生产成本和单位成本如表 5-28 所示。

表 5-28　**成本总额和单位成本**　单位：元

项　　目	成本总额(50 000 件)	单位成本
直接材料	500 000	10
直接人工	150 000	3
变动性制造费用	100 000	2
分摊的固定性制造费用	500 000	10
合　　计	1 250 000	25

要求：分析生产部门是否应将生产 A 零件的业务外包。

第六章　长期投资决策

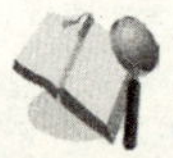

本章重点

1. 货币时间价值、现金流量和资本成本的概念和计算。

2. 投资回收期、净现值和内含报酬率等主要的投资决策评价指标的计算。

3. 评价方案财务可行性的各项标准,并能作出投资决策。

本章难点

投资回收期、净现值和内含报酬率等主要的投资决策评价指标的应用。

第一节　长期投资决策基础

一、货币时间价值

(一) 货币时间价值的含义

货币时间价值也称资金的时间价值,是指货币(资金)在投资过程中随着时间的推移所增加的价值。一般认为,货币时间价值是一个客观存在的经济范畴。也就是说,在市场经济条件下,即使不存在风险和通货膨胀,今天的 1 元钱和一定时期以后的 1 元钱也不等值,今天的 1 元钱的价值要大于一定时期以后的 1 元钱的价值。例如,若某人今天把1 000元钱存入银行,在年利率为 10%的情况下,1 年以后该笔存款的本金和利息之和就是 1 100 元(1 000+1 000×10%),这说明今天的 1 000 元钱和 1 年以后的 1 100 元钱等值,这多出来的 100 元钱就是这 1 000 元本金在 1 年内发生的增值,也就是这 1 000 元资金的时间价值。

货币时间价值是资金在周转使用中产生的,是资金所有者让渡资金使用权而参与社会财富分配的一种形式。因此,并不是所有货币都有时间价值,而只有把货币作为资金投入生产经营才能产生时间价值,即时间价值是在生产经营中产生的。

从量的规定性上看,货币时间价值是在没有风险和没有通货膨胀条件下的社会平均资金利润率。这是在市场经济中由于竞争而使各部门投资的利润率趋于平均化的结果。企业在投资某项目时,至少要取得社会平均的利润率,否则不如投资另外的项目或另外的行业。因此，货币时间价值成为评价投资方案的基本标准，只有当投资报酬率高于货币的时间价值时，该项目才可能被接受，否则就必须放弃该项目。

由于货币时间价值的计算方法与有关利息的计算方法相同，因此时间价值和利率容易被混为一谈。实际上，财务管理活动总是或多或少地存在着风险，而且通货膨胀也是市场经济中客观存在的经济现象，因此，利率不仅包含时间价值，而且也包含风险价值和通货膨胀的因素。只有在购买国库券等政府债券时才几乎没有风险，如果通货膨胀率也很低以至于可以忽略不计的话，这时就可以用政府债券的利率来表现货币时间价值。

通常货币时间价值可以用两种方法表示：一种是用绝对数值表示，即用资金在再生产过程中的增加数额来表示；另一种是用相对数表示，即用扣除风险和通货膨胀因素后的平均资金利润率表示。相比较而言，后一种方法便于进行比较，是实践中常用的表示方法。

（二）货币时间价值的计算

货币时间价值的计算方法有单利的计算方法和复利的计算方法两种。由于资金的增值额在一般情况下作为追加资本继续留在企业使用，所以货币时间价值的计算方法一般采用复利方法。按照复利方法，每经过一个计息期，要将所生利息加入本金再计利息，逐期滚算，俗称"利滚利"。这里所说的计息期，是指相邻两次计息的时间间隔，如年、月、日等。除非特别指明，计息期通常为1年。下面对货币时间价值的复利计算方法作一介绍。

1. 一次性收付款项的终值与现值

一次性收付款项，是指款项的收入或支付只发生一次的款项。

(1) 复利终值的计算（已知现值 P，求终值 F）。复利终值，是指一定量的本金按复利计算若干期后的本利和。

【例6-1】 某人将1 000元存入银行，年存款利率为8%，则第一年年末本利和为：

$$F=P+P\cdot i=P\cdot(1+i)=1\,000\times(1+8\%)=1\,080(\text{元})$$

如果此人并不提走现金，将1 080元继续存在银行，则第二年年末本利和为：

$$F=P\cdot(1+i)\cdot(1+i)=P\cdot(1+i)^2=1\,000\times(1+8\%)^2=1\,166.4(\text{元})$$

同理，第三年年末的本利和为：

$$F=P\cdot(1+i)^2\cdot(1+i)=P\cdot(1+i)^3=1\,000\times(1+8\%)^3=1\,259.7(\text{元})$$

则第 n 年年末的本利和为：

$$F=P\cdot(1+i)^n$$

式中，$(1+i)^n$ 通常称为"一次性收付款项终值系数"，简称"复利终值系数"，有时也称"1元的复利终值"，记作 $(F/P,i,n)$。如 $(F/P,8\%,3)$ 表示利率为8%，3期复利终值的系数。复利终值系数可以通过查阅"复利终值系数表"直接获得。

"复利终值系数表"的第一行是利率 i，第一列是计息期数 n，相应的 $(1+i)^n$ 在其纵横相交处。通过该表可以查出 $(F/P,8\%,3)=1.2597$，即在利率为8%的情况下，现在的1元钱和3年以后的1.2597元钱在经济上是等效的，根据这个系数可以把现值换算成终值。上式也可以写作 $F=P\cdot(F/P,i,n)$。

(2) 复利现值的计算(已知终值 F,求现值 P)。复利现值是复利终值的对称概念,它相当于原始本金,是指今后某一特定时间收到或付出的一笔款项,按折现率 i 所计算的现在时点的价值。复利现值的计算,是指已知 F、i、n 时求 P。

通过复利终值计算已知:

$$F=P\cdot(1+i)^n$$

所以:

$$P=F/(1+i)^n=F\cdot(1+i)^{-n}$$

式中,$(1+i)^{-n}$通常称为"一次性收付款项现值系数",简称"复利现值系数",有时也称"1元的复利现值",记作$(P/F,i,n)$,可以直接查阅"复利现值系数表"获得。上式也可以写作 $P=F\cdot(P/F,i,n)$。

【例 6-2】 某投资项目预计 5 年后获得收益 1 000 万元,按年利率 10%计算,这笔收益的现值是多少?

$$\begin{aligned}P&=F\cdot(1+i)^{-n}=F\cdot(P/F,i,n)\\&=1\,000\times(1+10\%)^{-5}\\&=1\,000\times0.6209\\&=620.9(\text{万元})\end{aligned}$$

2. 年金的计算

除了一次性收付款项外,在现实经济生活中,还存在一定时期内多次收付的款项,即系列收付款项,如果每次收付的金额相等,则这样的系列收付款项称为年金。简言之,年金,是指一定时期内每次等额收付的系列款项,通常记作 A。年金的形式多种多样,如保险费、养老金、折旧、租金、等额分期付款赊购、等额分期收款销售以及零存整取或整存零取储蓄等,都属于年金收付形式。年金按照每次收付发生的时点和收付的次数划分,可分为普通年金、即付年金、递延年金、永续年金等几种。

1) 普通年金

普通年金也称后付年金,是指从第一期起,在一定时期内每期期末等额发生的系列收付款项。如图 6-1 所示。

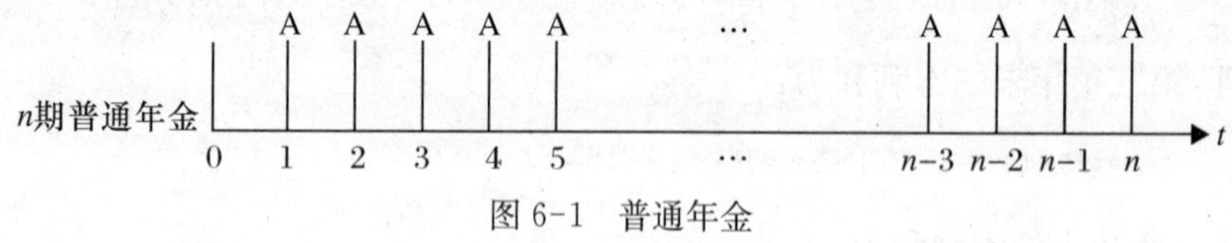

图 6-1 普通年金

(1) 普通年金终值的计算(已知年金 A,求年金终值 F)。普通年金终值,是指其最后一次支付时的本利和,它是每次支付的复利终值之和。如果年金相当于零存整取储蓄存款的零存数,那么年金终值就是零存整取的整取数。其计算公式如下:

$$\begin{aligned}F&=A\cdot(1+i)^0+A\cdot(1+i)^1+A\cdot(1+i)^2+\cdots+A\cdot(1+i)^{n-2}+A\cdot(1+i)^{n-1}\\&=A\cdot\frac{(1+i)^n-1}{i}\end{aligned}$$

式中,$\frac{(1+i)^n-1}{i}$称为"年金终值系数",记作$(F/A,i,n)$,它表示普通年金为 1 元,

利率为 i，经过 n 期的年金终值，可以通过查阅"年金终值系数表"求得有关数据。上式也可写作 $F=A\cdot(F/A,i,n)$。

【例 6-3】 假设某项目在 3 年建设期内每年年末从银行借款 200 万元，借款年利率为 8%，则该项目在竣工时应付本息的总和为多少？

$$F=A\cdot\frac{(1+i)^n-1}{i}=200\times\frac{(1+8\%)^3-1}{8\%}=200\times(F/A,8\%,3)$$
$$=200\times3.2464=649.28(\text{万元})$$

(2) 年偿债基金的计算(已知年金终值 F，求年金 A)。偿债基金，是指为了在约定的未来某一时点清偿某笔债务或积聚一定数额的资金而必须分次等额形成的存款准备金。由于每次形成的等额准备金类似年金存款，因而同样可以获得按复利计算的利息，所以债务实际上相当于年金终值，每年提取的偿债基金相当于年金 A。也就是说，偿债基金的计算实际上是年金终值的逆运算，其计算公式如下：

$$A=F\cdot\frac{i}{(1+i)^n-1}$$

式中，$\frac{i}{(1+i)^n-1}$称为"偿债基金系数"，记作$(A/F,i,n)$，可直接查阅"偿债基金系数表"或利用年金终值系数的倒数推算出来。上式也可写作 $A=F\cdot(A/F,i,n)$，或 $A=F\cdot[1/(F/A,i,n)]$。

【例 6-4】 假设某企业有一笔 5 年后到期的借款，到期值为 500 万元，若存款年复利率为 10%，则为偿还该项借款每年需要存入多少元？

该企业为偿还该项借款应建立的偿债基金应为：

$$A=F\cdot\frac{i}{(1+i)^n-1}=500\times\frac{10\%}{(1+10\%)^5-1}=500\times0.1638=81.9(\text{万元})$$

或：
$$A=500\times[1/(F/A,10\%,5)]=500\times\frac{1}{6.105}=81.9(\text{万元})$$

(3) 普通年金现值的计算(已知年金 A，求年金现值 P)。普通年金现值，是指一定时期内每期期末等额收付款项的复利现值之和，也就是为在每期期末取得相等金额的款项，现在需要投入的金额。其计算公式如下：

$$P=A\cdot(1+i)^{-1}+A\cdot(1+i)^{-2}+\cdots+A\cdot(1+i)^{-(n-2)}+A\cdot(1+i)^{-(n-1)}+A\cdot(1+i)^{-n}$$
$$=A\cdot\frac{1-(1+i)^{-n}}{i}$$

式中，$\frac{1-(1+i)^{-n}}{i}$称为"年金现值系数"，记作$(P/A,i,n)$，可以直接查阅"年金现值系数表"求得有关数值。上式也可写作 $P=A\cdot(P/A,i,n)$。

【例 6-5】 某企业租入某设备，每年年末需要支付现金 1 000 元，年复利率为 10%，则 5 年内应支付的租金总额的现值为多少？

$$P=A\cdot\frac{1-(1+i)^{-n}}{i}=1\,000\times\frac{1-(1+10\%)^{-5}}{10\%}$$
$$=1\,000\times(P/A,10\%,5)=1\,000\times3.7908=3\,790.8(\text{元})$$

(4) 年资本回收额的计算(已知年金现值 P,求年金 A)。资本回收额,是指在给定的年限内等额回收初始投入资本或清偿债务的价值指标。年资本回收额的计算是年金现值的逆运算。其计算公式如下:

$$A=P\cdot\frac{i}{1-(1+i)^{-n}}$$

式中,$\frac{i}{1-(1+i)^{-n}}$称为"资本回收系数",记作$(A/P,i,n)$。可直接查阅"资本回收系数表"或利用年金现值系数的倒数推算出来。上式也可写作 $A=P(A/P,i,n)$,或 $A=P[1/(P/A,i,n)]$。

【例 6-6】 某企业在今年 1 月 1 日从银行借了 2 000 万元的贷款,在 10 年内每年年末以 10%的年利率等额偿还,每年应偿还多少钱?

$$A=P\cdot\frac{i}{1-(1+i)^{-n}}=2\,000\times\frac{10\%}{1-(1+10\%)^{-10}}=2\,000\times0.1627=325.4(\text{万元})$$

或: $$A=2\,000\times[1/(P/A,10\%,10)]=2\,000\times\frac{1}{6.1446}=2\,000\times0.1627=325.4(\text{万元})$$

2) 即付年金

即付年金也称先付年金,是指从第一期起,在一定时期内每期期初等额收付的系列款项,它与普通年金的区别仅在于付款时间的不同。n 期即付年金与 n 期普通年金的关系如图 6-2 所示。

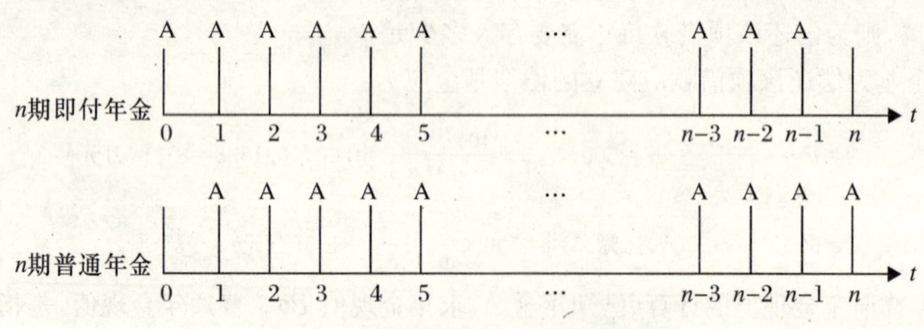

图 6-2 即付年金与普通年金的关系

(1) 即付年金终值的计算。即付年金的终值,是指其最后一期期末时的本利和,是各期收付款项的复利终值之和。

从图 6-2 可以看出,n 期即付年金与 n 期普通年金的付款次数相同,但由于其付款时间不同,n 期即付年金终值比 n 期普通年金终值多计算一期利息。因此,在 n 期普通年金终值的基础上乘以$(1+i)$就是即付年金的终值。其计算公式如下:

$$F=A\cdot(F/A,i,n)\cdot(1+i)=A\cdot\frac{(1+i)^{n+1}-(1+i)}{i}=A\cdot\left[\frac{(1+i)^{n+1}-1}{i}-1\right]$$

式中,$\left[\frac{(1+i)^{n+1}-1}{i}-1\right]$称为"即付年金终值系数",它是在普通年金终值系数的基础上,期数加 1,系数值减 1 所得的结果,通常记作$[(F/A,i,n+1)-1]$。这样,通过查阅"年金终值系数表",得到 $n+1$ 期普通年金终值系数的值,然后减去 1,便可得对应的 n 期即付年金终值系数的值。

【例 6-7】 某公司决定连续 10 年每年年初存入银行 10 万元作为住房基金，银行存款利率为 10%，则该公司在第十年年末能一次取出本利和多少钱？

$$\begin{aligned} F &= A \cdot (F/A,i,n) \cdot (1+i) \\ &= 10 \times (F/A,10\%,10) \times (1+10\%) \\ &= 10 \times 15.937 \times 1.1 \\ &= 175.31(\text{万元}) \end{aligned}$$

(2) 即付年金现值的计算。如前所述，n 期即付年金与 n 期普通年金的期数相同，但由于其付款时间不同，n 期即付年金现值比 n 期普通年金现值少折现一期。因此，在 n 期普通年金现值的基础上乘以 $(1+i)$，便可求出 n 期即付年金的现值。其计算公式如下：

$$\begin{aligned} P &= A \cdot (P/A,i,n) \cdot (1+i) \\ &= A \cdot \frac{1-(1+i)^{-n}}{i} \cdot (1+i) \\ &= A \cdot \frac{1+i-(1+i)^{-n+1}}{i} \\ &= A \cdot \left[\frac{1-(1+i)^{-(n-1)}}{i}+1\right] \end{aligned}$$

式中，$\left[\frac{1-(1+i)^{-(n-1)}}{i}+1\right]$称为“即付年金现值系数”，它是在普通年金现值系数的基础上，期数减 1，系数值加 1 所得的结果，通常记作 $[(P/A,i,n-1)+1]$。这样，通过查阅“年金现值系数表”，得到 $n-1$ 期普通年金现值系数的值，然后加上 1，便可得对应的 n 期即付年金现值系数的值。

【例 6-8】 某人为孩子上大学办教育储蓄，使孩子从今年开始 4 年内每年年初从银行取出 5 000 元，在银行存款年利率为 10% 的情况下，这人今年年初应存入银行多少钱？

$$\begin{aligned} P &= A \cdot (P/A,i,n) \cdot (1+i) \\ &= 5\,000 \times (P/A,10\%,4) \times (1+10\%) \\ &= 5\,000 \times 3.1699 \times 1.1 \\ &= 17\,434.45(\text{元}) \end{aligned}$$

3) 递延年金

递延年金，是指第一次收付款项发生的时间与第一期无关，而是在若干期(假设为 m 期，$m \geqslant 1$)后才开始发生的系列等额收付款项。它是普通年金的特殊形式，凡不是从第一期开始收付的年金都是递延年金。递延年金与普通年金的关系如图 6-3 所示。

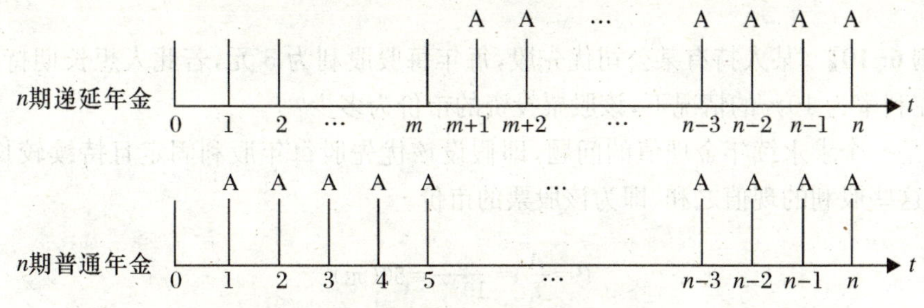

图 6-3 递延年金与普通年金关系图

第六章 长期投资决策

(1) 递延年金终值的计算。从图 6-3 中可以看出，递延年金是一种特殊的普通年金，在前 m 期没有发生年金的收付，只发生了后 $n-m$ 期的年金收付，因此，递延年金终值就是 $n-m$ 期普通年金的终值。其计算公式如下：

$$F=A\cdot(F/A,i,n-m)$$

(2) 递延年金现值的计算。从图 6-3 中可以看出，要计算递延年金的现值，可以先计算出 n 期普通年金的现值，然后减去前 m 期普通年金的现值，即得递延年金的现值。其计算公式如下：

$$P=A\cdot[(P/A,i,n)-(P/A,i,m)]$$

另外，还可以先将此递延年金视为 $n-m$ 期普通年金，求出其在第 m 期期末的现值，然后再把此现值折算至第一期期初，即可求出此递延年金的现值。其计算公式如下：

$$P=A\cdot(P/A,i,n-m)\cdot(P/F,i,m)$$

【例 6-9】 某人在今年年初存入银行一笔资金，准备在 5 年后儿子上大学时每年年末取出 5 000 元，4 年后正好取完，银行存款利率为 10%。这个人在今年年初共应存入银行多少钱？

$$\begin{aligned}P&=A\cdot[(P/A,i,n)-(P/A,i,m)]\\&=5\,000\times[(P/A,10\%,9)-(P/A,10\%,5)]\\&=5\,000\times(5.759-3.7908)=9\,841(\text{元})\end{aligned}$$

4) 永续年金

永续年金，是指无期限系列等额收付的特种年金，可视为普通年金的特殊形式，是一种期限趋于无穷的普通年金。存本取息可视为永续年金的例子。此外，也可将利率较高、持续期限较长的年金视同永续年金计算。如图 6-4 所示。

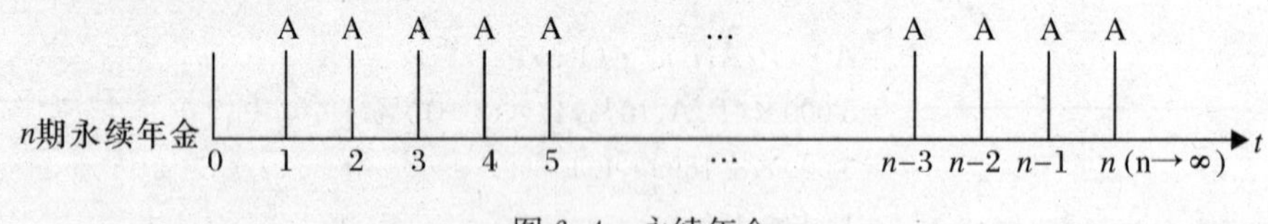

图 6-4 永续年金

由于永续年金持续期无限，没有终止的时间，因此没法计算这种年金的终值，也就是说，永续年金没有终值，但可以计算出永续年金的现值。其计算公式如下：

$$P=\frac{A}{i}$$

【例 6-10】 某人持有某公司优先股，每年每股股利为 5 元，若此人想长期持有该优先股，在利率为 10% 的情况下，该股票投资的市价为多少？

这是一个求永续年金现值的问题，即假设该优先股每年股利固定且持续较长时期，计算出这些股利的现值之和，即为该股票的市价。

$$P=\frac{A}{i}=\frac{5}{10\%}=50(\text{元})$$

3. 名义利率与实际利率

上面讨论的有关计算均假定利率为年利率，并且是每年复利一次，但实际上，复利的计息期不一定总是1年，有可能是季度、月份或日。比如，某些债券半年计息一次，有的抵押贷款每月计息一次，而银行之间拆借资金均为每天计息一次。当利息在1年内要复利几次时，给出的年利率叫做名义利率，而每年只复利一次的利率才是实际利率。对于1年内多次复利的情况，可采取两种方法计算货币的时间价值。

第一种方法是根据名义利率与实际利率之间的关系，将名义利率调整为实际利率，然后按实际利率计算时间价值。实际利率与名义利率之间的关系如下：

$$1+i=\left(1+\frac{r}{m}\right)^m$$

则：

$$i=\left(1+\frac{r}{m}\right)^m-1$$

式中：i——实际利率；

r——名义利率；

m——每年复利次数。

【例6-11】 某人存入银行5 000元，期限5年，年利率8%，每季度复利一次，计算第五年年末能得到的本利和。

该存款的实际利率如下：

$$i=\left(1+\frac{r}{m}\right)^m-1=\left(1+\frac{8\%}{4}\right)^4-1=1.0824-1=8.24\%$$

则：

$$F=5\,000\times(1+8.24\%)^5=5\,000\times1.486=7\,430(\text{元})$$

这种方法的缺点是调整后的实际利率往往带有小数点，不利于查表。

第二种方法是不计算实际利率，而是相应调整有关指标，即将利率调整为$\frac{r}{m}$，期数相应变为$m\cdot n$。根据这种方法，[例6-11]的计算如下：

每季度利率＝8%÷4＝2%

共复利次数＝5×4＝20(次)

$F=5\,000\times(1+2\%)^{20}=5\,000\times1.486=7\,430$(元)

$I=7\,430-5\,000=2\,430$(元)

由上可知，当1年内复利几次时，实际得到的利息要比按名义利率计算的利息高。本例中利息为2 430元，而按名义利率计算的利息，即按年利率8%，每年复利一次计算的利息为2 347元[$5\,000\times(1+8\%)^5-5\,000$]比[例6-11]中要多83元(2 430－2 347)，原因就在于本例中的实际利率高于8%。

二、现金流量

估计投资项目的预期现金流量是投资决策的首要环节，也是分析投资方案时最重要、最困难的步骤。

(一) 现金流量的概念

现金流量，是指投资项目从筹建、设计、施工、正式投产使用至报废为止的整个寿命期间内引起的现金流入和现金流出的数量。这里的“现金”是广义的现金，它不仅包括各种货币资金，还包括项目需要投入企业所拥有的非货币资源的变现价值。例如，一个投资项目需要使用原有的厂房、设备、材料等，则相关的现金流量是指它们的变现价值，而不是其账面价值。这里的现金流量与财务会计中现金流量表中的现金流量无论在具体构成内容还是在计算口径上都存在一定的差异，不可混为一谈。

(二) 现金流量的构成

长期投资决策中的现金流量，可以从内容和产生时间上分析其构成。

1. 从内容上分析现金流量的构成

从内容上看，现金流量包括现金流入量、现金流出量和现金净流量三个方面。

1) 现金流入量的内容

现金流入量，是指投资方案的现实货币资金的增加，简称现金流入，其主要包括以下内容。

(1) 营业收入。营业收入，是指项目投产后每年实现的全部销售收入或业务收入，它是经营期主要的现金流入量项目。

(2) 回收固定资产余值。回收固定资产余值，是指投资项目的固定资产在终结点报废清理或中途变价转让处理时所回收的价值。

(3) 回收流动资金。回收流动资金，是指在项目计算期完全终止时(终结点)因不再发生新的替代投资而回收的原垫付的全部流动资金投资额。

回收固定资产余值和回收流动资金合称为回收额。

(4) 其他现金流入量。其他现金流入量，是指以上三项指标以外的现金流入量项目，如营业外净收入等。

2) 现金流出量的内容

现金流出量，是指投资方案的现实货币资金的减少，简称现金流出，其主要包括以下内容。

(1) 建设投资。建设投资，是指在建设期内按一定生产经营规模和建设内容进行的固定资产投资、无形资产投资和开办费投资等项投资的总称，它是建设期发生的主要现金流出量。

(2) 流动资金投资。流动资金投资也称垫支流动资金，是指有关项目所发生的用于生产经营期周转使用的营运资金投资。

建设投资与流动资金投资合称为项目的原始总投资。

(3) 经营成本。经营成本也称付现的营运成本，或简称付现成本，是指在经营期内为满足正常生产经营而动用的现实货币资金支付的成本费用，它是生产经营阶段最主要的现金流出量项目。

(4) 各项税款。各项税款，是指项目投产后依法缴纳的、单独列示的各项税款，包括营业税、所得税等。

(5) 其他现金流出。其他现金流出，是指不包括在以上内容中的现金流出量项目，如营业外净支出等。

3) 现金净流量

项目的现金净流量，是指该项目的现金流入量扣减现金流出量后的差额，即现金净流量＝现金流入量－现金流出量。

2. 从产生时间上分析现金流量的构成

从产生时间上看，现金流量包括初始现金流量、营业现金流量和终结现金流量三个方面。

1）初始现金流量

初始现金流量，是指为使投资项目建成并投入使用而发生的有关现金流量，是项目的投资支出，其主要包括以下内容。

(1) 建设投资。建设投资，是指在建设期内按一定生产经营规模和建设内容进行的固定资产、无形资产和开办费投资等项投资的总称，它是建设期发生的主要现金流量。

(2) 流动资产投资。流动资产投资，是指为使项目投入正常运转，除建设投资外，企业需要注入的流动资金，如对原材料、在产品、产成品和现金等方面的投资。

建设投资与流动资产投资合称为项目的原始投资额。

(3) 其他投资费用。其他投资费用，是指与投资项目运转相关的各项费用支出，如职工培训费、谈判费、注册费等。

(4) 原有固定资产变价收入和清理费用。如果投资项目是固定资产的更新，则初始现金流量还包括原有固定资产的变价收入和清理费用。如果原有固定资产清理起来很困难，清理费用很高，而同时固定资产的变卖价格不理想，则总的现金流量可能为负值。这一点在西方发达国家表现得尤为突出。这也是有些发达国家的企业宁肯投资建新厂、安装新设备，也不对老企业进行大规模技术改造的原因之一。

2）营业现金流量

营业现金流量，是指项目投入运行后，在整个经营寿命期间内因生产经营活动而产生的现金流量。这些现金流量通常是按照会计年度计算的，其主要包括以下内容。

(1) 产品或服务销售所得到的现金流入量。

(2) 各项营业现金支出，如原材料购置费用、职工工资支出、燃料动力费用支出、销售费用支出、期间费用等。

(3) 税金支出，如果各年销售收入均为现金收入，则营业现金净流量可用下列公式计算：

年营业现金净流量＝年销售收入－付现成本－税收支出＝税后净利＋折旧

其中，付现成本，是指不包括固定资产折旧和无形资产、开办费的摊销等非付现成本在内的各项成本费用支出，而且把折旧作为主要的非付现成本。

3）终结现金流量

终结现金流量，是指投资项目终结时所发生的各种现金流量，其主要包括以下内容。

(1) 固定资产的变价收入。

(2) 投资时垫支的流动资金的收回。

(3) 停止使用的土地的变价收入，以及为结束项目而发生的各种清理费用。

(三) 现金流量的计算

为了简化现金流量的计算，可以根据项目计算期不同阶段上的现金流入量和现金流出量具体内容，直接计算各阶段净现金流量。

1. 建设期净现金流量的计算

若新建投资项目的全部原始投资均在建设期内投入，则建设期净现金流量的简化计算公式如下：

建设期某年的净现金流量＝－该年发生的原始投资额

即： $NCF_t=-I_t \quad (t=0,1,\cdots,s,s\geqslant 0)$

式中：NCF_t——第 t 年净现金流量；

I_t——第 t 年原始投资额；

s——建设期年数。

由上式可见，当建设期 s 不为零时，建设期净现金流量的数量特征取决于其投资方式是分次投入还是一次投入。

2. 营业期(包括终结点)净现金流量的计算

如果项目在营业期内不追加投资，而且不考虑所得税的影响，则投资项目的营业期某年净现金流量的计算公式如下：

营业期某年净现金流量＝税前利润＋非付现成本＋回收额

如果项目在营业期内不追加投资，但考虑所得税对企业现金流量的影响，则投资项目的营业期某年净现金流量的计算公式如下：

营业期某年净现金流量＝营业收入－付现成本－所得税＋回收额
＝税后利润＋非付现成本＋回收额
＝营业收入×(1－所得税税率)－付现成本×(1－所得税税率)＋非付现成本×所得税税率＋回收额
＝税后收入－税后付现成本＋折旧抵税＋回收额

上述公式中，非付现成本包括固定资产折旧、无形资产和开办费的摊销，一般主要考虑折旧，因此，一般情况下可以直接在公式中用折旧代替非付现成本；回收额包括回收固定资产的残值和回收的垫支流动资金，一般发生在终结点。

3. 投资项目现金流量表

在实务中，确定项目的净现金流量通常是通过编制现金流量表来实现的。项目投资决策中的现金流量表，是一种能够全面反映某投资项目在其项目计算期内每年的现金流入量和现金流出量的具体构成内容，以及净现金流量水平的经济报表。例如，新建投资项目现金流量表的具体格式如表 6-1 所示。

表 6-1　　**投资项目现金流量表**(全部投资)

项目计算期(第 t 年)	建设期		营业期										合计
	0	1	2	3	4	5	6	7	8	9	…	…	n	
1.0 现金流入量														
1.1 营业收入	×	×	√	√	√	√	√	√	√	√	√	√	√	Σ
1.2 回收固定资产余值	×	×	×	×	×	×	×	×	×	×	×	×	√	Σ

（续表）

项目计算期（第 t 年）	建设期		营业期											合计
	0	1	2	3	4	5	6	7	8	9	…	…	n	
1.3 回收流动资金	×	×	×	×	×	×	×	×	×	×	×	×	√	Σ
1.4 其他现金流入量	×	×	?	?	?	?	?	?	?	?	?	?	?	Σ
1.5 现金流入量合计	0	0	Σ	Σ	Σ	Σ	Σ	Σ	Σ	Σ	Σ	Σ	Σ	Σ
2.0 现金流出量														
2.1 建设投资	√	×	×	×	×	×	×	×	×	×	×	×	×	Σ
2.2 流动资金投资	×	√	×	×	×	×	×	×	×	×	×	×	×	Σ
2.3 经营成本	×	×	√	√	√	√	√	√	√	√	√	√	√	Σ
2.4 各项税款	×	×	√	√	√	√	√	√	√	√	√	√	√	Σ
2.5 现金流出量合计	Σ	Σ	Σ	Σ	Σ	Σ	Σ	Σ	Σ	Σ	Σ	Σ	Σ	Σ
3.0 净现金流量	－	－	＋	＋	＋	＋	＋	＋	＋	＋	＋	＋	＋	Σ

评价指标：净现值＝X 万元（行业基准折现率为 $Y\%$）；内部收益率＝$Z\%$

投资回收期＝P 年；……

注：假定本项目的建设期为 1 年。

表中："×"表示当年没有发生额；"Σ"表示求和；"√"表示当年有发生额；"－"表示数值为负值；"＋"表示数值为正值；"?"表示当年可能有发生额。

4. 净现金流量计算的案例

【例 6-12】 已知某投资项目的初始固定资产项目投资额为 200 万元，流动资金投资为 50 万元，项目建设期为零。该固定资产可使用 10 年，按直线法计提折旧，期满有净残值 20 万元，初始时投入的流动资金在项目终结时可全部收回。投入使用后，营业期每年产品销售收入为 120 万元，同时每年付现成本为 80 万元。该企业所得税税率 40%，不享受减免税优惠。试计算该项目每年的净现金流量为多少？

根据所给资料计算有关指标如下：

固定资产原值＝固定资产初始投资＝200（万元）

固定资产年折旧额＝（200－20）÷10＝18（万元）

项目计算期＝建设期＋营业期＝0＋10＝10（年）

终结点年回收额＝回收固定资产余值＋回收流动资金＝20＋50＝70（万元）

营业期每年总成本＝付现成本＋折旧＝80＋18＝98（万元）

营业期每年营业利润＝120－98＝22（万元）

每年应交所得税＝22×40%＝8.8（万元）

每年税后净利润＝22－8.8＝13.2（万元）

建设期某年净现金流量＝－该年发生的原始投资额

NCF_0＝－200－50＝－250（万元）

营业期某年净现金流量＝税后利润＋非付现成本＋回收额

$NCF_{1\sim9}$＝13.2＋18＝31.2（万元）

NCF_{10}＝13.2＋18＋70＝101.2（万元）

各年现金流量的计算如表 6-2 所示。

表 6-2 净现金流量的计算 单位：万元

期 间	0	1	2	3	4	5	6	7	8	9	10
固定资产投资	−200										
流动资产投资	−50										
营业收入		120	120	120	120	120	120	120	120	120	120
付现成本		80	80	80	80	80	80	80	80	80	80
折旧		18	18	18	18	18	18	18	18	18	18
营业利润		22	22	22	22	22	22	22	22	22	22
所得税		8.8	8.8	8.8	8.8	8.8	8.8	8.8	8.8	8.8	8.8
税后利润		13.2	13.2	13.2	13.2	13.2	13.2	13.2	13.2	13.2	13.2
回收额											70
净现金流量	−250	31.2	31.2	31.2	31.2	31.2	31.2	31.2	31.2	31.2	101.2

三、资本成本

(一) 资本成本的概念

资本成本也称资金成本，是指企业为筹集和使用资本而付出的代价，资本成本主要包括用资费用（如向股东支付的股利、向债权人支付的利息等）和筹资费用（如银行借款手续费，股票、债券的发行费用等）两部分内容。广义上讲，企业筹集和使用任何资金，不论是短期的还是长期的，都要付出代价。狭义的资本成本仅指筹集和使用长期资金（包括自有资本和借入长期资金）的成本。本书主要介绍长期资金的成本。

资本成本的概念广泛运用于企业财务管理的许多方面，对于企业筹资决策、投资决策，乃至整个经营管理都有重要意义。对于企业筹资来讲，资本成本是企业选择资金来源、确定筹资方案的重要依据，企业力求选择资本成本最低的筹资方式；对于企业投资来讲，资本成本是评价投资项目可行性、决定投资项目取舍的重要尺度；资本成本还可作为衡量企业经营成果的尺度，即经营利润率应高于资本成本，否则表明业绩欠佳。

资本成本可以用绝对数表示，也可以用相对数表示。一般用相对数即资本成本率来表示。资本成本率，是指用资费用与实际筹得资金（即筹资数额扣除筹资费用后的差额）的比率。其计算公式如下：

$$K=\frac{D}{P-F}\text{或}K=\frac{D}{P(1-f)}$$

式中：K——资本成本，以百分率表示；

D——用资费用；

P——筹资数额；

F——筹资费用；

f——筹资费用率，即筹资费用与筹资数额的比率。

(二) 资本成本的计算

1. 个别资本成本的计算

个别资本成本,是指企业使用各种长期资金的成本,主要有长期借款成本、债券成本、优先股成本、普通股成本、留用利润成本等,前两者统称为债务资本成本,后三者统称为权益资本成本。由于利息是在税前支付的,具有减税效应;而股票的股利是以所得税后净利支付的,不会减少企业应缴的所得税。因此,债务资本成本和权益资本成本的计算方法是不相同的。

1) 长期借款成本

企业长期借款的成本主要包括借款利息和筹资费用。其中借款利息在税前支付,具有减税效应。其计算公式如下:

$$K_l=\frac{I_l(1-T)}{L(1-f_l)}=\frac{L\cdot i_l(1-T)}{L(1-f_l)}=\frac{i_l(1-T)}{1-f_l}$$

式中: K_l——银行借款成本;

I_l——银行借款年利息;

L——银行借款筹资总额;

T——所得税税率;

i_l——银行借款年利息率;

f_l——银行借款筹资费用率。

【例 6-13】 某企业取得 5 年期长期借款 100 万元,年利率为 10%,每年付息一次,到期一次还本,筹资费用率为 0.5%,企业所得税税率为 40%。该项长期借款的资本成本为多少?

该项长期借款的资本成本如下:

$$K_l=\frac{I_l(1-T)}{L(1-f_l)}=\frac{L\cdot i_l(1-T)}{L(1-f_l)}=\frac{100\times10\%\times(1-40\%)}{100\times(1-0.5\%)}=6.03\%$$

2) 债券成本

企业发行债券的成本主要包括债券利息和债券发行费用(主要包括申请发行债券的手续费、债券注册费、印刷费、上市费以及推销费用等)。其中债券利息的处理与长期借款的处理相同,也在税前支付。其计算公式如下:

$$K_b=\frac{I_b(1-T)}{B_0(1-f_b)}=\frac{B\cdot i_b(1-T)}{B_0(1-f_b)}$$

式中: K_b——债券成本;

I_b——债券每年支付的利息;

T——所得税税率;

B——债券面值;

i_b——债券票面利息率;

B_0——债券筹资额,按发行价格确定;

f_b——债券筹资费用率。

【例 6-14】 某公司发行面额为 500 万元的 10 年期债券,票面利率为 10%,发行费用率为4%,发行价格为600万元,该公司所得税税率为40%。试计算该债券的资本成本为多少?

该债券的资本成本为:

$$K_b=\frac{I_b(1-T)}{B_0(1-f_b)}=\frac{B\cdot i_b(1-T)}{B_0(1-f_b)}=\frac{500\times10\%\times(1-40\%)}{600\times(1-4\%)}=5.21\%$$

3) 优先股成本

企业发行优先股,既要支付筹资费用,又要定期支付股利。它与债券不同的是股利在税后支付,且没有固定到期日。其计算公式如下:

$$K_p=\frac{D_p}{P_p(1-f_p)}$$

式中:K_p——优先股成本;

D_p——优先股每年的股利;

P_p——优先股筹资额,按发行价格确定;

f_p——优先股筹资费用率。

【例6-15】 某公司按面值发行500万元的优先股,筹资费用率为4%,规定年股利率为10%。试计算该优先股的资本成本是多少?

该优先股的资本成本如下:

$$K_p=\frac{D_p}{P_p(1-f_p)}=\frac{500\times10\%}{500\times(1-4\%)}=10.42\%$$

4) 普通股成本

普通股成本包括股利和筹资费用,其股利率将随着企业经营状况的变动而变化,正常情况下是呈逐年增长的趋势,而且股利是以税后净利支付的,不能抵减所得税。一般地,普通股成本的计算分两种情况。

(1) 当普通股筹资费用率为 f_c 时,则股利固定不变企业的普通股成本计算公式如下:

$$K_c=\frac{D}{V_0(1-f_c)}$$

式中:K_c——普通股成本;

D——普通股每年支付的股利;

V_0——普通股现值,即股票发行价格;

f_c——普通股筹资费用率。

(2) 当普通股筹资费用率为 f_c 时,则股利固定增长企业的普通股成本计算公式如下:

$$K_c=\frac{D_1}{V_0(1-f_c)}+g$$

式中:D_1——第一年的股利;

g——股利增长比率。

【例 6-16】 某公司按面值发行普通股 500 万元，筹资费用率为 5%，第一年股利率为 10%，以后每年增长 6%。试计算该普通股的成本是多少？

该普通股的成本如下：

$$K_c=\frac{D_1}{V_0(1-f)}+g=\frac{500\times10\%}{500\times(1-5\%)}+6\%=16.53\%$$

普通股成本的计算还可以根据“资本资产定价模型法”进行，其计算公式如下：

$$K_c=R_F+\beta(R_m-R_F)$$

式中：β——股票的贝他系数；

R_F——无风险报酬率；

R_m——平均风险股票必要报酬率。

5）留存收益成本

公司的留存收益是由公司税后净利形成的，属于股东权益的一部分，它与普通股相比，同样也有资本成本，但不存在筹资费用的问题。因此留存收益成本与普通股成本的计算方法基本相同，只是不用考虑筹资费用。计算留存收益的方法主要有以下两种。

（1）股利固定不变企业的留存收益成本计算公式如下：

$$K_r=\frac{D}{V_0}$$

式中：K_r——留存收益成本；

D——每年支付的股利；

V_0——普通股现值，即股票发行价格。

（2）股利固定增长企业的留存收益成本计算公式如下：

$$K_r=\frac{D_1}{V_0}+g$$

式中：D_1——第一年的股利；

g——股利增长率。

上述各种资金来源中，普通股与留存收益都属于所有者权益，股利的支付不固定。企业破产后，股东的求偿权位于最后，与其他投资者相比，普通股股东所承担的风险最大，因此，普通股的报酬也应最高。所以，在各种资金来源中，普通股的成本最高，其后成本降低依次为留存收益成本、优先股成本、公司债券成本、长期借款成本。

2. 加权平均资本成本的计算

由于受多种因素的制约，企业不可能只使用某种单一的筹资方式，往往需要从多种渠道、用多种方式来筹集资金，而各种方式的筹资成本是不一样的。为了正确进行筹资和投资决策，就要计算确定企业全部长期资金的总成本——加权平均资本成本。加权平均资本成本，是指以各种资本占全部资本的比重为权数，对个别资本成本进行加权平均确定的综合资本成本。其计算公式如下：

$$K_w=\sum W_jK_j$$

式中：K_w——加权平均资本成本，即综合资本成本；

W_j——第 j 种资本占全部资本的比重(权数);

K_j——第 j 种资金的个别资本成本。

【例 6-17】 某企业账面反映的长期资金共有 200 万元,其中长期借款 40 万元,应付长期债券 30 万元,优先股 20 万元,普通股 80 万元,留存收益 30 万元。各种资金的个别资本成本分别为:$K_l=8\%$,$K_b=9\%$,$K_p=10\%$,$K_c=12\%$,$K_r=11\%$。试计算该企业的加权平均资本成本为多少?

(1) 计算各种资金在总资本中所占的比重。

$$W_l=\frac{40}{200}\times100\%=20\%$$

$$W_b=\frac{30}{200}\times100\%=15\%$$

$$W_p=\frac{20}{200}\times100\%=10\%$$

$$W_c=\frac{80}{200}\times100\%=40\%$$

$$W_r=\frac{30}{200}\times100\%=15\%$$

(2) 计算该企业的加权平均资本成本。

$$\begin{aligned}K_w&=\sum W_jK_j=W_lK_l+W_bK_b+W_pK_p+W_cK_c+W_rK_r\\&=20\%\times8\%+15\%\times9\%+10\%\times10\%+40\%\times12\%+15\%\times11\%\\&=10.4\%\end{aligned}$$

在计算综合资本成本时,最关键的问题是如何确定各类资本的权数。各类资本权数的确定通常有三种方法,即账面价值权数、市场价值权数和目标价值权数。

使用账面价值权数的优点是其资料容易从资产负债表上取得。但当资本的账面价值与市场价值差别较大时,如股票、债券的市场价格发生较大变动,市场价值已脱离账面价值较多,这时计算结果可能会与实际有较大的差距,即可能误估加权平均资本成本,从而贻误筹资决策。

市场价值权数,是指债券、股票以市场价格确定权数,计算加权平均资本成本。这样计算的加权平均资本成本能反映企业目前的实际资本成本水平,有利于筹资决策。但市场价值权数也有不足之处,即证券的市场价格处于经常变动之中,因而不易于选用。为弥补证券市场价格变动频繁的不足,可以选用平均价格。但市场价值权数和账面价值权数所反映的是过去和现在的资本结构,可能并不是公司筹集新资金所用的比例,据以确定的资本成本不一定能适用于未来的筹资决策。

目标价值权数,是指债券、股票以未来预计的目标市场价值确定权数,估计加权平均资本成本。一般认为,目标价值权数能体现期望的资本结构,更适用于企业筹措新资金。然而,企业很难客观合理地确定证券的目标价值,使这种计算方法不易推广。因此,企业通常应选择市场价值作为权数。在实务中,虽然目标价值权数和市场价值权数优于账面价值权数,但仍有不少公司坚持用账面价值权数,因其易于确定。

根据上述计算可以看出,在个别资本成本一定的情况下,公司的加权平均资本成本即综合资本成本的高低是由企业的资本结构确定的。

第二节　长期投资决策指标

投资决策就是评价投资方案是否可行，并从诸多可行的投资方案中选择要执行的投资方案的过程。而判断某个投资方案是否可行的标准是某个方案所带来的收益是否不低于投资者所要求的收益。本节所阐述的投资决策指标就是通过对投资项目经济效益的分析与评价，来确定投资项目是否可取的标准。根据这些指标来进行投资决策的方法称为投资决策方法，按其是否考虑时间价值，可分为静态评价指标和动态评价指标。静态评价指标又称非贴现指标，是按传统会计观念，不考虑时间价值因素，对投资项目方案进行评价和分析的方法，主要有投资利润率和静态投资回收期等。动态评价指标又称贴现指标，是根据时间价值的原理对投资方案进行评价和分析的方法，主要有净现值、现值指数和内含报酬率等。

一、静态评价指标

(一) 投资利润率

1. 投资利润率的概念

投资利润率也称投资报酬率或会计利润率（*ROI*），是指投资项目经济寿命期内的年平均税后利润与投资额之比，是一项反映投资获利能力的相对数指标。

2. 投资利润率的计算与决策标准

由于对投资额的不同选择，投资利润率有两种计算方法。

(1) 以平均投资额为基础计算的投资利润率。其计算公式如下：

$$投资利润率=\frac{投资项目经济寿命期内的年平均税后利润}{(初始投资额+残值)\div 2}$$

(2) 以初始投资额为基础计算的投资利润率。其计算公式如下：

$$投资利润率=\frac{投资项目经济寿命期内的年平均税后利润}{初始投资额}$$

企业在进行投资决策时，首先需要确定一个企业要求达到的投资利润率的最低标准，然后将有关投资项目所能达到的投资利润率与该标准比较，如果超出该标准，则该投资项目是可取的；如果达不到该标准，则应放弃该投资项目。在多个投资项目的互斥选择中，则选择投资利润率最高的项目。

【例 6-18】 假定有两个方案 A 和 B，其资料如表 6-3 所示。分别以平均投资额和初始投资额为基础计算项目 A 和项目 B 的投资利润率。

(1) 以平均投资额为基础计算项目 A 和项目 B 的投资利润率。

$$ROI_A=\frac{(20\,000+20\,000+15\,000+5\,000)\div 4}{(200\,000+0)\div 2}=\frac{15\,000}{100\,000}=15\%$$

$$ROI_B=\frac{(6\,000+6\,000+6\,000+6\,000)\div 4}{(120\,000+0)\div 2}=\frac{6\,000}{60\,000}=10\%$$

表 6-3　　项目 A、项目 B 的有关资料　　单位：元

时　期	投　资　项　目　A		投　资　项　目　B	
	税后收益	净现金流量	税后收益	净现金流量
0		(200 000)		(120 000)
1	20 000	70 000	6 000	36 000
2	20 000	70 000	6 000	36 000
3	15 000	65 000	6 000	36 000
4	5 000	55 000	6 000	36 000
合　计	60 000	60 000	24 000	24 000

假定贴现率 10% 为项目必要的投资利润率，项目 A 和项目 B 的投资利润率均大于或等于 10%，则项目 A 和项目 B 都是可行的方案。如果两者是互斥投资，则应选择项目 A。

(2) 以初始投资额为基础计算项目 A 和项目 B 的投资利润率。

$$ROI_A=\frac{(20\,000+20\,000+15\,000+5\,000)\div 4}{200\,000}=\frac{15\,000}{200\,000}=7.5\%$$

$$ROI_B=\frac{(6\,000+6\,000+6\,000+6\,000)\div 4}{120\,000}=5\%$$

假定企业所要求的最低投资利润率为 6%，根据选择标准，则应选择项目 A，放弃项目 B。上述两种计算方法仅改变分母，这样计算结果有所改变，但不会改变方案的优先次序。

3. 投资利润率的评价

投资利润率具有计算简单，简明易懂的优点，并且该指标不受建设期长短、投资方式、回收期的有无以及净现金流量大小等条件的影响，能够说明各投资方案的收益水平。

但这一方法同时也存在明显的缺点，主要有：① 没有考虑资金时间价值因素，将不同时期发生的会计收益给予同等的价值权重，也不能正确反映建设期长短及投资方式不同对项目影响。② 该方法的取舍标准是人为确定的，缺乏可靠的科学依据。③ 该方法用会计收益取代现金流量，其经济意义存在明显的失真，不利于正确地选择投资项目。

(二) 静态投资回收期

1. 静态投资回收期的概念

静态投资回收期，是指在不考虑时间价值的情况下，收回全部原始投资额所需要的时间，即投资项目在经营期间内预计净现金流量的累加数恰巧抵偿其在建设期内预计现金流出量所需要的时间，也就是使投资项目累计净现金流量恰巧等于零所对应的期间。它通常以年为单位，包括两种形式：包括建设期（记作 S）的静态投资回收期（记作 PP）和不包括建设期的静态投资回收期（记作 PP'），且有 $PP=S+PP'$。它是衡量收回初始投资额速度快慢的指标，该指标越小，回收年限越短，则方案越有利。

2. 静态投资回收期的计算和决策标准

计算投资项目的回收期可分为两种情况。

(1) 项目方案经营期每年净现金流量都相等，或者在经营期内，前 m 年每年净现金流量都相等并且 $m\times$ 经营期内前 m 年每年相等的净现金流量 $\geqslant$ 建设期原始投资额，则回收期的计算公式如下：

不包括建设期的静态投资回收期(PP')＝原始投资额÷年净现金流量

包括建设期的静态投资回收期 $PP=S+PP'$

(2) 不论在什么情况下，尤其在项目经营期每年净现金流量不相等时，可以用"累计净现金流量法"(即未收回投资额法)来确定回收期。

该方法的原理是：按照回收期的定义，包括建设期的静态投资回收期 PP 满足下列关系式：

$$\sum_{t=0}^{PP} NCF_t=0$$

其步骤如下：

第一，列表计算"累计净现金流量"，是指逐年累加项目计算期内每一年的净现金流量，形成"累计净现金流量"的数列。

第二，观察"累计净现金流量"，并判断：

(a) 如果"累计净现金流量"数列中，存在一个等于零的"累计净现金流量"，即 $\sum_{t=0}^{m} NCF_t=0$，其中 NCF_t 代表第 t 年的净现金流量，则

包括建设期的静态投资回收期 $PP=m$

不包括建设期的静态投资回收期 $PP'=PP-S$

(b) 如果"累计净现金流量"均不等于零，但总可以找到两个相邻的年度，使得 $\sum_{t=0}^{m} NCF_t<0$，$\sum_{t=0}^{m+1} NCF_t>0$，而 $\sum_{t=0}^{PP} NCF_t=0$，因而，包括建设期的静态投资回收期一定介于第 m 年和第 $m+1$ 年之间，即 $m<PP<m+1$，根据插值法，可得出其计算公式如下：

$$PP=m+\frac{\left|\sum_{t=0}^{m} NCF_t\right|}{\left|\sum_{t=0}^{m+1} NCF_t-\sum_{t=0}^{m} NCF_t\right|}$$

或：
$$PP=m+\frac{-\sum_{t=0}^{m} NCF_t}{\sum_{t=0}^{m+1} NCF_t-\sum_{t=0}^{m} NCF_t}=m+\frac{-\sum_{t=0}^{m} NCF_t}{NCF_{m+1}}$$

式中，$\sum_{t=0}^{m} NCF_t$ 为累计到第 m 年年末为止的净现金流量，其绝对值表示尚未收回的投资额；$\sum_{t=0}^{m+1} NCF_t-\sum_{t=0}^{m} NCF_t=NCF_{m+1}$ 为第 $m+1$ 年所产生的净现金流量。

如果算得的回收期小于决策者规定的最大可接受的回收期，则投资方案可以接受；如果大于最大可接受的回收期，则投资方案不能接受。如果有多个互斥投资项目可供选择时，在项目回收期小于决策者要求的最大可接受的回收期的前提下，从中选择回收期最短的项目。

【例 6-19】 用[例 6-18]表 6-3 的数据，计算项目 A 和项目 B 的静态投资回收期。

项目 A 的静态投资回收期计算如表 6-4 所示。

表 6-4　　**项目 A 的静态回收期计算表**　　单位：元

期　　间	0	1	2	3	4
净现金流量 NCF_t	(200 000)	70 000	70 000	65 000	55 000
累积净现金流量 $\sum_{t=0}^{m} NCF_t$	(200 000)	(130 000)	(60 000)	5 000	6 000

由表 6-4 可知，

$$\sum_{t=0}^{2} NCF_t = -60\,000 < 0$$

$$\sum_{t=0}^{3} NCF_t = 5\,000 > 0$$

故，$2 < PP < 3$

$$PP_A = 2 + \frac{|-60\,000|}{|5\,000-(-60\,000)|} = 2.92(\text{年})$$

项目 B 的静态投资回收期计算如下：

$$PP_B = 120\,000 \div 36\,000 = 3.33(\text{年})$$

假定投资者要求的最大可接受的回收期为 3 年，根据选择标准，可以接受 A 方案，不能接受 B 方案。

3. 静态投资回收期指标的评价

静态投资回收期指标的优点是：① 计算简单，易于理解和使用。② 回收期反映回收投资额的速度，而投资者偏好"回收迅速"的项目，因而，投资者利用回收期法进行决策时，也有利于整体的流动性。③ 静态投资回收期的长短也是项目风险的一种标志，一般而言，静态投资回收期越长，投资风险越高；反之，投资风险越小，因而，为了避免或降低投资风险，更倾向于短期投资而非长期投资。

由于静态投资回收期法具有上述优点，故在很长时间内被投资者们广为运用，目前仍然是一个进行投资决策时需要参考的重要辅助方法。但是回收期法也有一些致命的缺陷：① 静态投资回收期只考虑了回收期之前的现金流量对投资收益的贡献，没有考虑到回收期之后的现金流量对投资收益的贡献，因此，它不是一个测量投资收益的好指标。例如，两个初始投资现金流出量都为 2 万元的投资方案，只要在头两年每年都有 1 万元的净现金流入量，就会具有相同的回收期。但也许其中某个投资方案预期在这两年后不会有任何现金流量，而另一个方案则在此后 3 年内每年预期产生 1 万元的现金流量。可见，回收期不能作为测量投资收益的指标。② 没有考虑现金流量的时间性，只是把现金流量简单地累加而忽略了时间价值因素。③ 回收期法选择标准的确定具有较大的主观性。

二、动态评价指标

(一) 净现值

1. 净现值的概念

净现值(NPV)，是指某个投资项目投入使用后各年的净现金流量的现值总和与初始投资额(或投资期内的各年投资额的现值总和)之差,即投资项目未来现金流入量现值与未来现金流出量现值之差,或者说是投资项目在整个期间(包括建设期和经营期)内所产生的各年净现金流量现值之和。

2. 净现值的计算和决策标准

净现值的计算公式有以下不同的表达形式。

$$NPV=\sum_{t=s+1}^{n}\frac{CI_t}{(1+k)^t}-\sum_{t=0}^{s}\frac{CO_t}{(1+k)^t}$$

或:

$$NPV=\sum_{t=0}^{n}\frac{NCF_t}{(1+k)^t}$$

式中:n——投资项目的整个期间,包括建设期(即投资期 s)和经营期(即使用期 p),$n=s+p$;

CI_t——经营期第 t 年的净现金流量,为净现金流入量;

CO_t——建设期第 t 年的净现金流出量;

k——贴现率(折现率);

NCF_t——项目整个期间第 t 年的净现金流量。

净现值的计算步骤可分为四步:① 计算投资项目各年的净现金流量。② 选择适当的折现率,确定投资项目各年的折现系数。③ 将各年的净现金流量乘以相应的折现系数来计算各年净现金流量的现值。④ 汇总各年净现金流量的现值,计算投资项目的净现值。

如果投资项目的净现值大于0,则该项目可行;如果净现值小于0,则该项目不可行;如果有多个互斥的投资项目相互竞争,应选择净现值最大的项目。

【例 6-20】 利用[例 6-18]中的数据,假定折现率为10%,分别计算项目A和项目B的净现值并作出投资决策。

项目A每年净现金流量分别为:$NCF_0=-200\,000$,$NCF_1=70\,000$,$NCF_2=70\,000$,$NCF_3=65\,000$,$NCF_4=55\,000$,$NCF_5=60\,000$。

$$\begin{aligned}NPV_A&=\left[\frac{70\,000}{(1+10\%)^1}+\frac{70\,000}{(1+10\%)^2}+\frac{65\,000}{(1+10\%)^3}+\frac{55\,000}{(1+10\%)^4}+\frac{60\,000}{(1+10\%)^5}\right]-200\,000\\&=[70\,000\times0.909+70\,000\times0.826+65\,000\times0.751+55\,000\times0.683+60\,000\times0.621]-200\,000\\&=(63\,630+57\,820+48\,815+37\,565+37\,260)-200\,000\\&=245\,090-200\,000=45\,090(\text{元})\end{aligned}$$

项目B每年净现金流量分别为:$NCF_0=-120\,000$,$NCF_1=NCF_2=NCF_3=NCF_4=NCF_5=36\,000$,因为B方案经营期每年 NCF_t 都相等,可利用年金现值系数表来计算,使计算过程简化。

$$\begin{aligned}NPV_B&=36\,000\times(PIA,10\%,5)-120\,000\\&=36\,000\times3.791-120\,000\\&=136\,476-120\,000\\&=36\,476(\text{元})\end{aligned}$$

项目A和项目B的净现值均大于0,均为可行方案;如果两者是互斥投资项目,则只能选择净现值最大的A项目。

3. 净现值的评价

净现值法具有广泛的适应性,在理论上也比其他方法更完善,是最常用的投资决策方法。其优点是：① 考虑了投资项目现金流量的时间价值，较合理地反映了投资项目真正的经济效益，是一种较好的决策方法。② 考虑了项目整个期间的全部净现金流量，体现了流动性与收益性的统一。③ 考虑了投资风险性，因为折现率的大小与风险大小有关，风险越大，折现率就越高。

净现值法的缺点是：① 不能从动态的角度直接反映投资项目的实际收益率水平，当各项目投资额不等时，仅用净现值无法确定投资方案的优劣。② 净现金流量的测量和折现率的确定比较困难，而它们的正确性对计算净现值有着重要影响。③ 净现值法计算麻烦，且较难理解和掌握。④ 净现值是一个贴现的绝对数指标，不便于投资规模相差较大的投资项目的比较。

(二) 现值指数

1. 现值指数的概念

现值指数也称获利指数(PI)，是指投资项目在使用期内各期的净现金流量现值总和与投资额现值总和(或初始投资额)之比。

2. 现值指数的计算和决策标准

现值指数的计算公式如下：

$$PI=\frac{\sum_{t=0}^{n}\frac{CI_t}{(1+k)^t}}{\sum_{t=0}^{n}\frac{CO_t}{(1+k)^t}}$$

式中：CI_t——投资项目在使用期内第 t 年的净现金流量(均为正数，即为现金流入量)；

CO_t——投资项目在投资期内第 t 年的投资额(即为在此期间每期产生的净现金流量的绝对值，均为现金流出量)。

现值指数的决策标准是：如果现值指数大于 1，投资项目是可行的；如果现值指数小于 1，则投资项目是不可行的；对于多个互斥投资项目，应选择现值指数最大的投资项目。

【例 6-21】 利用[例 6-18]中的资料，计算两个项目的现值指数并作出投资决策。

$$PI(A)=\frac{\frac{70\,000}{(1+10\%)^1}+\frac{70\,000}{(1+10\%)^2}+\frac{65\,000}{(1+10\%)^3}+\frac{55\,000}{(1+10\%)^4}+\frac{60\,000}{(1+10\%)^5}}{N}$$

$$=\frac{245\,090}{200\,000}=1.22545>1$$

$$PI(B)=\frac{36\,000\times\frac{1-(1+10\%)^{-5}}{10\%}}{120\,000}=\frac{136\,476}{120\,000}=1.1373>1$$

两项目的现值指数均大于 1，则两项目均为可行的项目，如果两者为互斥投资，则只能选择现值指数较大的 B 项目。

3. 现值指数的评价

现值指数的主要优点是：① 它考虑了货币的时间价值。② 现值指数是一个相对数指标，可以从动态的角度反映投资项目的投入和产出的关系，可用于不同投资规模的方案比较，从而弥补了净现值在投资额不同方案之间不能进行比较的缺陷。其缺点与净现值相似，同样无法直接反映投资项目的实际报酬率。此外，计算起来比净现值指标复杂，计算口径也不一致。因此，在实务中通常并不要求直接计算现值指数。

(三) 内含报酬率

1. 内含报酬率的概念

内含报酬率也称内部收益率(IRR),是指投资项目在使用期内各期净现金流入量现值总和与投资额现值总和(或初始投资)相等时的贴现率,即使投资项目净现值为零的贴现率。它实际上反映了投资项目的真实报酬,一般地讲,投资项目的内含报酬率越高,其效益就越好。

2. 内含报酬率的计算和决策标准

不论在什么情况下,尤其当项目经营期每年净现金流量不相等时,按定义采用逐步测试法,计算能使 $NPV=0$ 的贴现率,IRR 的计算公式如下:

$$NPV=\sum_{t=1}^{n}\frac{NCF_t}{(1+IRR)^t}-Co=0$$

式中:NCF_t——营业期第 t 年的净现金流量。

具体计算步骤如下:

(1) 自己先行设定一个折现率 r_1,代入有关计算净现值的公式,求出按 r_1 为折现率的净现值 NPV_1,并进行下面的判断。

(2) 若净现值 $NPV_1=0$,则内部收益率 $IRR=r_1$,计算结束;若净现值 $NPV_1>0$,则内部收益率 $IRR>r_1$,应重新设定 $r_2>r_1$,再将 r_2 代入有关计算净现值的公式,求出净现值 NPV_2,继续进行下一轮的判断;若净现值 $NPV_1<0$,则内部收益率 $IRR<r_1$,应重新设定 $r_2<r_1$,再将 r_2 代入有关计算净现值的公式,求出 r_2 为折现率的净现值 NPV_2,继续进行下一轮的判断。

(3) 经过逐次测试判断,有可能找到内部收益率 IRR。每一轮判断的原则相同。若设 r_j 为第 j 次测试的折现率,NPV_j 为按 r_j 计算的净现值,则有:

当 $NPV_j>0$ 时,$IRR>r_j$,继续测试;

当 $NPV_j<0$ 时,$IRR<r_j$,继续测试;

当 $NPV_j=0$ 时,$IRR=r_j$,测试完成。

(4) 若经过有限次测试,仍未直接求得内部收益率 IRR,则可利用最为接近零的两个净现值正负临界 NPV_m 和 NPV_{m+1} 及相应的折现率 r_m 和 r_{m+1},根据插值法计算近似的内部收益率。即,如果以下关系成立:

$$NPV_m>0$$
$$NPV_{m+1}<0$$
$$r_m<r_{m+1}$$
$$r_{m+1}-r_m<5\%$$

就可按下列插值公式计算内部收益率 IRR:

$$\text{内部收益率}=\text{低折现率}+\frac{0-\text{低折现率计算的净现值}}{\text{两个折现率计算的净现值之差}}\times\text{高低两个折现率的差额}$$
$$=\text{高折现率}-\frac{\text{高折现率计算的净现值}}{\text{高低两个折现率计算的净现值之差}}\times\text{高低两个折现率的差额}$$

即：

$$IRR = r_m + \frac{0 - NPV_m}{NPV_{m+1} - NPV_m} \times (r_{m+1} - r_m)$$
$$= r_{m+1} - \frac{NPV_{m+1} - 0}{NPV_{m+1} - NPV_m} \times (r_{m+1} - r_m)$$

内含报酬率通常采用的接受标准是把内含报酬率与某个预期报酬率相比较，而这个预期报酬率是给定的，如果内含报酬率超过了预期报酬率，则投资项目可以接受；如果内含报酬率没有超过预期报酬率，则投资项目不可以接受。

【例 6-22】 利用[例 6-18]中的资料，计算项目 A 和项目 B 的内含报酬率并作出投资决策。

已知项目 A 的净现金流量分别为：$NCF_0 = -200\,000$，$NCF_1 = 70\,000$，$NCF_2 = 70\,000$，$NCF_3 = 65\,000$，$NCF_4 = 55\,000$，$NCF_5 = 60\,000$。营业期每年的 NCF 不相等，因而只能采用逐步测试法计算 $IRR(A)$。其计算公式如下：

$$NPV = \left[\frac{70\,000}{(1+r)^1} + \frac{70\,000}{(1+r)^2} + \frac{65\,000}{(1+r)^3} + \frac{55\,000}{(1+r)^4} + \frac{60\,000}{(1+r)^5} \right] - 200\,000$$

使 $NPV=0$ 的 r 即为 IRR。

按照逐步测试法的要求，自行设定折现率并计算相应的净现值，据此判断调整折现率，得到以下数据(计算过程略)，如表 6-5 所示。

表 6-5 **逐步测试法计算结果**

测试次数 j	设定贴现率 r_j	净现值 NPV_j(按 r_j 代入上述公式计算)
1	10%	+45 090
2	20%	−4 845
3	19%	−650
4	18%	+3 735

从上述计算可以看出，最接近于零的两个净现值分别如下：

$$r_1 = 18\% \text{时的 } NPV_1 = 3\,735 > 0$$
$$r_2 = 19\% \text{时的 } NPV_2 = -650 < 0$$

则 $18\% < IRR < 19\%$。

$$IRR(A) = 18\% + \frac{0 - 3\,735}{-650 - 3\,735} \times (19\% - 18\%) = 18.85\%$$

项目 B 营业期每年 NCF 相等，$NCF = 36\,000$，$Co = 120\,000$，可采用简单计算方法。其计算如下：

$$\text{年金现值系数}(P/A, IRR, 5) = \frac{120\,000}{36\,000} \approx 3.3333$$

查年金现值系数表，可以找到：

$r_1 = 15\%$时，

$$(P/A,15\%,5)=3.3522>3.3333$$

$r_2=16\%$时，

$$(P/A,16\%,5)=3.2743<3.3333$$

则 $15\%<IRR<16\%$。

$$IRR(B)=15\%+\frac{3.3333-3.3522}{3.2743-3.3522}\times(16\%-15\%)=15.24\%$$

假定企业所要求的必要报酬率为 10%，则项目 A 和项目 B 的内含报酬率均大于 10%，均为可行性方案；但如果两者是互斥投资，则只能选择 *IRR* 较大的项目 A。

3. 内含报酬率的评价

内含报酬率的优点是：① 考虑了资金的时间价值。② 内含报酬率是投资项目本身的收益能力，反映其内在的获利水平，是相对数指标，且易于理解。因而，目前在企业投资决策中得到广泛的应用。但其缺点是计算复杂，在一些特殊情况下，即当投资支出和投资收益交叉发生，在项目计算期内各年的净现金流量在开始年份出现负值，以后各年有时为正值，有时为负值，正负号的改变超过 1 次以上的项目，存在多个内含报酬率时，难以给出正确的结论等问题。

第三节 长期投资决策指标的比较与运用

一、独立方案决策指标比较

独立投资方案，是指只有一个投资方案，或者存在几个投资方案，但资金总量不受限制，不存在方案间优选的情况。对于独立的投资方案，需要利用经济评价指标评价方案的可行性，从而作出方案取舍的决策。在评价方案的可行性时，动态评价指标处于主导地位，属于主要指标；而静态评价指标处于辅助地位，属于辅助指标。一般说来，其判断标准为：凡净现值≥0、现值指数≥1、内部收益率≥基准折现率、静态投资回收期≤既定的回收期、投资利润率≥资金成本率等五项评价指标都符合可行性标准，则该长期投资方案肯定是可行的；凡净现值<0、现值指数<1、内部收益率<基准折现率、静态投资回收期>既定的回收期、投资利润率<资金成本率等五项评价指标都不符合可行性标准，则该长期投资方案肯定不可行。如果静态评价指标与动态评价指标出现矛盾，应当按动态评价指标进行方案的取舍。在正常的现金流量情况下，用净现值、现值指数和内含报酬率指标得出的评价结论是一致的。

【例 6-23】 以[例 6-18]至[例 6-22]的有关资料为例，假设项目 A 和项目 B 是独立投资方案，采用投资利润率、静态投资回收期、净现值、现值指数和内含报酬率等评价指标进行决策。

(1) 以初始投资额为基础来计算项目 A 和项目 B 的投资利润率：

$$ROI_A=7.5\%>6\%$$
$$ROI_B=5\%<6\%$$

(2) 项目A和项目B的静态投资回收期：

$$PP_A = 2.92 < 3$$
$$PP_B = 3.33 > 3$$

(3) 项目A和项目B的净现值：

$$NPV_A = 45\,090 > 0$$
$$NPV_B = 336\,476 > 0$$

(4) 项目A和项目B的现值指数：

$$PI(A) = 1.22545 > 1$$
$$PI(B) = 1.1373 > 1$$

(5) 项目A和项目B的内含报酬率：

$$IRR(A) = 18.85\% > 10\%$$
$$IRR(B) = 15.24\% > 10\%$$

根据相关判断标准可得出，从投资利润率和静态投资回收期来看，项目A是可行的方案，而项目B是不可行的方案；而从净现值、现值指数和内含报酬率来看，项目A和项目B均是可行的方案。可见，静态评价指标与动态评价指标在评价项目A和项目B时出现矛盾，应当按动态评价指标进行方案的取舍，因而，项目A和项目B均是可行的方案。

二、互斥方案决策指标比较

互斥方案，是指多个相互排斥、不能同时并存的方案。互斥投资项目决策，是指有两个或两个以上的投资方案可供选择，但利用评价指标从中选择一个最优方案的长期投资决策。互斥方案比较决策的方法，是指利用特定评价指标作为决策标准或依据的各种方法统称，主要包括净现值法、净现值率法、差额投资内含报酬率法、年等额净回收额法和计算期统一法等具体方法。

作为互斥的备选方案，一般都要求是可行方案，在此基础上比较各个方案的优劣，利用经济评价指标从有关备选方案中选择一个最优方案。下面按原始投资和投资期是否相同分为三种投资决策进行讨论。

(一) 原始投资额相同，计算期也相同

原始投资额相同，计算期也相同的互斥投资项目的决策方法，一般可采用净现值法，在净现值大于零的可行性投资方案中，选择净现值最大的方案。这是因为在原始投资相同，计算期相同的情况下，四项主要评价指标通常具有以下依存关系：

若净现值>0，则现值指数>1，内含报酬率>基准折现率；

若净现值=0，则现值指数=1，内含报酬率=基准折现率；

若净现值<0，则现值指数<1，内含报酬率<基准折现率。

所以，在原始投资额相同，计算期也相同的互斥投资项目中，净现值最大的方案，其现值指数、内含报酬率一般也最大；此外，根据次要指标服从主要指标的原则，投资利润率和静态投资回收期是否符合可行性标准已不会影响决策结果。

【例6-24】 A、B两项互斥性投资项目，都是一次性投资，生产寿命期都为4年，投资

额各为24万元，A项目每年的营业现金净流量都为9万元；B项目分别是第一年为0元、第二年为5万元、第三年为10万元、第四年为33万元。如采用10%的折现率，计算净现值指标、现值指数和内含报酬率指标，并作出项目的优选。

通过计算的结果如表6-6所示(过程略)。

表6-6 **两项目 *NPV*、*PI*、*IRR* 的计算结果** 单位：万元

时　期	*NPV*(*r*=0.10)	*PI*(*r*=0.10)	*IRR*
项目A	4.53	1.1888	18.5%
项目B	10.179	1.4241	21.6%

计算结果表明，净现值指标、现值指数和内含报酬率指标项目A均小于项目B，因而，应选择项目B。

(二) 原始投资额不同，计算期相同

在互斥性项目原始投资额不同的情况下，净现值指标与内含报酬率指标和现值指数指标会得出不同结论。因此，原始投资额不同，计算期相同的互斥投资项目的决策方法，一般可采用差额投资内含报酬率指标进行评价与优选。

差额投资内含报酬率法，是指在两个原始投资额不同方案的差量净现金流量 ΔNCF 的基础上，计算出差额内含报酬率 ΔIRR，并据以判断方案优劣的方法。可见，这一方法建立在差量现金流量的基础上，其计算原理与内含报酬率相同。

在此法下，当差额内含报酬率指标大于或等于设定的折现率或基准收益率时，原始投资额大的方案较优；反之，原始投资额小的方案较优。ΔIRR 的计算过程同 *IRR* 一样，只是所依据的是 ΔNCF。该法还可以用于项目计算期不相同的情况。

【例6-25】 项目C、D的各期现金流量如表6-7所示。

表6-7 **项目C、D各期现金流量** 单位：万元

时　期	0	1	2	3	*IRR*	*NPV*(*r*=0.10)
项目C	−1 000	505	505	505	0.24	256
项目D	−11 000	5 000	5 000	5 000	0.17	1 435

显然，如果项目C、D之间如果不互相排斥的话，在资本成本为10%的情况下，这两个项目都应选取。但如果两个项目只能选择一个，根据内含报酬率指标，则应选取项目C，而根据净现值指标，应选取项目D，则两者是相互矛盾的。

利用上述数据，在两个互斥性项目原始投资额不同的情况下，用差额投资内含报酬率法作出投资决策。首先，进行差量净现金流量分析，可考虑用项目D的净现金流量减去项目C的净现金流量，即对项目(D−C)进行投资分析，其结果如表6-8所示。

表6-8 **差量净现金流量分析计算结果** 单位：万元

时　期	0	1	2	3	*IRR*	*NPV*(*r*=0.10)
项目D	−11 000	5 000	5 000	5 000	0.17	1 435
项目C	−1 000	505	505	505	0.24	256
项目D−C	−10 000	4 495	4 495	4 495	0.166	1 179

项目(D－C)的差额内含报酬率为 0.166，大于资本成本 0.10，差额净现值为 1179 万元，大于零，根据内含报酬率指标和净现值指标的决策标准，项目(D－C)是应该接受的，即表明投资额项目较大的 D 优于项目 C，应该选择项目 D，这与净现值法的结论一致。

(三) 原始投资额和计算期都不相同的方案比较

在互斥性项目原始投资额和计算期不同的情况下，净现值指标与内含报酬率指标和现值指数指标会得出不同结论。此时，一般可采用等年值法(年等额净回收额法)。

等年值就是按必要的投资报酬率，将投资项目的全部净现金流量现值或净现值换算为相当于整个计算期内每年平均发生的等额净现金流量或等额净回收额，即等年值就是项目的净现金流量现值与年资本回收系数(即年金现值系数的倒数)的乘积。等年值法，是指根据所有投资方案的等年值指标的大小来分析和评价方案的决策方法。其计算公式如下：

$$\text{等年值}=\frac{\text{投资项目净现金}}{\text{流量现值总额}}\times\frac{\text{计算期内的年}}{\text{资本回收系数}}=\frac{\text{净现金流量现值总额(或净现值)}}{\text{投资项目计算期的年金现值系数}}$$

$$A=\sum_{t=0}^{n}\frac{NCF_t}{(1+i)^t}\times(A/P,i,n)=\frac{NPV}{(P/A,i,n)}$$

式中：A——等年值；

n——项目的计算期；

NCF_t——第 t 年的净现金流量；

i——折现率。

【例 6-26】 项目 E、F 的各期现金流量如表 6-9 所示。

表 6-9　**项目 E、F 各期现金流量**　单位：万元

时　期	0	1	2	3	4	$t\rightarrow\infty$	*IRR*	*NPV*(r=0.10)
项目 E	－100	60	40	40	0	0	20.63%	17.62
项目 F	－100	15	15	15	15	15	15%	50

项目 E、F 的原始投资规模完全相同，但现金流量发生的时间不同。项目 E 的计算期为 3 年，现金流入量集中在 3 年内发生，每年发生的数额较大；项目 F 的计算期是一个永续期间，现金流入量则在项目产生效益后始终保持相等，但每年发生的数额较小。不难计算出，项目 E 的内含报酬率为 20.63%，净现值为 17.62 万元，项目 F 的内含报酬率为 15%，净现值为 50 万元。

显然，如果项目 E、F 之间不互相排斥的话，在资本成本为 10%的情况下，根据净现值指标和内含报酬率指标的判断标准，这两个项目都应选取。但如果两个项目是互斥性项目，只能选择一个，根据内含报酬率指标，则应选取项目 E，而根据净现值指标，应选取项目 F，则两者是相互矛盾的。

利用上述数据，在两个互斥性项目计算期不同的情况下，用等年值法和差额内含报酬率法作出投资决策。如表 6-10 所示，假定折现率为 10%。

表 6-10　　　**用等年值法和差额内含报酬率法计算值**　　　单位：万元

时　期	0	1	2	3	4	$t\to\infty$	*IRR*	*NPV*(r=0.10)	等年值
项目 E	−100	60	40	40	0	0	20.63%	17.62	7.08
项目 F	−100	15	15	15	15	15	15%	50	5
项目(E−F)	0	45	25	25	−15	−15	13.5%	−32.38	

从净现值总额和差额净现值总额上看，好像项目 F 优于项目 E，然而由于两个投资项目的计算期（即产生现金流量的时间）相差很大，此时，不能根据总额来进行决策，应使用等年值法和差额内含报酬率法作出投资决策。项目（E－F）的差额内含报酬率为 13.5%，大于资本成本 10%，根据差额内含报酬率指标的判断原则，表明项目 E 优于项目 F；从等年值来看，项目 E 大于项目 F，表明项目 E 优于项目 F，两者结论一致。

三、长期投资决策指标的运用

(一) 固定资产更新决策

固定资产更新是对技术上或经济上不宜继续使用的旧固定资产用新的固定资产更换，或用先进的技术对原有设备进行局部改造。由于科学技术的迅速发展，固定资产更新周期大大缩短，企业不断地出现生产效率更高、原料动力消耗更低的高效能设备代替消耗大、维修费用多且尚能继续使用的旧设备的现象，因此，固定资产更新决策便成为企业长期投资决策的一项重要内容。

1. 可使用年限相同的固定资产更新决策

【例 6-27】 某公司考虑用一台新的、效益更高的设备来代替现行的旧设备，以减少成本，增加收益。假定两台设备的生产能力相同，并且未来可使用年限相同，因此我们可通过比较其现金流出的总现值，判断方案优劣。假设该企业的资本成本为 10%，所得税税率为 40%，按直线法计提折旧。其资料如表 6-11 所示。

表 6-11　　　**新旧设备相关资料**　　　单位：万元

项　　目	旧　设　备	新　设　备
购置成本(原价)	300	240
税法规定残值(10%)	30	24
税法规定使用年限(年)	6	4
已使用年限(年)	3	0
尚可使用年限(年)	4	4
年运行成本	40	25
预计最终报废残值	20	40
目前变现价值	100	240

本题有两种分析方法。

第一种方法：分别计算新旧设备的净现金流出量和现金流出现值，进行比较优选。计算过程如下：

1) 计算两方案的各年净现金流出量

(1) 继续使用旧设备的各年净现金流出量:

$$按税法规定计算年折旧额(直线法)=\frac{300\times(1-10\%)}{6}=45(万元)$$

$$COF_0=0$$

$$COF_{1\sim3}=40\times(1-0.4)-45\times0.4=6(万元)$$

$$COF_4=40\times(1-0.4)-20-(30-20)\times0.4=0$$

(2) 更换新设备的各年净现金流出量:

$$按税法规定计算年折旧额(直线法)=\frac{240\times(1-10\%)}{4}=54(万元)$$

$$COF_0=240-100-[(300-45\times3)-100]\times0.4=240-100-26=114(万元)$$

$$COF_{1\sim3}=25\times(1-0.4)-54\times0.4=-6.6(万元)$$

$$COF_4=25\times(1-0.4)-54\times0.4-40-(24-40)\times0.4=-40.2(万元)$$

2) 计算两方案的现金流出的总现值

(1) 继续使用旧设备的现金流出总现值$=0+6\times(P/A,10\%,3)+0=6\times2.487=14.92$(万元)

(2) 更换新设备的现金流出总现值$=114+(-6.6)\times(P/A,10\%,3)+(-40.2)\times(P/S,10\%,4)$

$=114+(-6.6)\times2.487+(-40.2)\times0.683$

$=70.13$(万元)

更换设备的现金流出总现值70.13万元,比继续使用旧设备的现金流出总现值14.92万元要多出55.21万元,因此,继续使用旧设备为好。

第二种方法:利用新旧设备的差量净现金流量分析,计算差额净现值。

(1) 计算两方案的各年差量净现金流量$\triangle NCF$(更换新设备－继续使用旧设备)。

$$\begin{aligned}\Delta NCF_0&=-\{240-100-[(300-45\times3)-100]\times0.4\}-0\\&=-114-0=-114(万元)\\\Delta NCF_{1\sim3}&=-[25\times(1-0.4)-54\times0.4]-\{-[40\times(1-0.4)-45\times0.4]\}\\&=6.6-(-6)=12.6(万元)\\\Delta NCF_4&=[25\times(1-0.4)-54\times0.4-40-(24-40)\times0.4]-\\&\quad[40\times(1-0.4)-20-(30-20)\times0.4]\\&=40.2-0=40.2(万元)\end{aligned}$$

(2) 计算差额净现值$=-114+12.6\times(P/A,10\%,3)+40.2\times(P/S,10\%,4)$

$=-114+12.6\times2.487+40.2\times0.683$

$=-55.21(万元)<0$

根据净现值的决策标准,应选择继续使用旧设备。

2. 可使用年限不相同的固定资产更新决策

在考虑提前更新的投资决策问题时,新设备的使用期一般要比其取代的现有设备的尚可使用期长一些或甚至长得多,在此情况下,一般采用等年值法,即比较继续使用的固定资产和更新的固定资产的平均年成本,以较低的作为好方案。

固定资产的平均年成本,是指固定资产引起的现金流出的年平均值。如果不考虑资金的时间价值,它是未来使用年限内的现金流出总额与使用年限的比值;如果考虑资金的时间价值，它是未来使用年限内的现金流出总现值与年金现值系数的比值，即平均每年的现金流出。

【例 6-28】 利用[例 6-27]的资料，假定其他条件不变，仅新设备的使用年限变为 6 年，此时，新旧设备的使用年限不相同，必须计算各自的平均年成本来判断优劣。

从[例 6-27]的计算可知：

继续使用旧设备的现金流出总现值＝14.92(万元)

更换新设备的现金流出总现值＝70.13(万元)

所以，

继续使用旧设备的平均年成本＝14.92÷$(P/A,10\%,4)$＝14.92÷3.170＝4.71(万元)

更换新设备的平均年成本＝70.13÷$(P/A,10\%,6)$＝70.13÷4.355＝16.1(万元)

通过上述计算可知，继续使用旧设备的平均年成本较低，不宜进行设备更新。

(二) 固定资产租赁或购买的决策

一个企业要取得一项固定资产并在生产经营中发挥作用，既可采取购买的方式，也可采取租赁的方式，因而，需要从经济角度对固定资产购置与租赁进行决策。在进行决策时，可以采用两种方法：一是对比两种方式下的净现值；二是对比两种方式下的成本现值。由于所用设备相同，即设备的生产能力与产品的销售价格相同，同时设备的运行费用也相同，因此只需比较两种方案的成本差异及成本对企业所得税所产生的影响差异即可。具体来讲，两者相比不同之处在于：固定资产租赁每年将多支付一定的租赁费用，但是由于租赁费用是在成本中列支的，因而企业还可以减少交纳所得税，即得到纳税利益；而购买固定资产是一种投资行为，企业将支出一笔数额很大的设备款，但同时每年可计提折旧费进行补偿，折旧费作为一项成本，也能使企业得到纳税利益，并且企业在项目结束或设备使用寿命到期时，还能够得到设备的残值变现收入。

1. 自有资金购置固定资产与租赁固定资产的决策

【例 6-29】 华龙公司 20×7 年需要增添一套设备，现有两种方案可供选择：如果用自有资金购置，需要支付现金 1 000 000 元，预计使用寿命 5 年，不考虑残值，采用直线法计提折旧；如果采用租赁方式，每年需要支付租金 280 000 元。该设备投产后，预计每年可增加营业收入 500 000 元，相应增加经营成本 150 000 元。该公司所得税税率为 25%，行业基准折现率 10%。要求对该项设备采用购置还是租赁的方式作出决策。计算分析如下：

(1) 计算用自有资金购置设备的净现值。

经营净利润＝(500 000－150 000)×(1－25%)＝262 500(元)

折旧减税＝200 000×25%＝50 000(元)

原始投资＝设备价款＝1 000 000 元

现金净流量 NCF 分别为：

NCF_0＝1 000 000 元

NCF_{1-5}＝262 500＋50 000＝312 500(元)

净现值＝312 500×$(P/A,10\%,5)$－1 000 000＝312 500×3.790 8－1 000 000

＝184 625(元)

(2) 计算租赁固定资产的净现值。

经营净利润＝(500 000－150 000)×(1－25%)＝262 500(元)

税后租金＝280 000×(1－25%)＝210 000(元)

原始投资＝0

现金净流量 *NCF* 分别为:

$NCF_0=0$

NCF_{1-5}＝262 500－210 000＝52 500(元)

净现值＝52 500×(P/A, 10%, 5)－0＝52 500×3.790 8＝199 017(元)

(3) 决策选择。因为租赁固定资产的净现值 199 017 元大于自有资金购置固定资产的净现值 184 625 元。因此,应选择租赁固定资产。

2. 借入资金购置固定资产与租赁固定资产决策

【例 6-30】 仍以上例为例,将上例自有资金改为向银行借款,期限 5 年,年利率 8%,按单利计息,其他条件不变。

(1)计算借入资金购置固定资产的净现值。

原始投资＝5 年后归还的本利和＝1 000 000×(1＋8%×5)＝1 400 000(元)

经营净利＝(500 000－150 000)×(1－25%)＝262 500(元)

折旧减税＝200 000×25%＝50 000(元)

利息减税＝1 000 000×8%×25%＝20 000(元)

各年净现金流量 *NCF* 为:

$NCF_0=0$

NCF_{1-5}＝262 500＋50 000＋20 000＝332 500(元)

NCF_5＝－1 400 000 元

净现值＝332 500×(P/A, 10%, 5)－1 400 000×$(1+10\%)^{-5}$

＝332 500×3.790 8－1 400 000×0.620 9

＝391 181(元)

(2) 计算租赁固定资产的净现值。

原始投资＝0

经营净利润＝(500 000－150 000)×(1－25%)＝262 500(元)

税后租金＝280 000×(1－25%)＝210 000(元)

现金净流量 *NCF* 分别为:

$NCF_0=0$

NCF_{1-5}＝262 500－210 000＝52 500(元)

净现值＝52 500×(P/A, 10%, 5)－0＝52 500×3.790 8

＝199 017(元)

(3) 决策选择。因为借入资金购置固定资产的净现值 391 181 元大于租赁固定资产的净现值 199 017 元。因此,应选择借入资金购置固定资产。

第四节 长期投资决策的临界值分析

本节主要介绍如何计算有关因素变动对净现值和内部收益率的影响程度和有关因素变动极限的方法。

一、敏感性分析的意义

长期投资决策的敏感性分析，是指通过分析预测有关因素变动对净现值和内部收益率等主要经济评价指标的影响程度的一种敏感性分析方法。

敏感性分析的基本做法是：固定除某一用于分析的变量外的其他所有变量，然后改变所选定的分析变量的值，观察投资结果（如 *NPV*）随这一变量变化的情况。如果投资结果对这一变量的微小变化有较大的反应，说明这一变量对投资结果有较大的影响，这一变量预测值的准确与否对投资决策非常关键，即这一变量的预测风险较高；反之，如果投资结果对某一变量的变化反应不明显，则说明这一变量对投资结果的影响不大，其预测值即使出现了较大的偏差，也不会对投资的最终结果产生根本性的影响，其预测风险较低。因而，进行投资敏感性分析，有助于揭示有关因素变动对投资决策评价指标的影响程度，从而确定敏感因素，抓住主要矛盾。

二、敏感性分析的应用

应用投资敏感性分析，可以从两个方面进行：一是分别计算有关因素变动对净现值和内部收益率的影响程度；二是计算有关因素的变动极限。

(一) 因素变动对净现值和内部收益率影响程度的计算分析

计算因素变动对净现值和内部收益率的影响程度可分别采用总量法和差量法两种方法。

1. *总量法*

总量法，是指利用因素变动后形成的新数据计算新的净现金流量，计算因素变动后的净现值 *NPV* 和内部收益率 *IRR* 指标，然后再与已知的 *NPV* 和 *IRR* 进行比较，以判断因素变动对净现值和内部收益率的影响大小，确定敏感因素的一种方法。这种方法的计算过程与长期投资决策评价指标的计算完全一样，但比较麻烦。

2. *差量法*

差量法，是指在计算各有关因素变动对净现金流量或年金现值系数影响差量的基础上，直接计算因素变动对净现值 *NPV* 和内部收益率 *IRR* 的影响的一种方法。此法比总量法简单。

下面采用差量法对同一个投资项目进行敏感性分析。

【例 6-31】 已知某企业固定资产项目原始投资 1 800 000 元，当年投产，生产经营期为 15 年，按直线法计提折旧，期末无残值。该项目投产后每年可生产新产品 10 000 件，产品售价为 100 元，单位变动成本为 40 元，固定成本为 240 000 元。所得税税率为 25%，基准折现率为 9%。

经计算，该项目经营期每年折旧为 120 000 元，年经营成本为 520 000 元，年净利润为

241 200 元。各年的净现金流量分别为：NCF_0＝－1 800 000 元，$NCF_{1\sim15}$＝361 200 元。NPV＝1 111 521.22 元，IRR＝18.52％。

假定该项目的售价、产销量分别变动－10％，经营成本、原始投资分别增长 10％，基准折现率增长 1 个百分点。

要求：

(1) 分别计算售价、产销量、经营成本、原始投资和基准折现率变动后达到的水平及变动量。

(2) 计算上述因素分别变动对项目计算期净现金流量的影响。

(3) 按差量法进行投资敏感性分析。

解：(1) 依题意计算如下：

变动后的售价＝100×(1－10％)＝90(元)
售价的变动量＝100×(－10％)＝－10(元)
变动后的销售量＝10 000×(1－10％)＝9 000(件)
销售量的变动量＝10 000×(－10％)＝－1 000(件)
变动后的经营成本＝520 000×(1＋10％)＝572 000(元)
经营成本的变动量＝520 000×10％＝＋52 000(元)
变动后的原始投资＝1 800 000×(1＋10％)＝1 980 000(元)
原始投资的变动量＝1 800 000×10％＝＋180 000(元)
变动后的基准折现率＝9％＋1％＝10％
基准折现率的变动量＝＋1％

(2) 根据有关资料计算售价、销售量、经营成本、原始投资和基准收益率五项因素分别以 10％的幅度向不利方向变动后对项目计算期净现金流量的影响，如表 6-12 所示。

表 6-12　**因素变动对项目计算期净现金流量的影响**　单位：元

有关因素	因素基数	变动情况		对建设起点 NCF_0 的影响	对经营期 $NCF_{1\sim15}$ 的影响		
		变动率	变动量		年净利	年折旧	$NCF_{1\sim15}$
售价	100	－10％	－10	—	－67 000	—	－67 000
销售量	10 000	－10％	－1 000	—	－40 200	—	－40 200
经营成本	520 000	＋10％	＋52 000	—	－34 840	—	－34 840
原始投资	1 800 000	＋10％	＋180 000	－180 000	－8 040	＋12 000	＋3 960
基准折现率	9％	—	＋1％	—	—	—	—

(3) 依题意，按差量法计算的有关因素分别变动对净现值和内部收益率的影响程度，如表 6-13 所示。

由表 6-13 可知，售价因素的变动对净现值 NPV 和内部收益率 IRR 指标的影响最大，其次是销售量因素，再次是经营成本因素，对净现值影响最小的是原始投资因素，而基准折现率的变动只影响净现值而不影响内部收益率指标。

表 6-13　　　　因素变动对净现值和内部收益率的影响　　　　单位：元

有关因素	NCF_0 的变动量	$NCF_{1\sim15}$ 的变动量	对年金现值系数的影响	对净现值 NPV 的影响		变动后的 IRR
				变动量	变动%	
售价	—	−67 000	—	−540 066.44	−48.59	14.08%
销售量	—	−40 200	—	−1 324 039.74	−29.15	15.89%
经营成本	—	−34 840	—	−280 834.44	−25.27	16.25%
原始投资	−180 000	+3 960	—	−148 079.66	−13.32	16.63%
基准折现率	—	—	−0.45461	−164 205.14	−14.77	18.52%

(二) 因素变动极限的计算分析

在实际工作中，如果按上面介绍的方法逐一分析所有因素按不同方向和幅度变动对评价指标的影响，就会使分析工作十分繁杂，可以采用各因素不利变动的临界限度分析法，简化计算。该法的程序如下：

(1) 按基本方案净现值与相应年金现值系数之比，求经营期年均净现金流量降低额极限 ΔNCF，并在此基础上分别计算有关因素的变动率极限。

假设经营期年均净现金流量降低额极限为 $\overline{\Delta NCF}$，则相关指标的计算公式如下：

$$\overline{\Delta NCF}=\frac{NPV}{(P_A/A,i,n)}$$

$$\text{售价降低率的极限}=\frac{\overline{\Delta NCF}}{\text{年销售收入基数}\times(1-\text{所得税税率})}\times100\%$$

$$\text{销售量降低率的极限}=\frac{\overline{\Delta NCF}}{\text{年边际贡献基数}\times(1-\text{所得税税率})}\times100\%$$

$$\text{经营成本超支率的极限}=\frac{\overline{\Delta NCF}}{\text{年经营成本基数}\times(1-\text{所得税税率})}\times100\%$$

只要投资项目有关因素的变动幅度不突破上述变动率极限，该方案仍是可行的。

(2) 确定经营期变动的下限 N。N 满足下式：

$$[\text{原经营期的 }NCF+(\text{固定资产投资额}\div N-\text{原折旧})\times\text{所得税税率}]\times(P_A/A,i,N)=\text{固定资产投资额}$$

只要经营期不短于 N，该方案仍是可行的。

(3) 按下式计算固定资产投资超支的极限：

$$\text{固定资产投资超支额的极限}=\text{原 }NPV\div(1-\text{所得税税率}\times\text{年金现值系数基数}\div\text{年限})$$

只要固定资产追加投资不超过其超支额的极限，方案是可行的。

【例 6-32】 仍按[例 6-31]资料。按临界限度分析法计算下列指标如下：

(1) 经营期年均净现金流量降低额极限＝1 111 521.22÷$(P_A/A,9\%,15)$＝137 894(元)

(2) 单价降低率极限＝137 894÷[100×10 000×(1−25%)]×100%＝20.58%

(3) 销售量降低率极限＝137 894÷[(100−40)×10 000×(1−25%)]×100%＝34.3%

(4) 经营成本超支率极限＝137 894÷[520 000×(1−25%)]×100%＝39.6%

(5) 经营期变动的下限 N 满足下式：

$$[361\,200+(1\,800\,000\div N-120\,000)\times25\%]\times(P_A/A,9\%,N)=1\,800\,000(\text{元})$$

采用逐次测试法：

当 $N_1=6$ 年时，上式的左方＝1 886 778＞右方＝1 800 000

当 $N_2=5$ 年时，上式的左方＝1 713 002＜右方＝1 800 000

应用内插法：

$$N=5+(1\,800\,000-1\,713\,002)\div(1\,886\,778-1\,713\,002)=5.5(\text{年})$$

(6) 固定资产投资超支的极限＝1 111 521.22÷[1－25%×(P_A/A,9%,15)÷15]

＝1 351 122.84(元)

习　题

一、思考题

1. 什么是货币时间价值？
2. 什么是年金？它包括哪几种形式？
3. 什么是资本成本？它主要包括哪些内容？
4. 资本成本的作用主要有哪些？
5. 什么是现金流量？现金流量的构成怎样？

二、计算分析题

1. 假定上述公司发行面额为500万元的10年期债券，票面利率为10%，发行费用率为4%，发行价格为400万元，该公司所得税税率为40%。

要求：计算该债券的资本成本为多少？

2. 某投资项目的初始固定资产投资额为800 000元，流动资产投资额为200 000元。预计项目的使用年限为8年，终结时固定资产残值收入为150 000元，清理及有关终结费用100 000元，初始时投入的流动资金在项目终结时可全部收回。另外，预计项目投入运营后每年可产生400 000元的销售收入，并发生150 000元的付现成本。该企业的所得税税率为30%，采用直线法计提折旧。同时，税法规定，计提折旧时固定资产的残值为零。为计算简便，这里暂不考虑固定资产变价收入等引起的所得税支出。

要求：估计该投资项目各年的净现金流量。

3. 某公司的研发部正在研制一种用于家庭电器控制的计算机。公司拟在2007年年初开始投资，有关投资的信息如下：① 市场部预测，若单价为2 000元，年销量可达2万台，销售额达4 000万元。② 工程部预测，若正式生产该种计算机，需购厂房一幢，成本为1 200万元，该建筑款项可在2007年12月31日付款，该幢建筑的折旧期为30年，按直线折旧法折旧。项目所需设备必须在2007年购进并安装好，同时付清设备款，设备购入及安装成本为800万元，有效使用年限5年，按直线法计提折旧。该项目初始需净营运资本600万元，也需在2007年12月31日投入。该项目的预期经济寿命为4年，项目结束时，建筑物的预期市场价为750万元，账面值为1 040万元，设备市价为200万元，账面价值160万元。生产部门预计变动制造成本将为销售额的60%，固定成本(包括折旧)为每年 500 万元。该公司的所得税税率为 40%，资本成本为 12%。为便于投资决策，公司假定经营现金流量产生于每年年末。该厂将于 2008 年 1 月 1 日开始运营，第一笔经营现金流量将发生于 2008 年 12 月 31 日。

要求：估计项目的相关净现金流量。

4. 某公司准备投资一新项目，有关资料如下：各年的净现金流量分别为（单位：元）：$NCF_{0\sim1}=-210\,000$，$NCF_{2}=-220\,000$，$NCF_{3\sim4}=154\,000$，$NCF_{5\sim9}=196\,000$，$NCF_{10}=316\,000$。假设企业适用的所得税税率为 20%，采用 10% 的折现率。

要求：计算静态投资回收期、净现值、现值指数和内含报酬率指标，并作出方案可行性的评价。

5. 某企业有一旧设备，原值为 30 000 元，年运行成本 3 000 元，使用年限 10 年，已使用 5 年，尚可使用 5 年，如果继续使用，要在头两年年初大修 2 次，每次修理费为 8 000 元，4 年后报废无残值。如果用 40 000 元购买一台新设备，年运行成本 2 800 元，使用年限 9 年，不须大修，8 年后残值为 4 000 元，更换新设备时旧设备的变现收入 10 000 元。新旧设备的产量和价格相同。假定按直线法计提折旧，所得税税率 40%，企业的资本成本 10%。

要求：判断企业是继续使用旧设备好，还是将其更新为新设备好？

第七章 全 面 预 算

本章重点

1. 全面预算的概念及其在组织中的作用。
2. 全面预算的内容以及编制方法。

本章难点

编制全面预算。

第一节 全面预算概述

本节在介绍全面预算的定义和作用的基础上，讨论了全面预算体系的构成内容和编制程序。

一、全面预算的概念

全面预算也称总预算，是指以货币形式对企业未来某一特定期间的全部生产经营活动作出全面具体的规划。它是按照企业既定的经营目标和程序，以销售预测为起点，进而对生产、成本及现金收支等各个方面进行预测，并在这些预测与决策的基础上，编制出一套预计资产负债表、预计损益表等预计财务报表及其附表，以便对企业特定计划期内全部生产经营活动有效进行组织与协调。它是对企业资源配置中有关企业总体计划的数量说明。

二、全面预算的作用

全面预算是将企业总体目标具体化，其作用主要表现在以下几个方面。

(一) 明确各部门的工作目标和任务

全面预算的过程就是将企业的总体目标分解，落实到各部门、各环节，甚至员工个人的过程，从而使各个部门了解各自的经济活动与整个企业经营目标之间的关系，明确各自的职责及其努力方向，从各自的角度去完成企业总的战略目标，避免了各部门忽视企业总体利益，片面追求部门利益的现象。

(二) 有助于配置企业的资源

全面预算确定了为实现企业经营目标所进行的活动计划，从而必须确定为完成企业的活动计划所需要的资源，这样有助于管理者找出经营中现存的和潜在的瓶颈，归集关键性资源以缓解瓶颈，防止它们成为企业实现预算目标的障碍。因而能有效地配置和利用企业的资源。

（三）促进沟通与协调各部门的工作

全面预算的编制过程是各部门密切配合、相互协调、统筹兼顾、全面安排的结果，将企业各部门融合为一个协调的整体。通过预算，高层管理者可以将计划和目标传达给整个组织，指导各部门的经理及全体员工。然后，每个部门的经理及员工向高层管理者汇报他们将如何达到组织目标的计划。因而，全面预算的编制使各部门的经理人员都了解到本部门与企业总体的关系、本部门与其他部门间的关系。在努力实现企业总体目标的前提下，各部门便能够自觉地调整好自己的工作，配合其他部门共同完成企业的总体目标，同时部门间也有了交换意见的基础。例如，在以销定产的经营方针下，生产预算应当以销售预算为根据，材料采购预算必须与生产预算相衔接等。

（四）控制各部门的日常经济活动

全面预算是控制企业日常经济活动的主要依据，在预算执行过程中，应及时将实际状态与预算相对比，发现差异并分析查找原因，以便采取必要措施，消除薄弱环节，保证企业经营目标的实现。

（五）既可以作为员工的激励机制，又可以用来考评各部门的业绩

表达清晰的预算目标，不仅能够帮助员工更好地理解整个企业的目标，而且能够使员工清楚地了解自己的任务与责任，激励员工不断地朝着预算目标努力，从而保证企业整体经营目标的实现。

企业预算确定的各项指标，也是考核各部门工作成绩的基本尺度。在评定各部门工作业绩时，要根据预算的完成情况，分析偏离预算的程度和原因，划清责任，奖罚分明，促使各部门为完成预算规定的目标而努力工作。

三、全面预算体系

全面预算的基本体系，是指以本企业的经营目标为出发点，通过对市场需求的研究和预测，以销售预算为主导，延伸到生产、成本和现金收支等各方面的预算，最后编制预计财务报表的一种预算体系。随着企业性质和规模不同，全面预算的具体内容体系会有所不同，但其基本内容是相同的，通常包括日常业务预算、专门预算及财务预算三个部分。

（一）日常业务预算

日常业务预算也称经营预算，是指对企业日常的供、产、销等生产经营活动所编制的各种预算。它是编制全面预算的基础，主要包括销售预算、生产预算、直接材料预算、直接人工预算、制造费用预算、产品成本预算、营业及管理费用预算等。这些预算大多以实物量指标和价值量指标分别反映企业收入与费用的构成情况。

（二）专门决策预算

专门决策预算也称特种决策预算，是指企业为不经常发生的长期投资项目或者一次性专门业务所编制的预算。通常是指与企业投资活动、筹资活动或收益分配等相关的各种预算。它可以分为资本预算和一次性专门业务预算两类。其中，资本预算主要是针对企业长期投资决策编制的预算，包括固定资产投资预算、权益性资本投资预算和债券投资预算；一次性专门业务预算主要有资金筹措及运用预算、交纳税金与发放股利预算等。

(三) 财务预算

财务预算，是指根据日常业务预算和专门决策预算所涉及的有关现金收支、经营财务成果和财务状况等变动所编制的预算。它具体包括现金预算、预计损益表、预计资产负债表和预计现金流量表等。这些预算以价值量指标总括反映经营预算和资本支出预算的结果。

全面预算体系是由一系列预算按其经济内容及相互关系有序排列组成的有机体。虽然业务预算、财务预算和专门决策预算各有侧重，但在实际编制时却是前后衔接、密不可分的。企业业务预算通常是在销售预测的基础上，首先对企业的产品销售进行预算，然后再用"以销定产"的方法，逐步对生产、材料采购、存货和费用等方面进行预算。业务预算和专门决策预算是财务预算的基础，财务预算是业务预算和资本支出预算的现金流量总结。全面预算所包含的内容和各项预算之间的关系如图 7-1 所示。

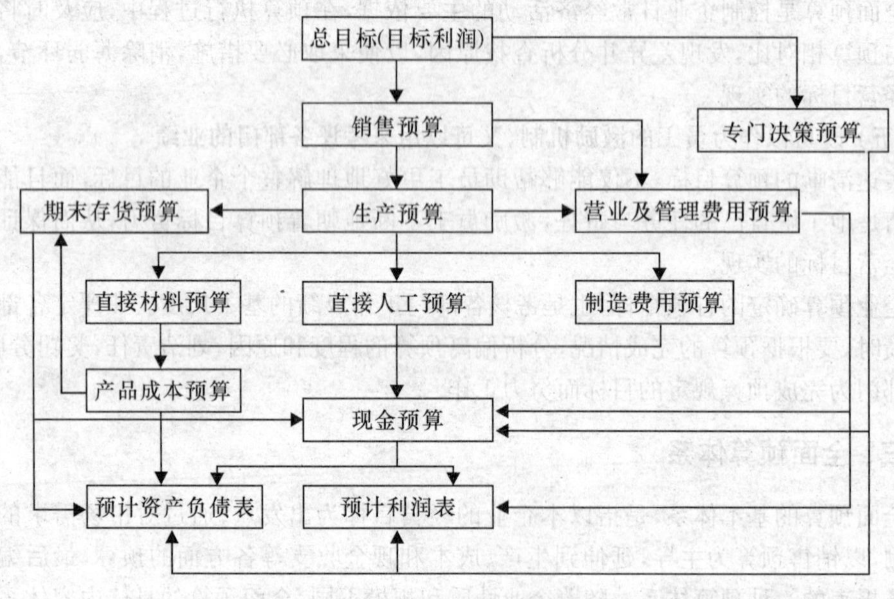

图 7-1　全面预算体系图

四、全面预算的编制程序

全面预算的编制工作是一项工作量大、涉及面广、时间性强、操作复杂的工作。企业预算的编制，涉及经营管理的各个部门，只有执行人参与预算的编制，才能使预算成为他们自愿努力完成的目标。因此，预算的编制应采取"由上而下、上下结合、分级编制、逐级汇总"的方法，不断反复和修正，最后由有关机构综合平衡，并以书面形式向下传达，作为正式的预算落实到各有关部门付诸实施。通常，全面预算编制程序包括成立预算委员会、确定预算期、制定预算原则、编制预算草案、预算协调、复议和审批、预算修正。

(一) 预算委员会

为了保证预算编制工作有条不紊地进行，一般要在企业内部专设一个预算委员会负责预算编制并监督实施。它由企业的高级管理人员组成。典型的预算委员会由总经理，分管销售、生产、财务等方面的副总经理，战略经营单位负责人，财务总监等高级管理人员组成。委员会的大小取决于企业的规模、预算所涉及的人数、预算过程中内部单位的参与程度及总经理的管理风格等。预算委员会是企业管理预算事项的最高权力机构，其主要任务是：制定和颁布有关预算制度的各项政策，审查和协调各部门的预算申报工作，解决有关方面在编制预算时可能发生的矛盾和争执，批准最终预算，并经常检查预算的执行情况。

（二）预算期

编制业务预算与财务预算的期间，通常以1年为期，这样可使预算期间与会计年度相一致，便于预算执行结果的分析、评价和考核。年度预算要有分季的数字，而其中的第一个季度，还应有分月的数字，当第二个季度即将来临的时候，又将第二个季度的预算数按月分解，提出第二个季度分月的预算数，如此顺序推进，在1个月份内有关现金的预算数，还可按旬或按周进一步细分。至于资本支出的预算期则应根据长期投资决策的要求，具体制定。

在预算编制的具体时间上，业务全面预算一般要在下年度到来之前的3个月就着手编制，按规定进程由各级人员组织编、报、审等项工作，至年底要形成完整的预算并颁布下去。

（三）预算原则

预算委员会的职责之一就是确定预算原则来规范、管理预算的编制过程。所有的预算单位在编制预算时都应遵循这一原则。

确定预算原则的起点是明确公司战略。在确定预算原则时，预算委员会应当考虑以下因素：采用战略计划后公司已取得的发展和变化；经济环境与市场前景；预算期内公司的目标；公司的特殊政策如收缩、再造、特殊营销活动等；迄今为止的经营业绩。

一般地，全面预算的编制应当坚持效益优先原则，确保投入与产出的平衡；坚持积极稳健原则，确保收入与支出的平衡；坚持现金核心原则，确保现金流入与流出的平衡；坚持权责利对等原则，确保预算目标的落实。

（四）预算草案

每个预算单位都应依据预算原则编制各自的预算草案。各预算单位在编制预算草案时，应考虑影响预算的各种内、外部因素。

在编制预算草案时，应考虑的内部影响因素有：可使用机器设备的变动；新生产程序的应用；产品设计或产品结构的变化；新产品的引进；本预算单位因原材料投入或其他经营因素所依赖的其他预算单位，其经营活动和预期的变化；依靠本预算单位供应部件的其他预算单位，其经营环境、预期或经营活动发生的变化。

在编制预算草案时，应考虑的外部因素有：劳动力市场的变化；原材料、零部件的可得性及它们的价格；近期内行业的动向；竞争对手的行动。

（五）预算协调

由预算委员会平衡与协商调整各部门的预算草案，并进行预算的汇总与分析。一般地，上一级预算单位审查预算草案，主要审查其是否符合预算原则。上一级预算单位还应查看预算目标是否能够实现，是否与上一级预算单位的目标一致，其内容是否与其他预算单位的预算内容协调。这些单位包括直接或间接受本单位活动影响的单位。每个预算单位都应与上级单位共同商议预算草案中的变更。协商在公司的所有层次都存在。协商可以说是预算编制程序的核心工作,它占用了预算编制的大量时间。

(六) 复议和审批

预算单位通过了自己预算之后,此项预算会沿着组织的层级传达到预算委员会,这时,这些单位预算合并便形成了整个组织的预算。预算委员会评价并最后审批预算。预算委员会主要检查该预算是否符合预算原则、是否能达到短期的期望目标、是否履行了战略计划。总经理据此来批准预算并将其提交董事会。将批准后的预算下达给各级各部门执行。

(七) 调整

对预算如何进行调整,企业各不相同。预算通过后,有些企业只允许在特殊情况下调整预算;但也有一些企业,如执行连续更新预算的企业却按季或按月调整预算。为了维护全面预算的严肃性并有利于控制,对预算进行调整,必须具有一定的程序。一般情况下,预算调整需要经过申请、审议、批准三个主要程序。

预算制定出来以后,预算执行者应当对预算进行管理,促进预算的实施,而不是被预算所“管住”。必要时可以根据当时的实际情况作必要的检查和修订,对预算进行调整。因为未来情况随时都可能发生变化,制定出来的预算不能一成不变。

尽管我们在制定预算时预见了未来可能发生的情况,并制定出相应的应变措施,预算不可能面面俱到,而情况会不断变化,总有一些问题是不可能预见到的。故预算管理不能一成不变。因此,要对预算进行定期检查。如果情况确实已经发生重大的变化,就应当调整预算或重新制定预算,以达到预期的目标。

第二节　全面预算编制的基本方法

从预算编制的不同角度,可以将预算编制的方法分为若干种类型,本节利用对比的方法分别介绍了各类预算编制的具体方法。

一、固定预算与弹性预算

全面预算按照其与预算期内业务量变动关系及预算发挥效用中灵活程度不同,可分为固定预算和弹性预算。

(一) 固定预算

1. 固定预算的含义

固定预算也称静态预算,是指以预算期内正常的、可能实现的某一业务量(如生产量、销售量)水平为固定基础,不考虑可能发生的变动因素而编制预算的方法。它是最传统的,也是最基本的预算编制方法。

2. 固定预算的优缺点

固定预算法的优点是简便易行。其缺点是:① 过于机械呆板。因为编制预算的业务量基础是事先假定的某一个业务量,不论预算期内业务量水平可能发生哪些变动,都只按事先确定的某一个业务量水平作为编制预算的基础。② 可比性差。这是固定预算方法的致命弱点。当实际的业务量与编制预算所根据的预计业务量发生较大差异时，有关预算指标的实际数与预算数就会因业务量基础不同而失去可比性。因此，按照固定预算方法编制的预算不利于正确地控制、考核和评价企业预算的执行情况。

3. 固定预算的适用范围

一般来说，固定预算只适用于业务量水平较为稳定的企业或非营利组织编制预算。

4. 固定预算的编制

固定预算是一种最基本的全面预算编制方法，该方法所涉及的各项预定指标均为固定数据。现举例说明固定预算的编制过程。

【例 7-1】 某公司产销 A 产品，2007 年预算年度产销量 10 000 件。产品成本、费用资料为：单位变动生产成本 120 元，其中直接材料 70 元、直接人工 40 元、变动制造费用 10 元；固定制造费用总额为 300 000 元；单位产品变动营业及管理费用为 6 元，固定营业及管理费用总额为 280 000 元，A 产品销售单价为 200 元。计算编制 A 产品成本预算表和 A 产品利润预算表分别如表 7-1、表 7-2 所示。

表 7-1 **A 产品成本预算表**

产量：10 000 件　　单位：元

成本项目	总成本	单位成本
直接材料	700 000	70
直接人工	400 000	40
变动制造费用	100 000	10
固定制造费用	300 000	30
合　　计	1 500 000	150

表 7-2 **A 产品利润预算表**（变动成本法）

企业名称：某公司　　20×7 年度　　单位：元

项　　目	金　　额
产品销售收入（10 000×200）	2 000 000
减：变动成本（10 000×126）	1 260 000
其中：变动生产成本（10 000×120）	1 200 000
变动营业及管理费用（10 000×6）	60 000
边际贡献	740 000
减：固定成本	580 000
其中：固定制造费用	300 000
固定营业及管理费用	280 000
息税前利润	160 000

(二) 弹性预算

1. 弹性预算的含义

弹性预算也称变动预算或滑动预算，是指为克服固定预算方法的缺点而设计的，在成本习性分析的基础上，以业务量、成本和利润之间的依存关系为依据，按照预算期可预见的各种业务量水平为基础，编制能够适应多种业务量预算的方法。

编制弹性预算所依据的业务量可以是产量、销售量、直接人工工时、机器工时、材料消耗量或直接人工工资等。业务量范围，是指弹性预算所适用的业务量区间。业务量范围的选择应根据企业的具体情况而定。一般来说，可定在正常生产能力的 70%～110% 之间，或以历史上最高业务量或最低业务量为其上下限。

2. 弹性预算的优点

与固定预算方法相比，弹性预算方法的优点是：① 预算范围较宽。弹性预算能够反映预算期内与一定相关范围内的可预见的多种业务量水平相对应的不同预算额，从而扩大了预算的适用范围，便于预算指标的调整。因为弹性预算不再是只适应一个业务量水平的一个预算，而是能够随业务量水平的变动作机动调整的一组预算。② 可比性较强。在预算期实际业务量与计划业务量不一致的情况下，可以将实际指标与实际业务量相应的预算额进行对比，从而能够使预算执行情况的评价与考核建立在更加客观和可比的基础上，便于更好地发挥预算的控制作用。

3. 弹性预算的适用范围

由于未来业务量的变动会影响到成本、费用、利润等各个方面，因此，弹性预算方法从理论上讲适用于编制全面预算中所有与业务量有关的各种预算。但从实用角度看，主要用于编制弹性成本费用预算和弹性利润预算等。

4. 弹性成本预算的编制

企业在编制弹性成本预算前，必须将全部费用按成本性态划分为变动成本和固定成本。在编制预算时，固定成本按总额控制，变动成本按不同的业务量水平作相应的调整。其计算公式如下：

$$\text{弹性成本预算}=\text{固定成本预算}+\sum(\text{单位变动成本预算}\times\text{预计业务量})$$

在此基础上，按事先选择的业务量计量单位和确定的有效变动范围，根据该业务量与有关成本费用项目之间的关系即可编制弹性成本预算。弹性成本预算的具体编制方法包括公式法和列表法两种。

(1) 公式法。公式法，是指通过确定 $y=a+bx$ 和公式中的 a 和 b 来编制弹性成本预算的方法。其中，a 为固定成本，b 为单位变动成本，x 表示业务量，y 为总成本。在进行成本习性分析的基础上，可以将任何成本近似地表示为 $y=a+bx$。在公式法下，如果事先确定了有关业务量 x 的变动范围，只要根据有关成本项目的 a 和 b 参数，就可以很方便地推算出业务量在允许范围内任何水平上的各项预算成本。

【例 7-2】 某企业某车间 2007 年按公式法编制的制造费用弹性预算如表 7-3 所示。其中较大的混合成本项目已经被分解。业务量范围为直接人工工时为 80 000～120 000 小时。

表 7-3　　**某车间 20×7 年制造费用弹性预算**　　单位：元

项　　目	A	B
管理人员工资	30 000	—
保险费	10 000	—
设备租金	16 000	—
维修费	12 000	0.5
水电费	1 000	0.3
辅助材料	8 000	0.6
辅助工人工资	—	0.9
检验员工资	—	0.7
合　计	77 000	3.0

根据表 7-3，可利用 $y=77\,000+3x$，计算出人工小时在 80 000～120 000 小时的范围内，任一业务量的制造费用预算总额；也可计算出在该人工小时变动范围内，任一业务量的制造费用中某一费用项目的预算额，如水电费 $y=1\,000+0.3x$ 等。假设 20×7 年该车间直接人工预算工时为 100 000 小时，其制造费用弹性预算计算如下：

$$制造费用预算=77\,000+3\times100\,000=377\,000(元)$$

公式法的优点是便于计算任何业务量下的预算成本，不受一定范围业务量的限制，编制预算的工作量较小。缺点是在进行预算控制和考核时，不能直接查出特定业务量下的总成本预算额，而且逐项甚至按细目分解成本的工作量较大。

(2) 列表法。列表法，是指通过列表的方式，在相关范围内每隔一定业务量范围计算相关数值预算来编制弹性成本预算的方法。此法可以在一定程度上弥补公式法的不足。

【例 7-3】 某企业某车间 20×7 年按列表法编制的制造费用弹性预算如表 7-4 所示。

表 7-4　　**某车间 20×7 年制造费用弹性预算**　　单位：元

直接人工小时	70 000	80 000	90 000	100 000	110 000
生产能力利用(%)	70	80	90	100	110
变动成本项目	112 000	128 000	144 000	160 000	176 000
其中：辅助工人工资	63 000	72 000	81 000	90 000	99 000
检验员工资	49 000	56 000	63 000	70 000	77 000
混合成本项目	119 000	133 000	147 000	161 000	175 000
其中：维修费	47 000	52 000	57 000	62 000	67 000
水电费	22 000	25 000	28 000	31 000	34 000
辅助材料	50 000	56 000	62 000	68 000	74 000
固定成本项目	56 000	56 000	56 000	56 000	56 000
其中：管理人员工资	30 000	30 000	30 000	30 000	30 000
保险费	10 000	10 000	10 000	10 000	10 000
设备租金	16 000	16 000	16 000	16 000	16 000
制造费用预算	287 000	317 000	347 000	377 000	407 000

表 7-4 是按 10%为业务量间距，实际预测时可以再大些或再小些，业务量的间距越小，实际业务量水平出现在预算表中的可能性就越大。列表法的优点是直观明了，这种编制方法工作量较大且不能包括所有业务量条件下的费用预算，故适用面较窄。

5. 弹性利润预算的编制

弹性利润预算是根据成本、业务量和利润之间的依存关系，为适应多种业务量变化而编制的利润预算。弹性利润预算是以弹性成本预算为基础编制的，其主要内容包括销售量、价格、单位变动成本、贡献边际和固定成本。弹性利润预算的编制包括因素法和百分比法两种。

(1) 因素法。因素法，是指根据业务量、收入、成本等因素与利润的关系，来反映在不同业务量条件下利润水平的预算方法。如果销售价格、单位变动成本、固定成本发生变动，也可参照此方法，分别编制在不同销售价格、不同单位变动成本、不同固定成本水平下的弹性利润预算，从而形成多个完整的弹性利润预算体系。这种方法适于单一品种经营或采用分算法处理固定成本的多品种经营的企业。

【例 7-4】 仍按[例 7-1]资料，按正常产销量 10 000 件的 70%～110%确定，间距 10%，编制 A 产品弹性利润预算表如表 7-5 所示。

表 7-5 **A 产品弹性利润预算表**

企业名称：某公司　　20×7 年度　　单位：元

销售量(件)	7 000	8 000	9 000	10 000	11 000
销售收入	1 400 000	1 600 000	1 800 000	2 000 000	2 200 000
减：变动成本	882 000	1 008 000	1 134 000	1 260 000	1 386 000
其中：变动生产成本	840 000	960 000	1 080 000	1 200 000	1 320 000
变动营业及管理费用	42 000	48 000	54 000	60 000	66 000
边际贡献	518 000	592 000	666 000	740 000	814 000
减：固定成本	580 000	580 000	580 000	580 000	580 000
其中：固定制造费用	300 000	300 000	300 000	300 000	300 000
固定营业及管理费用	280 000	280 000	280 000	280 000	280 000
息税前利润	−62 000	12 000	86 000	160 000	234 000

(2) 百分比法。百分比法也称销售额百分比法，是指按不同的销售额百分比来编制弹性利润预算的方法。一般来说，大多数企业都经营多品种，在实际工作中，分别按品种逐一编制弹性利润预算是不现实的，这就要求我们用一种综合的方法——销售收入百分比法对全部经营商品或按商品大类编制弹性利润预算。应用百分比法的前提条件是销售收入的变化不会影响企业的单位变动成本和固定成本总额。此法主要适用于多品种经营的企业。

【例 7-5】 某公司预算年度的销售业务量达到 100%时的销售收入为 100 000 千元，变动成本为 80 000 千元，固定成本为 7 000 千元。按销售收入 100 000 千元的 70%～110%确定，间距 10%，为某公司按百分比法编制弹性利润预算如表 7-6 所示。

表 7-6　　**某公司弹性利润预算**　　单位：千元

销售收入百分比(%)①	70	80	90	100	110
销售收入②＝100 000×①	70 000	80 000	90 000	100 000	110 000
变动成本③＝80 000×①	56 000	64 000	72 000	80 000	88 000
贡献边际④＝②－③	14 000	16 000	18 000	20 000	22 000
固定成本⑤	7 000	7 000	7 000	7 000	7 000
利润总额⑥＝④－⑤	7 000	9 000	11 000	13 000	15 000

二、增量预算与零基预算

全面预算按照编制预算方法的出发点不同，可分为增量预算和零基预算。

(一) 增量预算

1. 增量预算的含义

增量预算也称调整预算方法，是指以基期成本费用水平的基础，考虑到预算期内各种影响成本因素的未来变动情况，通过调整有关原有费用项目而编制预算的方法。

2. 增量预算方法的优缺点

增量预算的优点是简便易行。由于预算以过去的经验为基础，实际上是承认过去所发生的一切都是合理的，主张不需在预算内容上做较大改进，而是因循沿袭以前的预算项目。

增量预算的缺点是：① 受到原有费用项目与预算内容的限制。由于按增量预算方法编制预算，往往不加分析地保留或接受原有的成本项目，可能使原来不合理的费用开支继续存在下去，形成不必要开支合理化，造成预算上的浪费，甚至可能导致保护落后。② 容易导致预算中的"平均主义"和"简单化"。采用此法，容易鼓励预算编制人凭主观臆断按成本项目平均削减预算或只增不减，不利于调动各部门降低费用的积极性。③ 不利于企业未来发展。按照该方法编制的费用预算，对于那些未来实际需要开支的项目可能因没有考虑未来情况的变化而造成预算不够确切。

3. 增量预算的编制

【例 7-6】 某公司产销 B 产品，20×6 年产销量 8 000 件，产品成本费用资料为：单位变动生产成本 120 元，其中直接材料 70 元、直接人工 40 元、变动制造费用 10 元；固定制造费用总额 300 000 元；单位变动营业及管理费用 6 元，固定营业及管理费用总额280 000 元。B 产品销售单价 200 元。20×7 年预计产销量增加 25%、直接材料降低 10%、直接人工增加 15%、变动制造费用降低 20%，单位变动营业及管理费用减少 1 元，固定制造费用节约 30 000 元，固定营业及管理费用节约 40 000 元。采用增量预算方法编制 20×7 年 B 产品成本预算表和 B 产品利润预算表如表 7-7、表 7-8 所示。

表 7-7　　**B 产品成本预算表**

产量：10 000 件　　20×7 年度　　单位：元

成 本 项 目	单 位 成 本	总 成 本
直接材料	63	630 000
直接人工	46	460 000

(续表)

成本项目	单位成本	总成本
变动制造费用	8	80 000
固定制造费用	27	270 000
合　　计	144	144 000

表 7-8　**B 产品利润预算表**

20×7 年度　　单位：元

项　　目	金　额
销售收入(10 000×200)	2 000 000
减：变动成本(10 000×122)	1 220 000
其中：变动生产成本(10 000×117)	1 170 000
变动营业及管理费用(10 000×5)	50 000
边际贡献	780 000
减：固定成本	510 000
其中：固定制造费用	270 000
固定销售及管理费用	240 000
息税前利润	270 000

(二) 零基预算

1. 零基预算的含义

零基预算也称零底预算，主要用于对各项费用的预算，是指在编制成本费用预算时，完全不受以往费用水平的影响，而是以零为起点，根据预算期企业实际经营情况的需要，逐项审议预算期内各项费用的内容及开支标准是否合理，在综合平衡的基础上编制费用预算的一种方法。

它是为克服增量预算缺陷而设计的一种先进的预算方法，是由美国德州仪器公司彼得·派尔在 20 世纪 60 年代提出来的，现已被西方国家广泛采用作为管理间接费用的一种新的有效方法。

2. 零基预算的程序

按零基预算编制的步骤如下：

第一步，拟定预算草案。要求企业内部所有部门根据企业在预算期内的总体经营目标和各部门的具体任务，在充分讨论的基础上提出本部门在预算期内应当发生的费用项目，并以零为基础，详细提出其费用预算数额，而不考虑这些费用项目以往是否发生过及其发生额的多少。

第二步，对预算期各项费用的支出方案进行成本效益分析及综合评价，权衡轻重缓急，划分成不同等级并排出先后顺序。在预算编制过程中，全部费用按其在预算期是否发生的可能性大小可划分为不可避免项目和可避免项目。前者是指在预算期内必须发生的费用项目,后者是指在预算期通过采取措施可以不发生的费用项目。对不可避免项目必须保证资金供应;对可避免项目则需要逐项进行成本效益分析,按照各项目开支必要性的大小确定各项费用预算的优先顺序。

第三步,分配资金落实预算。在预算编制过程中,全部费用按其在预算期支付的时间是否可以延缓划分为不可延缓项目和可延缓项目。前者是指必须在预算期内足额支付的费用项目,后者是指可以在预算期内部分支付或延缓支付的费用项目。根据已确定的预算项目的先后顺序,将企业在预算期内所拥有的经济资源,以及可以动用的资金来源,应优先保证满足不可延缓项目的开支,然后再根据需要和可能,按照项目的轻重缓急确定可延缓项目的开支标准。

3. 零基预算方法的优缺点

零基预算的优点是:① 不受原有费用项目和费用额的限制。这种方法可以促使企业合理有效地进行资源分配,将有限的资金用在刀刃上。② 有利于调动有关各方有效地降低费用,提高资金的使用效果和合理性。③ 有利于企业未来发展。由于这种方法以零为出发点,对一切费用一视同仁,有利于企业面向未来发展考虑预算问题。

零基预算的缺点是工作量很大。由于这种方法一切从零出发,在编制费用预算时需要完成大量的基础工作,如历史资料分析、市场状况分析、现有资金使用分析和投入产出分析等等,这势必带来很大的工作量,也需要比较长的编制时间。因此,企业可以每隔几年编制一次零基预算,在其他时间采用增量预算。

4. 零基预算的编制

【例 7-7】 某公司采用零基预算法编制预算期 20×7 年度的营业及管理费用预算。

首先,企业销售及管理部门根据预算期利润目标及销售目标等,经讨论、研究,确定出 20×7 年所需发生的费用项目及支出数额如表 7-9 所示。

表 7-9 **预计费用项目及支出金额** 单位:元

费用项目	开支金额
保险费	6 000
广告费	8 000
租金	3 000
办公费	20 000
差旅费	9 000
培训费	4 000
合计	50 000

其次,对各费用项目分类:属于不可避免的固定成本有保险费、租金、办公费和差旅费;属于可避免的固定成本的广告费、培训费参照历史经验,经过成本效益分析,其结果如表 7-10 所示。

然后,将所有费用项目按照性质和轻重缓急,排出开支等级及顺序。

第一等级:保险费、租金、办公费和差旅费,属于不可避免的固定成本,为预算期必不可少的开支,应全额得到保证。

表 7-10　　　　成本效益分析表

项　目	成本(元)	收益(元)	成本收益率
广告费	1	50	1∶50
培训费	1	20	1∶20

第二等级:广告费,属于可避免的固定成本,可以根据预算期企业资金供应情况酌情增减,但由于广告费的成本收益率高于培训费,因而列入第二等级。

第三等级:培训费,也属于可避免的固定成本,根据预算期企业资金供应情况酌情增减,但由于培训费的成本收益率小于广告费,因而列入第三等级。

最后,如果该公司预算期可用于营业及管理费用的资金数额为 45 000 元,则可以根据所排列的等级和顺序分配落实预算资金。

第一等级的费用项目所需资金应全额满足,数额为 38 000 元(6 000＋3 000＋2 000＋900)。

剩余的可供分配的资金数额为 7 000 元(45 000－38 000),按成本收益率的比例分配广告费和培训费,则广告费可分配资金为 5 000 元{7 000×[50÷(50＋20)]},培训费可分配资金为 2 000 元{7 000×[20÷(50＋20)]}。

三、定期预算与滚动预算

全面预算按照预算期间起讫时间是否变动,可分为定期预算和滚动预算。

(一) 定期预算

1. 定期预算的定义

定期预算,是指在编制预算时以不变的会计期间(如日历年度)作为预算期的一种编制预算的方法。

2. 定期预算的优缺点

定期预算的优点是能够使预算期间与会计期间相一致,便于考核和评价预算的执行结果。

定期预算的缺点是: ① 缺乏远期指导性。由于定期预算往往是在年初甚至提前两三个月编制的,对于整个预算年度的生产经营活动很难作出准确的预算,尤其是对预算后期的预算只能进行笼统地估算,缺乏远期指导性,给预算的执行带来困难,不利于对生产经营活动的考核与评价。② 滞后性。由于定期预算不能随情况的变化及时调整,当预算中所规划的各种经营活动在预算期内发生重大变化时,就会造成预算滞后过时,使之成为虚假预算。③ 间断性。按固定预算方法编制的预算局限于本期规划的经营活动,不能适应连续不断的经营过程,从而不利于企业的长远发展。

3. 定期预算的编制

【例 7-8】 某企业甲车间采用定期预算方法编制制造费用预算。变动制造费用按直接人工工时比例分配,固定制造费用按季平均分配。经测算,20×7 年度直接人工总工时为100 000小时,第一季度至第四季度分别为20 000小时、24 000小时、27 000小时和29 000小时;变动制造费用总额为 800 000 元,其中,间接人工 300 000 元、间接材料 150 000 元、维修费用 80 000 元、水电费用 100 000 元、其他费用 170 000 元;固定制造费用为 480 000 元,其中,管理人员工资 192 000 元、设备租金 120 000 元、折旧费 168 000 元。编制 2007

年度制造费用预算。

(1) 计算变动制造费用分配率和固定制造费用分配额。

间接人工分配率＝300 000÷100 000＝3(元/小时)

间接材料分配率＝150 000÷100 000＝1.5(元/小时)

维修费用分配率＝80 000÷100 000＝0.8(元/小时)

水电费用分配率＝100 000÷100 000＝1(元/小时)

其他费用分配率＝170 000÷100 000＝1.7(元/小时)

每季管理人员工资＝192 000÷4＝48 000(元)

每季设备租金＝120 000÷4＝30 000(元)

每季折旧费＝168 000÷4＝42 000(元)

(2) 编制 20×7 年度制造费用预算表如表 7-11 所示。

表 7-11 制造费用预算表

部门：甲车间 20×7 年度 单位：元

项　　目	第一季度	第二季度	第三季度	第四季度	合　计
直接人工总工时(小时)	20 000	24 000	27 000	29 000	100 000
变动制造费用					
其中：间接人工	60 000	72 000	81 000	87 000	300 000
间接材料	30 000	36 000	40 500	43 500	150 000
维修费用	16 000	19 200	21 600	23 200	80 000
水电费用	20 000	24 000	27 000	29 000	100 000
其他费用	34 000	40 800	45 900	49 300	170 000
小　　计	160 000	192 000	216 000	232 000	800 000
固定制造费用					
其中：管理人员工资	48 000	48 000	48 000	48 000	192 000
设备租金	30 000	30 000	30 000	30 000	120 000
折旧费	42 000	42 000	42 000	42 000	168 000
小　　计	120 000	120 000	120 000	120 000	480 000
制造费用合计	280 000	312 000	336 000	352 000	1 280 000

(二) 滚动预算

1. 滚动预算的含义

滚动预算也称连续预算或永续预算，是指在编制预算时，将预算期与会计年度脱离，随着预算的执行不断延伸补充预算，逐期向后滚动，使预算期永远保持为一个固定期间(如12个月)的一种预算编制方法。其具体做法是：每过一个预算期，立即根据其预算执行情况，对以后各期预算进行调整和修订，并增加一个预算期的预算。这样，如此逐期向后滚动，使预算始终保持一定的时间幅度，从而以连续不断的预算形式规划企业未来的经营活动。

2. 滚动预算的方式及其特征

滚动预算按其预算编制和滚动的时间单位不同可分为逐月滚动、逐季滚动和混合滚动三种方式。

(1) 逐月滚动方式。逐月滚动方式，是指在预算编制过程中，以月份为预算的编制和滚动单位，每个月调整一次预算的方法。例如，在20×7年1月至12月的预算执行过程中，需要在1月末根据当月预算的执行情况，修订2月至12月的预算，同时补充20×8年1月的预算；2月末根据当月预算的执行情况，修订3月至20×8年1月的预算，同时补充20×8年2月的预算；以此类推，逐月滚动。按照逐月滚动方式编制的预算比较精确，但工作量太大。

(2) 逐季滚动方式。逐季滚动方式，是指在预算编制过程中，以季度为预算的编制和滚动单位，每个季度调整一次预算的方法。例如，在20×7年第一季度至第四季度的预算执行过程中，需要在第一季末根据当季预算的执行情况，修订第二季度至第四季度的预算；同时补充20×8年第一季度的预算；第二季度末根据当季预算的执行情况，修订第三季度至20×8年第一季度的预算，同时补充20×8年第二季度的预算；以此类推，逐季滚动。逐季滚动编制的预算比逐月滚动的工作量小，但预算精确度较差。

(3) 混合滚动方式。混合滚动方式，是指在预算编制过程中，同时使用月份和季度作为预算的编制和滚动单位的方法。它是滚动预算的一种变通方式。这种预算方法的理论依据是：人们对未来的了解程度具有对近期把握较大，对远期的预计把握较小的特征。为了做到长计划短安排，远略近详，在预算编制过程中，可以对近期预算提出较高的精度要求，使预算的内容相对详细；对远期预算提出较低的精度要求，使预算的内容相对简单，这样可以减少预算工作量。如对20×7年1月至3月逐月编制详细预算，其余4月至12月分别按季度编制粗略预算；3月末根据第一季度预算的执行情况，编制4月至6月的详细预算，并修订第三季度至第四季度的预算，同时补充20×8年第一季度的预算；以此类推，混合滚动。

在实际工作中，采用哪一种滚动预算方式应视企业的实际需要而定。

3. 滚动预算的优缺点

与传统的定期预算方法相比，按滚动预算方法编制的预算具有以下优点：① 透明度高。由于预算的编制不再是预算年度开始之前几个月的事情，而是实现了与日常管理的紧密衔接，可以使管理人员始终能够从动态的角度把握住企业近期的规划目标和远期的战略布局，使预算具有较高的透明度。② 及时性强。由于滚动预算能根据前期预算的执行情况，结合各种因素的变动影响，及时调整和修订近期预算，从而使预算更加切合实际，能够充分发挥预算的指导和控制作用。③ 预算年度完整。由于滚动预算在时间上不再受日历年度的限制，能够连续不断地规划未来的经营活动，不会造成预算的人为间断，同时可以使企业管理人员了解未来预算期内企业的总体规划与近期预算目标，能够确保企业管理工作的完整性与稳定性。

采用滚动预算的方法编制预算的主要缺点是预算工作量较大，尤其是滚动预算的延续工作将耗费大量的人力、物力，代价较大。

4. 滚动预算的编制

【例7-9】 某企业生产车间采用混合滚动预算方法编制制造费用预算。20×7年第一季度至第四季度按季编制的制造费用及相关资料沿用[例7-8]。20×7年3月底在编制20×7年第二季度至20×8年第一季度制造费用滚动预算时，发现未来的预算期将出现以下情况：

第一，直接人工总工时100 000小时不变。20×7 年 4 月、5 月、6 月工时数分别为10 000小时、6 000 小时和 9 000 小时；20×7 年第三季度至 20×8 年第一季度每季工时数分别变更为：26 000 小时、27 000 小时、22 000 小时。

第二，间接人工分配率将上涨 40%，其他费用分配率减少 0.2 元/小时。

第三，原设备租赁合同到期，公司新签订的租赁合同中设备租金将降低 30%，管理人员工资上升 25%。

第四，其他条件不变。

(1) 计算变动制造费用分配率和固定制造费用分配额。

间接人工分配率＝3×(1＋40%)＝4.2(元/小时)

间接材料分配率＝1.5(元/小时)

维修费用分配率＝0.8(元/小时)

水电费用分配率＝1(元/小时)

其他费用分配率＝1.7－0.2＝1.5(元/小时)

每季管理人员工资＝48 000×(1＋25%)＝60 000(元)

每季设备租金＝30 000×(1－30%)＝21 000(元)

每季折旧费＝42 000(元)

(2) 编制 20×7 年度制造费用预算表如表 7-12 所示。

表 7-12 **滚动制造费用预算表**

部门：甲车间　　单位：元

项　　目	20×7 年度					20×8 年度	合　计
	4 月份	5 月份	6 月份	第三季度	第四季度	第一季度	
直接人工总工时(小时)	10 000	6 000	9 000	26 000	27 000	22 000	100 000
变动制造费用							
其中：间接人工	42 000	25 200	37 800	109 200	113 400	92 400	420 000
间接材料	15 000	9 000	13 500	39 000	40 500	33 000	150 000
维修费用	8 000	4 800	7 200	20 800	21 600	17 600	80 000
水电费用	10 000	6 000	9 000	26 000	27 000	22 000	10 000
其他费用	15 000	9 000	13 500	39 000	40 500	33 000	150 000
小　　计	90 000	54 000	81 000	234 000	243 000	198 000	900 000
固定制造费用							
其中：管理人员工资	20 000	20 000	20 000	60 000	60 000	60 000	240 000
设备租金	7 000	7 000	7 000	21 000	21 000	21 000	84 000
折旧费	14 000	14 000	14 000	42 000	42 000	42 000	168 000
小　　计	41 000	41 000	41 000	123 000	123 000	123 000	492 000
制造费用合计	131 000	95 000	122 000	357 000	366 000	321 000	1 392 000

四、预算方法与各种预算之间的关系

预算方法与全面预算体系中的各种预算常常被混为一谈，其实两者既有区别又有联系。

(一) 预算方法与各种预算的联系

任何一种预算方法只有运用到编制具体的预算才能发挥作用。例如，弹性预算方法不仅可以用于成本预算的编制，也可以用于利润预算的编制。同样，各种预算的编制也离不开一定的预算方法。例如，在实践中的成本或费用预算可能按照固定预算方法或弹性预算方法进行编制。

此外，即使是不同类型的预算方法之间也并非是完全相互排斥的关系。在编制某一特定内容的预算过程中，完全有可能既采取弹性预算方法，同时又采取滚动预算方法。

(二) 预算方法与各种预算的区别

1. 归属的内容体系不同

本节所介绍的六种预算方法分别归属于三种类型，固定预算方法与弹性预算方法属于一类，增量预算方法与零基预算方法属于一类，定期预算方法与滚动预算方法属于一类。只有同类中的不同预算方法才可以相互比较。其中，固定预算方法、增量预算方法和定期预算方法都属于传统的预算方法；滚动预算方法、弹性预算方法和零基预算方法则属于为克服传统预算方法的缺点而设计的先进预算方法。

而全面预算体系中的各种具体预算则分别归属于经营预算、专门决策预算和财务预算三种类型。每一种预算都可以与其他类型中的任何预算进行比较，不受限制。

2. 命名的规则不同

预算方法在命名时，突出了该种方法的本质特征，例如，弹性预算方法强调了预算编制所依据的多个业务量基础，滚动预算方法则突出了预算期连续滚动的特征。而全面预算体系中的各种具体预算在命名时反映了预算的具体内容，这一点在经营预算中尤为突出，例如，销售预算的内容主要是销售收入，生产预算的内容则是产量。

第三节　全面预算的内容及其编制

企业生产经营活动全面预算的预算期间通常为 1 年，并且与企业的会计年度相一致。下面就各预算的编制方法分别进行介绍。

一、日常业务预算

日常业务预算是全面预算的基础。它是为工业企业供、产、销以及管理活动编制的预算，包括销售预算、生产预算、直接材料预算、直接人工预算、制造费用预算、产品成本预算、营业及管理费用预算等。

(一) 销售预算

销售预算，是指在销售预测的基础上，根据企业年度目标利润确定的预计销售量、销售单价和销售收入等参数编制的，用于规划预算期销售活动的一种业务预算。销售预算是编制全面预算的出发点，也是日常业务预算的基础。

销售预算的主要内容包括销售量、单价和销售收入。在销售预算中，通常还包括根据各季现销收入与回收赊销货款的可能情况计算的现金收入，为编制现金预算提供必要的资料。其中，销售量可按预测销售量确定；单价可采用企业的目标价格，采用前年度销售资料的价格，也可以在以前年度销售平均价格的基础上适当进行调整。销售预算中涉及的计算公式如下：

销售收入＝销售量×销售单价

【例 7-10】 假定大龙公司只生产和销售一种产品，20×7 年度预期的销售量为6 300件，第一季度至第四季度的销售量分别为 1 000 件、1 500 件、2 000 件和 1 800 件。预计售价为 400 元。每季的产品销售在当季收到的货款占 60%，其余部分在下季收讫。基期末的应收账款为 124 000 元。该公司预算年度的分季销售预算如表 7-13 所示。

表 7-13

销 售 预 算

20×7 年度　　　　单位：元

	项　　目	第一季度	第二季度	第三季度	第四季度	合　计
销售预算	预计销售数量(件)	1 000	1 500	2 000	1 800	6 300
	单价	400	400	400	400	400
	预计销售收入	400 000	600 000	800 000	720 000	2 520 000
预期现金收入	应收账款 2006 年年末余额	124 000				124 000
	本季度现销收入	240 000	360 000	480 000	432 000	1 512 000
	收回上季度应收账款		160 000	240 000	320 000	720 000
	合　　计	364 000	520 000	720 000	752 000	2 356 000

注：每季度的现金收入＝本季度现销收入＋收回上季度应收账款＝该季度产品销售收入×60%＋上季度产品销售收入×40%。

（二）生产预算

生产预算，是指为规划预算期生产规模而编制的一种业务预算。它是在销售预算的基础上编制的，并可以为下一步编制成本和费用预算提供依据。它是根据预计的销售量和预计的期初、期末产成品存货量，按产品分别计算出每一个产品的预计生产量。编制生产预算的主要依据是预算期各种产品的预计销售量及存货量资料。生产预算中涉及的计算公式如下：

预计生产量＝预计销售量＋预计期末产成品存货量－预计期初产成品存货量

在进行生产预算时，应注意保持生产量、销售量、存货量之间合理的比例关系，以避免储备不足、产销脱节或超储积压等。

【例 7-11】 依前例，假定大龙公司各季度的期末存货按下季度销售量的 10%计算，预计期末存货量为 200 件。根据销售预算中的资料，可编制预算年度的分季生产预算如表 7-14 所示。

表 7-14 **生 产 预 算**

20×7 年度 单位：件

项　　目	第一季度	第二季度	第三季度	第四季度	合　计
预计销售量(销售预算)	1 000	1 500	2 000	1 800	6 300
加：预计期末存货量	150	200	180	200	200
减：预计期初存货量	100	150	200	180	100
预计生产量	1 050	1 550	1 980	1 820	6 400

(三) 直接材料预算

预计生产量确定以后，按照单位产品的直接材料消耗量，同时考虑预算期期初、期末的材料存货量，便可以编制直接材料预算。

直接材料预算也称直接材料采购预算，是为直接材料采购活动编制的预算。编制直接材料预算要考虑预算期期初、期末材料的存储水平，应注意采购量、耗用量与库存量之间保持一定的比例，避免材料的供应不足造成停工待料或超储积压。

直接材料预算主要包括：单位产品直接材料耗用量，生产需要量，期初、期末的材料存量，预计的材料采购量与预计的采购金额。此外，编制直接材料采购预算，还要计算与材料采购相联系的预计现金支出。其中，单位产品材料耗用量的数据来自标准成本资料或消耗定额资料，年初和年末的材料存货量是根据当前情况和长期销售预测估计的。各季度期末材料存量根据下季度生产量的一定百分比确定。直接材料预算中涉及的计算公式如下：

$$\text{预计生产需要量}=\text{预计生产量}\times\text{单位产品材料耗用量}$$

$$\text{预计材料采购量}=\text{预计生产需要量}+\text{预计期末材料存量}-\text{预计期初材料存量}$$

$$\text{预计材料采购现金支出}=\text{上期采购材料将于本期支付的现金}+\text{本期采购材料并于本期支付的现金}$$

【例 7-12】 依前例，假定大龙公司单位产品的材料消耗定额为 10 千克，计划单价为 10 元。每季度的购料款当季付 50%，其余在下季度付讫。预计年初和年末材料库存量分别为 3 000 千克和 4 000 千克，各季度的期末存料按下一季生产需用量的 20%估算，期初应付购料款为 47 000 元。根据生产预算中的预计生产量，结合期初、期末的存料水平，以及单位产品的材料消耗定额和材料计划单价等数据，编制预算年度的分季直接材料预算如表 7-15 所示。

表 7-15 **直接材料预算**

20×7 年度 单位：元

	项　　目	第一季度	第二季度	第三季度	第四季度	合　计
直接材料采购预算	预计生产量(件)	1 050	1 550	1 980	1 820	6 400
	单位产品材料用量(千克)	10	10	10	10	10
	材料耗用总量(千克)	10 500	15 500	19 800	18 200	64 000
	加：预计期末材料存货量	3 100	3 960	3 640	4 000	4 000
	减：预计期初材料存货量	3 000	3 100	3 960	3 640	3 000
	预计材料采购量(千克)	10 600	16 360	19 480	18 560	65 000
	材料单价(元)	10	10	10	10	10
	预计材料采购金额	106 000	163 600	194 800	185 600	650 000

（续表）

	项　　目	第一季度	第二季度	第三季度	第四季度	合　计
预计现金支出	年初应付账款	47 000				47 000
	本期现金支付材料款	53 000	81 800	97 400	92 800	325 000
	支付上期应付账款		53 000	81 800	97 400	232 200
	合　　计	100 000	134 800	179 200	190 200	604 200

（四）直接人工预算

直接人工预算是以生产预算为基础编制的，是指一种既反映预算期内直接人工工时消耗水平，又规划直接人工成本开支的业务预算。其主要内容包括预计生产量、单位产品工时、人工总工时、每小时人工成本和人工总成本。预计产量数据可从生产预算取得。单位产品人工工时和每小时人工成本数据来自标准成本资料。人工总工时和人工总成本是在直接人工预算中计算出来的。直接人工预算中涉及的计算公式如下：

直接人工总工时＝预计生产量×单位产品工时定额

直接人工成本＝直接人工总工时×小时工资率

由于直接人工工资都需要使用现金支付，因此不需要另外预计现金支出，可直接参加现金预算的汇总。

【例7-13】 依前例，假定大龙公司在预算期间内所需直接人工只有一个工种，单位产品的工时定额为10工时，单位工时工资率为4元，根据预算期生产预算的预计产量，编制直接人工预算如表7-16所示。

表7-16　**直接人工预算**

20×7年

单位：元

项　　目	第一季度	第二季度	第三季度	第四季度	合　计
预计生产量（件）	1 050	1 550	1 980	1 820	6 400
单位产品直接人工工时（小时）	10	10	10	10	10
直接人工工时总数（小时）	10 500	15 500	19 800	18 200	64 000
直接人工小时工资率（元/小时）	4	4	4	4	4
直接人工成本总额	42 000	62 000	79 200	72 800	256 000

（五）制造费用预算

制造费用预算，是指用于规划除直接材料和直接人工预算以外的其他一切生产费用的一种业务预算。制造费用预算一般分为变动制造费用预算和固定制造费用预算两部分。此外，为了便于编制现金预算，还必须计算在制造费用方面预计的现金支出。

在编制制造费用预算时，通常是将两类费用分别进行编制。变动制造费用预算以生产预算为基础进行编制，变动制造费用与生产量之间存在着线性关系。固定制造费用与生产量之间不存在线性关系，其预算需要逐项进行预计，通常都是根据上年的实际水平，经过适当的调整而取得的。此外，固定资产折旧作为一项固定制造费用，由于其不涉及现金的支出，因此在编制制造费用预算，计算现金支出时，需要将其从固定制造费用中扣除。制造费用预算中涉及的计算公式如下：

变动制造费用分配率＝变动制造费用÷直接人工总工时

每期变动制造费用＝每期直接人工工时×变动制造费用分配率

【例 7-14】 依前例，20×7 年预计变动制造费用总额为 64 000 元，其中，间接人工 12 800元、间接材料 12 800 元、维护费 25 600 元、水电费 6 800 元、劳动保护费 6 000 元；预计固定制造费用总额为 192 000 元，其中，管理人员工资 16 000 元、租赁费 78 800 元、折旧 80 000 元、保险费 9 200 元、财产税 8 000 元。预计固定制造费用按季度平均分摊。根据上述资料编制制造费用分配表。

(1) 计算变动制造费用分配率如表 7-17 所示。

表 7-17　　**变动制造费用分配率**　　单位：元

项　　目	合　　计	费用分配率(元/小时)
直接人工总工时(小时)	64 000	
变动制造费用		
其中：间接人工	12 800	0.2
间接材料	12 800	0.2
维护费	25 600	0.4
水电费	6 800	0.1
劳动保护费	6 000	0.1
合　计	64 000	1.0

(2) 编制制造费用预算如表 7-18 所示。

表 7-18　　**制造费用预算**

20×7 年度　　单位：元

	项　　目	第一季度	第二季度	第三季度	第四季度	合　计
	直接人工总工时(小时)	10 500	15 500	19 800	18 200	64 000
	变动制造费用					
变动	其中：间接人工	2 100	3 100	3 960	3 640	12 800
制造	间接材料	2 100	3 100	3 960	3 640	12 800
费用	维护费	4 200	6 200	7 920	7 280	25 600
预算	水电费	1 050	1 550	1 980	1 820	6 800
	劳动保护费	1 050	1 550	1 980	1 820	6 000
	小　　计	10 500	15 500	19 800	18 200	64 000
	固定制造费用					
固定	其中：管理人员工资	4 000	4 000	4 000	4 000	16 000
制造	租赁费	19 700	19 700	19 700	19 700	78 800
费用	折旧	20 000	20 000	20 000	20 000	80 000
预算	保险费	2 300	2 300	2 300	2 300	9 200
	财产税	2 000	2 000	2 000	2 000	8 000
	小　　计	48 000	48 000	48 000	48 000	192 000
制造费用合计		58 500	63 500	67 800	66 200	256 000
预计	制造费用合计	58 500	63 500	67 800	66 200	256 000
现金	减：折旧	20 000	20 000	20 000	20 000	80 000
支出	现金支出	38 500	43 500	47 800	46 200	176 000

(六) 产品成本预算

产品成本预算也称产品生产成本预算，是反映预算期内各种产品生产成本水平的一种业务预算。它是在生产预算、直接材料预算、直接人工预算和制造费用预算的基础上编制的。其主要内容包括产品的单位成本和总成本，有时还要包括年初、年末产品存货预算。此外，产品成本预算也为正确计量预计损益表中的产品销售成本与预计资产负债表中的期末产成品存货项目提供数据。

【例 7-15】 依前例，假定大龙公司计算产品生产成本采用变动成本法。根据前面编制的生产预算（表 7-14）、直接材料预算（表 7-15）、直接人工预算（表 7-16）和制造费用预算（表 7-18）中有关料、工、费三大项目的资料及计划期末存货量，编制产品成本预算如表 7-19 所示。

表 7-19　　**产品成本预算**（变动成本法）

生产量：6 400 件　　20×7 年度　　单位：元

成本项目	单位成本			总成本
	标准价格	标准用量	成本	
直接材料	10 元/千克	10 千克	100	640 000
直接人工	4 元/小时	10 小时	40	256 000
变动制造费用	1 元/小时	10 小时	10	64 000
变动生产成本			150	960 000
产成品存货	数量(件)	单位成本		总成本
年初产成品	100	150		15 000
年末产成品	200	150		30 000

(七) 销售与管理费用预算

销售与管理费用预算，是指为产品销售活动和一般行政管理活动所发生的各项费用的预算。销售与管理费用预算是按照费用的不同性态分别进行编制的。变动销售及管理费用按销售比例分配；固定销售及管理费用扣除折旧后按季平均分配。

【例 7-16】 依前例，假定大龙公司负责销售及管理费用的部门根据预算期间的具体情况，编制销售与管理费用预算如表 7-20 所示（为了简化，该公司的经营与管理费用都按季平均分配）。

表 7-20　　**销售与管理费用预算**

20×7 年　　单位：元

项目	第一季度	第二季度	第三季度	第四季度	合计
变动性销售及管理费用					
其中：推销人员工资	10 000	10 000	10 000	10 000	40 000
运杂费	15 000	15 000	15 000	15 000	60 000
办公费	7 000	7 000	7 000	7 000	28 000
包装费	13 500	13 500	13 500	13 500	54 000
小计	45 500	45 500	45 500	45 500	182 000

（续表）

项　　目	第一季度	第二季度	第三季度	第四季度	合　　计
固定性销售及管理费用					
其中：行政管理人员工资	20 000	20 000	20 000	20 000	80 000
广告费	27 500	27 500	27 500	27 500	110 000
保险费	3 000	3 000	3 000	3 000	12 000
福利费	4 000	4 000	4 000	4 000	16 000
小　　计	54 500	54 500	54 500	54 500	218 000
销售及管理费用合计					400 000
预计销售及管理费用的现金支出	100 000	100 000	100 000	100 000	400 000

二、专门决策预算

专门决策预算主要有资本支出预算和一次性专门业务预算两类。

（一）资本支出预算

资本支出预算，是指与项目投资决策密切相关的专门决策预算。它主要根据经过审核批准的各个长期投资决策项目编制，并且需详细列出该项目在寿命周期内各个年度的现金流出量和现金流入量的明细资料。

【例 7-17】 依前例，假定大龙公司董事会批准在预算期间的第二季度以自有资金购置机器设备一台，需支付 200 000 元，预计可使用 5 年，期满残值为 20 000 元。购入后每年可为公司增加净利润 40 000 元，该设备按直线法计提折旧。编制专门决策预算如表 7-21 所示。

表 7-21　　**资本支出预算**

20×7 年度

资本支出项目	购置期间	原投资额	估计使用年限	期满残值	资金来源	资金成本	购入后每年 *NCF*	回收期 *PP*
购置设备一台	第二季度	200 000 元	5 年	20 000 元	自有	10%	76 000 元	2.63 年

注：NCF=40 000+(200 000−20 000)÷5=76 000(元)　PP=200 000÷76 000=2.63(年)。

（二）一次性专门业务预算

一次性专门业务预算，是指企业为满足正常的业务经营和资本支出的需要，对日常理财活动中涉及的筹措和使用资金等一次性专门业务编制的预算。主要有：

（1）资金筹措及运用预算。资金筹措及运用预算，是指编制现金预算时，若现金不足时应及时筹措，若现金多余时应充分运用而编制的预算。

（2）其他财务决策。如在预算期间缴纳所得税，发放股利、红利等。

【例 7-18】 依前例，假定大龙公司财务部门根据预算期间现金收支状况，第二季度初借款200 000元；第三季度末可归还借款130 000元及利息；第四季度末可归还借款70 000元及利息（年利率 10%）并购入短期有价证券 90 000 元。另外，根据税法规定，预算期间每季末预付所得税 80 000 元，全年 320 000 元。又根据董事会决策预算期间每季末支付股利 100 000 元，全年共 400 000 元。根据以上资料编制专门决策预算如表 7-22、表 7-23 所示。

表 7-22　　**大龙公司专门决策预算(一次性专门业务预算)**

20×7 年　　单位：元

专门业务名称	资金		日期				本金	利率	利息
	来源	去向	1月初	4月初	9月初	12月初			
筹措资金	银行			200 000			200 000	10%	
归还借款		银行			130 000	70 000	200 000	10%	11 750
购入有价证券		证券公司				90 000			

注：11 750=130 000×10%×6÷12+70 000×10%×9÷12。

表 7-23　　**大龙公司专门决策预算(一次性专门业务预算)**

20×7 年　　单位：元

专门业务名称	支付对象	支付日期				合计
		第一季度末	第二季度末	第三季度末	第四季度末	
预付所得税	税务局	80 000	80 000	80 000	80 000	320 000
预付股利	股东	100 000	100 000	100 000	100 000	400 000

三、财务预算

财务预算具体包括现金预算、预计利润表、预计资产负债表和预计现金流量表等四个方面，现对前三者分别予以阐述。

(一) 现金预算

1. 现金预算的概念与内容

现金预算也称现金收支预算，是指以日常业务预算和专门决策预算为基础所编制的反映预算期现金收支情况的预算。现金预算表中的现金是指货币资金。现金预算表主要反映现金收支差额和现金筹措使用情况，同时也要求反映期初、期末现金余额。现金预算为编制预计资产负债表提供数据，是企业现金管理的重要工具，有助于企业合理地安排和调动资金，降低资金的使用成本。

现金预算通常包括现金收入、现金支出、现金余缺、资金的筹措与运用，以及期末现金余额等五个组成部分。

(1) 现金收入。现金收入包括期初的现金余额和预算期的现金收入。其中，期初现金余额来源于上期期末现金余额；预算期的现金收入包括各项经营业务活动的现金收入和其他现金收入。一般地，产品销售收入是经营业务活动的现金收入的最主要的来源，可从销售预算表中获得该资料。

(2) 现金支出。现金支出包括预算期预计的各项现金支出，具体包括直接材料、直接人工、制造费用、营业费用、管理费用、财务费用等方面的经营性现金支出，用于缴纳税金、股利分配等支出，还包括购买设备等资本性支出。可从有关业务预算和专门决策预算中获得相应资料。

(3) 现金余缺。现金余缺也称现金收支差额或现金多余或不足，是指各项现金收入减去各项现金支出后的余额。其计算公式如下：

现金余缺＝期初现金余额＋预算期现金收入－预算期现金支出

(4) 资金的筹措与运用。资金的筹措与运用是编制现金预算的核心内容。现金余缺与期末现金余额均要通过协调资金筹措及运用来调整。应当在保证各项支出所需资金供应的前提下，通过计算现金最佳持有量，注意保持期末现金余额在合理的上下限度内波动。因为现金储备过少会影响周转，造成短缺；现金储备过多又会造成机会损失，也是一种浪费。因此，企业不仅要定期筹措到抵补收支差额的现金，还必须保证有一定现金储备。当现金收支差额为正值，在偿还了利息和借款本金之后仍超过现金余额上限时，就应当进行有价证券投资；如果发现还本付息之后的收支差额低于现金余额下限，就应该抛出一部分有价证券来补足现金短缺；如果现金收支差额为负值(即现金短缺)，可采取发行股票、发行债券、抛售有价证券或向银行借款等措施来筹措资金，弥补现金。

(5) 期末现金余额。期末现金余额应当保持一个合理的或者是最佳的金额。其计算公式如下：

期末现金余额＝现金余缺－资金投放或归还总额＋资金筹措总额

2. 现金预算的编制

【例 7-19】 依前例，假定大龙公司按年度分季度编制现金预算。该公司预算期现金的最低库存限额为 56 000 元，根据上述各项预算表的有关资料，编制现金预算如表 7-24 所示。

表 7-24

现金预算

20×7 年度

单位：元

项　　目	第一季度	第二季度	第三季度	第四季度	合 计	备 注
期初现金余额	160 000	63 500	63 200	60 500	160 000	
加：现金收入	364 000	520 000	720 000	752 000	2 356 000	表 7-13
合　　计	524 000	583 500	783 200	812 500	2 516 000	
减：现金支出						
其中：直接材料	100 000	134 800	179 200	190 200	604 200	表 7-15
直接人工	42 000	62 000	79 200	72 800	256 000	表 7-16
制造费用	38 500	43 500	47 800	46 200	176 000	表 7-18
营业及管理费用	100 000	100 000	100 000	100 000	400 000	表 7-20
所得税	80 000	80 000	80 000	80 000	320 000	表 7-23
设备		200 000			200 000	表 7-21
股利	100 000	100 000	100 000	100 000	400 000	表 7-23
合　　计	460 500	720 300	586 200	589 200	2 356 200	
现金余(缺)	63 500	(136 800)	197 000	223 300	159 800	
资金筹集与运用						
其中：借入银行借款		200 000			200 000	表 7-22
偿还银行借款			(130 000)	(70 000)	(200 000)	表 7-22
支付银行利息			(6 500)	(5 250)	(11 750)	表 7-22
购入有价证券				(90 000)	(90 000)	表 7-22
期末现金余额	63 500	63 200	60 500	58 050	58 050	

注：第一季度期初现金 160 000 元，来自上一年年末资产负债表。

(二) 预计损益表

预计损益表，是指提供未来一定期间收入、成本、利润等方面资料的一种报表。它是在上述各经营预算的基础上，按照权责发生制的原则进行编制的，其编制方法与编制一般财务报表中的损益表相类似。预计损益表揭示的是企业未来的盈利情况，企业管理当局可据此了解企业的发展趋势，并适时调整其经营策略。该表既可以分季编制，也可按年编制。

【例 7-20】 依前例，假定大龙公司根据上述各项预算表的有关资料，编制 20×7 年度贡献式预计损益表如表 7-25 所示。

表 7-25 **贡献式预计损益表**

20×7 年度 单位：元

项　　目	资料来源	金　　额
销售收入	表 7-13	2 520 000
减：变动成本		1 127 000
其中：变动性制造成本	表 7-13、表 7-19	945 000
变动性销售与管理费用	表 7-20	182 000
贡献毛益总额		1 393 000
减：固定成本		410 000
其中：固定性制造成本	表 7-18	192 000
固定性销售与管理费用	表 7-20	218 000
营业利润		983 000
减：利息费用	表 7-22、表 7-24	11 750
税前利润		971 250
减：所得税	表 7-23、表 7-24	320 000
税后利润		651 250

注：变动性制造成本＝销量×单位变动性制造成本＝6 300×150＝945 000(元)。

(三) 预计资产负债表

预计资产负债表，是指以货币表现的预算期期末财务状况的总括性预算。它是在预算期期初资产负债表的基础上，根据经营预算、专门决策预算、现金预算和预计损益表的有关结果，对有关项目进行调整后编制而成的。预计资产负债表反映的是企业预算期期末各账户的预计余额，企业管理当局可以据此了解到企业未来期间的财务状况，以便采取有效措施，防止企业不良财务状况的出现。

【例 7-21】 依前例，假定大龙公司根据上述各项预算表的有关资料，编制 20×7 年 12 月 31 日预计资产负债表如表 7-26 所示。

表 7-26　　**预计资产负债表**(简式)

20×7 年 12 月 31 日　　单位：元

资　产			负债及所有者权益		
项　目	年初数	年末数	项　目	年初数	年末数
现金	160 000	58 050	应付账款	47 000	92 800
短期证券投资		90 000	长期借款	180 000	180 000
应收账款	124 000	288 000	普通股	400 000	400 000
直接材料	30 000	40 000	留存盈余	322 000	573 250
产成品	15 000	30 000			
土地	300 000	300 000			
房屋及设备	400 000	600 000			
减：累计折旧	80 000	160 000			
资 产 合 计	949 000	1 246 050	负债及所有者权益合计	949 000	1 246 050

注：表中各基础数字来源说明：

(1) 期末“现金”数据来源于表 7-24 中的第四季度期末现金余额。

(2) 期末“短期证券投资”见表 7-22。

(3) 期末“应收账款”数据是根据表 7-13 中第四季度的销售收入和本期收现率计算的，即：应收账款的期末余额＝720 000×(1－60%)＝288 000(元)。

(4) 期末“直接材料”数据来源于表 7-15，年末材料存货 4 000 千克，单价 10 元，即 4 000×10＝40 000(元)。

(5) 期末“产成品”的数据来源于表 7-19，30 000 元。

(6) 期末“土地”见表 7-26，和年初数相同，预算期没有变动。

(7) 期末“房屋设备”见表 7-21，预算期新购设备 200 000 元，加计表 7-26“房屋设备”期初原值 400 000元，即：生产设备的期末原值＝年初原值＋本期购入数－本期报废固定资产原值＝400 000＋200 000＝600 000(元)。

(8) 期末“累计折旧”见表 7-18，预算期计提折旧 80 000 元，加计表 7-26“折旧”期初数 80 000 元，合计为 160 000 元。

(9) 期末“应付账款”见表 7-15，由第四季度采购金额和付现率计算的，即：期末应付账款＝185 600×(1－50%)＝92 800(元)。

(10) 期末“长期借款”“普通股”见表 7-26，预算期没有变动。

(11) 期末“留存收益”是根据表 7-23、表 7-25 和表 7-26 的有关数据计算的，即：期末留存收益＝期初留存收益＋本期税后利润－本期支付股利＝322 000＋651 250－400 000＝573 250(元)。

习　题

一、思考题

1. 什么是全面预算？其作用是什么？
2. 简述全面预算体系的内容。

3. 简述全面预算的编制程序。

4. 全面预算的编制方法有哪些？其各自的含义和优缺点是什么？

5. 什么是现金预算？其内容和作用是什么？

二、计算分析题

1. 甲公司为深入开展双增双节运动，降低费用开支水平，拟对历年来超支严重的业务招待费、劳动保护费、办公费、广告费、保险费等间接费用项目按照零基预算方法编制预算。有关资料如表7-27所示。

表7-27　**预计费用项目及开支金额**　单位：元

费　用　项　目	开　支　金　额
业务招待费	200 000
劳动保护费	180 000
办公费	100 000
广告费	300 000
保险费	120 000
合　计	900 000

经过充分论证，得出以下结论：上述费用中除业务招待费和广告费以外都不能再压缩了，必须得到全额保证。根据历史资料对业务招待费和广告费进行成本—效益分析如表7-28所示。

表7-28　**成本效益分析表**　单位：元

成　本　项　目	成 本 金 额	收 益 金 额
业务招待费	1	4
广告费	1	6

假定该公司预算年度对上述各项费用可动用的财力资源只有850 000元。

要求：采用零基预算法编制预算期20×7年度的营业及管理费用预算。

2. 假设甲公司生产和销售一种产品。20×7年度预期的销售量为7 000件，每个季度的销售量分别为1 500件、2 000件、2 000件和1 500件。每季度收到的销售货款占本季度销售收入的40%，其余的60%在下季度收到。上年年末的应收账款30 000元将于预算年度的第一季度收回。产品预计售价为100元。

要求：根据以上资料，编制20×7年度甲公司的销售预算。

3. 假设乙公司20×7年度预计生产量为7 010件，第一季度至第四季度分别为1 600件、2 000件、1 950件和1 460件。年初与年末预计的材料库存量分别为420千克与460千克，其余各期期末材料库存量为下期生产需要量的20%。单位产品耗用的材料为2千克，材料的计划单价为10元。预计各期材料采购货款于当期支付50%，下期支付50%。年初应付账款余额6 000元在预算年度的第一季度支付。

要求：根据上述资料，编制长江公司20×7年度的直接材料预算。

4. 乙公司20×6年1～3月实际销售额分别为76 000万元、72 000万元和82 000万元，预计4月份销售额为80 000万元。每月销售收入中有70%能于当月收现，20%于次月收现，10%于第三个月收讫，不存在坏账。假定该公司销售的产品在流通环节只需缴纳消费税，税率为10%，并于当月以现金缴纳。该公司3月末现金余额为160万元，应付账款余额为10 000万元（需在4月份付清），不存在其他应收应付款项。

4月份有关项目预计资料如下：采购材料16 000万元（当月付款70%），工资及其他支出16 800万元（用现金支付），制造费用16 000万元（其中折旧费等非付现费用为8 000万元），销售费用和管理费用2 000万元（用现金支付），预交所得税3 800万元，购买设备24 000万元（用现金支付）。现金不足时，通过向银行借款解决。4月末现金余额要求不低于200万元。

要求：根据上述资料，计算该公司4月份的下列预算指标：

(1) 经营性现金流入（即营业活动所产生的现金收入）。

(2) 经营性现金流出（即营业活动所产生的现金流出）。

(3) 现金余缺。

(4) 应向银行借款的最低金额。

(5) 4月末应收账款余额。

5. 丙公司某年年初资产负债表如表7-29所示。

表7-29　　**资产负债表**　　单位：元

项　　目	金　　额	项　　目	金　　额
现金	210 000	应付账款	520 000
应收账款	400 000	应付债券	0
材料	280 000	应交所得税	0
产成品	285 000	普通股	2 800 000
固定资产	2 950 000	优先股	0
累计折旧	272 000	公积金	33 000
无形资产	0	未分配利润	500 000
合　计	3 853 000	合　计	3 853 000

公司计划全年每季度销售产品分别为1 950件、2 900件、3 750件和2 200件，每件售价1 000元，销售税率为10%（价内税），销货款当季收回80%，其余下季收回；全年每季材料采购成本分别为1 411 000元、1 460 000元、1 484 000元和1 519 000元，购货款当季支付60%，其余下季支付；本年材料生产消耗5 835 000元，全年生产产品12 146件，年末库存商品1 361件，单位变动成本为600元；全年发生付现固定性制造管理费用160 000元，在制造费用中有120 000元的固定资产折旧，在管理费用中有8 000元的折旧；预交所得税和预分股利按季度平均分摊；在第一季度初借款200 000元，并在第二季度至第四季度分别归还100 000元、100 000元和90 000元；在第一季度发行优先股200 000元；在第二季度末发行公司债券500 000元；在第三季度购买有价证券649 820元；在第四季度变现有价证券160 000元，借款的年利率为8%，债券的年利率为10%，债券利息按季度结算，公司所得税税率为25%。

要求：分析上述资料，分别编制现金预算表、预计利润表和预计资产负债表。

第八章 标准成本法

本章重点

1. 标准成本的种类。
2. 标准成本的制定。
3. 成本差异分析。
4. 标准成本法的账务处理。

本章难点

1. 成本差异分析。
2. 会计期末对成本差异的处理。

第一节 标准成本法概述

标准成本法产生于20世纪20年代的美国，是在泰罗的生产过程标准化思想影响下形成的，也是泰罗科学管理思想在成本管理中的具体体现。经过不断发展和完善，现已在西方企业中广泛应用。

一、标准成本和标准成本法的概念

标准成本，是指企业在特定生产管理水平下，通过精确的调查、分析与技术测定而确定的单位产品成本，可以用来评价实际成本，衡量工作效率。在标准成本中，基本上排除了不应该发生的"浪费"，所以标准成本是一种"应该成本"。

标准成本法，是指通过建立标准成本，将企业现实成本与标准成本相比较，对计算出的差异进行分析，查找差异产生的原因，以便加强企业内部管理，降低生产中的各种消耗，从而在生产过程中进行成本控制的方法。该法不仅仅是一种成本计算方法，而是把成本的计划、控制、计算和分析结合在一起的一个完整系统。

二、标准成本的作用

(一) 有助于企业进行成本控制

企业事先制定标准成本，作为员工努力的目标和衡量实际成本节约或超支的尺度，就可以事前约束将来发生的成本；然后，在经济活动实际发生时，就可用标准消耗成本来衡量生产过程中的实际消耗成本，及时分析偏离标准的差异，并采取有效措施进行例外管理，实现成本的事中控制。

(二) 能够简化成本计算

采用标准成本来反映材料和产品成本，应将实际发生的成本按照标准成本和成本差异分开列示，即原材料、在产品、产成品和产品销售成本都按照标准成本记账，实际成本和标准成本之间的差额可以直接由发生期负担。这就极大地简化了账务处理工作。

(三) 便于企业进行业绩评价

标准成本是衡量各部门和员工工作情况的尺度，也是企业评价它们实际业绩的依据。根据标准成本，企业能够考核各部门和员工的工作完成情况，对于能够节约成本的情况应予奖励，对于实际成本超过标准成本的情况，应在客观分析基础上予以相应惩罚。

(四) 有助于企业进行规划和决策

企业的标准成本是经过认真研究和科学计算制定出来的，它除了可以用来控制企业支出外，还可以用来编制产品成本预算。而且，企业可以在产品标准成本的基础上加上一定的利润，及时地确定新产品的售价。

三、标准成本的制定

(一) 标准成本的种类

标准成本根据制定基础的不同，可以分为理想标准成本、正常标准成本和现实标准成本三种。

1. 理想标准成本

理想标准成本是企业在现有生产条件处于最佳状态的基础上制定的成本。这种成本要求生产中发生的各种消耗都要达到最低值，不允许有任何浪费。对可能出现的生产要素价格波动、生产工人技术熟练程度差别以及机器设备故障等因素，则没有考虑。可见，这种标准成本没有考虑企业客观存在的实际情况，标准过高，难以达到，在实际工作中很少采用。

2. 正常标准成本

正常标准成本是企业在正常生产状态下应实现的成本。所谓正常状态就是正常的价格、正常的生产工人技术熟练程度和正常的机器运转等情况。企业在制定标准成本时剔除了偶发的、非正常因素的影响，根据过去较长时期实际成本的平均值，并估计未来的变动趋势最终确定标准成本。这种标准成本是一种经过努力可以达到的成本，在实际工作中得到了广泛应用。

3. 现实标准成本

现实标准成本是企业在现有生产技术条件和管理水平下，根据下一期最可能发生的生产要素消耗情况所确定的标准成本。在制定这种标准成本时，企业考虑了短期内不能完全避免的某些低效和失误，因此最切实可行。

(二) 各成本项目标准成本的制定

企业采用的标准成本种类不同，标准成本的制定基础也不同。理想标准成本是以理想状态下的最低消耗和现实中的最低价格水平作为制定基础的；正常标准成本是以企业正常情况下的历史平均消耗水平为制定基础的；现实标准成本是在预测分析下期可能的实际消耗和价格水平基础上制定的。企业可以选定自己的制定基础。

企业通常是按产品成本项目包含的直接材料、直接人工和制造费用三个方面分别制定标准成本的。制定标准成本时，分别按照单位产品所消耗的材料、人工、制造费用的数量和单价来确定单位产品成本。区分数量和单价便于分析“量差”和“价差”对成本差异的影响，以便分清责任。

1. 直接材料的标准成本

直接材料标准成本的基本形式就是标准数量乘以标准单价，如果一种产品耗用多种材料，应分别制定这种产品耗用的各种材料的标准用量和标准单价。下面就按理想标准成本、正常标准成本和现实标准成本这三种形式，来分别确定直接材料的标准成本。

(1) 直接材料的理想标准成本。制定直接材料的理想标准成本，应根据产品所耗用的每种材料分别确定其消耗数量和单价。在确定单位产品耗用的材料数量时，不考虑生产中存在的各种失误以及非正常耗用，只考虑现有生产条件下理论上的材料消耗数量；在确定材料单价时，只选择最理想的材料单价，如选择历史上最低或者预计将来可能出现的最低价格作为材料单价。其计算公式如下：

$$直接材料的标准成本=\sum(单位产品的材料标准数量\times材料标准价格)$$

(2) 直接材料的正常标准成本。制定直接材料的正常标准成本，先确定单位产品耗用的直接材料数量，即根据现行生产条件下的正常消耗数量来确定，具体地说，根据单位产品材料扣除非正常因素影响后历史上各期消耗数量的平均值来确定。正常标准成本的材料单价也是扣除非正常因素影响的历史各期实际价格的平均值。企业计算平均数量和平均价格的时间长度可以根据实际情况确定，在所选取的时间长度内，数量或价格资料要能反映当前的生产和价格水平。

(3) 直接材料的现行标准成本。制定直接材料的现行标准成本，应预测下一期单位产品消耗的材料数量，作为单位产品材料消耗数量；直接材料的单价除了最佳采购批量因素影响外，还要考虑市场竞争因素、国家经济政策等因素对未来价格的影响，确定下期的预计材料单价。

2. 直接人工的标准成本

直接人工是由单位产品耗用的人工工时数和每小时工资率两个方面决定的。所以确定直接人工的标准成本包括了标准人工工时和标准人工工资率两方面。

(1) 直接人工的理想标准成本。制定直接人工的理想标准成本，在采用计时工资制的企业里，单位产品消耗的工时要以最短工时为依据，在确定工时时，通常将工人的操作分解为最基本的动作要素，尽可能消除一切不必要的动作因素，完成操作所花费的时间就是整个操作的标准时间，即标准人工工时；每小时工资率是每个标准工时的工资，相当于每小时的人工价格，工人技能差别会影响工资率，技能高的工资率高，反之则低。其计算公式如下：

$$直接人工的标准成本=单位产品的标准工时数量\times标准小时工资率$$

(2) 直接人工的正常标准成本。制定直接人工的正常标准成本，标准成本计算同上，只是公式中的单位产品的标准工时数量可以根据不同生产时期的平均水平计算；标准小时工资率可以按平均水平计算,也可按当前水平计算。

(3) 直接人工的现实标准成本。制定直接人工的现实标准成本,标准成本计算同上,只是公式中的单位产品的标准工时数量是下一时期的,要根据历史时期的单位产品消耗工时数量预测出来。标准小时工资率可以按下期的计划单价计算,如果企业采用计件工资,计件工资本身就是单位产品的人工成本,如果企业采用计时工资,每小时工资率就是单位产品的人工成本。

3. 制造费用的标准成本

制造费用通常以责任部门为单位分别编制,然后将同一产品涉及的各部门单位制造费用标准成本进行汇总,得出整个产品制造费用标准成本。制造费用标准成本也分为单位产品消耗的工时和制造费用分配率标准两个部分。单位产品消耗的工时可以是直接人工的消耗工时,机器工时或其他衡量标准;制造费用分配率标准通常按变动制造费用和固定制造费用两个部分来确定。

变动制造费用标准分配率是每一工时变动制造费用的标准分配率,它根据变动制造费用预算和标准总工时计算求得。其计算公式如下:

变动制造费用标准分配率=变动制造费用预算总额÷标准总工时

所以, 变动制造费用标准成本=单位产品的标准工时×变动制造费用标准分配率

固定制造费用标准分配率是每小时的标准分配率,它根据固定制造费用预算和标准总工时计算求得。其计算公式如下:

固定制造费用标准分配率=固定制造费用预算总额÷标准总工时

所以, 固定制造费用标准成本=单位产品的标准工时×固定制造费用标准分配率

其中,固定制造费用预算总额和变动制造费用预算总额,都是在现有生产条件下,企业达到最理想生产状态时进行预算的结果。

正常标准成本的制造费用也按单位产品消耗的工时数量和制造费用标准分配率分别确定。工时数量按不同生产时期的平均水平计算,标准分配率是根据不同时期历史资料剔除非正常因素影响后求得的平均值。现实标准成本的制造费用仍然按单位产品消耗的工时数量和制造费用标准分配率分别确定,都是根据历史资料预测下一个时期的数据,然后使用预测出来的数据计算确定工时数量和标准分配率。

将上面计算出来的直接材料、直接人工和制造费用的标准成本按产品加以汇总,就可计算出有关产品完整的标准成本。通常企业会建立"标准成本卡"来反映产品标准成本的具体构成。

第二节 成本差异分析

标准成本是一种目标成本,在企业实际生产过程中,产品的实际成本可能与目标成本不一致,实际成本与标准成本之间的差额就是标准成本差异,简称成本差异。实际成本超过标准成本的部分,称为超支、不利差异或逆差,用负数表示;实际成本小于标准成本的部分,称为节约、有利差异或顺差,用正数表示。

为了消除成本差异，需要查明差异形成的原因和责任者，以便及时采取措施，发展有利差异，消除不利差异，为成本控制、考核和奖惩提供依据。

一、成本差异及其分析的一般原理

成本差异分析是通过对产品成本项目的层层分解来进行的。具体来说，根据产品成本项目，计算出每个项目的成本差异，然后再将每个项目的成本差异分解为数量差异和价格差异。其计算公式如下：

$$\begin{aligned}\text{成本差异}&=\text{实际成本}-\text{标准成本}\\&=\left(\begin{matrix}\text{实际材}\\\text{料成本}\end{matrix}+\begin{matrix}\text{实际人}\\\text{工成本}\end{matrix}+\begin{matrix}\text{实际制}\\\text{造费用}\end{matrix}\right)-\left(\begin{matrix}\text{标准材}\\\text{料成本}\end{matrix}+\begin{matrix}\text{标准人}\\\text{工成本}\end{matrix}+\begin{matrix}\text{标准制}\\\text{造费用}\end{matrix}\right)\\&=\left(\begin{matrix}\text{实际材}\\\text{料成本}\end{matrix}-\begin{matrix}\text{标准材}\\\text{料成本}\end{matrix}\right)+\left(\begin{matrix}\text{实际人}\\\text{工成本}\end{matrix}-\begin{matrix}\text{标准人}\\\text{工成本}\end{matrix}\right)+\left(\begin{matrix}\text{实际制}\\\text{造费用}\end{matrix}-\begin{matrix}\text{标准制}\\\text{造费用}\end{matrix}\right)\\&=\text{材料成本差异}+\text{人工成本差异}+\text{制造费用差异}\end{aligned}$$

为了控制成本、分清责任，还需对这三项成本差异进一步细分。

$$\text{材料成本差异}=\text{数量差异}+\text{价格差异}$$

$$\text{人工成本差异}=\text{人工效率差异}+\text{工资率差异}$$

$$\text{变动制造费用差异}=\begin{matrix}\text{变动制造费}\\\text{用开支差异}\end{matrix}+\begin{matrix}\text{变动制造费}\\\text{用效率差异}\end{matrix}$$

$$\text{固定制造费用差异}=\begin{matrix}\text{固定制造费}\\\text{用开支差异}\end{matrix}+\begin{matrix}\text{固定制造费}\\\text{用效率差异}\end{matrix}+\begin{matrix}\text{固定制造费}\\\text{用能力差异}\end{matrix}$$

下面将按成本项目详述成本差异。

二、各成本项目的成本差异

（一）直接材料成本差异分析

直接材料成本差异是直接材料的实际成本与标准成本的差额。其计算公式如下：

$$\begin{aligned}\text{直接材料成本差异}&=\text{实际材料成本}-\text{标准材料成本}\\&=\begin{matrix}\text{实际材}\\\text{料价格}\end{matrix}\times\begin{matrix}\text{实际材}\\\text{料用量}\end{matrix}-\begin{matrix}\text{标准材}\\\text{料价格}\end{matrix}\times\begin{matrix}\text{标准材}\\\text{料用量}\end{matrix}\text{①}\\&=\begin{matrix}\text{实际材}\\\text{料价格}\end{matrix}\times\begin{matrix}\text{实际材}\\\text{料用量}\end{matrix}-\begin{matrix}\text{标准材}\\\text{料价格}\end{matrix}\times\begin{matrix}\text{实际材}\\\text{料用量}\end{matrix}+\begin{matrix}\text{标准材}\\\text{料价格}\end{matrix}\times\begin{matrix}\text{实际材}\\\text{料用量}\end{matrix}-\\&\quad\begin{matrix}\text{标准材}\\\text{料价格}\end{matrix}\times\begin{matrix}\text{标准材}\\\text{料用量}\end{matrix}\\&=\left(\begin{matrix}\text{实际材}\\\text{料用量}\end{matrix}-\begin{matrix}\text{标准材}\\\text{料用量}\end{matrix}\right)\times\begin{matrix}\text{标准材}\\\text{料价格}\end{matrix}+\left(\begin{matrix}\text{实际材}\\\text{料价格}\end{matrix}-\begin{matrix}\text{标准材}\\\text{料价格}\end{matrix}\right)\times\begin{matrix}\text{实际材}\\\text{料用量}\end{matrix}\\&=\text{用量差异}+\text{价格差异}\end{aligned}$$

直接材料用量差异，是材料实际耗用量脱离标准耗用量而形成的成本差异。其计算公式如下：

$$\begin{aligned}\text{用量差异}&=\text{标准材料价格}\times\text{实际材料用量}-\text{标准材料价格}\times\text{标准材料用量}\\&=(\text{实际材料用量}-\text{标准材料用量})\times\text{标准材料价格}\end{aligned}$$

---

① 标准材料用量＝单位产品材料实际耗用标准×实际产量。

直接材料价格差异，是材料实际价格脱离标准价格而形成的成本差异。其计算公式如下：

价格差异＝实际材料价格×实际材料用量－标准材料价格×实际材料用量
＝(实际材料价格－标准材料价格)×实际材料用量

【例 8-1】 长江公司本月生产甲产品 800 件，使用材料 5 000 千克，材料单价为 0.6 元/千克；直接材料的单位产品标准成本为 3 元，每件甲产品耗用 6 千克直接材料，每千克材料的标准价格为 0.5 元。

直接材料成本差异＝实际成本－标准成本
＝5 000×0.6－800×6×0.5＝3 000－2 400
＝600(元)(不利差异)

其中：

直接材料用量差异＝(5 000－800×6)×0.5＝100(元)
直接材料价格差异＝5 000×(0.6－0.5)＝500(元)
直接材料成本差异＝用量差异＋价格差异＝100＋500＝600(元)

大多数情况下，企业生产一种产品可能消耗几种材料，这种产品的直接材料成本差异可通过下面例题来计算。

【例 8-2】 长江公司生产甲产品需用 A、B 两种直接材料，A、B 两种材料单位产品标准价格分别为 10 元、8 元，单位产品的标准用量分别为 9 千克、7.5 千克；本期共生产甲产品 1 000 件，实际耗用 A 材料 10 000 千克、B 材料 8 000 千克，A、B 两种材料单位产品实际价格分别为 11 元、7 元。计算直接材料成本差异。

直接材料成本差异＝实际成本－标准成本
＝10 000×11＋8 000×7－1 000×9×10－1 000×7.5×8
＝16 000(元)(不利差异)

其中：

直接材料 A 用量差异＝(10 000－1 000×9)×10＝10 000(元)
直接材料 B 用量差异＝(8 000－1 000×7.5)×8＝4 000(元)
甲产品直接材料用量差异＝直接材料 A 用量差异＋直接材料 B 用量差异
＝10 000＋4 000＝14 000(元)

直接材料 A 价格差异＝10 000×(11－10)＝10 000(元)
直接材料 B 价格差异＝8 000×(7－8)＝－8 000(元)(有利差异)
甲产品直接材料价格差异＝直接材料 A 价格差异＋直接材料 B 价格差异
＝10 000－8 000＝2 000(元)

甲产品直接材料成本差异＝用量差异＋价格差异
＝14 000＋2 000＝16 000(元)(不利差异)

直接材料的价格差异应由采购部门负责。因为采购部门基本上可以控制采购费用，对材料买价高低也有一定的影响。但通常采购部门未能按标准价格进货的原因有很多，如市场供求关系发生变化引起价格波动、未按经济采购批量进货、采购时舍近求远使运费和途中损耗增加、采用不必要的快速运输方式、承接紧急订货造成的额外采购等。需要具体分析和调查原因，分清责任。

直接材料用量差异是在产品生产过程中消耗材料形成的，通常应由生产部门负责。造成材料用量差异的原因有很多，如工人技术的熟练程度、操作失误造成废品和废料增加、操作技术改进而节省了材料、机器或工具不适用造成用料增加等情况，应由生产部门负责。但是，如因购入材料质量低劣、规格不符合要求而使材料用料增加，则应由采购部门负责。

因此，要对影响直接材料价格差异和用量差异的具体因素进行分析，划清责任归属。

(二) 直接人工成本差异分析

直接人工成本差异是直接人工实际成本与标准成本之间的差额。它包括人工效率差异和工资率差异两部分。其计算公式如下：

$$\begin{aligned}\text{直接人工成本差异} &= \text{直接人工实际成本} - \text{直接人工标准成本} \\ &= \text{实际工时} \times \text{实际工资率} - \text{标准工时} \times \text{标准工资率} \\ &= \text{实际工时} \times \text{实际工资率} - \text{实际工时} \times \text{标准工资率} + \text{实际工时} \times \text{标准工资率} - \text{标准工时} \times \text{标准工资率} \\ &= \text{实际工时} \times (\text{实际工资率} - \text{标准工资率}) + (\text{实际工时} - \text{标准工时}) \times \text{标准工资率} \\ &= \text{工资率差异} + \text{人工效率差异}\end{aligned}$$

其中：工资率差异＝实际工时×(实际工资率－标准工资率)

人工效率差异＝(实际工时－标准工时)×标准工资率

式中：标准工时＝单位产品工时耗用标准×实际产量

实际工资率＝实际工资÷实际工时

人工效率差异反映了实际工时脱离标准工时所造成的人工成本差异；工资率差异反映了实际工资率脱离标准工资率而形成的人工成本差异。

【例 8-3】 长江公司本月生产甲产品 800 件，实际使用工时 900 小时，支付工资 6 300元；单位产品直接人工的标准成本是 12 元，单位产品标准工时为 2 小时，标准工资率为 6 元/小时。计算直接人工成本差异。

实际工资率＝6 300÷900＝7(元)

标准工时＝800×2＝1 600(小时)

直接人工工资率差异＝(7－6)×900＝900(元)(不利差异)

直接人工效率差异＝(900－1 600)×6＝－4 200(元)(有利差异)

直接人工成本差异＝6 300－12×800＝－3 300(元)

工资率差异＋人工效率差异＝900－4 200＝－3 300(元)

工资率差异形成的原因包括工资率调整、加班或使用临时工、直接生产工人升级或降级使用、出勤率变化等，原因复杂且难以控制。一般应由劳动人事部门负责，差异的具体原因可能会涉及生产部门或其他部门。

直接人工效率差异形成的原因包括工作环境是否良好、工人技术的熟练程度、设备完好程度、作业计划安排得当与否等，一般应由生产部门负责。还可能有其他原因影响人工效率，如材料质量低劣，需由采购部门负责。

(三) 制造费用成本差异分析

制造费用根据成本习性(即成本与业务量之间的关系)不同划分为变动制造费用和固定制造费用两部分。

1. 变动制造费用差异

变动制造费用差异，是指变动制造费用的实际值与标准值之间的差额，也可分解为

“量差”和“价差”两部分。量差反映了实际工时脱离标准工时,并按标准小时费用率计算确定的金额,也称为变动制造费用效率差异,该差异反映了工作效率变化引起的费用节约或超支。价差反映了实际小时分配率脱离标准,并按实际工时计算的金额,也称为变动制造费用开支差异,该差异反映了耗费水平高低。其计算公式如下:

$$\begin{aligned}\begin{matrix}\text{变动制造}\\\text{费用差异}\end{matrix}&=\begin{matrix}\text{实际变动}\\\text{制造费用}\end{matrix}-\begin{matrix}\text{标准变动}\\\text{制造费用}\end{matrix}\\&=\left(\begin{matrix}\text{变动制造费用}\\\text{实际分配率}\end{matrix}\times\begin{matrix}\text{实际}\\\text{工时}\end{matrix}\right)-\left(\begin{matrix}\text{变动制造费用}\\\text{标准分配率}\end{matrix}\times\begin{matrix}\text{标准}\\\text{工时}\end{matrix}\right)\\&=\left(\begin{matrix}\text{实际}\\\text{分配率}\end{matrix}\times\begin{matrix}\text{实际}\\\text{工时}\end{matrix}\right)-\begin{matrix}\text{标准}\\\text{分配率}\end{matrix}\times\begin{matrix}\text{实际}\\\text{工时}\end{matrix}+\begin{matrix}\text{标准}\\\text{分配率}\end{matrix}\times\begin{matrix}\text{实际}\\\text{工时}\end{matrix}-\left(\begin{matrix}\text{标准}\\\text{分配率}\end{matrix}\times\begin{matrix}\text{标准}\\\text{工时}\end{matrix}\right)\\&=\left(\begin{matrix}\text{实际}\\\text{分配率}\end{matrix}-\begin{matrix}\text{标准}\\\text{分配率}\end{matrix}\right)\times\begin{matrix}\text{实际}\\\text{工时}\end{matrix}+\left(\begin{matrix}\text{实际}\\\text{工时}\end{matrix}-\begin{matrix}\text{标准}\\\text{工时}\end{matrix}\right)\times\begin{matrix}\text{标准}\\\text{分配率}\end{matrix}\\&=\text{变动制造费用开支差异}+\text{变动制造费用效率差异}\end{aligned}$$

其中: 变动制造费用开支差异=(实际分配率-标准分配率)×实际工时

变动制造费用效率差异=(实际工时-标准工时)×标准分配率

变动制造费用效率差异类似于材料用量差异和直接人工效率差异;变动制造费用开支差异类似于材料价格差异和直接人工工资率差异。

【例 8-4】 长江公司本月生产甲产品 800 件,实际使用工时 900 小时,实际发生变动制造费用 2 700 元;变动制造费用标准成本是 4.35 元/件,每件产品标准工时为 1.5 小时,标准工资率为 2.9 元/小时。计算变动制造费用成本差异。

变动制造费用开支差异=(2 700÷900-2.9)×900=90(元)

变动制造费用效率差异=(900-800×1.5)×2.9=-870(元)

变动制造费用成本差异=实际变动制造费用-标准变动制造费用

=2 700-4.35×800=-780(元)

开支差异+效率差异=90-870=-780(元)

变动制造费用开支差异原因应根据变动制造费用明细项目进行深入分析,通常在实践中要根据变动制造费用各构成项目的弹性预算数与同类项目的实际发生数相比较,找出差异的原因及责任归属。这类差异通常是部门经理的责任。

变动制造费用的效率差异是由于实际工时脱离了标准工时,反映的是产品生产过程中的工时利用情况,其形成原因与人工效率差异相同。

2. 固定制造费用差异

固定制造费用差异,是指实际固定制造费用与标准固定制造费用的差额。影响固定制造费用的因素有生产工时和费用分配率两个方面。固定制造费用差异分析方法有两因素分析法和三因素分析法两种。

(1) 两因素分析法。该法将固定制造费用差异分为固定制造费用开支差异和能量差异。

开支差异是固定制造费用的实际金额与预算金额之间的差额。其计算公式如下:

$$\begin{matrix}\text{固定制造费}\\\text{用开支差异}\end{matrix}=\begin{matrix}\text{固定制造}\\\text{费用实际数}\end{matrix}-\begin{matrix}\text{固定制造}\\\text{费用预算数}\end{matrix}=\begin{matrix}\text{固定制造}\\\text{费用实际数}\end{matrix}-\begin{matrix}\text{固定制造费用}\\\text{标准分配率}\end{matrix}\times\begin{matrix}\text{预算}\\\text{工时}\end{matrix}$$

固定制造费用开支差异的形成主要是内部原因,如研发费用、培训费用的变动,超额雇用生产管理人员，临时购建固定资产等。在考核时要按照固定制造费用各项目事先制定的预算数作为标准，实际数超过预算数则表明耗费过多；反之，表明节约。

能量差异是固定制造费用预算与固定制造费用标准成本之间的差额。其计算公式如下：

$$\text{固定制造费用能量差异}=\text{固定制造费用预算数}-\text{固定制造费用标准成本}$$
$$=\text{固定制造费用预算数}-\text{固定制造费用标准分配率}\times\text{实际产量标准工时}$$
$$=\left(\text{预算工时}-\text{实际产量标准工时}\right)\times\text{固定制造费用标准分配率}$$

式中：固定制造费用标准分配率＝固定制造费用预算数÷预算工时

固定制造费用实际分配率＝实际固定制造费用÷实际工时

能量差异反映企业未能充分使用现有生产能力而造成的损失。它主要是由于产销数量变化引起的，如原材料供应不足造成生产能力利用不足，导致产品生产数量少；过高的产品定价造成销路不好从而缩减生产量等。

【例 8-5】 长江公司本月实际生产甲产品 800 件，发生固定制造费用 1 800 元，实际工时为 900 小时；该公司生产预算工时为 1 700 小时；每件产品固定制造费用标准成本为 3.5 元/件，即每件产品标准工时为 2 小时，标准工资率为 1.75 元/小时。计算固定制造费用成本差异。

固定制造费用开支差异＝1 800－1.75×1 700＝－1 175(元)

固定制造费用能量差异＝(1 700－800×2)×1.75＝175(元)

固定制造费用成本差异＝实际固定制造费用－标准固定制造费用

＝1 800－800×2×1.75＝－1 000(元)

开支差异＋能量差异＝－1 175＋175＝－1 000(元)

(2) 三因素分析法。该法是将固定制造费用成本差异分为开支差异、闲置能量差异和效率差异三部分。开支差异的计算与二因素分析法相同。不同的是将能量差异进一步分解为两部分：一部分是实际工时未达到预算工时而形成的闲置能量差异，说明企业生产能力的利用程度未达到计划水平；另一部分是实际工时脱离标准工时而形成的效率差异。其计算公式如下：

$$\text{固定制造费用闲置能量差异}=\text{固定制造费用标准分配率}\times\text{预算工时}-\text{标准分配率}\times\text{实际工时}$$
$$=\text{固定制造费用标准分配率}\times\left(\text{预算工时}-\text{实际工时}\right)$$
$$=\text{固定制造费用预算}-\text{实际工时}\times\text{固定制造费用标准分配率}$$

$$\text{固定制造费用效率差异}=\text{实际工时}\times\text{标准分配率}-\text{标准工时}\times\text{标准分配率}$$
$$=(\text{实际工时}-\text{标准工时})\times\text{标准分配率}$$

【例 8-6】 仍按[例 8-5]的资料，用三因素分析法计算固定制造费用成本差异。

固定制造费用开支差异＝1 800－1.75×1 700＝－1 175(元)

固定制造费用闲置能量差异＝1.75×(1 700－900)＝1 400(元)

固定制造费用效率差异＝(900－800×2)×1.75＝－1 225(元)

固定制造费用成本差异＝开支差异＋闲置能量差异＋效率差异

＝－1 175＋1 400－1 225＝－1 000(元)

闲置能量差异与效率差异之和为175元(1 400－1 225)，与二因素分析法中的能量差异数额相同。

第三节　标准成本法的账务处理

标准成本法的账务处理，是指企业把标准成本纳入账簿体系进行会计核算的过程，以此来提高成本计算的质量和效率，加强成本控制。为了同时提供标准成本、成本差异和实际成本三项成本资料，标准成本法分别设置了下列账户进行会计处理。

一、原材料、生产成本、产成品账户登记标准成本

在标准成本法下，从原材料到产成品账户都使用标准成本记账，各账户借贷方都登记实际数量的标准成本，其余额也反映标准成本。这是与实际成本系统的最大区别，在实际成本系统下，所有账户都登记实际数量的实际成本。

二、成本差异账户登记各种成本差异

在标准成本法下，设置一系列成本差异账户反映各项成本差异。直接材料的成本差异通过"材料价格差异""材料用量差异"两个账户反映；直接人工的成本差异通过"直接人工效率差异"和"直接人工工资率差异"两个账户反映；变动制造费用差异通过"变动制造费用开支差异"和"变动制造费用效率差异"两个账户反映；固定制造费用差异通过"固定制造费用开支差异""固定制造费用闲置能量差异""固定制造费用效率差异"三个账户反映。应将各种不利差异分别记入各差异账户的借方；将各种有利差异分别记入各差异账户的贷方。

在登记"原材料""生产成本"和"产成品"账户时，应将实际成本分成标准成本和相关的成本差异后分别登记账户，标准成本数据登记在"原材料""生产成本"和"产成品"账户中，而相关的差异分别登记各成本差异账户，期末，各成本差异账户发生额的合计数，反映了本期成本控制的情况。

为便于分析成本差异发生具体原因，各部门应设置成本差异明细账，记录应由本部门负责的成本差异。

三、会计期末对成本差异的处理

为了计算原材料、在产品或产成品的实际成本和当期实际损益，在会计期末(月末或年末)时要对本期发生的成本差异进行会计处理，处理方法有以下两种。

(一) 全部计入本期损益

这种方法是在会计期末时将所有本期差异转入"本年利润"账户，或者先将差异转入"主营业务成本"账户，再随同主营业务成本一起转到"本年利润"账户。采用这种方法的

理由是本期的成本差异是本期成本控制的结果，应当直接体现在本期损益之中，使利润能反映本期生产经营工作业绩。在这种方法下，资产负债表上的“在产品”项目和“产成品”项目只反映标准成本。这种方法的优点是省却了复杂的成本差异分配工作，使产品成本的计算和账务处理大为简化。缺点是如果标准成本已经过时，则不仅会导致本期经营成果不实，而且使存货成本严重脱离实际成本。因此，在成本差异数额不大时采用此法为宜。西方企业一般采用这种方法。下面的标准成本法账务处理举例就是按这种方法进行的。

(二) 按比例分配到销售成本与存货成本中

这种方法是在会计期末时将成本差异按标准成本比例分配到已销产品成本和存货成本中。采用这种方法的原因是：本期发生的成本差异与本期已销产品成本和期末存货成本有关，所以必须在期末把各项标准成本差异在已销售商品和库存商品间进行分配，以计算已售和未售商品的实际成本，这样，资产负债表上的“在产品”和“产成品”项目反映的就是实际成本。采用这种方法使产品成本的计算和账务处理工作量较大。

四、标准成本法账务处理综合举例

(一) 长江公司 2006 年有关资料

1. 单位产品标准成本

直接材料(200 千克×0.3 元/千克)	60 元
直接人工(16 小时×4 元/小时)	64 元
变动制造费用(16 小时×2 元/小时)	32 元
固定制造费用(16 小时×1 元/小时)	16 元
单位产品标准成本	172 元

2. 费用预算

预算工时	5 000 小时
变动制造费用	8 000 元
固定制造费用	5 000 元
变动制造费用标准分配率(8 000÷5 000)	1.6 元/小时
固定制造费用标准分配率(5 000÷5 000)	1 元/小时
变动销售费用	3 元/件
固定销售费用	30 000 元
管理费用	4 000 元

3. 生产及销售情况

20×6 年 7 月初在产品存货 40 件，其标准成本为 4 640 元。由于原材料一次投入，在产品存货中含原材料成本 2 400 元(60×40)。其他成本项目采用约当产量法计算，在产品大约相当于完工产品的系数为 0.5；40 件在产品的其他成本项目共 2 240 元[40×0.5×(64+32+16)]。本月投产 300 件，完工入库 320 件，月末在产品 20 件。

7 月初产成品存货 25 件，其标准成本为 4 300 元(25×172)。本月完工入库 320 件，本月销售 335 件，月末产成品存货 10 件。销售单价 300 元。

(二) 7月份购入与领用原材料的情况

7月购入一批原材料40 000千克,实际成本每千克0.28元,共计11 200元。款项尚未支付。

标准成本:40 000×0.3=12 000(元)

实际成本:40 000×0.28=11 200(元)

价格差异:40 000×(0.28−0.3)=−800(元)

(1) 借:原材料　　12 000
　　贷:材料价格差异　　800
　　　　应付账款　　11 200

本月购入另一批原材料25 000千克,实际成本每千克0.31元,共计7 750元。

标准成本:25 000×0.3=7 500(元)

实际成本:25 000×0.31=7 750(元)

价格差异:25 000×(0.31−0.3)=250(元)

(2) 借:原材料　　7 500
　　　　材料价格差异　　250
　　贷:应付账款　　7 750

本月投产300件,领用材料60 200千克。

耗用材料标准成本:300×200×0.3=18 000(元)

实际领料标准成本:60 200×0.3=18 060(元)

材料用量差异:(60 200−300×200)×0.3=60(元)

(3) 借:生产成本　　18 000
　　　　材料用量差异　　60
　　贷:原材料　　18 060

(三) 直接人工工资

本月实际使用直接人工4 900小时,支付工资19 845元,平均每小时4.05元。

(1) 借:应付工资　　19 845
　　贷:银行存款　　19 845

为了将直接人工工资的标准成本数额计入产品成本,即在"生产成本"账户中反映,需先计算本月实际完成的约当产量。在产品约当完工产品的系数为0.5,月初在产品40件,本月完工320件,月末在产品20件。本月完成的约当产量如下:

20×0.5+320−40×0.5=310(件)

标准成本:310×16×4=19 840(元)

实际成本:19 845(元)

人工效率差异:(4 900−310×16)×4=−240(元)

人工工资率差异:4 900×(4.05−4)=245(元)

(2) 借：生产成本 19 840
直接人工工资率差异 245
贷：直接人工效率差异 240
应付工资 19 845

(四) 变动制造费用

本月实际发生变动制造费用 9 310 元，实际费用分配率为 1.9 元/小时(9 310÷4 900)。

(1) 借：变动制造费用 9 310
贷：各相关账户 9 310

将变动制造费用计入产品成本。

标准成本：310×16×2=9 920(元)

实际成本：9 310(元)

变动制造费用效率差异：(4 900−310×16)×2=−120(元)

变动制造费用开支差异：4 900×(1.9−2)=−490(元)

(2) 借：生产成本 9 920
贷：变动制造费用效率差异 120
变动制造费用开支差异 490
变动制造费用 9 310

(五) 固定制造费用

本月实际发生固定制造费用 4 800 元，实际费用分配率为 0.98 元/小时(4 800÷4 900)。

(1) 借：固定制造费用 4 800
贷：各有关账户 4 800

将固定制造费用计入产品成本。

标准成本：310×16×1=4 960(元)

实际成本：4 800(元)

固定制造费用开支差异：4 800−5 000=−200(元)

固定制造费用闲置能量差异：(5 000−4 900)×1=100(元)

固定制造费用效率差异：(4 900−310×16)×1=−60(元)

(2) 借：生产成本 4 960
固定制造费用闲置能量差异 100
贷：固定制造费用开支差异 200
固定制造费用效率差异 60
固定制造费用 4 800

（六）完工产品入库

本月完工产品 320 件。

完工产品标准成本：320×172＝55 040(元)

借：库存商品	55 040
贷：生产成本	55 040

未完工产品的成本仍在“生产成本”账户中反映，也就是“生产成本”账户有余额2 320元。其中：材料标准成本 1 200 元(60×20)，直接人工 640 元(20×64×0.5)，变动制造费用 320 元(20×32×0.5)，固定制造费用 160 元(20×16×0.5)。

（七）产品销售

本月销售 335 件，单价 300 元，共计 100 500 元，款项尚未收到。

(1) 借：应收账款	100 500
贷：主营业务收入	100 500

结转已销产品成本：335×172＝57 620(元)

(2) 借：主营业务成本	57 620
贷：库存商品	57 620

然后，“库存商品”账户期末余额为 1 720 元。即期末 10 件存货的标准成本 1 720 元(10×172)。

（八）发生销售费用和管理费用

本月实际发生变动销售费用 1 500 元，固定销售费用 3 000 元，管理费用 4 000 元。

借：变动销售费用	1 500
固定销售费用	3 000
管理费用	4 000
贷：各相关账户	8 500

（九）结转本期成本差异

本企业采用全部计入本期损益法处理成本差异。

借：材料价格差异	550
直接人工效率差异	240
变动制造费用效率差异	120
变动制造费用开支差异	490
固定制造费用开支差异	200
固定制造费用效率差异	60
贷：主营业务成本	1 255
材料用量差异	60
直接人工工资率差异	245
固定制造费用闲置能量差异	100

(一)至(九)有关会计分录记账的结果,如图 8-1 所示。

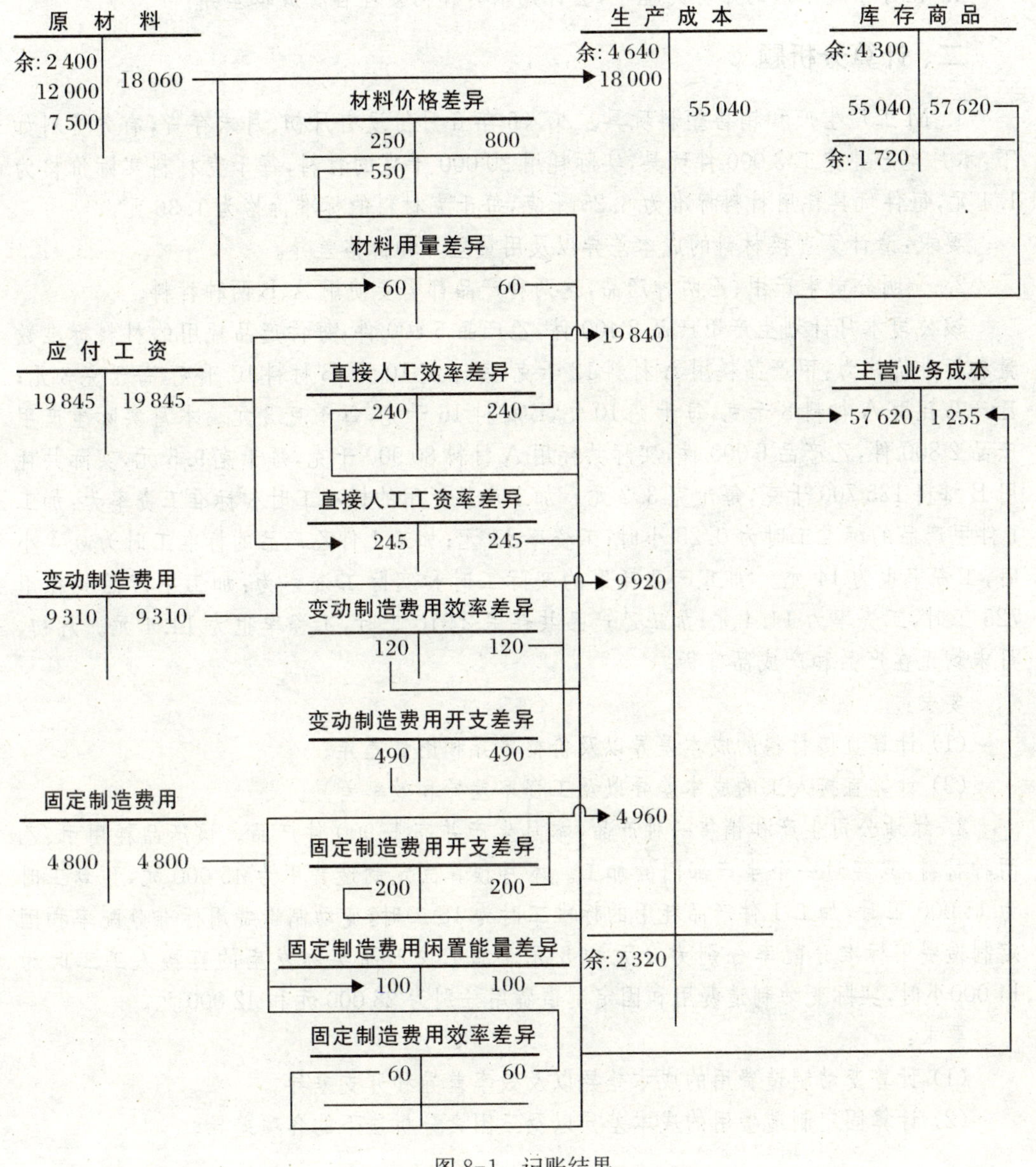

图 8-1　记账结果

习　题

一、思考题

1. 直接材料成本差异是怎样计算的？这些差异应由哪些部门负责？
2. 直接人工成本差异是怎样计算的？这些差异应由哪些部门负责？
3. 固定制造费用差异在两因素分析法和三因素分析法下各是如何计算的？试分析

差异产生原因。

4. 在标准成本法的账务处理中,会计期末时如何处理各种成本差异?

二、计算分析题

1. M工厂生产和销售塑料玩具。20×6年6月份没有月初、月末存货,有关资料如下:本月生产并完工3 000件玩具,实际耗用20 000千克的材料,每千克材料实际价格为1.4元,每件玩具耗用材料标准为6.25千克,每千克材料的标准价格为1.36元。

要求:请计算直接材料的成本差异以及用量差异和价格差异。

2. 光明公司生产甲、乙两种产品,这两种产品都需要使用A、B两种材料。

该公司本月计划生产甲产品2 400件,乙产品5 400件,每件产品耗用的材料标准数量和标准价格为:甲产品耗用A材料12千克,每千克10元,B材料10千克,每千克3元;乙产品耗用A材料8千克,每千克10元,B材料16千克,每千克3元。本月实际生产甲产品2 800件,乙产品6 000件,实际共耗用A材料80 900千克,每千克9.5元,实际共耗用B材料125 700千克,每千克3.2元。加工产品耗用的标准工时和标准工资率为:加工1件甲产品的标准工时为0.25小时,工资率14元;加工1件乙产品的标准工时为0.4小时,工资率也为14元。加工产品耗用的实际工时和实际工资率为:加工甲产品共耗用725工时,工资率为14.4元;加工乙产品共耗用2 310工时,工资率也为14.4元。月初、月末均无在产品和产成品存货。

要求:

(1) 计算直接材料的成本差异以及价格差异和用量差异。

(2) 计算直接人工的成本差异以及工资率差异和效率差异。

3. 绿地公司生产和销售一种产品,本月生产并完工900件产品。该产品耗用甲、乙两种材料,只经过一个生产部门的加工。本月预算固定制造费用为45 000元,预算工时为15 000工时,加工1件产品耗用的标准工时为15工时,变动制造费用标准分配率和固定制造费用标准分配率分别为2元和3元。加工该产品实际发生的直接人工工时为14 000小时,实际变动制造费用和固定制造费用分别为28 000元和42 000元。

要求:

(1) 计算变动制造费用的成本差异以及效率差异和开支差异。

(2) 计算固定制造费用的成本差异以及三因素分析法下的各项差异。

第九章 责任会计

本章重点

1. 责任会计的概念和基本内容。
2. 责任中心的划分。
3. 各种责任中心的绩效考核与报告。
4. 内部转移价格。

本章难点

责任中心的各项考核指标。

第一节 责任会计概述

一、分权组织的责任会计

第二次世界大战以后，随着现代科学技术的迅猛发展，资本进一步集中，企业规模不断扩大，形成了多元化经营格局和跨国公司。一个规模较大的现代化企业，如果采用管理层次众多的集中管理制度，将无法达到有效的信息传递、控制和协调，企业最高管理层既不可能具体了解企业所有的生产经营活动情况，也不可能为基层管理人员作出所有决策。为了有效地监控、管理庞大的经济组织，许多企业开始实行分权管理。

分权管理，是指将生产经营决策权在不同层次的管理人员之间进行适当划分，同时将决策权随同相应的经济责任下放给不同层次的管理人员，使其能对日常经营活动及时作出有效决策的一种组织管理形式。其特点是：在企业中建立一种具有半自主权的组织结构，中下层管理人员有较多的决策权，上级的控制较少，往往以完成规定的目标为限；在统一领导下可以独立经营，实行独立核算，有一定的财务收支权力。分权管理主要适用于规模比较大、经营品种多和市场变化大的企业。

实行分权管理，可以有效地调动各级管理人员的积极性和创造性，不断提高工作效率和质量，也可以发挥管理人员在制定和实施决策过程中能迅速作出反应的优势，从而提高企业的应变能力和竞争能力。但是实行分权管理会使相互独立的分权单位为追求自己的最大利益而牺牲其他分权部门甚至企业的整体利益，从而使企业蒙受一定的损失；实行分权管理也会导致整个企业进行统一指挥与调度的难度加大，从而增加企业管理与监督成本。

在实行分权管理的情况下，如何协调各分权单位之间的关系，使各分权单位之间以及企业与分权单位之间在工作和目标上达成一致；如何对分权单位的经营业绩进行计量、评价和考核，就显得尤为重要。责任会计正是为了适应这种要求而不断发展和完善起来的一种行之有效的控制制度。

责任会计一词源于西方，是管理会计的一个重要组成部分。责任会计，是指在分权管理的条件下，将企业所属各级、各部门按其权力和责任的大小划分成若干个责任中心，并以责任中心可控的资金运动为会计对象，以责、权、利相统一的机制为基础，对责任中心进行核算、分析、控制和考核的一种会计信息系统和内部控制制度。其要点就在于利用会计信息对各责任中心的业绩进行计量、控制与考核。

可见，责任会计是现代分权管理模式的产物，是会计核算和管理会计向企业内部纵深发展而出现的一种服务于企业内部的会计制度，这种制度要求在企业内部以可控责任为目标划分责任中心，然后为每个责任中心编制责任预算并按责任中心组织核算工作，最后通过预算与实际执行结果的比较来考核各个责任中心的业绩并兑现奖惩。

二、责任会计的主要内容

责任会计的基本内容包括以下几个方面。

（一）合理划分责任中心，并赋予其相应权责

为实行责任会计，首先应根据企业内部管理的需要，将企业所属的各部门、各单位划分为若干个责任中心，并依据各责任中心经营活动的特点，明确规定其职权范围，使他们在企业授予的权力范围内独立自主地行使职责。一般来讲，按其所负责和控制范围的大小和类型，责任中心可分为成本中心、利润中心和投资中心。

（二）编制责任预算，确定考核标准

通过编制责任预算将企业的总体目标层层分解，落实到每一个责任中心，作为今后控制和评价他们经济活动的主要依据。为落实责任预算，促使责任预算的顺利实施，必须对责任预算承担者进行考核，考核标准要事先确定，来规范其行为。

（三）建立详尽的记录报告系统

为反映责任中心的业绩，必须建立相应的核算系统，对反映责任中心业绩的会计信息进行归集、加工和整理，定期向企业主管提交责任报告。

（四）制定合理的奖惩制度

根据经济责任完成情况制定相应的奖惩制度，并对责任人实施相应的奖惩。

（五）分析评价实际工作业绩

责任中心业绩考评是责任会计的核心。根据各责任中心的业绩报告，分析实际数与预算数的差异及产生差异的原因，及时通过信息反馈，控制各责任中心的经济活动，并据此评价考核各中心的业绩，提出改进工作的措施和实行奖惩的建议。

第二节 责任中心

为了有效进行内部控制，有必要将整个企业逐级划分为若干个责任层次，即责任中心。建立责任中心是推行责任会计的前提。

一、责任中心的含义及划分

责任中心，是指在实行分权管理的企业内部，在既定的组织结构的基础上形成的具有一定权力并承担相应的工作责任，能反映其工作责任履行情况的企业内部各级单位。责任会计以责任中心为会计对象，而责任中心是以拥有的管理权力和与其相适应的工作责任为划分依据的。

建立责任中心的关键就是分清责任和权限。企业根据各自的具体情况，按照所能控制的范围和承担的不同责任以及管理的需要来建立责任中心。责任中心按其控制区域和责任范围一般可划分为三种类型：成本中心、利润中心和投资中心。它们各自不是孤立存在的，每个责任中心承担相应的管理责任。最基层的成本中心应就其经营的可控成本向其上层成本中心负责；上层的成本中心应就其本身的可控成本和下层转来的责任成本一并向利润中心负责；利润中心应就其本身经营的收入、成本（含下层转来的成本）和利润（或贡献毛益）向投资中心负责；投资中心最终以其实现的投资利润率和剩余收益向总经理和董事会负责。所以，企业各种类型和层次的责任中心形成一个"连锁责任"网络，使每个责任中心为保证经营目标一致而协调运转。

二、成本中心

（一）成本中心的特点与划分

1. 成本中心的特点

成本中心，是指在可控区域内只对成本费用负责的责任中心。任何只发生成本费用的责任领域都可以确定为成本中心，如车间、工段、班组等。成本中心不形成或者不考核其收入，只对其成本负责，因而也只考核其责任成本。成本中心不是独立法人，只是企业内部的一个核算单位。因而，成本中心的特点主要有：

(1) 成本中心只衡量成本费用，不衡量收益。一般而言，成本中心没有经营权和销售权，其工作成果不会形成用货币计量的收入。例如，一个生产车间，由于其所生产的产品仅为企业生产过程的一个组成部分，不能单独出售，因而不可能计算货币收入；有的成本中心可能有少量的收入，但不是主要的考核内容，因而没有必要计算货币收入。由于这些原因，企业中大多数单个生产部门和大多数职能部门仅仅是成本（费用）中心，它们仅提供成本费用信息，而不提供收入信息。总之，只以货币形式衡量投入，而不以货币形式衡量产出，是成本中心的基本特点。

(2) 成本中心只对可控成本负责。成本中心只能对其权责范围内可以控制的成本负责，因此必须一一判明每个成本中心的可控成本和不可控成本。可控成本，是指某一特定的责任中心在一定时期内可以直接控制的各种耗费，它具有可预测、可计量和可控制的特征。不可控成本，是指责任中心不能控制的各种耗费。

可控成本和不可控成本的区分是相对的，成本的可控与不可控是以一个特定的责任中心和一个特定的时期作为出发点的，这与责任中心所处管理层次的高低、管理权限及控制范围的大小和经营期间的长短有直接关系。对企业来说，几乎所有的成本都可以视为可控成本，一般不存在不可控成本；而对于企业内部的各个部门、车间、工段、班组乃至个人来说，则既有各自的可控成本，又有各自的不可控成本。较高层次责任中心的可控成本可能是其下属的较低层次责任中心的不可控成本；反过来，较低层次责任中心的可控成本，则一定是其所属较高层次责任中心的可控成本。例如，生产车间发生的折旧费用，对于生产车间是可控的，但对于其下属的班组则是不可控的。此外，可控成本必须与特定的责任中心相联系。一项成本对某一责任中心是可控的，但对另一责任中心却是不可控的。例如，直接材料的耗用量对于生产部门是可控的，而对于采购部门则是不可控的。直接材料的价格则相反，它对于采购部门是可控的，而对于生产部门则是不可控的。

(3) 成本中心控制和考核的内容是责任成本。责任成本，是指以某一特定的责任中心为对象，以其承担的责任为范围所归集的成本，也就是特定责任中心的全部可控成本。

责任成本与传统的产品成本既有区别又有联系。它们的区别主要表现在以下三个方面：第一，成本核算的目的不同。核算责任成本的目的是评价考核责任预算的执行情况，作为控制生产耗费和贯彻内部经济责任制的重要手段；而核算产品成本目的是为了确定各种产品实际耗费水平，从而为降低成本、制定价格、确定损益提供基础资料。第二，成本计算对象不同。责任成本以责任中心为对象进行成本的归集；而产品成本是以产品为对象进行核算。第三，成本计算的原则不同。责任成本的原则是"谁负责，谁承担"；而产品成本的原则是"谁受益，谁承担"。

责任成本与产品成本虽有区别，但两者在性质上是相同的，同为企业生产经营过程中的资金耗费。就某一时期来说，整个企业的产品总成本与整个企业的责任成本总和是相等的，它们只是从不同侧面反映所发生成本的构成和分布。

2. 成本中心的划分

成本中心按照不同的标准可以有不同的分类。

(1) 按投入和产出之间是否存在密切的数量关系分类，成本中心可分为标准成本中心和费用中心。

标准成本中心，是指有明确、稳定的产品，且对生产所需各种要素的投入量能够合理预计的成本中心。通常，标准成本中心的典型代表是制造业工厂、车间、工段、班组等。另外，银行业、餐饮业、医院、旅游业等都可以在其内部建立不同层次的标准成本中心。企业可以为每一个标准成本中心制定其单位产出所需投入的标准数量和标准价格，例如，制造业的生产车间可制定生产单位产品所耗用原材料、人工和间接制造费用的数量标准与价格标准；银行业可制定处理每百张支票所耗用的时间标准和价格标准。

费用中心，是指工作成果不是明确的实物、无法有效计量，或者投入与产出之间没有密切联系的成本中心。它主要是指发生费用的非生产部门，例如，会计、人力资源等行政管理部门，新产品研制等研发部门，广告、宣传等销售部门。对于费用中心，唯一可以准确计量的是实际费用，不能利用投入产出的数量关系来控制其经营活动、评价和考核其工作业绩，从而也不容易限制无效费用而节约支出。因此，费用中心一般采用目标管理

(即使用费用预算)的办法来控制费用支出。

(2) 按照是否拥有下属成本中心分类,成本中心可分为基本成本中心和复合成本中心。基本成本中心没有下属成本中心,复合成本中心有若干个下属成本中心。例如,一个分厂就是一个复合成本中心,它可以进一步分解成几个车间。如果一个车间又进一步分解成若干个班组,则该车间也是一个复合成本中心。如果班组还需要进一步分解成更小的成本中心,则班组也是复合成本中心。若班组不再分解,则班组就是基本成本中心。因此,一个成本中心可以由若干个更小的成本中心组成。

(二) 成本中心的考核

成本中心业绩考核是以责任报告为依据,将实际成本与预算成本或责任成本进行比较,确定两者差异的性质、数额以及形成的原因,并根据差异分析的结果,对各成本中心进行奖罚,以督促成本中心努力降低成本。

对成本中心进行考核的主要内容是其责任成本。在确认责任成本时,应该明确可控成本与不可控成本、直接成本与间接成本、固定成本与变动成本这三组概念的不同含义。其中,直接成本与间接成本的划分依据是成本的可追溯性。可追溯到个别产品或部门的成本是直接成本;由几种产品或部门共同引起的成本是间接成本。对基层的生产单位来说,直接材料和直接人工往往是可控的。间接成本大部分是基层单位无法控制的,也有少部分是可控的。固定成本与变动成本是依据成本与产量的变动关系来区别的。一般来讲,成本中心的直接成本和变动成本大多是可控成本,间接成本和固定成本大多是不可控成本,但这种联系并不是绝对的。

由于不同层次成本费用控制的范围不同,计算和考评的成本费用指标也不尽相同,因而,对于标准成本中心和费用中心这两类成本中心的经营业绩的考评指标也有所区别。

1. 标准成本中心的业绩考核

一般来讲,成本中心的考核指标是既定产品质量和数量条件下的标准成本。由于标准成本中心不需要作出价格决策、产量决策或产品结构决策,这些决策由上级管理部门作出,或由上级管理部门授权给销售部门作出。同样,标准成本中心的设备和技术决策,通常由职能管理部门作出,而不是由成本中心的管理人员自己作出。因而,标准成本中心不对生产能力的利用程度负责,只对既定产量的投入量承担责任。同时,如果标准成本中心的产品没有达到规定的质量,或没有按计划生产,只会对其他责任单位产生不利的影响。因此,标准成本中心必须按规定的质量、时间标准和计划产量来进行生产,达不到上述要求,成本中心要受到批评甚至惩罚。此外,提前产出而造成产品的积压,同样会给企业带来损失,也应视为未按计划进行生产。

标准成本中心的业绩考核指标,主要包括标准成本变动额和标准成本变动率两项,其计算公式如下:

$$\text{标准成本变动额}=\text{实际成本}-\text{标准(或预算)成本}$$

$$\text{标准成本变动率}=\frac{\text{标准成本变动额}}{\text{标准(或预算)成本}}\times 100\%$$

上式计算结果若为正数,表示不利差异;若为负数,表示有利差异。应当注意的是,如果预算产量与实际产量不一致时,首先要按实际产量调整预算指标,然后再按上述指标计算。

【例 9-1】 某公司内部某车间为成本中心，生产甲产品，预算产量 10 000 件，计划单位成本 95 元；实际产量 11 000 件，实际单位成本 100 元。计算该成本中心的成本变动额和成本变动率。

$$\text{标准成本变动额}=100\times 11\,000-95\times 11\,000=55\,000(\text{元})$$

$$\text{标准成本变动率}=\frac{55\,000}{95\times 11\,000}=5.26\%$$

计算结果表明，该成本中心生产的甲产品成本不但没有减低，而且增加了 55 000 元，增长率为 5.26%。对此应进一步开展成本分析，查明甲产品单位成本超支的原因，落实相关责任。

2. 费用中心的业绩考核

通常，对费用中心的考核是通过费用预算来进行的，即根据实际费用与费用预算之间的差异来考核费用中心的业绩。由于费用中心缺少度量其产出的标准，以及投入和产出之间的关系不密切，运用传统的财务技术评估费用中心的业绩非常困难。费用中心的业绩涉及预算、工作质量和服务水平。由于很难依据一个费用中心的工作质量和服务水平来确定预算数额，因此，可以通过以下办法来解决这一问题：考察同行业类似职能部门的支出水平；采用零基预算法，即详尽分析支出的必要性及其取得的效果，确定预算标准；依据历史经验来编制费用预算等。从根本上说，决定费用中心预算水平有赖于了解情况的专业人员的判断。上级主管人员应信任费用中心的经理，并与他们密切配合，通过协商确定适当的预算水平。在考核预算完成情况时，要利用有经验的专业人员对该费用中心的工作质量和服务水平作出有根据的判断，才能对费用中心的控制业绩作出客观评价。

(三) 成本中心的业绩评价报告

责任中心的业绩考核是通过编制业绩评价报告来完成的。业绩评价报告又称责任报告，是指为每一个责任中心就其控制的成本、收入、利润和资产等内容定期编制的，概括反映责任预算实际执行情况的一种书面报告。良好的业绩评价报告应满足的要求是：报告的内容应与其责任范围一致；报告的信息要适合使用人的需要；报告的时间要符合控制的要求；报告的列示要简明、清晰、实用。

在会计期末，各成本中心应编制业绩评价报告，业绩主管部门根据业绩评价报告对每一成本中心进行考核和评价。成本中心业绩评价报告的项目只包括责任成本，应揭示实际数、预算数、差异数及发生差异原因等信息。各级责任中心的业绩评价报告（最低层次除外）都应包括下级转来的责任成本和本身的可控成本，形成自己的责任成本。业绩评价报告中的预算数根据责任预算填列；实际数从产品成本的计算资料取得，或从成本中心设立的账户记录、归集的可控成本取得；不利差异或有利差异是评价责任中心好坏的重要标志；在报告中揭示发生差异的原因，可充分发挥信息的反馈作用，将有助于各个成本中心积极采取有效措施，提高成绩，改正缺点。对成本中心的业绩考评应以可控成本作为主要依据，不可控成本仅作参考。成本中心的业绩评价报告也应以可控成本作为重点，也可同时列示不可控成本，据此可使成本中心的管理者全面了解与其有关的成本。成本中心的业绩评价报告的基本形式如表 9-1 所示。

表 9-1　　　　　　　　　　**某成本中心的业绩评价报告**

20×7 年度　　　　　　　　　　　　单位：万元

项　　目	实际数 ①	预算数 ②	差　异 ③=②-①	发生差异原因
可控直接成本				
直接材料	70 000	76 000	6 000(F)	原材料降价
直接人工	50 000	42 000	8 000(U)	员工技术等级提高
小　计	120 000	118 000	2 000(U)	
可控间接成本				
间接材料	6 000	6 400	400(F)	使用替代材料
间接人工	3 200	2 600	600(U)	用工制度改革
其他间接费用	10 600	11 400	800(F)	酌量性制造费用支出减少
小　计	19 800	20 400	600(F)	
可控成本合计	139 800	138 400	1 400(U)	
不可控成本	14 000	13 000	1 000(U)	
合　　计	153 800	151 400	2 400(U)	

注：U 表示不利差异；F 表示有利差异。

三、利润中心

利润中心，是指对利润负责的责任中心。由于利润是由收入与成本两个因素决定，因而，利润中心实际上既要对收入负责，又要对成本负责。相对于成本中心而言，利润中心的权责范围比较大，拥有生产职能和销售职能。就制造业企业来说，无论是分厂、分公司，还是独立核算的生产车间，只要其既能对成本负责又能对收入负责，都可以成为利润中心。

(一) 利润中心的确定

根据影响利润中心形成的因素，可以将利润中心分为自然利润中心和人为利润中心两种类型。

1. 自然利润中心

自然利润中心，是指可以直接对外销售产品并取得收入的责任中心。这类责任中心一般具有产品的销售权、价格制定权、材料采购权及生产决策权，像独立企业一样，获得收入并赚取利润。例如，分公司、分厂、事业部等都是自然利润中心。

2. 人为利润中心

人为利润中心，是指那些只能按内部转移价格向各责任中心出售产品而不能向外界出售产品的责任中心。这类利润中心原来只是成本中心，为了调动其降低成本、提高经济效益的积极性，制定了内部转移价格进行内部结算，取得内部收入，将其建成利润中心，这样既保持了相关责任单位之间的联系，又明确划分了彼此的权责范围，进而利用利润指标对各责任中心的业绩进行考核。例如，企业内部的辅助生产部门，包括修理、供电、供水、供气等部门，可以按固定的价格向基本生产部门收费，它们也可以是人为的利润中心。其特点是产品只能在企业内部流转，因而只能取得企业内部收入。由于人为利润中心是在企业内部各责任中心之间互相提供产品和劳务，实行等价交换，视同销售，计算内部利润，所以要制定产品和劳务的内部转移价格，作为计价标准。

(二) 利润中心的考核

利润中心的业绩考评必须以其责任预算为基础，以责任会计对其收入、成本及相应利润的实际核算资料为依据，通过实际与预算的对比揭示发生的差异，并对差异产生的原因进行分析，借以在判明责任的基础上进行适当的奖惩。

由于利润中心既对成本负责又对收入及利润负责，因而对于利润中心进行考核的指标主要是利润。考核的方法与成本中心相似，只是包括的具体内容不同。在评价利润中心业绩时，通常使用的利润指标有：贡献毛益、可控贡献毛益、部门贡献毛益和息税前部门利润。尽管利润指标具有综合性，利润计算具有强制性和较高的规范化程度，但为了防止考评的片面性，还应采用一些非货币的指标作为补充，包括生产率、市场地位、产品质量、职工态度、社会责任、短期目标与长期目标的平衡等。上述利润指标的计算公式如下：

贡献毛益＝销售收入总额－变动成本总额

可控贡献毛益＝贡献毛益－可控固定成本

部门贡献毛益＝可控贡献毛益－不可控固定成本

息税前部门利润＝部门贡献毛益－应分配的企业管理费用

【例 9-2】 某公司的 A 部门 20×7 年 12 月份有关数据为：

部门销售收入	150 000 元
变动成本	100 000 元
部门可控固定(间接)费用	8 000 元
部门不可控固定(间接)费用	12 000 元
分配的公司管理费用	10 000 元

计算该部门 20×7 年 12 月份的相关利润中心的考核指标。

通过编制该部门 20×7 年 12 月份的利润表来计算相关利润中心的考核指标：

收入	150 000 元
减：变动成本	100 000 元
(1) 贡献毛益	50 000 元
减：可控固定成本	8 000 元
(2) 可控贡献毛益	42 000 元
减：不可控固定成本	12 000 元
(3) 部门贡献毛益	30 000 元
减：公司管理费用	10 000 元
(4) 息税前部门利润	20 000 元

贡献毛益指标没有充分体现可控性原则，用该指标作为利润中心业绩评价依据有些片面。由于部门管理者至少(多少)可以控制某些固定成本，并且在固定成本和变动成本

的划分上有一定的选择余地，因而，没有将利润中心管理者的可控固定成本纳入评价指标体系之中，很可能导致利润中心管理者在不降低总成本，没有给企业整体带来利益的情况下，通过减少变动成本支出，相应增加可控固定成本的支出，从而提高利润中心工作业绩的行为。

可控贡献毛益指标较充分地体现了可控性原则，以可控贡献毛益作为评价依据可能是最好的。由于利润中心管理者既可以控制收入，也可以控制变动成本，还可以控制固定成本的一部分，即可控固定成本。可控贡献毛益是上述几项可控因素综合作用的结果，它反映了部门管理者在权限和控制范围内有效使用资源的能力，可用来衡量其管理能力的高低。该衡量标准的问题是可控固定成本与不可控固定成本的区分。

部门贡献毛益指标较好地反映了目标一致性的要求，即反映了利润中心对企业整体目标所作贡献的大小。以部门贡献毛益作为业绩评价依据，可能更适合评价该部门对企业利润和管理费用的贡献，而不适合部门管理者业绩评价。这是由于部门贡献毛益是对决定该部门取舍具有重要意义的信息；然而，由于该指标包括了一部分利润中心管理者无法控制的固定成本，即不可控固定成本，因而，不宜用来评价利润中心管理者的工作业绩，否则就违背了可控性原则和责、权、利相结合的原则，或者说，要利润中心的管理者对其不能控制的固定成本负责是不公平的，也违背了责任会计的初衷。

以息税前部门利润作为利润中心及其管理者的业绩评价的依据，通常是不合适的。因为息税前部门利润不仅包括了利润中心管理者无法控制的一部分固定成本，还包括了企业分配给利润中心的管理费用，而且分配给各部门的管理费用的计算方法常常是任意的，部门本身的活动和分配来的管理费用高低并无因果关系，所以该指标不仅不符合可控性原则，而且歪曲了利润中心的工作业绩。许多企业把所有的总部管理费用分配给下属部门，其目的是提醒部门管理者注意各部门提供的贡献毛益必须抵补（补偿）总部的管理费用，否则企业作为一个整体就不会盈利。其实，通过给每个部门建立一个期望能达到的可控贡献毛益标准，可以更好地达到上述目的。这样，部门管理者可集中精力增加收入并降低可控成本，而不必将精力花费在不可控的分配来的管理费用上。

可见，对利润中心的业绩考评分为对利润中心管理者工作业绩的考评和对利润中心自身的业绩考评两个方面。由于考评的对象不同，其最适宜的考评指标也不同，通常考评利润中心管理者工作业绩最适宜的指标是可控贡献毛益，考评利润中心自身业绩最适宜的指标是部门贡献毛益。由于部门贡献毛益可以在可控贡献毛益的基础上计算得出，所以可以将两项指标列示在同一张业绩报告中，从而使两者的业绩考评一并进行。

（三）利润中心的业绩评价报告

利润中心及其管理者的业绩评价报告，通过列示销售收入、变动成本、贡献毛益、营业利润等项目的预算数、实际数、差异数以及对差异产生原因的分析来进行利润的评定。业绩评价报告的指标与责任预算的指标及其排列顺序都应该一致。其中部门贡献毛益和可控贡献毛益是两个非常重要的指标，是对利润中心及其管理者考评的核心内容。其编制方法与成本中心的业绩评价报告相同，其格式和内容如表 9-2 所示。

表 9-2　　　　某公司 A 部门(利润中心)的业绩评价报告

20×7 年 12 月份　　　　单位:元

项　　目	实际数 ①	预算数 ②	差　异 ③=②-①	发生差异原因
销售收入	150 000	155 000	5 000(U)	销售方式落后,销量减少
减:变动成本				
变动生产成本	80 000	82 500	2 500(F)	销量减少
变动销售及管理成本	20 000	19 800	200(U)	
小　计	100 000	102 300	2 300(F)	
贡献毛益	50 000	52 700	2 700(U)	销量减少,单位成本上升
减:可控固定成本	8 000	8 500	500(F)	成本控制得当
可控贡献毛益	42 000	44 200	2 200(U)	
减:不可控固定成本	12 000	10 000	2 000(U)	
部门贡献毛益	30 000	34 200	4 200(U)	
减:上级分配来的公司管理费用	10 000	12 000	2 000(F)	
息税前部门利润	20 000	22 200	2 200(U)	

注:U 表示不利差异;F 表示有利差异。

从表 9-2 中可以看出,可控贡献毛益实际数比预算数低 2 200 元,属于不利差异,其原因是:销售方式落后,销售投入不足,引起销售数量减少,同时单位变动制造成本上升,引起一定数量下的已销商品变动制造成本增加,所以该利润中心的管理者在扩大销售和降低成本两个方面工作都存在问题,需要改进营销手段,扩大销售,同时需要采取切实措施降低成本。部门贡献毛益实际数比预算数低 4 200 元,比可控贡献毛益下降得更多,其中除了上述管理者未能尽职尽责之外,不可控成本的增加也是一个重要原因。该利润中心对企业整体的贡献比预算要差,应该督促有关方面加以改进。

四、投资中心

(一) 投资中心的含义与划分

投资中心,是指在分权管理的情况下,对其责任区域内的成本、收入、利润、投资均要负责的责任中心。投资中心一般是独立法人,具有最大的决策权,不仅拥有最大的生产经营决策权,而且拥有一定的投资决策权。具体地说,投资中心管理者不仅有权制定价格、确定生产的产品结构和产品生产方法,还有权确定投资规模和投资类型。因此,投资中心应该承担较大的责任,既要对成本和利润负责,又要对投资效果负责。

投资中心是分权管理模式最突出的表现,大型集团公司下属的分公司、子公司往往都是投资中心,跨国集团公司更是如此。投资中心的适用限于规模和经营权限较大的部门,一般是企业的最高层次,如大型集团下的子公司、分公司、事业部等。

为了准确计算和正确评价各投资中心的经营业绩,必须明确划分各投资中心的资产和权益,对于共同发生的成本应该按照合理的标准在各投资中心之间分配,各投资中心之间相互调剂使用的现金、存货、固定资产等，均应计息清偿，实行有偿使用。只有这样，才能分清责任，达到正确计算、评价和考核各投资中心经营业绩的目的，充分发挥财务控制的作用。

(二) 投资中心的考核

投资中心既对利润负责又对投资负责，因此，不仅要考核其成本和利润，而且还要考核和评价其资金的使用效果。对投资中心的经营业绩评价常见的有投资报酬率和剩余利润两个指标。

1. 投资报酬率

投资报酬率也称投资利润率，是指营业利润除以营业资产的比率。它是全面评价投资中心各项经营活动的综合性质量指标，既能揭示投资中心的销售利润水平，又能反映资产的使用效果。其计算公式如下：

投资报酬率＝营业部门利润÷部门营业资产的平均余额

上式中，营业部门利润也称息税前部门利润，是指扣除利息和所得税以前的利润，因为投资报酬率所要计算的是企业如何有效地运用资产，而利息和所得税与资产的使用无关，故需将这两者排除在外；部门营业资产的平均余额，是投资中心所拥有的营业资产的期初数与期末数的平均值，在计算该指标时要注意剔除投资中心所拥有的非营业资产。

【例 9-3】 假定大华公司有一个投资中心，本年的有关资料如下：

销售收入	30 000 万元
营业资产(年初余额)	14 000 万元
营业资产(年末余额)	18 000 万元
营业利润	3 000 万元

计算该投资中心的投资报酬率。

投资报酬率＝3 000÷[(14 000＋18 000)÷2]＝18.75％

投资报酬率是考核投资中心业绩最常见的指标，其优点主要有：① 它是一个相对数指标，具有客观性和可比性，可用于不同投资中心或不同企业、不同时期的比较，具有广泛的用途。② 它具有较高的相关性。投资者和公司总经理都关心该指标，用它来评价每个部门的业绩，通常可促使其提高本部门的投资报酬率，在部门利益与企业整体利益一致的情况下，也有助于提高整个企业的投资报酬率，从而有利于正确引导投资中心的投资决策行为，优化资源配置。③ 它能够被进一步地分解，有助于对整个部门的经营状况进行深入细致的分析评价。投资报酬率进一步分解如下：

投资报酬率＝营业部门利润÷部门营业资产的平均余额

投资报酬率＝(营业利润÷销售收入)×(销售收入÷营业资产)

＝销售利润率×经营资产周转率

如[例 9-3]，

投资报酬率＝(3 000÷30 000)×{30 000÷[(14 000＋18 000)÷2]}

＝10％×1.875＝18.75％

由以上公式可以看出，提高投资报酬率的主要途径有：增加销售、降低成本、提高经营资产周转率，及以上各种途径的有机结合。

投资报酬率作为业绩评价指标得到广泛应用。但是，它也存在一定的缺陷：① 它注意短期业绩的评价，容易误导投资中心管理者采取短期行为。单纯依靠投资报酬率对投资中心的业绩进行考核，会使某些投资中心只顾本身利益而放弃对整个企业有利的投资项目或接受有损于整个企业利益的投资项目，造成投资中心的短期目标与整个企业的长期目标相背离。② 由于存在约束性固定成本这个不可控成本因素，使投资报酬率难以为分部管理者所控制，从而为区分管理者业绩与分部本身的业绩带来困难。为弥补这些缺陷，许多企业采用了市场占有率、新产品开发、生产能力提高、应收账款周转率和存货周转率等多种指标进行业绩评价，而不是靠单一的投资报酬率指标进行业绩评价和考核。

2. 剩余收益

为了克服使用相对比率指标衡量部门业绩带来的次优化问题，促使投资中心的决策符合企业的整体利益，许多企业采用剩余收益这一绝对数指标替代投资报酬率，或者将其与投资报酬率相结合来评价投资中心的经营管理业绩。剩余收益是一个绝对数指标，是指投资中心获得的营业利润(息税前部门利润)扣减其营业资产按所要求的最低报酬率(即资本成本率)计算的最低投资收益后的余额。其计算公式如下：

剩余收益＝息税前部门利润－部门的最低投资收益
＝息税前部门利润－部门营业资产×最低报酬率

上述公式中要求的最低报酬率，通常是指企业为该投资中心所规定的预期投资报酬率，一般可按整个企业各投资中心的加权平均投资报酬率计算。而营业资产与最低报酬率的乘积就是最低收益。

【例 9-4】 仍按[例 9-3]的资料，假定规定的最低报酬率为 10%，计算该投资中心的剩余收益。

剩余收益＝3 000－[(14 000＋18 000)÷2]×10%＝1 400(万元)

剩余收益指标是一个绝对数指标，其优点主要有：① 可以消除利用投资报酬率进行业绩评价所带来的错误信息，敦促公司管理者重视对投资中心业绩的金额评价。② 剩余收益能较全面评价各投资中心业绩，防止各投资中心受本位主义的影响，能够有效地促使投资中心的局部利益与企业的整体利益相一致，从而引导投资中心管理者愿意接受增进企业整体利益的投资，放弃降低企业整体业绩水平的投资。

剩余收益指标的缺点是：剩余收益指标是绝对数指标，不便于规模不同的投资中心之间业绩比较。规模大的投资中心，即使投资报酬率低于小规模的投资中心，也能够获得比小规模投资中心大得多的剩余收益。同样，小规模投资中心的投资报酬率即使比大规模的投资中心高出许多，但其获得的剩余收益却很少。可见，在评价投资中心业绩方面，剩余收益并不是一个十分理想的指标。在使用这一方法时，应该事先建立与每个投资中心资产结构相适应的剩余收益预算，然后通过实际与预算的对比来评价投资中心的业绩。

3. 投资报酬率与剩余收益比较举例

【例 9-5】 假设某公司设有 A、B 两个投资中心，有关资料如表 9-3 所示。计算 A、B 两个投资中心的投资报酬率和剩余收益，并进行比较。

表 9-3　　**A、B 两个投资中心基本数据表**　　单位：万元

项　　目	A 投资中心		B 投资中心	
	20×7 年	20×8 年	20×7 年	20×8 年
营业利润	6 000	7200	100	125
投资额	40 000	40 000	500	500
最低报酬率(%)	14	14	14	14

根据表 9-3 的数据，计算结果如表 9-4 所示，并进行比较如下：

表 9-4　　**A、B 两个投资中心的考核指标计算表**　　单位：万元

项　　目	A 投资中心		B 投资中心	
	20×7 年	20×8 年	20×7 年	20×8 年
投资额(1)	40 000	40 000	500	500
营业利润(2)	6 000	7 200	100	125
投资报酬率(3)＝(2)÷(1)(%)	15	18	20	25
经营资产最低利润(4)＝(1)×14%	5 600	5 600	70	70
剩余收益(5)＝(2)－(4)	400	1 600	30	55

如果采用投资报酬率作为投资中心的计量考核和评价指标，那么，根据表 9-4，可以得出这样的结论：① 以 20×7 年为例，由于投资中心 B 的投资报酬率为 20%，而投资中心 A 的投资报酬率仅为 15%，因而，投资中心 B 对公司更有价值。② 以 20×8 年与 20×7 年对比，投资中心 B 的管理者将其投资报酬率从 20%提高到 25%，而投资中心 A 的管理者却只将其投资报酬率从 15%提高到 18%，因而，公司应给予投资中心 B 管理者更多的奖励。然而，如果从金额来分析，则结果大不一样。投资中心 B 的营业利润 20×8 年只比 20×7 年增加 25 万元，而投资中心 A 的净收益却增加了 1 200 万元，远远超过投资中心 B 的水平。由此可见，投资报酬率忽视了金额的比较，从而得出错误结论。

如果采用剩余收益作为投资中心的业绩计量考核和评价指标，则可避免上述采用投资报酬率所产生的错误结论。从剩余收益来看，投资中心 A 的 20×7 年和 20×8 年的剩余收益均大于投资中心 B 的剩余收益，而且从增加额来看，投资中心 A 的剩余收益20×8 年比 20×7 年增加了 1 200 万元，而投资中心 B 仅增加 25 万元。显然，投资中心 A 的业绩要好于投资中心 B 的业绩。

由于以投资利润率作为评价标准存在很多局限性，而采用剩余收益为评价标准可以克服投资利润率的某些缺陷，所以，当投资利润率的决策结果和剩余收益的决策结果不一致时应当以剩余收益的决策结果为准，因此，总的说来，投资中心 A 的业绩优于投资中心 B 的业绩。

【例 9-6】　仍按[例 9-5]的资料，假设 20×7 年投资中心 B 有一个新的投资机会，其投资额为 300 万元，净利润为 48 万元，即该项目的投资报酬率为 16%，高于最低报酬率 14%。计算说明投资中心 B 是否接受该投资机会。

对于投资中心 B 新旧两个投资项目的投资报酬率和剩余收益分析如表 9-5 所示。

表 9-5　**20×7 年投资中心 B 的投资报酬率和剩余收益比较表**　单位：万元

项　　目	原来的投资项目	新的投资项目	合　计
投资额(1)	500	300	800
营业利润(2)	100	48	148
投资报酬率(3)=(2)÷(1)(%)	20	16	18.5
经营资产最低利润(4)=(1)×14%	70	42	112
剩余收益(5)=(2)-(4)	30	6	36

如果以剩余收益指标来评价投资中心，则投资中心 B 可以接受该投资项目，因为它会使其剩余收益进一步提高，对公司整体利益也有利。但是，如果以投资报酬率作为评价投资中心的依据，则投资中心 B 不能接受此投资项目。因为该项目的投资报酬率 16% 低于该投资中心的投资报酬率 20%，如果接受了该投资项目，将使该投资中心的投资报酬率降低到 18.5%。然而，不接受该项目，对投资中心 B 是有利的，却因此损害公司的整体利益。

【例 9-7】 已知华龙公司下设 C 和 D 两个投资中心，该公司加权平均资本成本率为 10%。公司拟追加 60 万元的投资。有关资料如表 9-6 所示。评价 C 和 D 两个投资中心的经营业绩。

表 9-6　**C、D 两个投资中心考核指标的计算**　单位：万元

项　目		投资额	利　润	投资利润率(%)	剩余收益
追加投资前	C	80	4	5	-4(4-80×10%)
	D	120	18	15	6(18-120×10%)
	合计	200	22	11	2(22-200×10%)
投资中心 C 追加投资 60 万元	C	140(80+60)	8.4(4+4.4)	6	-5.6(8.4-140×10%)
	D	120	18	15	6(18-120×10%)
	合计	260(200+60)	26.4(22+4.4)	10.1	0.4(26.4-260×10%)
投资中心 D 追加投资 60 万元	C	80	4	5	-4(4-80×10%)
	D	180(120+60)	26.4(18+8.4)	14.7	8.4(26.4-180×10%)
	合计	260(200+60)	30.4(22+8.4)	11.8	4.4(30.4-260×10%)

从表 9-6 可以看出，如果以投资报酬率作为考核指标，追加投资后，C 的投资报酬率由 5%提高到 6%，D 的投资报酬率由 15%下降到 14.7%，则向 C 投资比向 D 投资好。但如果以剩余收益作为考核指标，C 的剩余收益由-4 万元变成了-5.6 万元，D 的剩余收益由 6 万元增加到 8.4 万元，应当向 D 投资。如果对整个公司进行评价，就会发现 C 追加投资时公司总体投资报酬率由 11%下降到 10.1%，剩余收益由 2 万元下降到 0.4 万元；D 追加投资时公司总体投资报酬率由 11%上升到 11.8%，剩余收益由 2 万元上升到 4.4 万元，这和以剩余收益指标评价各投资中心业绩的结果一致。所以，以剩余收益作为评价指标可以保持各投资中心获利目标与公司总的获利目标达成一致。

(三) 投资中心的业绩评价报告

对投资中心的业绩考评是通过编制业绩评价报告进行的。投资中心业绩评价报告的结构与成本中心和利润中心的业绩评价报告的结构相同，也分为实际数、预算数、差异数和产生差异原因四栏，但其具体包括的项目应根据企业选定的考评指标进行设计。现以投资报酬率和剩余收益指标为例予以说明。投资中心绩效报告的格式和内容如表 9-7 所示。

表 9-7　　**某公司 A 事业部(投资中心)绩效报告**

20×7 年 12 月份　　单位：元

项　　目	预算数 ①	实际数 ②	差　　异 ③=②-①	发生差异原因
销售收入(1)	5 848 000	6 112 000	264 000(F)	
销售成本(2)	5 612 000	5 826 000	214 000(U)	
营业利润(3)	236 000	286 000	50 000(F)	
营业资产平均占用额(4)	1 600 000	1 800 000	+200 000	
销售利润率(5)=(3)÷(1)(%)	4.04	4.68	0.64(F)	
投资周转率(6)=(1)÷(4)	3.66	3.4	0.26(U)	
投资报酬率(7)=(5)×(6)(%)	14.79	15.91	1.12(F)	
机会成本(8)=(4)×12%	192 000	216 000	24 000(U)	
剩余收益(9)=(3)-(8)	44 000	70 000	26 000(F)	

注：U 表示不利差异；F 表示有利差异。

从表 9-7 可以看出，主要业绩考核指标投资报酬率和剩余收益均为有利差异，这表明该投资中心经营状况良好，应当给予该投资中心管理者较多的奖励。

第三节　内部转移价格

一、内部转移价格的含义及作用

(一) 内部转移价格的含义

内部转移价格，是指企业内部各责任中心之间相互提供产品或劳务的结算价格。内部转移价格采取了“价格”的形式，使两个责任中心处于交易的“买”“卖”双方，具有与外部市场价格相类似的作用，但内部转移价格又与外部市场价格有许多不同之处。内部转移价格所影响的买、卖双方都处于同一个企业之中，在其他条件不变的情况下，内部转移价格的变化，会使买、卖双方的收入或内部利润呈相反方向变化。也就是说，调高或调低内部转移价格，导致买、卖双方内部利润的增减数额相等。因此，从企业总体来看，内部转移价格无论怎么变动，企业利润总额是不变的，变动的只是内部利润在各责任中心之间的分配情况。

(二) 内部转移价格的作用

内部转移价格作为一种计量手段，它在责任会计体系中发挥着以下几个方面的作用：

(1) 内部转移价格是明确各责任中心经济责任的依据。正确制定内部转移价格，可以合理地调节各责任中心之间的收入和支出，明确各责任中心应承担的经济责任，从而保障这些经济责任的落实。

(2) 内部转移价格是考核和评价各责任中心生产经营成果的依据。企业以内部转移价格作为计量手段，提供产品的责任中心可以根据提供产品的数量及内部转移价格计算本身的“收入”，并可根据各种生产耗费的数量及内部转移价格计算本身的“支出”。将提供产品的责任中心的“收入”和“支出”进行比较，可以反映其生产经营成果的好坏，据以进行考核。而接受产品的责任中心按内部转移价格对转入产品进行计价结算，也可以剔除其他责任中心工作好坏对本中心经济效益的影响。因而，内部转移价格的合理制定有利于对各责任中心的具体利润的计算和分配，使各责任中心的经营业绩得到正确的反映，让企业能客观、公正和合理地评价各责任中心的经营业绩。

(3) 使各责任中心在经营中与企业整体目标保持一致。利用内部转移价格，企业能根据各责任中心提供的相关信息，结合最优化生产计划，使企业的资源得到最佳利用，从而保证各责任中心的经营活动始终与企业的整体目标保持一致。

二、内部转移价格变动的影响

在其他条件不变的情况下，内部转移价格的变化，会使买、卖双方当事人的责任中心的成本或收入发生相反方向的变化。但是从整个企业角度看，一方增加的成本可能正是另一方增加的收入，反之亦然，一增一减，数额相等、方向相反。因此，在理论上看，内部转移价格无论怎样变动，都不会改变企业的利润总额，所改变的只是企业内部各责任中心的收入或利润的分配份额。

三、内部转移价格的制定原则

由于各类责任中心都有其自身的特点，因此，必须根据具体的条件和使用范围来制定相应的内部转移价格，在制定内部转移价格时一般应遵循以下几项原则。

(一) 公平性原则

企业制定的内部结算价格，应当使提供产品或劳务的责任中心和接受产品的责任中心都认为公平合理，为结算双方自愿接受，并能够公允地反映各责任中心的经营业绩，防止某些责任中心因价格优势而获得额外的利益，某些责任中心因价格劣势而遭受额外的损失，力求不能偏袒某一方的经济利益。因而，内部结算价格制定得是否公平直接关系到责任会计制度是否能够真正建立起来。

(二) 全局性原则

制定内部转移价格必须强调企业的整体利益高于各分权单位(责任中心)的利益。在制定内部结算价格时，既要考虑有关责任中心的利益，又要考虑企业的总体利益，尽量使两方面的利益保持一致。由于内部转移价格直接关系到各责任中心的经济利益大小，每个责任中心必然会为本责任中心争取最大的利益，在利益发生冲突的情况下，企业应从整体利益出发合理制定内部转移价格，以保证企业利润最大化。

（三）激励性原则

建立责任会计制度的目的是要激励企业的各个部门和员工，使其更加努力地工作，以实现企业的经营目标。制定内部转移价格作为实施责任会计制度的一个重要手段，应能激励各责任中心经营管理的积极性，使他们的努力与所得到的收益相符。

四、内部转移价格的类型

内部转移价格一般包括市场价格、协商价格、以成本为基础的转移价格和双重价格等四种类型。

（一）市场价格

市场价格，是指根据企业外部同类产品或劳务的市场交易价格作为基价的价格，即以单位产品的市场销售价格作为内部转移单价。采用市场价格，一般假定各责任中心处于独立自主的状态，可自由决定从外部或内部进行购销，同时产品或劳务有完全竞争的市场，并有客观的市价可供参考。

以市场价格作为内部转移价格，并不等于直接将市场价格用于内部结算，而是以市场价格为基础，减去必要的调整项目，所以其通常会低于市场价格。这些调整项目是由内部购销与外部购销的不同特点引起的，一般包括与外销有关的销售费用，如包装、发运、广告、结算等，销售税金，以及与外销相关的交货等成本。

以市场价格为基础的内部转移价格具有的主要优点是：① 市场价格比较客观，对买、卖双方均无所偏袒，比较正确地评价各责任中心的经营业绩，更好地发挥其主动性、积极性。② 由于转移价格低于市场价格，所以可以在保持一定的外部市场压力的前提下，更多地促成中间产品的内部转移。③ 内部转移与外部购销相比，具有质量、交货期易于控制，谈判费用可以节省等优点。

以市场价格为基础的内部转移价格的不足之处是：如果企业内部各责任中心相互提供的中间产品与外部市场交易的产品存在显著的差异，则中间产品的市场价格就很难确定；如果市场价格波动较大，其代表性也就大大降低。因而，在市场价格不能合理确定的情况下，可能导致各责任中心之间的苦乐不均。

尽管以市场价格作为内部转移价格存在一定的缺陷，但是对于可以向内外销售产品或提供劳务的利润中心或投资中心而言，仍不失为一种行之有效的计价方法。

（二）协商价格

为了弥补因直接采用市场价格作为内部转移价格所带来的缺陷，可以用协商的市场价格作为内部转移价格。

协商价格也可称为议价，是指企业内部各责任中心以正常的市场价格为基础，通过定期共同协商所确定的为双方所接受的价格。采用协商价格的前提是责任中心相互转移的中间产品或劳务应有非竞争性市场可供买卖，在这种市场内买、卖双方有权自行决定是否买卖这种产品或劳务。如果买、卖双方不能自行决定，或当价格协商的双方发生矛盾而又不能自行解决时，或双方协商定价不能导致企业最优决策时，企业高一级的管理层要进行必要的干预。

一般来讲，协商价格通常要比市场价格稍低一些，其原因包括以下几个方面：① 内部转移价格中包含的推销和管理费用，一般要低于外部市场价格所包含的相应费用；

② 内部转让的中间产品一般数量较大，故单位成本较低；③ 卖方责任中心大多拥有闲置生产能力，因而协商价格只要略高于单位变动成本即可。

协商价格的上限是市场价格，下限是单位变动成本，具体价格应当由买、卖双方责任中心在其上下限范围内协商确定。当各责任中心之间相互转让的产品或提供的劳务没有适当的市场价格的情况下，也只能采用议价方式来确定。通过各相关责任中心的讨价还价，形成企业内部的模拟"公允市价"，作为计价的基础。

协商价格的优点在于：以市场价格为基础通过协商确定转移价格，就使得转移价格存在一个可供选择的范围。这种转移价格就不再是单一的数值，而具备了一定的弹性，它可以照顾双方的利益，得到双方的认可，显然有利于调动双方的积极性和主动性。

协商价格也存在一定缺陷：协商价格时不可避免要花费很多时间，而且还要耗费很多人力、物力，当需要协商价格的产品相当多时，情况更甚；当双方协商不成时，往往需要企业高层人员的裁决，这不仅与分权管理的初衷相违背，这样产生的内部转移价格也不利于责任中心的业绩评价。

（三）以成本为基础的转移价格

成本转移价格，是指以产品或劳务的成本为基础而制定的内部转移价格。由于产品成本的形式有多种，如实际成本、标准成本、变动成本等，成本转移价格也有多种不同形式，其中用途较为广泛的成本转移价格有以下四种。

1. 以实际成本作为内部转移价格

直接以中间产品生产时发生的完全生产成本作为内部转移价格，便于利用财务会计信息。但这种价格作为一种内部价格不能划清各责任中心之间经济责任，不能有效引导供需双方作出有利于企业整体利益最大化的明智决策。因为提供产品或劳务的责任中心通过这种转移价格将其在成本控制上的失误转嫁给另一个责任中心，从而使接受产品或劳务的责任中心承担不受其控制、由其他责任中心造成的低效率上的责任。因此，这种价格对产品或劳务的提供部门降低成本缺乏激励作用，不利于加强成本管理。一般来说，实际成本主要适用于各成本中心之间相互转移产品或劳务时价格的确定。

2. 以变动成本作为内部转移价格

以变动成本作为内部转移价格，适用于采用变动成本法计算产品成本的成本中心之间的往来结算。这种方法的优点是符合成本习性，能够揭示成本与产量的关系，便于考核各责任中心的经营业绩，有利于生产经营决策。但是这种内部转移价格不足之处在于：由于产品成本中不含固定生产成本，不能反映劳动生产率的变动对单位固定生产成本的影响，从而不利于发挥各责任中心增加产量的积极性。

3. 以标准成本作为内部转移价格

以产品（半成品）或劳务标准成本作为内部转移价格，适用于成本中心产品（半成品）的转移。其优点是将管理和核算工作结合起来，可以避免销售部门的缺陷转嫁，有利于正确评价成本中心的工作绩效，能调动供需双方降低成本的积极性，而且计算简便，克服了实际成本的不足，符合责任会计的基本原则。但制定合理的标准成本，是保证这种内部转移价格优越性的先决条件。

4. 以成本加成作为内部转移价格

成本加成，是指在产品和劳务的全部成本基础上，加上按合理利润率计算的利润作为计价基础。它主要适用于内部转让的产品或劳务没有正常市价的情况。成本加成按选择的成本概念不同,通常有实际成本加成和标准成本加成两种做法。实际成本加成,即根据产品或劳务的实际成本加上按一定的合理利润率计算的利润作为计价基础。这种方法的优点是能保证卖方责任中心有利可图,充分调动他们的工作积极性。但缺点是把卖方的功过全部转嫁给买方承担,从而削弱了双方降低成本的责任感;另外,确定加成的利润率,往往带有很大程度的主观随意性,其高低会影响对双方业绩的正确评价。标准成本加成,即根据产品或劳务的标准成本加上按一定的合理利润率计算的利润作为计价基础。这种方法的优点是能分清买、卖双方的经营责任,但其缺点是在确定加成的利润率时,难免带有一定的主观随意性。

(四)双重价格

双重价格,是指企业内部不同责任中心在相互提供产品和劳务时,对于同一产品或劳务,供应部门和购买部门分别采用不同的价格进行计价,按不同的价格计算收入、确认成本,其差额由会计部门进行调整。双重价格通常有双重市场价格和双重转移价格两种形式。双重市场价格,就是当某种产品或劳务的市价不同时,供应方采用最高市价,使用方采用最低市价。双重转移价格,就是供应方按市场价格或议价作为基础,而使用方按供应方的单位变动成本作为计价基础。采用双重价格的原因是内部转移价格主要是用于对企业内部各责任中心的业绩进行评价和考核,只要能保证企业的整体利益最大化,各相关责任中心所采用的内部转移价格并不需要完全一致,可分别选用对自己最有利的价格作为计价依据。例如,对产品的卖方责任中心,可按协商的市场价格作为内部转移价格进行计价;而对于买方责任中心,则按卖方产品的单位变动成本计价;其差额最终由会计调整。

双重价格的优点是既可较好满足企业内部买、卖双方的不同需要,有利于解决买、卖双方之间的利益冲突,又可激励双方在经营上充分发挥主动性和积极性。对于卖方责任中心而言,通常采用的以市场价格为基础的转移价格,往往高于其成本,并能获得一定的利润,较好地解决了业绩评价问题。对于买方责任中心而言,以供应部门的变动成本作为转移价格,使购买部门的购入成本低于从外部市场购入的成本,从而激励购买部门更多地从内部供应部门购买中间产品的积极性,防止出现由于外部购买而造成的供应部门生产能力闲置的情况。另外,从整个企业的角度看,卖方责任中心的固定成本不会转化为买方责任中心的变动成本。买方责任中心按照边际收入等于边际成本的原则确定的产量水平能够与企业整体的利润最优目标保持一致。

但双重价格比较繁琐,供应部门和购买部门的收入和成本之间缺乏勾稽关系,而且实行双重价格法后,会使买、卖双方都有较大的贡献毛益,各责任中心的贡献毛益之和大于企业整体实际获得的贡献毛益,从而虚增贡献毛益。所以,双重转移价格只有在一定的条件下才会行之有效,并对企业有利。

采用双重价格的前提条件是:内部转移的产品或劳务有外部市场,卖方责任中心有剩余生产能力,而且其单位变动成本要低于市价。特别当采用单一的内部转移价格不能达到激励各责任中心有效经营和保证责任中心与整个企业的经营目标达成一致时,应采用双重价格。

习　题

一、思考题

1. 什么是责任会计？责任会计包括哪些内容？

2. 什么是责任中心？责任中心主要有哪几种形式？

3. 什么是责任成本？责任成本和传统的产品成本有何区别与联系？

4. 如何对各责任中心进行业绩考评？

5. 什么是内部转移价格？常用的内部转移价格有哪几类？各种内部转移价格有何优缺点？

二、计算分析题

1. 某企业的某个部门是一个利润中心，其相关数据如下：

6月份销售产品1 000件，单价40元，已销产品单位变动成本26元，该部门6月份可控固定成本4 000元，不可控固定成本5 000元，应分配的企业管理费用3 000元。

要求：分别计算该部门6月份的贡献毛益、可控贡献毛益、部门贡献毛益和息税前部门利润。

2. 某集团公司下设3个投资中心，有关部门资料如表9-8所示。

表9-8　有关部门资料

项　　目	集团公司	A投资中心	B投资中心	C投资中心
营业利润(万元)	34 650	10 400	15 800	8 450
资产平均占用额(万元)	315 000	94 500	145 000	75 500
规定的最低投资报酬率(%)	10			

要求：

(1) 计算该集团公司和各投资中心的投资报酬率，并据此评价各投资中心的业绩。

(2) 计算各投资中心的剩余收益，并据此评价各投资中心的业绩。

(3) 综合评价各投资中心的业绩。

3. 某公司下设A、B两个投资中心。A投资中心的投资额为2 000万元，投资报酬率为15%。B投资中心的投资报酬率为17%，剩余收益为200万元。该公司要求的最低投资报酬率为12%。该公司决定追加投资1 000万元。若投向A投资中心，每年可增加利润200万元；若投向B投资中心，每年可增加利润150万元。

要求：

(1) 计算追加投资前A投资中心的剩余收益。

(2) 计算追加投资前B投资中心的投资额。

(3) 计算追加投资前该公司的投资报酬率。

(4) 若A投资中心追加投资，计算其剩余收益。

(5) 若B投资中心追加投资，计算其投资报酬率。

4. 某公司有3个投资中心，其有关资料的详细情况如表9-9所示。

表9-9 **各投资中心的详细资料**

项　　目	甲	乙	丙
营业利润(万元)	3 600	8 400	4 000
资产平均占用额(万元)	30 000	470 000	80 000
资本成本率(%)	10	12	8

要求：

(1) 分别计算各部门的投资报酬率及剩余收益。

(2) 有一项可产生11%报酬率的项目，根据投资报酬率判断哪个部门会接受，哪个部门会拒绝。

(3) 有一项可产生11%报酬率的项目，根据剩余收益判断哪个部门会接受，哪个部门会拒绝。

5. 大华公司下设A、B两个投资中心，A投资中心的投资额为800万元，投资报酬率为26%；B投资中心的投资报酬率为17%，剩余收益为80万元；大华公司的资本成本为12%。大华公司决定追加投资200万元，若投向A投资中心，可增加部门营业利润40万元；若投向B投资中心，可增加部门营业利润30万元。

要求：

(1) 计算追加投资前大华公司的投资报酬率和剩余收益。

(2) 从投资报酬率的角度看，A、B投资中心是否愿意接受该投资。

(3) 从剩余收益的角度看，A、B投资中心是否愿意接受该投资。

(4) 判断大华公司会决定向哪个投资中心追加投资，并计算追加投资后大华公司的剩余收益。

第十章　作业成本法

本章重点

1. 作业成本法的基本概念。
2. 作业成本法的计算及其应用。

本章难点

作业成本的基本概念。

第一节　作业成本法的产生与发展

作业成本计算法(Activity-Based Costing——ABC,简称作业成本法),是指以作业为产品成本计算对象,并以作业动因为基础来分配制造费用的一种成本计算方法。其理论依据是:作业消耗资源,产品消耗作业。它是20世纪后期适应新的技术经济条件的发展而逐渐形成和发展起来的管理会计学中的一个新的领域。

一、作业成本法产生的时代背景

近年来,社会经济环境变化和管理科学的发展成为影响管理会计发展的两个主要因素,传统的成本管理方法受到冲击,各种新的成本管理方法层出不穷。其中,作业成本管理便是一种最具代表性的方法,其核心是作业成本法。具体而言,作业成本法受到下列因素的影响。

(一) 技术与制造环境的改变

20世纪70年代以来,现代科技的发展为社会生产力的高速发展起到了重要作用,尤其是在电子技术的基础上形成了生产高度的电脑化、自动化,使得产品生产从订货开始,直到设计、制造、销售等所有阶段使用的各种自动化系统综合成一个整体,由电脑统一调控,这些为生产经营管理进行革命性的变革提供了技术上的可能,并使各国制造企业所处的制造环境发生了巨大变化。

为了适应环境变化,西方发达国家越来越重视和推行一种新的企业管理思想——适时生产系统(Just in time Production System——JIT,简称适时制)。适时制,是指产品要按照顾客需要的时间准时生产出来并准时发送,即以需求带动生产和采购,以期达到杜绝浪费、降低成本、提高企业经营效益的目的。其与传统生产系统的不同在于,传统生产系统是生产推动系统，即企业只按计划安排生产，其产品在某生产工序完工后，即转入后一生产工序继续加工，而不管后者的确切需要量是多少。这种由前向后推动式的生产系统，使前面的生产工序居于主导地位，而后面的生产工序只是被动地接受前一生产工序转移下来的加工对象，这就必然会造成生产经营环节的不直接，其结果必然导致大量的材料、在产品、半成品的存在。而适时制是一种"需求拉动"的生产系统，即由后向前拉动式的生产系统，企业根据顾客订货所提出的有关数量、质量和交货时间等特定要求来安排生产任务，以最终满足客户需求为起点，由后向前进行逐步推移来安排生产任务，前一生产工序只能按后一生产工序所要求来组织生产，生产经营各个环节无需建立库存储备，实现"零存货"的目标。

适时制影响着企业采购及制造过程的方方面面，包括原材料、在产品和产成品的质量和数量，以及生产设备等硬件的布置。一方面，相对于传统的生产方式而言，适时制要更多地组织、协调产品的生产工作，并为此发生资源耗费，增加企业制造费用。制造费用在产品中的比重日益上升，而且制造费用与直接材料、直接人工的相关性越来越小，产品成本结构的根本变化使得以人工工时或机器工时为基础的制造费用分配方法不能准确提供产品成本信息，也难以为管理者提供有用的决策和控制信息。另一方面，适时制要求企业内部不同工序和环节必须紧密相扣、适时相接，从而要求成本管理深入到作业层次，把企业生产工序和环节视为对最终产品提供服务的作业，把企业看成是为最终满足顾客需要而设计的一系列作业的集合。与传统的标准成本制度不同，在确定了与生产成本有关的成本动因后，把工作的重点放在如何改进设计的作业，而不是如何增加成本因素，其发挥功能的大小取决于企业管理水平的高低和能否确定不增值的作业，适时制在制造组织中的应用，要求主要成本动因易于确认，从而减少不增值作业。但是，传统的成本管理会计无法满足这一要求，于是作业会计应运而生，并随着适时制的发展而发展。

总之，在制造业中，有两个直接引发作业成本计算法产生的特点：一是制造过程中制造费用的比重和结构发生了很大的变化；二是作业观念已经引起管理上重视。

（二）竞争的要求

企业采用灵活的制造和管理策略是市场竞争的必然结果。20 世纪 70 年代以来，随着社会化大生产和劳动生产率的迅速提高，竞争日趋激烈，买方市场逐步形成，从而要求企业提供更加多样化和更具个性的产品和服务。这迫使企业改变其生产模式，从传统的少品种、大批量生产模式转变为适应客户需要的多品种、小批量的生产模式。在这种情况下，很多与批量（而不是与产量）直接相关的成本在产品成本中的比重日益提高。如果仍采用传统成本计算方法来分配这类成本，必然导致成本信息的严重失真。

此外，在这种情况下，降低成本工作的重点在于区分作业类型并且衡量各种作业所耗资源的价值。这要求成本会计追踪资源到每一项作业，选择合适的标准并将资源耗费价值计入每种作业上去，以此作为比较作业耗费、进而寻求降低成本方法的直接依据。显然，传统成本计算方法很难满足这种多层次的计算目的。

二、作业成本法的起源和发展过程

作业成本的思想最早是美国会计学家埃里克·科勒于 20 世纪 30 年代末提出的。他在 1938—1941 年担任田纳西河谷管理局的主计长和内部审计师，根据水力发电业和成本构成的特点，提出了作业成本法的基本思想。水力发电行业的成本构成特点是：原材料是流动的水，人工主要用于对电力设施的监控和维护，人工成本相对较低，水力发电的主要成本是固定资产的折旧和维护费用等制造费用。因而，如果按传统的以人工工时为基础来分配制造费用，就会严重扭曲成本信息。1952年，科勒在其编著的《会计师词典》中，首次提出作业、作业账户、作业会计等概念。1971年，乔治·斯托布斯教授在《作业成本计算和投入产出会计》一书中，对“作业”“成本”“作业成本计算”等概念作了全面的阐述，这是理论上依据作业会计的第一部宝贵著作，在作业会计理论框架形成中占有重要地位。

尽管作业成本法早在20世纪30年代末就已经提出，但是直到20世纪80年代中期之前并未得到会计界的广泛关注和深入研究。从20世纪80年代开始，由于高新技术的迅猛发展和在生产领域的广泛应用，按照传统的成本计算方法计算出的产品成本信息与现实严重脱节，成本扭曲普遍存在，且扭曲的程度令人吃惊，这促使大批西方会计学者对传统的成本计算方法进行反思。到了20世纪80年代中期，美国哈佛大学罗宾·库伯和罗伯特·卡普兰两位教授撰写的一系列相关案例、论文和著作，对作业成本计算进行了系统深入的理论和应用研究，奠定了作业成本研究的基石，促使大批西方会计学者对传统的成本会计系统进行重新审视，使作业成本计算引起人们的极大关注。

在实践上，作业成本法的应用已由最初的美国、加拿大、英国，迅速地向澳洲、亚洲、美洲以及欧洲其他国家扩展。在行业领域方面，也由最初的制造行业扩展到商品批发、零售行业，金融、保险机构，医疗卫生等公用品部门，以及会计师事务所、咨询类社会中介机构等等。据弗斯特等人研究，在公司内部，会计和财务是使用作业成本信息最多的两个部门，其他按使用频率依次为生产、产品管理、工程设计和销售部门。

三、传统成本计算法存在的问题

作业成本法能够提供更为真实全面的产品成本信息及其他决策相关的信息，更注重成本信息对决策的有用性。相对于作业成本法而言，传统成本计算法存在的问题包括以下两个方面。

（一）传统成本计算法的基础假设不适应资本密集型生产条件

作业成本法的出现动摇了传统管理会计的基础。传统管理会计以成本性态分析为基础，依据成本与业务量之间的依存关系，将全部成本区分为变动成本和固定成本两大类，这种分类与劳动密集型生产条件相适应。进入新的生产经营条件下，如果再沿用这种成本分类方法显然与作业成本计算和作业管理的思想不相适应。此外，深入分析变动成本和固定成本，实际上，从长期来看固定成本并非固定不变，而变动成本也并非全部随业务量的变动成正比例变动，这种变动与业务活动量基础（如订货次数等）直接相关而非业务量本身，作业成本法的建立以重新解释成本性态分析概念为基础。

（二）在制造环境发生变化的情况下，传统的成本计算方法计算产品成本将会歪曲成本信息甚至使成本信息完全丧失决策相关性

（1）传统成本计算法中的制造费用分配不合理。在传统的企业中，生产类型往往属于劳动密集型，制造费用所占成本比重小。此时，企业管理当局往往只重视对直接材料、直接人工等直接成本的计算和控制，而对制造费用的计算和控制关注较少。与此相适应，传统制造费用的分配方法是：以直接人工工时或机器工时或直接人工成本作为分配

标准,只计算一个分配率,依据分配标准将制造费用分配给各产品。这种分配必然会导致产量多的产品要负担较多的制造费用,而产量少、批量小的产品则负担较少的制造费用。显然,这种分配方式在假定制造费用随产量变动而变动这个前提下是合适的。而在目前高度自动化的生产条件下,有些制造费用与产量的关系较为紧密,而大部分的制造费用与产量没有必然的联系,在这种情况下,采用单一的分配标准就会使制造费用的分配不准确,从而造成成本信息严重失真,不利于企业进行正确的价格决策。

(2) 成本计算方法的决策相关性还表现在确定系统化考核指标上。传统成本计算方法虽然也有科学的责任会计系统和标准成本计算方法等与之相适应,但这些方法在成本性态上缺乏必然的联系,这也要求采用一种新的成本计算法实现这些方法的融合。而作业成本法则从成本发生的前因后果考虑,同时采用多项成本动因对制造费用进行分配,从而使制造费用的分配标准更合理,分配结果更精确。

综上所述,作业成本计算与传统成本计算明显的区别是:第一,以作业中心来归集资源耗费;第二,依据成本动因采用多元化的制造费用分配标准。获取决策相关性强的成本信息是作业成本计算法得以产生的理论依据,成本信息的决策相关性是作业成本计算法的理论基点。

第二节 作业成本法的基本概念

作业成本法作为管理会计的新领域,经过西方会计界多年来的研究和探索,已基本形成一套较为完整的概念体系。本节将介绍作业成本法中的基本概念。

一、作业、作业链和价值链

(一) 作业

1. 作业的概念

作业是企业提供产品或劳务过程中的各个工作程序或工作环节,即组织内为了某种目的所进行的消耗人力、技术、原材料、方法和环境等资源①的活动。作业贯穿产品生产经营的全过程,从产品设计开始,经过物料供应、生产工艺的各个环节,直至产品销售。在此过程中,每个环节、每道工序都可以视为一项作业,如创业构想、筹划、产品设计、设备安装、订单处理、采购、储存等。而生产过程中的消耗表现为作业消耗,即作业成本。因此,作业是成本分配的第一对象。资源耗费是成本汇集到各作业的原因,而作业是汇集资源耗费的对象。

2. 作业的基本特性

作业是连接资源消耗与成本计算对象的桥梁,具有如下特征:① 作业的主体是人。

① 资源是成本的源泉,一个企业所有的消耗都来自资源。企业的资源主要包括直接人工、直接材料、生产维持成本(如采购人员的工资成本等)、间接制造费用以及生产过程以外的成本(如广告费等)。资源成本的信息主要来自总分类账,例如,它可以提供企业今年支付了多少工资,计提了多少折旧等信息。

② 作业消耗一定资源。③ 作业是投入产出因果连动的过程，即作业既是一种狭义的、具体的交易活动，又是一种动态活动，在这种活动过程中它既需要投入资源、耗费资源，但在投入或耗费资源的同时，它又产生一定的效果，实现活动目的。例如，设计产品，投入的是智慧、技术、仪器等，产出的是产品设计图案。④ 作业贯穿于生产经营的全过程，企业整个生产经营过程是由一系列作业实现的，每项作业都是前一项作业的延续及后一项作业的开始，这些作业构成包容企业内部和连接企业外部的作业链。⑤ 作业是可以量化的，这是作业最重要的特性。作业的可计量性使作业识别具有了现实意义，也使基于作业的成本计算有了客观依据。⑥ 作业的范围可以根据管理要求来限定。

3. 作业的分类

对作业进行科学分类是作业识别和作业分析的基础。在作业观念逐渐形成的过程中，有一些作业分类方法可供实务界采用。如乔治·斯托布斯教授从作业的层次上把作业分为单位层次作业、批别层次作业、产品层次作业和能量层次作业四类。

(1) 单位层次作业。单位层次作业反映对每单位产品产量或服务所进行的工作，是使单位产品或服务受益的作业。单位层次作业所耗用的资源量(即成本)与产品产量、服务量或某种属性(如直接人工小时、机器小时、产品重量、长度等)成比例变动。

(2) 批别层次作业。批别层次作业是由生产批别次数直接引起，与生产数量无关，使一批产品或顾客受益的作业，如对每批产品的检验、机器调整准备、销货运送、原料处理、生产计划等。批别层次作业的成本通常与产品的批数成比例变动，不受产销数量或其他数量基准影响。此外，整批层次的成本也和各批次的数量多少无关，不论一次订购 1 单位还是 5 000 单位，每次订购成本都不会改变，因而，批别层次作业的成本取决于批数而非各批次的数量。批量水平作业和单位水平作业的主要区别在于完成批量水平作业所需要的资源不依赖于每批次所包含的单位数。

(3) 产品层次作业。产品层次作业是每一类产品的生产和销售所需要的工作，是使某种产品的每个单位都受益的作业，如对某种产品编制数控计划、进行工艺设计、编制材料需求清单等。其作用在于支援该产品品种的生产，因此，与其他产品品种无关。这种作业的成本与产品产量及批数无关，但与产品种类数或产品线的数量成比例变动。

(4) 能量层次作业。能量层次作业也称管理级作业，是为了维持企业的总体生产经营能力而进行的作业，是使某个机构或某个部门受益的作业，属于企业一般维持性作业，如管理作业、厂房使用、人员培训等。该类作业与企业的整体生产经营活动有关，无法追溯到特定的批次或产品上，与产量、批次、品种数无关，而取决于组织的规模与结构。这种作业的成本为全部生产产品的共同成本。

在上述分类的基础上，彼得·特尼教授提出了顾客作业概念，即为特定顾客服务的作业，如为顾客提供售后技术服务。他认为，若是小型公司，作业可分为两类：① 成本目标作业，是使产品或顾客直接受益的作业，为顾客提供售后技术服务就是一个典型的成本目标作业。乔治·斯托布斯教授划分的前三类作业可以归属于成本目标作业。② 能量作业或维持性作业，是为了完成成本目标作业而发生的相关辅助性作业。维持性作业使某些机构或某些部门受益，但与产品的种类和某种产品的多少无关，如企业的管理活动。

作业从不同角度还可以进行多种分类。例如，杰弗·米勒和汤姆·沃尔曼将作业分为逻辑性作业、平衡性作业、质量作业和变化作业；詹姆斯·布林逊按不同标准将作业区分为重复性作业和非重复性作业、必须作业和酌量性作业等。此外，依据作业是否增加顾客价值，还可将作业划分为增值作业和非增值作业①，这种划分有利于企业通过作业分析和作业管理减少浪费和提高作业效率。

(二) 作业链

作业链，是指企业为了满足顾客需要而设立的一系列前后有序、相互连接的作业的集合体。在作业管理观念下，企业的经营被看作是为最终满足顾客需要而设计的一系列材料消耗作业、工时消耗作业及制造费用作业三条平等而又相互交织的作业链构成。作业链的设计与建立以顾客为出发点，通过作业链分析有助于消除不增加企业价值的作业，从而达到降低产品成本的目的。

(三) 价值链

与作业和作业链相关的概念是价值链。价值链的概念是由美国学者迈克尔·波特于 1985 年提出的。迈克尔·波特认为，每一个企业都是在研发、设计、生产、销售、发送和辅助其产品生产的过程中进行种种活动的集合体，所有这些活动都可以用一个价值链来表示。

价值链是企业作业链的价值表现，它是分析企业竞争优势的根本。按照作业会计的原理，产品消耗作业，作业消耗资源。企业每项作业的产出均形成一定的价值，作业的转移伴随着其价值的转移，最终产品是全部作业的集合，同时也表现为全部作业的价值集合。因而作业链的形成过程同时也是价值链的形成过程，要想提高价值链，必须改进作业链；而作业链的完善，是从分析价值链开始的。价值链分析是基于作业成本管理的重点，其目标在于发现和消除对价值链无所贡献的作业，提高每一增值作业的效率。

二、成本动因

(一) 成本动因的概念

成本动因是作业成本法的核心范畴，是指引起成本发生的因素，即成本的诱因，又称成本驱动因素。每一项作业，都有与其相对应的作业成本动因。由于成本动因常常隐藏在生产现场中资源与产品这些易于被人们觉察的事物背后，以及某些成本动因远离产品生产现场，所以它具有隐蔽性，不易识别，需要对成本行为进行仔细分析才能得到。出于可操作性考虑，成本动因必须能够量化。可量化的成本动因包括生产准备次数、零部件的件数、不同的批量规模数、机器小时数等。

(二) 成本动因的分类

成本动因构成复杂，难以辨认，需要按照不同的标准，对其进行必要的分类。

1. 根据成本动因在资源流动中所处位置分类

根据成本动因在资源流动中所处位置分类，可将其分为资源动因和作业动因。

(1) 资源动因，是指驱动资源耗费的作业量，它反映作业量与资源耗用之间的因果关

① 增值作业，是指那些能增加产品和服务价值(有效性)的作业，其增减变动会导致给顾客提供的价值发生变化；非增值作业，是指不会增加顾客所购买的产品或服务效用的作业，其增减不影响给顾客提供的价值。典型的非增值作业有：存货的储存、半成品和零部件的转移、停工等待、产品检验等。

系。例如，当把"检验部门"定义为一个作业中心时，则"检验小时"就成为一个资源动因，它驱动检验部门资源耗费。资源动因是分配作业所耗资源的依据，分配到作业的每一种资源就成为该作业成本池或作业成本库①的一项成本要素，它也可用于评价作业使用资源的效率。

(2) 作业动因是成本对象所需作业种类和数量的决定因素，反映了成本对象对作业消耗的逻辑关系，如购货作业的作业动因即为定购单数。作业动因是将作业中心的成本分配到成本对象的依据，它也是将资源消耗与最终产出相沟通的中介。

2. 根据成本动因对生产是否有利分类

根据成本动因对生产是否有利分类，可将其分为积极性成本动因和消极性成本动因。

(1) 积极性成本动因，是指有助于形成产品，产生收入和利润的成本动因，如销售订单、生产通知等。

(2) 消极性成本动因，是指已导致资源的耗费，而无助于增加产品价值，对利润产生不利影响的成本动因，如报废单、重复运送产品等。

3. 根据成本性态不同分类

根据成本性态不同分类，可将其分为数量基础成本动因、作业基础成本动因和固定成本动因。

(1) 数量基础成本动因是驱动变动成本发生的基础，与变动成本呈正比关系。例如，构成产品实体的材料费用属于变动成本，其成本动因即是产品的产量。

(2) 作业基础成本动因是驱动作业成本发生的基础，是作业成本产生的诱因。这类成本动因又可细分为批别成本动因(例如，对产品分批检验的次数，它驱动产品检验作业成本的发生)和品种成本动因(例如，需要分别进行工艺设计的产品品种数，它驱动产品工艺设计作业成本的发生)。

(3) 固定成本动因是驱动企业固定成本发生的基础，如机器及厂房的购置、组织机构的设置与变革等。由于固定成本的发生与企业战略决策密切相关，因而，固定成本动因也成为战略性成本动因。由于企业的战略决策并不经常进行，因此由战略决策所形成的固定成本可以在较长时间内保持不变。

三、作业中心

作业中心是负责完成某一项特定目的的一系列相关作业的集合，既是归集成本与分配成本的中心，也是责任考核中心。例如，顾客服务部门就是一个作业中心，它包括处理顾客订单、解决产品问题以及提供顾客报告三项作业。一个作业中心是相关作业的集合，它向我们提供有关作业的成本信息，每项作业所耗资源的信息以及执行情况的信息。

---

① 成本库，是指作业所发生的成本的归集。在传统成本法下，都以部门进行各类制造费用的归集；而在作业成本法中，则将每一个作业中心所发生的成本归集起来作为一个成本库。一个成本库是由同质的成本动因所组成的，它对库内同质费用的耗费水平负有责任。当所生产的各种产品耗用某些制造费用的动因相同时，这些制造费用作业即为同质的，可划归为同一成本库。

第三节　作业成本法计算及其应用

一、作业成本计算程序

作业成本计算是一个以作业为基础的科学信息系统，贯穿于作业管理的始终。它和传统成本计算方法的不同在于：它从以"产品"为中心转移到以"作业"为中心上来，通过对作业成本的确认、计量，尽可能消除"不增加价值作业"，改进"增加价值作业"以及提供有用信息，从而将有关损失、浪费减少到最低限度。作业成本计算法使产品成本分配有技术依据，能直接分配的产品成本比重大大增加，而将按人为标准间接分配的产品成本比重缩减到最低限度，使产品成本尽可能与产品实际成本接近，提高了成本计算的相对正确性。

作业成本计算是以作业消耗资源，产品消耗作业为前提的。因此，作业成本计算的基本程序就是以作业为核算对象，根据作业对资源的消耗情况，将资源的成本分配到作业，再由作业根据成本动因追踪到产品的形成和积累过程，将各作业汇集的成本分配给最终产品或服务。作业会计程序与传统成本程序的根本差异表现在两个方面：第一，成本库是作业而不是产品成本中心；第二，将作业成本分配到产品中去的基础是成本动因，这一点在传统成本制度下是没有的，或者说还没有定义过作业和成本动因。作业会计首先要确认费用单位从事了什么作业，计算每种作业所发生的成本，然后，以产品对这些作业的需求为基础，经过原材料、燃料和人力资源转换为产品的过程，将成本追踪到产品。

根据以上作业会计程序，可将作业成本计算的过程具体划分为以下三个步骤。

(一) 确认主要作业，划分作业中心

作业是作业成本计算和作业管理的核心。一个作业中心是生产程序的一个部分，作业成本计算首先要确认产品生产过程中的主要作业，将其作为作业中心，以便按作业中心汇集费用，披露成本信息，便于管理当局控制作业，评估业绩。

(二) 归集作业中心成本并确定分配率

按照资源动因将归集起来的投入成本或资源分配到每一个作业中心的成本库中。成本库，是指以某一成本动因解释其成本变动的成本。成本库按作业中心设置，每个成本库所代表的是该作业中心的作业所引发的成本。本步骤的任务是要确认每一个成本中心的资源耗用量。为简化计算，可将同质作业的成本库合并为同质成本库。同质成本库，是指可以用一项共同的成本动因解释其成本变动的成本。同质作业引发的成本可以合并分配以减少计算工作。这一步骤的计算反映了作业成本计算的一项基本原则：作业消耗资源，作业量决定资源的耗费量，资源的耗费量与作业直接相关，但与最终产出量没有直接的关系，成本应按作业进行汇集。

资源动因是本步骤分配的基础。确立资源动因的原则是：第一，如果某项资源耗费能直观地确定为某一特定产品所消耗，则直接计入该特定产品成本中，此时资源动因也是作业动因，该动因可以认为是"终结耗费"，材料费往往适用于该原则；第二，如

果某项资源耗费可以从发生领域确定为各作业所消耗，则可以直接计入各作业成本库，此时资源动因可以认为是“作业专属耗费”，各作业各自发生的办公费适用该原则，各作业按实付工资额核定应负担工资费时，也适用该原则；第三，如果某项资源耗费从最初消耗上呈混合耗费形态，则需要选择合适的量化依据将资源分解并分配到各作业，这个量化依据就是资源动因，如动力费一般按各作业实用电力度数分配等。

(三) 将各个作业中心成本分配到各产品上

成本计算最终要计算出产品成本，在作业成本制下，产品成本由作业成本构成，汇集的作业成本按各产品消耗的作业量的比例分配，计算出各产品的作业成本，确定各产品成本。这一步骤反映了作业成本计算的另一原则:产品消耗作业，产品产出量的多少决定作业的耗用量。

二、作业成本法应用举例

【例 10-1】 某部门负责原材料及零部件的存货控制，该部门全年的总成本为1 500 000元，主要为人力成本。该部门共有员工 12 人，6 人负责管理外购零部件，3 人负责管理原材料，还有 3 人负责将原材料和零部件分配到车间。这三项作业的成本分配过程如下：

(1) 将总成本分配到各个作业中心。其成本动因是作业人数，以此为基础得出每个作业中心的成本。

人均成本＝1 500 000÷12＝125 000(元)

接受外购零配件作业的成本＝6×125 000＝750 000(元)

接受原材料作业的成本＝3×125 000＝375 000(元)

分配存货作业的成本＝3×125 000＝375 000(元)

(2) 将作业成本分配到产品中去。其成本动因是收货和发货的次数。已知企业今年外购零件 25 000 批，原材料 10 000 批，共生产 5 000 批产品，则可计算单位作业成本如下：

接受外购零部件的单位作业成本＝750 000÷25 000＝30(元)

接受原材料的单位作业成本＝375 000÷10 000＝37.5(元)

分配外购零部件的单位作业成本＝375 000÷5 000＝75(元)

(3) 已知企业今年生产 A 产品 1 000 件，全部 A 产品由 10 条生产线装配而成，共耗用外购零部件 200 批，原材料 50 批，A 产品应分配的存货控制间接费用为：

200×30＋50×37.5＋10×75＝8 625(元)

单位产品应负担的间接费用＝8 625÷1 000＝8.625(元)

假如企业全年共耗用 400 000 小时，其中 A 产品耗用 1 000 小时，则在传统成本制下：

A 产品应分配的间接费用＝1 500 000÷400 000×1 000＝3 750(元)

单位产品应负担的间接费用＝3 750÷1 000＝3.75(元)

以作业为基础的分配结果 8.625 元与以工时为基础的分配结果 3.75 元发生了 230%的成本差异。这说明产量低、复杂程度高的产品所负担的存货间接费用在传统成本制下被少计了很多。

下面通过举例来说明作业成本法与传统成本计算法的主要区别。

【例 10-2】 1) 假设某企业生产 A、B 两种产品，其生产工艺以机械化为主，所需要的人工成本较少。有关两种产品的资料如表 10-1 和表 10-2 所示。

(1) 有关 A、B 两种产品的生产成本的基本资料如表 10-1 所示。

表 10-1 **某企业产品生产成本资料** 单位：元

成本项目	A 产品(30 000 件)	B 产品(5 000 件)	合计
直接材料	60 000	15 000	75 000
直接人工	6 000	2 000	8 000
制造费用			160 000
合计			243 000

(2) 企业制造费用总额 160 000 元，A、B 两种产品复杂程度不同，耗用的作业量也不一样。在对生产经营过程进行分析后，该公司的会计主管认为有 6 种主要作业，分别设立 6 个成本库，并选定了相应的成本动因。有关资料如表 10-2 所示。

表 10-2 **制造费用及作业资料**

作业名称	制造费用(元)	成本动因	成本动因数		
			A 产品	B 产品	合计
机器能量	16 000	生产单位产品的机器小时	30 000	10 000	40 000
产品设计	8 000	设计时间	100	300	400
机器调整	10 000	调整次数	2	8	10
检验成本	32 000	检验次数	600	1 000	1 600
材料处理	41 200	材料移动次数	600	20 000	20 600
订货成本	13 200	购买订单数量	100	1 100	1 200
其他作业	39 600	机器小时	100	300	400
合计	160 000	—	—	—	—

注：A 产品每批 1 000 个，共 30 批，每批检验 20 个、移动 20 次，共移动 600 次；

B 产品每批 10 个，共 500 批，每批检验 2 个、移动 40 次，共移动 20 000 次。

2) 分别用作业成本法与传统成本计算法计算 A、B 两种产品的成本。

(1) 利用作业成本法计算各作业的成本动因分配率，计算结果如表 10-3 所示。

(2) 利用作业成本法计算 A、B 两种产品的制造费用。计算过程与结果如表 10-4 所示。

表 10-3　**作业成本动因分配率(各成本动因的制造费用分配率)**

作业名称	制造费用(元)	成本动因	成本动因数			
			A产品	B产品	合计	分配率
机器能量	16 000	生产单位产品的机器小时	30 000	10 000	40 000	0.4
产品设计	8 000	设计时间	100	300	400	20
机器调整	10 000	调整次数	2	8	10	1 000
检验成本	32 000	检验次数	600	1 000	1 600	20
材料处理	41 200	材料移动次数	600	20 000	20 600	2
订货成本	13 200	购买订单数量	100	1 100	1 200	11
其他作业	39 600	机器小时	100	300	400	99
合　计	160 000	—	—	—	—	—

注：每一行的分配率＝该行的制造费用÷对应的成本动因数合计。

表 10-4　**制造费用分配表**

作业名称	成本动因数			制造费用(元)		
	A产品 ①	B产品 ②	分配率 ③	A产品 ④＝①×③	B产品 ⑤＝②×③	合计 ⑥
机器能量	30 000	10 000	0.4	12 000	4 000	16 000
产品设计	100	300	20	2 000	6 000	8 000
机器调整	2	8	1 000	2 000	8 000	10 000
检验成本	600	1 000	20	12 000	20 000	32 000
材料处理	600	20 000	2	1 200	40 000	41 200
订货成本	100	1 100	11	1 100	12 100	13 200
其他作业	100	300	99	9 900	29 700	39 600
合　计	—	—	—	40 200	119 800	160 000

(3) 利用传统成本计算法计算两种产品的制造费用(假设以直接人工成本作为制造费用的分配标准)。计算过程与结果如表 10-5 所示。

表 10-5　**传统成本计算法下制造费用分配表**　单位：元

	分配标准①(直接人工成本)	分配率②(160 000÷8 000)	制造费用 ③＝①×②
A产品	6 000	20	120 000
B产品	2 000	20	40 000
合　计	8 000	—	160 000

(4) 利用两种成本计算法计算产品成本。有关结果如表10-6所示。

表10-6　　作业成本法与传统成本计算法结果比较　　单位：元

项目	A 产品 (30 000件)				B 产品 (5 000件)			
	总成本		单位成本		总成本		单位成本	
	传统方法	作业成本法	传统方法	作业成本法	传统方法	作业成本法	传统方法	作业成本法
直接材料	60 000	60 000	2	2	15 000	15 000	3	3
直接人工	6 000	6 000	0.2	0.2	2 000	2 000	0.4	0.4
制造费用	120 000	40 200	4	1.34	40 000	119 800	8	23.96
合计	186 000	106 200	6.2	3.54	57 000	136 800	11.4	27.36

由表10-6可以看出，在传统成本计算法与作业成本计算法的总成本中，直接材料、直接人工成本并无不同，其不同点就在于制造费用的分配。传统的成本计算法对制造费用的分配是按照直接人工或机器小时来分配的，它忽略了各种产品生产工艺的复杂程度和技术含量的不同。在传统成本计算法下，产量高、复杂程度低的产品成本往往高于其实际发生成本；产量低、复杂程度高的产品成本往往低于其实际发生成本。在制造费用占成本比重较大而人工成本较少时，采用传统的成本计算方法所计算出的各种产品的成本失真度较大，而采用作业成本计算法则在一定程度上克服了传统成本计算法的缺点，使其计算结果较客观、真实。

三、作业成本法与传统成本计算法的比较

作业成本法是在传统成本计算法的基础上产生和发展起来的，两者既有联系，又有区别。

(一) 作业成本法与传统成本计算法的区别

1. 成本核算对象不同

传统成本计算法的成本核算对象是产品、生产步骤或生产批次；而作业成本法的成本核算对象是多层次的，大体上可分为资源、作业、作业中心、产品和劳务等几个层次。作业成本法将作业的成本分配给上述各成本计算对象，可以获取不同决策所需的相关成本信息。

2. 成本计算程序不同

传统成本计算法将成本都分配到产品中去；而作业成本法则要分三个步骤，通过作业按成本动因，将成本分配到最终产品中去。

3. 成本核算的目标不同

传统成本计算法只是为了确定存货成本而将已发生的费用分配到成本计算对象；而作业成本法则是为了管理决策，改进企业的经营过程而将已发生的费用分配到成本计算对象。

4. 费用分配的标准不同

在传统成本计算法下假定所有的制造费用都与直接人工或机器工作小时或产出物数量线性相关，并以这些项目的数量为依据分配间接费用。作业成本法认为，资源的耗费、成本的产生取决于成本动因，制造费用的分配应以成本动因为尺度。成本动因是决

定作业的工作负担和作业所需资源的因素，是决定成本的结构和金额的根本原因。它可以揭示执行作业的原因及作业耗费资源的多少。因此，将资源分配到成本对象的标准应是成本动因。

5. 适用的生产方式不同

传统成本计算法与传统制造系统相适应；作业成本法适用于弹性制造系统下适时制生产方式。

(二) 作业成本法与传统成本计算法的联系

1. 作业成本法以传统成本计算法为基础

两者在直接材料和直接人工的计算方法上并无差异，只是在计算间接费用时，作业成本法是根据实际情况在保留原有的分配标准的同时，把那些与机器小时或人工小时联系不大的费用根据成本动因选择另外的分配标准。

2. 作业成本法与传统成本计算法的最终目的相同

两者的最终目的都是准确计算出产品成本。只是在某些条件下，运用作业成本法所计算的结果较传统成本计算法计算结果更为准确客观。

(三) 对作业成本法的评价

1. 作业成本法的优点

(1) 作业成本法从成本发生的前因后果考虑，同时采用多项成本动因对制造费用进行分配，从而使制造费用的分配标准更合理，分配结果更精确，有利于提高成本信息质量，特别是在与产量不相关的制造费用较大、企业产品线多样化时更为有效。

(2) 作业成本法是适应当代高新科技的制造环境和灵活多变的顾客化生产的需要而产生发展的，因而，它有利于现代生产系统的作业成本管理，是一种更有效的成本管理方法，作业成本法提供的作业成本信息，便于分析成本升降的原因。

(3) 作业成本法有利于更准确地理解和确认成本性态，从而改进成本预测和决策。

2. 作业成本法的局限性

(1) 作业成本法提供的信息仍以历史成本为基础，并且具有内部导向，所以与未来的战略决策还是缺乏战略相关性。

(2) 作业成本法无法完全消除主观分配因素的影响，如计提折旧、无形资产摊销等。

(3) 作业成本法增加计算程序，加大工作量，使信息成本提高。

(4) 成本动因选择也有一定的难度，甚至可能会出现随意性，特别是对于广告费、外部审计费、商誉摊销等。

四、作业会计对成本管理的影响及应用

作业会计目前正在全世界范围内广泛推广，许多企业纷纷采纳这一务实技术，利用作业会计提供的“相对准确”的信息，可以改进传统成本会计的许多不足。

(一) 改进企业战略决策

由于作业会计对间接成本不是均衡地在产品间进行分配，因而有助于改进产品定价决策，并为是否停产老产品、引进新产品和指导销售提供准确的信息。此外，还有助于对竞争对手作出适当的反映。

（二）改进存货估价

作业会计能明确成本因果关系，较准确地确定各产品的单位成本和存货成本。

（三）改进定价决策

管理当局通过作业会计对那些产品规格特殊且无明显市价规则、价格弹性也低的产品，可以提高售价；对产量高、复杂程度低的产品应顺应市场竞争的需要，降低售价，扩大市场占有率。

（四）改进预算控制和标准成本控制

作业会计在费用控制方面的重要应用体现在，从以人工为基础的弹性预算转向以作业为基础的弹性预算，从以差异分析为基础的变动预算转向以成本动因为基础的变动预算。

（五）改善业绩评价

首先，作业会计的使用产生大量有助于业绩和考核的数据和信息，如作业成本可用于评价个人或单位的现任履行情况。其次，作业会计有助于完善现任会计，因为按作业设立责任中心和使用更为合理的分配基准更易于区分责任。最后，通过使用合适的成本动因，使得成本指标更为可靠。

习　题

一、思考题

1. 简述作业成本法产生的时代背景。
2. 与作业成本法相比，传统成本计算法存在哪些问题？
3. 作业成本法中有哪些基本的概念？
4. 简述作业成本计算程序。
5. 什么是作业成本法？它与传统成本核算有何不同？

二、计算分析题

1. 某企业生产甲、乙两种产品，共发生制造费用 600 000 元，甲、乙两种产品复杂程度不同，耗用作业量也不同。与制造费用相关的作业有 6 个，分别设立 6 个成本库，并选定了相应的成本动因。有关资料如表 10-7 所示。

表 10-7　　**制造费用及作业资料**

作业名称	制造费用（元）	成本动因	成本动因数		
			甲产品	乙产品	合计
机器能量	200 000	生产单位产品的机器小时	4 000	1 000	5 000
产品设计	90 000	设计时间	300	600	900
机器调整	20 000	调整次数	3	7	10
检验成本	150 000	检验次数	500	1 000	1 500
材料处理	180 000	材料移动次数	200	700	900

（续表）

作业名称	制造费用(元)	成本动因	成本动因数		
			甲产品	乙产品	合计
订货成本	30 000	购买订单数量	100	500	600
其他作业	50 000	机器小时	100	400	500
合　　计	720 000	—	—	—	—

要求：

(1) 用作业成本法计算各项作业的成本动因分配率。

(2) 用作业成本法计算甲、乙两种产品的制造费用。

2. 某机械制造公司有一个多功能机加工部。该部门产品一直采用分批成本计算，制造费用按直接人工小时分配，假设每直接人工小时制造费用为115元。最近公司的产品设计、机械工程和会计等部门对生产过程进行考察，提出成本计算应采用作业成本法。制造费用分5个成本库，有关作业成本分配资料如表10-8所示。

表10-8　**作业成本分配资料**

作业项目	成本动因	分配率
材料整理准备	部件数	0.4
激光处理	转数	0.2
钻洗	机加工小时	20.0
磨光	部件数	0.8
检试	检试件数	15.0

目前有甲、乙两批产品正在生产过程中，有关资料如表10-9所示。

表10-9　**甲、乙两批产品生产成本资料**

成本项目	产品甲	产品乙
直接材料成本(元)	9 700	59 900
直接人工成本(元)	750	11 250
直接人工小时(小时)	25	375
批量(件)	500	2 000
激光处理(转)	20 000	60 000
机器加工小时(小时)	150	1 050
检试数量(件)	10	190

要求：

(1) 用传统成本计算方法计算每批产品的生产总成本和单位产品成本。

(2) 用作业成本法计算每批产品的生产总成本和单位产品成本。

3. 假设某企业生产A、B两种产品的有关资料如下。

(1) 有关A、B两种产品的直接成本的基本资料如表10-10所示。

表10-10 **A、B两种产品的直接成本资料** 单位：元

产品名称	月产量(件)	单位产品机器小时(小时)	直接材料单位成本	直接人工单位成本
A产品	100	2	10	20
B产品	400	2	25	10

(2) 企业制造费用总额10 000元，A、B两种产品复杂程度不同，耗用的作业量也不一样。与制造费用相关的作业有5个，分别设立5个成本库，并选定了相应的成本动因。有关资料如表10-11所示。

表10-11 **制造费用及作业资料**

作业名称	制造费用(元)	成本动因	成本动因数		
			A产品	B产品	合计
原材料进货	2 000	进货次数	8	2	10
订单处理	1 000	生产订单份数	70	30	100
机器调整准备	800	机器调整准备次数	30	10	40
机器运行	5 000	机器小时数	200	800	1 000
质量检验	1 200	检验次数	60	40	100
合计	10 000		—	—	—

要求：

(1) 用作业成本法计算各项作业的成本动因分配率。

(2) 用作业成本法计算A、B两种产品的制造费用。

(3) 用传统成本法计算A、B两种产品的制造费用(假设以机器小时作为制造费用的分配标准)。

(4) 用上述两种成本计算法计算A、B两种产品的总成本和单位成本。

第十一章　企业业绩评价

本章重点

1. 企业业绩评价系统基本要素。
2. 业绩评价的发展状况。
3. 平衡计分卡的内容。
4. 平衡计分卡各部分内容之间的关系。
5. 内部业务流程业绩指标。

本章难点

1. 平衡计分卡的内容。
2. 内部业务流程业绩评价指标。

第一节　企业业绩评价概述

美国“科学管理之父”泰罗(Taylor)自1891年创立科学管理理论后，经济管理学者们就对有关企业业绩(或称作绩效)管理与业绩评价理论与方法给与了持续而深入地探索研究，并取得了许多有影响的研究成果，由此给企业业绩管理与业绩评价的实践应用提供了丰富的理论基础。20世纪80年代以后，随着企业间竞争的加剧，越来越多的西方企业开始采用业绩管理和业绩评价以提高经济效益。我国是在20世纪90年代以后，学者和专家开始重视企业业绩管理和业绩评价问题的，实业界的一些管理部门和研究机构也进行了许多非常有益的实践探索。

一、企业业绩评价概念

业绩是指组织或个人在一定时期内投入产出的效率与效果。其中，投入指的是人、财、物、时间、信息等资源，产出指的是工作任务和工作目标在数量与质量方面的完成情况。业绩既可以指任务执行的整个过程情况，也可以指任务执行的结果。任务执行的过程和结果能否达到预期的效果需要进行计量和评价，也就是进行业绩计量和评价。

评价，是指人们对某个客体进行评判的认识活动；或者说人们为了达到一定目的，按照特定的指标和标准，采取适当的方法，对人和事作出价值判断的一种认识过程。这种认识和评价能力随着社会的发展进步而不断提高。

企业业绩评价(或称业绩考核、绩效考核)是企业为了衡量其设定目标的实现程度，以及企业内部各部门、个人对目标实现的贡献程度，通过搜集业绩信息、进行分析和评判的一个过程。具体来说，业绩评价是指评价主体运用数量统计和运筹等方法，采用特定的指标体系，对照设定的评价标准，按照一定的程序，通过定量定性对比分析，对评价客体在一定期间内的业绩作出客观、公正和准确的综合评判，目的是提升管理水平、管理质量和持续发展能力。业绩评价的过程是寻找差距、分析差距产生的原因、并提出相应的改进方案，再从各方案中选优，在未来加以执行。总的来说，业绩评价既是总结过去，也是展望未来，通过认真分析、评价业绩，有利于企业、各部门和个人明确下一步的目标和方向，并为未来进行业绩评价提供坚实基础。

二、企业业绩评价的历史演进

人类业绩评价思想的产生历史久远，应该说自从有了生产经营活动，业绩评价的行为和方法就相伴而生了，这已经为翔实的会计史资料所证实。但是，真正的现代意义上的业绩评价却是在人类社会进入资本主义社会，尤其是所有权和经营权分离、公司制出现之后才得以产生的。由于企业经营环境、内部组织结构的变化以及管理方法和手段的不断创新，企业业绩评价的方法体系也处于不断的演变之中。

(一) 早期的业绩评价方法——成本业绩评价

20 世纪以前，企业业绩评价以成本业绩为核心，这是业绩评价的初始阶段。从 19 世纪初开始，企业生产规模不断扩大，经营领域不断拓展，纺织、铁路、钢铁等行业的管理者根据自身的经营特点先后建立了相应的业绩计量指标，用于激励和评价企业内部的经营效率。此时用于评价企业基本经营活动的指标就是成本。到 19 世纪末，资本主义市场经济进一步发展，企业的竞争意识不断加强，原有的成本计量与业绩评价制度表现出很大缺陷。20 世纪初，“科学管理之父”泰勒对工作效率进行了系统的研究，并按照理想状态为各种产品制定了原材料和人工的数量标准，进而建立了产品的标准成本。随着成本会计、差异分析的运用，成本指标更加完善，为企业生产效率的提高起到了极大的促进作用。

可以看出，在成本业绩评价阶段，企业大多是单一性的经营组织，在组织形式上表现为个人业主制和合伙经营，所有权和经营权统一，业绩评价的需要来自企业内部，所有者(同时也是管理者)是当时的评价主体，他们期望通过成本业绩评价提高生产效率。因此，诸如每磅成本、每吨公里成本、每小时劳动成本、单位产品原材料成本、毛利、存货周转率、标准成本等这些反映生产效率信息的成本指标就成为当时评价企业业绩的主要计量指标。当时的管理者认为，充足的利润是能够通过控制成本、提高原材料和直接人工的使用效率以及增加产量来实现的。这符合当时自然经济条件下产生和发展起来的单一性企业组织经营管理的需要，也反映了自然经济条件下企业业绩评价的特征。

(二) 传统的业绩评价方法——财务业绩评价

随着股份公司的产生和从事多种经营的综合性企业的发展，企业业绩评价体系有了进一步发展的机遇。19 世纪 40 年代，随着股份制公司的诞生，所有权和经营权发生了分离，不参与企业经营的所有者就成为公司的外部评价主体。同时，由于公司规模的迅速扩张，需要大量的资金投入，作为企业利益相关者的债权人日益成为重要的评价主体，也就是说，业绩评价的需要扩大到企业外部主体。为满足债权人和投资人了解企业财务状况和经营成果的需要，评价内容也逐步发生了变化，由成本指标扩大到会计报表所能提供的偿债能力指标和利润指标。这一转变过程可以用两个较为典型的实例来说明：第一，沃尔评分法的提出。20 世纪初，美国学者亚历山大·沃尔在《信用晴雨表研究》和《财务报表比率分析》中提出了信用能力指数的概念，通过 7 个指标评价企业的信用水平，这 7 个指标分别是流动比率、自有资本比率、固定资产比率、应收账款周转率、存货周转率、固定资产周转率、自有资本周转率，虽然沃尔评分法存在许多问题，但他提出的综合评价企业财务效益的方法为企业业绩评价的发展开拓了思路。第二，杜邦分析体系的提出。同样在 20 世纪初，由多个独立的单一经营公司合并创立的杜邦公司，成为这一时期新型企业组织结构的典型。面对需要协调的垂直式企业的多种经营、市场组织以及如何将资本投入到利润最大的经营活动等问题，杜邦公司的最高管理者设计了多个重要的经营和预算指标，以协调各部门的经营活动，并将资源有效地在各部门之间进行分配。这其中持续时间最长的、最重要的指标就是投资报酬率，其为企业整体及其各部门的业绩评价提供了评价依据。杜邦财务系也是至今财管管理教科书中必然讲述的一个内容。

（三）当代的业绩评价方法——EVA 和 BSC

20 世纪 90 年代是企业业绩评价方法发生重大变革的时期，这一阶段出现了以价值为标准的现代企业业绩评价方法——EVA 管理系统和以 BSC 战略管理系统为代表融入非财务指标的企业业绩评价方法。

1. EVA 管理系统

EVA（Economic Value Added）即经济增加值，是由美国思腾思特（Stern & Stewart）管理咨询公司针对剩余收益指标作为单一期间业绩评价指标所存在的缺陷，于 1991 年开发出注册商标为 EVAQ 的经济增加值指标，并在 1993 年 9 月的《财富》杂志上完整地将其表述出来，并被该杂志称为"现代公司管理的一场革命"。从 1998 年开始，思腾思特管理咨询中国公司每年用这个指标对中国上市公司的经营业绩进行排名，引起了很大的反响。EVA 是指一定会计期间企业使用一定量的资产创造出的全部收益减去该资产使用成本后的余额。其计算公式为：

EVA＝息税前利润－加权平均资本成本×资产平均余额

上述公式中，资本成本是指企业使用所有资本所付出的代价，包括债务资本成本和权益资本成本。EVA 的基本理念是资本获得的收益至少要能补偿投资者承担的风险。也就是说，股东必须赚取至少等于资本市场上类似风险投资回报的收益率。而在传统的会计方法下，很多公司财务报表显示盈利，但股东财富不一定增长，因为会计利润计算过程中，只扣除了债务利息，而没有扣除权益资本成本。实际上，只有企业利润超过股东的机会成本或资本成本，股东财富才真正增加了。

建立在 EVA 基础上的激励制度使所有者和经营者的利益取向趋于一致，有助于避免决策次优化。同时由于扣除了全部资本成本对营业利润的影响，从而该指标有利于克服传统指标对经济效率的扭曲，真正反映企业经营业绩，最大限度地剔除会计信息失真的影响，当然，EVA 并不是万能的，它也存在一定的缺点与不足。首先，EVA 仍然注重财务数据，忽视非财务数据，容易导致短期行为；其次，EVA 应用过程比较复杂，项目调整具有随意性；再次，EVA 没有考虑规模差异，会偏袒规模大而收益低的公司。

2. *以 BSC 战略管理系统为代表融入非财务指标的企业业绩评价方法*

业绩评价体系在公司制定战略计划、评价组织目标的实现和经理人员激励等方面起到了关键作用。然而，许多经营人员感到以会计为基础的传统业绩评价体系已不能圆满完成这些任务。美国管理会计协会(the Institute of Accounting，IMA)1996 年所做的一项调查发现仅有 15%的回应者认为传统的业绩评价体系可以很好地支持高层企业目标，而 43%的人认为它不够好或不好。因此，许多公司开始采用新的业绩评价体系，60%的回应者报告他们正在修改或计划替换他们的业绩评价体系。

近几年来，企业业绩评价的一个显著趋势就是在业绩评价指标体系中引入非财务评价指标。大多数分析业绩评价指标选择的经济理论指出业绩评价和激励体系应该包括财务指标和非财务指标。Wm、Schiemann 和助手在 1996 年调查了 203 位经理，85%的公司正在通过运用非财务指标进行决策和业绩评价，试图克服以会计为基础的传统业绩评价指标体系的局限性。同年在对 250 家大型美国公司年度激励计划设计的调查中，托瓦—潘林发现存在三类主要的非财务指标：经营、顾客和员工。目前，经常使用的非财务指标主要包括：顾客满意度；产品和服务的质量；战略目标，如完成一项并购或项目的关键部分、公司重组和管理层交接；公司潜在发展能力，如员工满意度和保持力、员工培训、团队精神、管理有效性或公共责任；创新能力，如研发投资及其结果、新产品开发能力；技术目标；创新能力，如研发投资及其结果、新产品开发能力；技术目标；市场份额。典型的融入非财务指标的企业业绩评价体系主要有以下四种。

1) 德鲁克以改革为核心的观点

德鲁克的观点并没有形成一个完整的理论模型，但他对竞争与改革的理解为非财务指标进入业绩评价系统提供了基础。德鲁克认为每一个企业组织，都需要一个核心能力：改革。因此，他把注意力主要集中在帮助企业记录和评价其改革方面，认为评价一个企业改革的出发点不能仅从其自身业绩出发，而应仔细评估其所处行业在一定时期内的改革，以及企业在改革中的地位和作用。他强调业绩评价系统必须首先突出管理部门的思想意识，通过设计一系列特定性质的问题，提醒雇员注意真正需要重视的方面，再提供一个内在的组织机构，使雇员能够重视并发现这些方面可能存在的问题。

2) 霍尔的“四尺度”论

霍尔认为评价企业的业绩需以四个尺度为标准，即质量、作业时间、资源利用和人力资源的开发。他把质量分为外部质量、内部质量和质量改进程序三种，下面又细化为若干指标。作业时间是把原材料变为完工产品的时间段，具体包括：工具检修时间、设备维修时间、改变产品和工序设计的时间等。资源利用尺度用以计量特定资源的消耗和与此相关的成本，如直接人工、原材料消耗、时间利用和机器利用情况。人力资源开发是指企业需要有能贮备人力资源及恰当评价和奖励雇员的管理系统。霍尔指出企业组织可以通过对上述四个尺度的改进，减少竞争风险。

3) 克罗斯和林奇的等级制度

克罗期和林奇于 1990 年提出了一个把企业总体战略与财务及非财务信息结合起来的业绩评价系统。为了强调总体战略与业绩指标的重要联系，他们列出了一个业绩金字塔。在业绩金字塔中，公司总体战略位于最高层，由此产生企业的具体战略目标，并向企业组织逐级传递，直到最基层的作业中心。有了合理的战略目标，作业中心就可以开始建立合理的经营效率指标，以满足战略目标的要求。然后，这些指标再反馈给企业高层管理人员，作为制订企业未来战略目标的基础。

4）卡普兰和诺顿的平衡计分卡

与其他创新的业绩评价体系相比，平衡计分测评法的影响较大，应用较广。平衡计分法用顾客、内部业务、学习和创新三个方面的非财务指标补充传统的评价指标（Kaplan 和 Norton，1992）。支持者认为这种方法提供了一种把企业战略转化为有效地联系战略内涵和激励业绩的工具。平衡计分卡的基本思路是：将涉及企业表面现象和深层实质、短期成果和长远发展、内部状况和外部环境的各种因素划分为几个主要的方法，并针对各个方面的目标，设计出相应的评价指标，以便系统、全面地反映企业的整体运营情况，为企业的战略管理服务。"平衡"之意是要兼顾战略与战术、长期和短期目标、财务和非财务衡量方法、滞后和先行指标，以及外部和内部的业绩等诸多方面。

平衡计分卡可以让企业高层经理从财务、顾客、内部业务、学习与创新能力四个方面来观察企业。财务角度：在股东眼中，我们表现如何？典型的指标有营业收入增长率、权益报酬率、现金流量和经济增加值等。顾客角度：顾客如何看待我们？典型的指标有顾客满意程度、顾客保持程度、新顾客的获得、市场份额、重要顾客的购买份额等。内部业务角度：我们必须擅长哪些业务？典型的指标有新产品数量、周转期、质量、雇员技能和生产率等。学习与创新能力角度：我们能否继续发展并创造价值？典型的指标有开发新产品所需时间、产品成熟过程所需时间、销售比重较大的产品的百分比、新产品上市时间等。平衡计分卡又引入了四个新的管理程序，把企业长期战略目标与短期行动联系起来发挥作用。其中，第一个程序是将公司战略量化为一套被广泛认可的测评的指标；第二个程序是将组织的战略与各部门及个人的目标联系起来；第三个程序是实现公司业务计划与财务计划的一体化；第四个程序是反馈与学习、行动的系统，可以根据企业的具体环境来调整。平衡计分卡的内容将在第四节进行详细阐述。

三、企业业绩评价系统基本要素

企业业绩评价系统作为企业管理系统的一个相对独立的子系统，其构成要素应包括：评价主体、评价客体、评价目标、评价指标、评价标准、评价方法和评价报告。如图11-1所示。

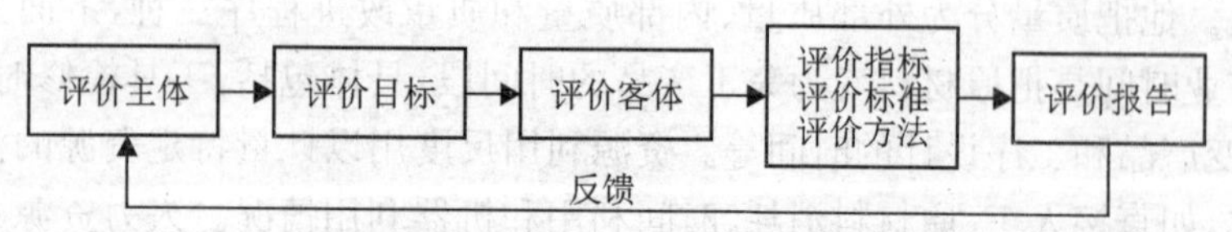

图 11-1　企业业绩评价系统基本要素

1. 评价主体

评价主体一般是指与评价对象的利益密切相关，关心评价对象业绩状况的相关利益人。

2. 评价目标

评价目标是根据主体的需求确定的，是从一定量的主体需求中归纳总结出来的，企业业绩评价是围绕着目标来进行的。战略管理下的业绩评价系统目标就是为管理者制定最优战略及实施战略提供有用的信息。

3. 评价客体

评价客体是指实施评价行为的对象。任何客体都是相对于确定的主体而言的，由主体的需要而决定。

4. 评价指标

评价指标是指根据评价目标和评价主体的需要而设计的、以指标形式体现的能反映评价对象特征的因素。

5. 评价标准

评价标准是指判断评价对象业绩优劣的基准。企业经营业绩评价标准是对企业经营业绩进行价值判断的标尺。

6. 评价方法

评价方法是获取业绩评价信息的手段。有了评价指标与评价标准，还需要采用一定的评价方法，从而实施对评价指标和评价标准的运用，以取得公正的评价结果。

7. 评价报告

企业业绩评价分析报告对评价主体产生影响。评价报告应集中体现评价的原则和目标。评价报告一般包括评价主体、评价客体、评价执行机构、数据资料来源、评价指标体系和方法、评价标准、评价责任等；还应包括企业基本情况、评价结果和结论、企业主要财务指标对比分析、影响企业经营的环境、对企业未来发展状况的预测以及企业经营中存在的问题和改进建议等内容。

在整个业绩评价体系中，评价指标、评价标准和评价方法是核心要素，它们分别解决了“什么”“多少”和“如何”的问题，即评价什么，多少是好，以及如何评价。

第二节 业绩评价系统

前已述及，业绩评价系统的构成要素包括评价主体、评价客体、评价目标、评价指标、评价标准、评价方法和评价报告，本节将重点阐述业绩评价系统中的评价指标、评价标准以及评价方法等内容。

一、评价指标

（一）评价指标的内容

业绩评价指标，是指根据评价目标和评价主体的需要而设计的、以指标形式体现的能反映评价对象特征的因素。评价主体需要自行设计合适的指标系统来评价客体。评价指标系统是业绩评价的依据。为实现战略管理目标，业绩评价系统除了包含评价客体的内容外，还要关注与战略目标相关的方面。在实现战略目标的所有因素中，有一些是达成战略目标的关键因素，称为关键成功因素（CSF），衡量这些因素而设立的指标就是关键业绩指标(KPI)。评价主体在设计评价指标和各指标在整个评价体系中的权重时,应结合企业所在行业、自身发展阶段等内容,然后找出企业生产经营活动中的关键因素并准确地设计出关键业绩指标,这是业绩评价系统设计的重要问题。这些指标既包括财务方面的,如资产负债率、投资报酬率、资产周转率、每股收益率等;也包括非财务方面的,如产品市场占有率、顾客满意程度、员工满意度、创新能力等。

(二) 业绩评价指标的类型

业绩评价指标之间应相互联系、互为补充,并组成逻辑严密的体系结构。常见的业绩评价指标的分类如下。

1. 财务指标与非财务指标

财务指标是根据财务报告提供的信息建立起来的评价指标,以评价企业财务状况和经营成果。这样,财务报告质量决定了财务指标的质量。非财务指标是无法用货币来衡量的,通常被认为是能反映未来业绩的指标,如员工满意度,市场占有率,顾客满意度等各种指标。

在知识经济和数字经济时代下,作为传统经营业绩评价体系财务业绩评价体系已经无法计量和评价客户关系的价值,也无法反映为未来发展而进行的员工、生产程序、技术和创新等的投资。非财务指标弥补了这一缺点。

2. 定量指标与定性指标

定量指标是能够用数字直接计量的指标,定性指标是不能用数字计量的指标。定性指标可以是财务指标,也可以是非财务指标,例如消费者投诉数量。从管理角度看,业绩指标应当尽可能量化,目标不量化就会难以操作,可能会形同虚设。实务中通常采用量化的指标来替代定性指标。

3. 绝对指标与相对指标

绝对指标能够反映评价客体业绩的总量大小,例如某企业年利润预算目标。相对指标是两个绝对指标的比率结果,例如该企业的流动比率。绝对指标和相对指标在企业的业绩评价中相互补充,可以更好地发挥作用。

4. 基本指标与修正指标

基本指标是企业业绩评价体系中的核心指标,用以反映企业业绩评价的初步结果。修正指标则是辅助指标,用以对基本指标评价形成的初步评价结果进行修正,以产生较为全面的企业业绩评价基本结果。例如《中央企业综合绩效评价实施细则》规定:企业盈利能力状况以净资产收益率、总资产报酬率两个基本指标和销售(营业)利润率、盈余现金保障倍数、成本费用利润率、资本收益率四个修正指标进行评价。

(三) 业绩评价指标系统的构建

评价主体进行业绩评价时,一般需进行全方位的评价,这就需要合理设计多个评价指标,从而形成一个有机的指标体系。该指标体系应具有战略高度,并注意财务业绩和非财务业绩指标相结合,体现企业创新能力等。

在这个评价体系中,根据考核导向,每个指标的重要程度是不同的,应赋予不同权重。比如,某集团企业评价下属甲乙两个部门,希望甲部门重点放在成长上,其可赋予营业收入增长率等指标更高的权重;同时希望乙企业重点做效益,其可赋予利润总额等效益指标更高的权重。

考核指标设定后，应随着内外部环境变化适时进行调整。

二、评价标准

评价标准是对评价客体进行分析评判的标准。某项指标的具体评价标准是在一定前提条件下产生的，因而会随着外部条件的变化而发生变化，也会因为评价的目标、范围和出发点不同，而进行必要调整。可见，评价标准是相对的、发展的、变化的。目前常见的业绩评价的标准有：历史标准、年度预算标准和外部标准等。在具体选用标准时，应与评价客体密切联系。一般来讲，当评价经营者业绩时，采用年度预算标准较为恰当；而当评价企业业绩时，通常采用历史水平标准和外部标准更合适。

在进行业绩评价时，要将实际的业绩信息与预先设定的目标值进行比较，以判断实际业绩的好坏。这个预先设定的目标值（也就是评价标准）就是业绩评价的基准，也是对业绩进行价值判断的尺度。如果没有比较，就无法判断优劣。

企业通常使用的业绩标准包括历史标准、预算标准、外部标准等。评价标准的制定，直接影响业绩评价的结果和被评价主体的士气。因此，业绩标准的设定至关重要。

（一）历史标准

企业在缺少外部参照对象的情况下衡量业绩时会使用企业自身的历史标准，即采用历史的业绩作为参照物，例如企业是市场上的领先者，竞争对手弱小甚至不存在时，与其自身历史业绩比较就很有必要。历史标准包括三种，分别是上年实际值、历史同期实际值、历史最好水平。使用历史标准，应注意以下问题：一是可比性问题，历史标准所处的经营环境或政策变化等使得历史标准的适应性受到的影响。二是历史标准本身也有问题，如历史标准中可能包含了工作效率问题和计量偏差。所以，使用历史标准应做适当调整。

（二）预算标准

企业用预算标准进行评价是将实际业绩结果与预算标准进行比较，得出差异并进行分析，针对差异及时修正目标或实施改进措施。从国外使用情况来看，我国的大部分企业都有预算管理的传统和习惯，但只重视预算编制，而没有将预算管理与业绩评价挂钩，没有有效地提高预算管理的水平。西方学者目前主张将预算的资源配置功能和业绩评价功能分开，预算不再是对员工的约束和评价标准，而是沟通和计划的工具；主张将预算的作用、内容和范围局限在对现金流量的预测和计划上，而传统预算的控制、评价与激励作用则由其他业绩管理制度（如 KPI 考核）来替代。就目前情况来看。

（三）外部标准

外部标准就是以同行业标准作为业绩评价标准。同行业标准包括行业均值标准或行业标杆标准，以及跨行业标杆标准等。标杆法（benchmarking）就是将企业自身的产品、服务或流程与标杆对象的最佳实务和经验相比较以达到持续改进、提升业绩的目的。

三、评价方法

评价方法是企业业绩评价的具体手段。有了评价指标和评价标准，还要采用一定的评价方法来对评价指标和评价标准进行实际运用。可见方法是将评价指标与评价标准联系在一起的纽带。没有科学、合理的评价方法，评价指标和评价标准就成了孤立的评价要素,从而也就失去了存在的意义。到目前为止,已经出现了多种评价方法,具体如下:比率法、插值法、减分法、层差法和非此即彼法。

(一) 比率法

比率法是指用指标的实际完成值除以目标值(或标准值),计算出百分比,然后乘以指标的权重分数,得到该指标的实际考核分数。比率法计算公式为:某项比率得分值=$S/M \cdot X$。其中:S为实际完成值;M为考核评价目标值;X为权重分数。

(二) 插值法

插值法又称"内插法",是利用函数$f(x)$在某区间中已知的若干点的函数值,作适当的特定函数,在区间的其他点上用这个特定函数的值作为函数$f(x)$的近似值。

例如:某集团企业业绩考核评价办法规定,利润总额权重为40%(即标准分为40分),完成目标值得标准分;完成值每超过目标值4%,加5分,最多加标准分的50%;完成值每低于目标值2%,扣5分,最多扣标准分的50%。假如某子公司某年的利润总额目标值为4 000万元,实际完成值为4 400万元,则其利润总额指标考核评价得分通过插值法计算为52.5分。

(三) 减分法

减分法是指针对标准分进行减扣而不进行加分的方法。在执行指标过程中当发现有异常情况时,就按照一定的标准扣分,如果没有异常则得到满分。

(四) 层差法

层差法是指将考核结果分为几个层次,实际执行结果落在哪个层次内,该层次所对应的分数即为考核的分数。

(五) 非此即彼法

非此即彼法是指结果只有几个可能性,不存在中间状态。如,实际执行的工作有效果即得分,无效果不得分。

第三节 基于平衡记分卡的企业业绩评价指标系统

一、平衡记分卡的由来与发展

前已述及,平衡计分卡的出现并不是偶然的,其直接原因是传统财务业绩指标本身具有局限性。企业管理层为了能对财富创造的流程进行有效监控,需要评价企业在其他非财务领域上的业绩表现:如内部作业流程、市场及顾客方面的业绩、雇员的学习能力、新产品的开发能力等。由此,一些"领导者"率先开发了企业非财务方面的业绩评价指标。最初,非财务计量和评价是根据局部的需要而设计的局部系统,并没有与整个公司的战略目标相契合。进入20世纪90年代后,实务界和理论界逐渐致力于将非财务业绩指标与战略联系起来的工作。有些公司开发了较为先进的业绩计量指标,后经过卡普兰和诺顿的抽象和归纳,于1992年提出了平衡计分卡的概念,也就是提出了业绩评价过程中对于财务方面、顾客和市场方面、学习和成长方面、内部作业流程四方面进行反映的思想,并与传统的财务记分卡相对应,提出了平衡计分卡这一名词。

这一体系提出之后，诺顿担任了复兴方案公司的总裁，该咨询公司致力于提供战略咨询和平衡计分卡的推广与运用。随着该计分体系的实际应用，一些公司的管理人员发现平衡计分卡可以作为一项有用的管理工具来实施，这也极大地启发了卡普兰和诺顿。由于战略管理作为指导公司分配资源以及实现长远价值的有效制度安排，已经成为现代工商企业进行市场竞争的基本工具，管理层能够自觉地使用战略管理来规划企业的相关活动，因此，将平衡计分卡业绩评价体系纳入企业战略规划并协助传播和实施战略活动，将充分发挥平衡计分卡对公司全方位计量、反映的职能。已有的经验表明：平衡计分卡已经从一个不断完善的计量、评价体系演变成为一个具有核心重要性的管理系统。鉴于此，卡普兰和诺顿发表于《哈佛商业评论》1996 年第 1 至 2 期的“把平衡计分卡用作战略管理系统”中，进一步提升了平衡记分卡的意义，指出一些公司对平衡记分卡的实际运用已经超越了评价方法的最初内涵，使平衡记分卡的成为了新的战略管理体系的柱石。平衡记分卡能够把企业的长期战略和短期行动联系起来，解决了传统管理体系的一个严重缺陷。然而平衡记分卡在实施过程中，还是有缺陷的。2000 年卡普兰和诺顿教授第三次发表了关于平衡记分卡的论点，他们认识到平衡记分卡的战略管理功能必须与传统的预算管理系统相结合才能真正发挥作用，认为如果不能借助预算这一企业资源分配工具，战略实施终究是空中楼阁，同时他们还提出了具体的解决方案。

二、平衡计分卡简介

平衡计分卡包括财务、顾客、内部业务流程、学习与成长四个层面的内容。

（一）财务层面

虽然以财务指标为主的业绩评价体系存在重大的缺陷，但是，财务指标始终还是业绩评价的重要内容之一，原因在于财务指标能够反映经营活动的结果。财务业绩的指标能反映出公司的策略、业绩对净利润的提高是否具有帮助。典型的财务目标是和盈利能力联系在一起的，通常包括：销售额、毛利率、净利润、现金流量、资本报酬率等。

（二）顾客层面

经济的发展，竞争的加剧使企业越来越认识到顾客对于企业的重要性。顾客是企业收入的来源，是未来发展的驱动力。平衡记分卡对顾客方面的计量主要针对为企业提供长期盈利能力的顾客群，既包括现有顾客，又包括潜在顾客。评价时主要衡量企业吸引和保持顾客的程度。因为企业只有努力提高顾客价值，才能吸引和保持顾客，获得长期竞争优势；只有顾客满意，才能实现企业的长期成功，并增进企业全体员工及社会的利益。对于顾客的计量指标主要有顾客满意度、顾客保持率、新顾客的获得、顾客盈利性和在目标市场上所占的份额等。

（三）内部业务流程层面

平衡计分卡认为，企业要想在获得顾客，进而在提高市场份额和销售收入上取得成功，就必须重视内部价值链中的关键流程的管理。内部业务流程指标着重在那些对顾客的满意程度和企业的财务指标有最大影响的内部经营上。每项经营都有其一系列独特的、为顾客创造价值和产生财务结果的过程。普通的价值链模型包含三个主要的经营过程：创新、经营和售后服务。如图 11-2 所示。

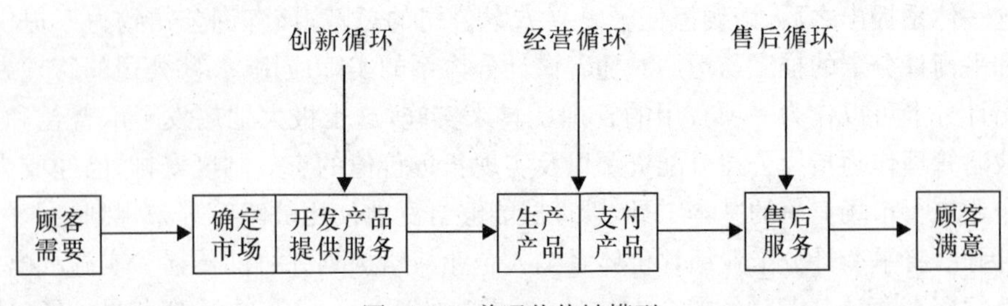

图 11-2　普通价值链模型

（四）学习与成长层面

学习与成长方面确立了企业必须建立长期的成长和进步的基础结构。顾客方面和内部业务流程方面，确立了现在和未来成功的关键因素，但仅凭当前的技术和生产能力，企业是不能达到他们在顾客和流程方面的长期目标的。同时，激烈的全球竞争促使公司不断提高他们对顾客指标的支付价值能力。

企业的学习和成长来自三个主要的资源：人员、信息系统和流程。平衡计分卡中的财务目标、顾客目标和流程目标通常显示出现有的人员、系统和流程的生产能力与实现突破性业绩目标所要求的生产能力之间的巨大差距。为了弥补这些差距，企业必须投资于培训雇员、提高信息技术、组织企业业务流程和日常工作。

三、平衡记分评价指标设计

（一）财务层面

平衡记分卡保留了财务层面的内容，对于可以用经济指标计量的方案来说，财务指标极有价值，而且财务指标对于多数企业来说仍是业绩评价的核心指标。高级管理者确定其设想一般从财务目标开始，这些目标可以分为三类：增加收入；提高生产力、效率和降低成本；改善公司对资产的利用，通常注重资本资产。

这三类不同的目标反映了不同的战略主题，管理层就必须根据企业的战略主题，在设计三个角度的目标时反映出战略主题。同时，高级管理层可以在设计平衡记分卡时，通过设计权重来衡量各目标的重要程度。

（二）顾客层面

1. 核心的结果方面评价指标

在平衡记分卡的顾客层面，管理者要明确经营单位将要竞争哪些顾客、哪些市场以及要取得多大市场份额，并计量经营单位在这些目标范围内的业绩。顾客层面的一些明确、表达清晰的计量指标包括：市场份额、会计份额、顾客保持及顾客忠诚、顾客获得、顾客满意程度、顾客获利能力。

（1）市场份额。市场份额反映了经营单位在出售商品的市场上所占的业务比例，市场份额可以通过顾客数量、花费的金额或出售的货物量来计算，尤其是其对于目标顾客群来说，这个指标显示了一个企业在目标市场上的占有情况。

（2）顾客保持率与顾客忠诚度。顾客保持和顾客忠诚可以通过考察经营单位对顾客的关系程度的方法来进行计量。很明显，在目标顾客群里保持或增加市场份额的理想方法是在这个范围里保持现有的顾客。要计量顾客保持程度，公司需要尽可能多的确定出自己的顾客来源，不断分析他们的增减变化，这样才能对他们进行衡量。

(3) 顾客获得。顾客获得可以用经营单位赢得新顾客及业务的比率来计量。企业在寻求扩大业务的过程中，通常是想增加其目标范围内的顾客，顾客获得既可以用新顾客的数量来计算，也可以通过在目标范围内对新顾客的总销售额来计算。

(4) 顾客满意度。顾客满意度是驱动顾客保持率和顾客获得的指标。顾客保持和顾客获得指标都是结果指标，他们显示了企业是否成功地满足了顾客的需要。顾客满意程度指标是这些结果指标中最为关键的，企业目前运行的怎样，与顾客的关系怎样，都反馈在顾客满意度这个指标上。

不过，顾客满意程度指标有其局限性。它只是评估态度，不是实际的行为。只有当顾客在购买产品时完全满意或极为满意时，企业才能确信这些顾客会重复采购。因此，顾客满意程度指标不能作为唯一的顾客指标。它应与更客观的行为结果指标相结合，如顾客保持、新顾客的获得等。

(5) 顾客获利能力。尽管前面几个核心的顾客指标在某些方面运用的成功，但不能保证销售策略的成功。极高的顾客满意程度和市场份额本身只是实现较高的财务收益率方法，不能代表财务上一定有好收益。所以，企业应该计量为顾客服务所获得的利润，尤其对目标顾客群，企业应该有更多的既对其满意，也可以为其带来利润的顾客，而摆脱那些不盈利的老顾客，或放弃不盈利的新顾客。

2. 结果类指标的驱动因素

上述结果类指标其实都只是衡量了在顾客方面所工作的结果，但却没有揭示其根本动因。到底是什么因素导致了顾客购买企业的产品和服务，导致了较高的顾客满意度、顾客保持程度、顾客的获得、顾客获利能力的情况以及在目标范围内的市场份额和会计份额。事实上，真正可以用来吸引和保持顾客的是企业在其目标范围内的价值观念（见图 11-3）。

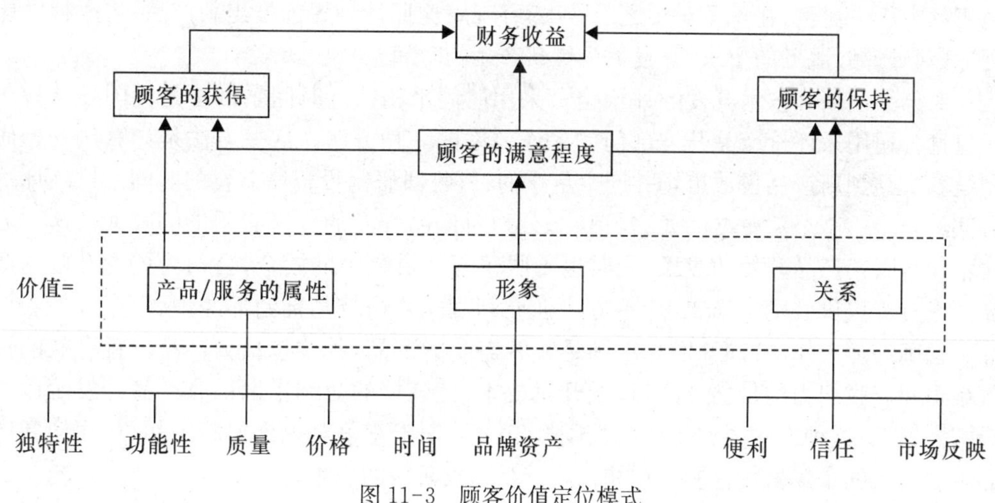

图 11-3　顾客价值定位模式

虽然价值观念在不同的行业市场范围内各不相同，但我们可以看出，在许多制造业和服务业中有一个普遍形式的企业价值观念属性，这些属性可以分为三类。即产品、服务属性，顾客关系，形象和声誉。产品、服务的属性是指产品或服务的功能、质量和价值，它直接影响着顾客对公司及其产品的评分。保持顾客关系要求公司注意向顾客提供产品或服务过程中的各种问题。顾客关注的问题可能包括公司对顾客请求的响应时间、公司交货时间长短，以及顾客在购买产品时的感觉。至于公司的形象和声誉则可以把顾客吸引到公司来，借助品牌、广告等的力量，公司可以向顾客借机展示自己的长处。

在顾客价值定位中，“时间”“质量”“价格”是三个特别重要的方面，可以说它们就是吸引、保持目标顾客并让目标顾客满意的关键因素。实际上，在所有的平衡记分卡上，这三个方面都是特别重要的方面。然而这三个方面取决于企业的内部业务流程。在下面的内部业务流程的讨论中，我们将设计出详细的时间、质量和价格的评价指标。

（三）内部业务流程业绩指标

内部业务流程业绩指标最能说明战略平衡记分卡与传统的财务业绩评价方法的区别。财务业绩评价方法强调的是对已有的责任中心和部门的控制与改进，然而，单纯对财务业绩的控制和改进很难使企业在市场中成为最具竞争力的公司。要想取得和保持竞争优势，就必须创新，讲求质量，缩短产品的生产周期，提高生产率，降低成本。而战略平衡记分卡把对企业内部业务流程的考核指标定位在创新、经营和售后服务上（见图11-2），正好体现了这种要求。

1. 创新过程

创新是一个创造“顾客价值定位”的漫长过程，在这个过程中，公司首先要发现和培养新市场、新顾客，并顾全现有顾客的需要，然后着手设计和开发新的产品/服务，将其打入新市场。过去，人们很少把注意力放在建立新产品开发的业绩指标上。然而，今天的许多企业是从不断开发新产品/服务中获得竞争优势的。因此，创新过程成了企业内部价值链中重要的一环，应该通过明确的目标和指标来激励并评价创新活动。

对创新过程的业绩进行衡量的手段包括：新产品在销售额中所占比例；专利产品在销售额中所占比例；在竞争对手之前推出新产品；比原计划提前推出新产品；生产程序能否适应新产品/服务的要求；开发下一代新产品的时间。

对产品创新和技术开发的评价也可采用时间平衡法。时间平衡法是美国赫莱特·帕克德公司用来评价产品开发部门的工作效率的一种方法。这一方法是计算从开始研制某新产品到新产品投放市场并产生足够的、可收回研制投资所需要的时间。这一评价方法综合了三个至关重要的要素：第一，公司对产品开发的投资必须能够收回。这一方法不仅着眼于产品开发的成果，同时也着眼于开发过程中的投资，公司为更为有效的产品开发过程提供鼓励。第二，这一方法强调利润。公司鼓励推销部经理、生产人员和设计工程师一道工作，共同开发真正满足顾客需要的产品，其中包括为产品设置有效的销售渠道和有吸引力的价格，同时降低开发成本，使公司的盈利足以回收产品开发阶段的投资。第三，这种方法强调实效。鼓励开发人员先于竞争对手推出新产品，从而使新产品占据更大的市场份额，同时，尽快回收产品开发阶段的成本。

2. 经营过程

经营业绩指标主要用于评价企业的经营过程，这一经营过程从接受顾客的订单开始到将完工产品运送到顾客手中。评价指标主要是关于质量、生产周期效率、成本以及新产品进入等方面。其中，“时间”“质量”“价格”是三个非常重要的业绩驱动因素，企业必须针对这三个方面设计业绩衡量手段。

1）对时间进行衡量的手段

生产产品的周转时间和响应时间都是衡量时间的有效指标。

2）对质量进行衡量的手段

几乎所有的企业都有现存的质量计划和质量标准，对质量进行评估在这类计划中占据中心位置。产成品质量指标可以用废品来计量——每百万个零件废品率。其他的质量指标包括顾客的退货、保证条款、外勤服务要求。

3）对成本进行衡量的手段

在注重对经营过程中的时间和质量进行衡量时，不应忽略对生产成本进行衡量。传统的财务会计制度往往对单个经营任务、经营活动或单个部门的费用和工作效率进行衡量，但这种制度难以应用贯穿于整个经营过程的活动。通常，完成订单、采购以及生产规划和控制需要多个责任部门的合作。使用以作业为中心的成本计算体制，经理们才能对经营过程中的成本进行衡量。实际上，在生产经营过程中，要对成本进行正确的有效的评价，应当引入现代成本计算体系——作业成本法。在作业成本法下计算出的产品/服务的成本，才可以和前述的"质量""时间"的衡量手段一起，作为企业内部经营过程业绩的重要评价标准

3. 售后服务

售后服务包括对产品和服务提供担保、维修及结算的过程。在这个环节中，服务的速度、质量是非常重要的。可以用对顾客请求的相应时间、排除故障的时间和比率、售后服务一次成功的比率等标准来衡量。另外，还需要考察提供售后服务的成本。

（四）学习与增长层面的业绩评价指标

战略平衡记分卡所强调的投资重点是未来的投资项目，诸如新产品和新设备的研究和开发，而不是传统的投资领域。这就要求企业的管理人员和职员应不断地进行新技术、新知识的培训学习，以适应时代发展需要；建立有效的信息系统，以便及时获取信息；设立良好的激励机制，以激发全体员工的积极性。

今天，几乎所有的日常工作都已是自动化，计算机控制的制造过程代替了工人日常的生产和转配活动，日益增多的服务公司通过先进的信息系统和通讯手段与他的顾客建立了直接联系。对于一个想维持现有业绩的公司来说，它必须不断的改进，改进过程和顾客业绩的想法必须来自内部业务流程的一线员工，对这些雇员进行再培训，以调动他们的思维和创造力来实现企业的目标。

卡普兰教授认为大多数公司是根据三个核心结果指标来评价员工的能力的。这三个指标是员工满意程度、员工稳定性、和员工的生产率。

1. 员工的满意程度

员工的满意度目标认为员工士气和对工作满意的程度对大多数企业来说是相当重要的。使雇员满意是提高生产率、灵敏度、产品质量和顾客服务的前提条件，公司早就注意到在平衡记分卡执行过程中，在员工满意程度调查中得分最高的员工拥有最令人满意的顾客。因此，想要获得高水平的顾客满意度的企业需要对公司满意的员工来为顾客服务。

衡量公司员工满意度的典型方法是进行年度调查或滚动调查，每个月按指定的百分

比随意选择雇员来进行调查。调查项目一般包括:决策参与度;工作成果能否得到承认;是否有充足的信息把工作做好;职能部门的支持水平如何;创造性及其运用能否得到奖励。

2. 员工的稳定性

员工的稳定性是以保持公司员工长期被雇用为目标。这个指标的基本理论是,企业在员工身上进行了长期投资,因此,员工的辞职反映了企业在智力资本投资方面的损失,尤其是那些在企业长期工作的员工,掌握着企业经营过程的员工更是如此。员工的稳定性一般通过人事变动百分比来计量。

3. 员工的生产率

员工的生产率是评价员工技术和信心、创新、内部过程改进,以及顾客满意度效果的一个综合结果指标。目的是把员工生产的产品与生产这些产品的员工数量联系起来。计量员工生产率有多种方法。

最简单的生产率指标是每个员工的收入,这个指标代表了每个员工能生产多少产品。当雇员和企业能更有效的销售大量的并且是有较高的附加值的产品和服务时,每个员工的收入就会增加。

从对平衡记分卡的四个层面评价指标的阐述可以看出,平衡记分卡使经营单位的一系列目标超越了传统性的财务评价方法。在平衡记分卡的框架下,公司经理们能够衡量自己的经营单位如何为目前和将来的顾客创造价值,也可以明白应该如何提高内部能力来改善公司的未来业绩。平衡记分卡关注企业的价值创造活动,既通过财务视角关注短期业绩,也明确揭示出如何保证长期的财务业绩和竞争优势。

四、平衡记分卡在四个层面指标上的联系

(一) 四个层面指标在理论上的联系

平衡记分卡的每一个衡量指标都是用来衡量企业战略的某个方面,它是一组关键性衡量指标的组合。平衡记分卡的价值在于将组织的战略目标与一组衡量指标有机的结合起来,从而体现出员工的业绩表现与组织的战略目标到底有多大的关联。平衡记分卡四个层面的指标之间具有明确的、严密的因果关系,一定的财务指标可以追溯至企业在顾客方面、内部经营上,以及员工的培养方面所取得的一系列环环相扣、相辅相成的成果。通过平衡记分卡所显示的"成果"和"成果动因",企业管理者可以清楚地知道哪些活动是在促进公司的战略进步的,而且也可以知道为了达成一定的战略目标需要在企业活动中完成哪些工作,从而从战略的高度清晰地把握生产经营活动的总体方向。

(二) 四个层面之间的关系举例

某个机电行业的上市公司的战略目标是进入全球500强,在生产能力、获利能力、市场占有率上稳步上升,从而支持公司的股价,为现有股东带来持续稳定的收益。为达到这一目的,从财务上来说要提高投资报酬率,那么,作为结果类指标的投资报酬率的提高是由哪些因素产生的呢?在顾客层面,现有顾客保持较高的忠诚度、现有顾客销量的稳步增大,以及新顾客群的稳步增长可以促使收入增加,投资报酬率上涨。但是,如何保持乃至扩大顾客群呢?我们可以在内部经营上找到答案,即通过对顾客进行调查,发现及时送货、保证产品质量以及价格合理对顾客有很大的吸引力。为了实现这三个目标,必

须在内部经营过程中进行改进，如引进适时制生产以缩短存货周转率、采用作业成本管理法降低成本。为了达到内部经营的上述需要，需要对员工进行培训，以提高他们的技能，这无疑可以用“学习与成长”方面的指标培训费用、培训结果、培训后的工作效率来评价（见图 11-4）。

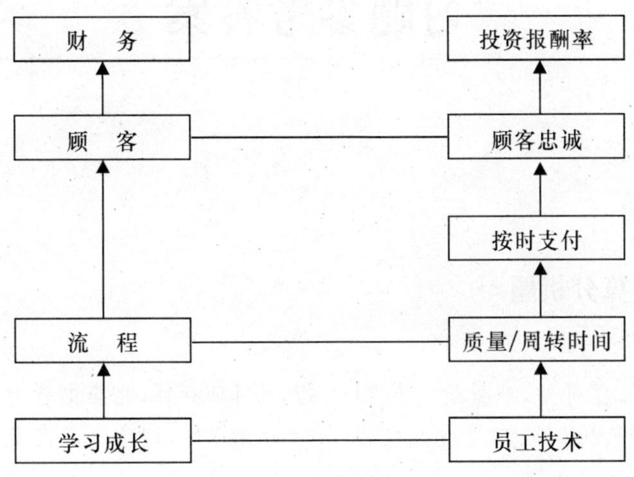

图 11-4 四个层面关系

（三）总结

一个结构合理的平衡记分卡可以在结果指标和产生这些结果类指标的动因指标之间建立一种明确的、严密的因果关系。综合类结果指标和动因类业绩指标总是环环相扣的。结果类指标（如收入增长）说明了执行战略的实际成果，是“滞后”的，相反，驱动性指标（如产品制造周期）则是“领先的”，它显示了过程的改变，最终影响了产出。尽管结果类指标仍然是平衡记分卡的重要组成部分，但平衡记分卡更注重驱动性指标，因此驱动性指标可以衡量即将产出的结果。通过平衡记分卡，企业管理者可以把结果和驱动因素联系起来，更好的把握全局。

总之，平衡记分卡是 20 世纪 90 年代的最新研究成果，它完善了业绩评价体系，弥补了传统评价指标的缺陷。美国对这一问题的研究处于领先地位。但迄今为止，平衡记分卡的研究还处在理论多些，实务应用较少的局面。在我国，对平衡记分卡的研究除了学习西方方法，也有在实践中应用的案例。

习题参考答案

第一章(略)

第二章 计算分析题

1.

(1) 从表中数据可知,产量最高在11月份,为1 000件,相应电费为2 500元,所以最高点坐标为(1 000,2 500);产量最低在2月份,为300件,相应电费在1 500元,所以最低点坐标为(300,1 500)。则:

b=(2 500−1 500)÷(1 000−300)=1.4285

a=1 500−1.4285×300=1 071(元)或a=2 500−1.4285×1 000=1 071(元)

(小数点后省略)

通过计算,可以看出企业水费这项混合成本属于固定成本的金额为1 071元,单位变动成本为1.4285元。由此可以建立这项混合成本的数学模型为y=1 071+1.4285x。

(2) 20×7年1月的电费支出=1 071+1.4285x=1 071+1.4285×890=2 342(元)

2.

变动成本法下产品存货成本=100 000+40 000+30 000=170 000(元)

完全成本法下产品存货成本=100 000+40 000+30 000+45 000=215 000(元)

3.

利润表(变动成本计算法) 单位:元

项　　目	20×4年	20×5年	20×6年
销售收入	400 000	500 000	450 000
减:变动生产成本	144 000	180 000	162 000
贡献毛益	256 000	320 000	288 000
减:固定成本			
固定制造费用	50 000	50 000	50 000
固定销售和管理费用	30 000	30 000	30 000
固定成本合计	80 000	80 000	80 000
税前利润	176 000	240 000	208 000

利润表(完全成本计算法)　　　　单位：元

项　　目	20×4年	20×5年	20×6年
销售收入	400 000	500 000	450 000
减：销货成本			
期初存货成本	0	46 000	0
本期生产成本	230 000	194 000	212 000
可供销售产品成本	230 000	240 000	212 000
减：期末存货成本	46 000	0	0
销货成本	184 000	240 000	212 000
销货毛利	216 000	260 000	238 000
减：销售费用和管理费用	30 000	30 000	30 000
税前利润	186 000	230 000	208 000

第一年变动成本法的利润低于完全成本法的利润，两者产生差异的原因就在于两种成本法对固定制造费用的处理不同。完全成本法将10 000元的固定制造费用留到了期末存货成本中而没有从当期销售成本中扣除，而变动成本法则将其在当期全部扣除，所以变动成本法的利润比完全成本法的少10 000元。第二年则正好相反。第三年两者在产量等于销量的情况下，利润相等。

第三章 计算分析题

1.

贡献毛益率＝(50－10)÷50＝80%

盈亏临界点销售额＝50 000÷80%＝62 500(元)

盈亏临界点销售量＝50 000÷(50－10)＝1 250(件)

盈亏临界点作业率＝62 500÷(50×8 000)＝15.625%

安全边际销售量＝8 000－50 000÷(50－10)＝6 750(件)

目标利润额＝6 750×(50－10)＝270 000(元)

2.

(1)

1) 计算各种产品销售收入占总收入的销售比重。

公司计划销售收入总额＝5 000×100＋7 500×80＋6 000×150＝2 000 000(元)

甲产品计划销售收入占公司计划总收入的比重＝500 000÷2 000 000＝0.25

乙产品计划销售收入占公司计划总收入的比重＝600 000÷2 000 000＝0.3

丙产品计划销售收入占公司计划总收入的比重＝900 000÷2 000 000＝0.45

2) 公司的综合贡献毛益率＝0.25×[(5 000－3 000)÷5 000]＋0.3×[(7 500－4 500)÷7 500]＋0.45×[(6 000－4 800)÷6 000]＝0.31

3) 公司盈亏临界点销售额＝310 000÷0.31＝1 000 000(元)

甲产品盈亏临界点销售额＝1 000 000×0.25＝250 000(元)

乙产品盈亏临界点销售额＝1 000 000×0.3＝300 000(元)

丙产品盈亏临界点销售额＝1 000 000×0.45＝450 000(元)

(2) 在三种产品的销售收入比例为3∶4∶3条件下，

公司的综合贡献毛益率 $=0.3\times[(5\,000-3\,000)\div5\,000]+0.4\times[(7\,500-4\,500)\div7\,500]$

$+0.3\times[(6\,000-4\,800)\div6\,000]=0.34$(元)

公司盈亏临界点销售额 $=\dfrac{310\,000}{0.34}\approx911\,765$(元)

甲产品盈亏临界点销售额 $=911\,765\times0.3=273\,529.5$(元)

乙产品盈亏临界点销售额 $=911\,765\times0.4=364\,706$(元)

丙产品盈亏临界点销售额 $=911\,765\times0.3=273\,529.5$(元)

3.

企业的目标利润 $=(120-60)\times2\,500-120\,000=30\,000$(元)

根据化简了的敏感系数公式有：

销售单价的敏感系数 $=120\times2\,500\div30\,000=10$

销售量的敏感系数 $=(120-60)\times2\,500\div30\,000=5$

单位变动成本的敏感系数 $=-60\times2\,500\div30\,000=-5$

所以：

销售单价增加10%，利润将增加 $10\times10\%=100\%$，此时利润额 $=30\,000\times(1+100\%)=60\,000$(元)

销售量下降5%，利润将减少 $5\times5\%=25\%$，利润额 $=30\,000\times(1-25\%)=22\,500$(元)

单位变动成本上升15%，利润将减少75%，利润额 $=30\,000\times(1-75\%)=7\,500$(元)

4.

(1) 盈亏临界点销售量。

利润 $P=TR-TC=5.6x-0.05x^2-(10-0.4x+0.7x^2)=-0.75x^2+6x-10$

令 $P=0$，则有 $-0.75x^2+6x-10=0$

解得：$x_1=2.367$(万件)，$x_2=5.633$(万件)

(2) 最大利润的销售量。

由于 $P=-0.75x^2+6x-10$，所以可以求出 x 的一阶导数 P'_x，当 $P'_x=0$ 时，可实现利润最大化，即 $P'_x=(-0.75x^2+6x-10)'=-1.5x+6$

令 $P'_x=0$，则有 $x=4$(万件)

也就是说，产量达到4万件时，企业实现最大利润，此时的利润为2万元。

(3) 最优售价。

在 $x=4$ 时，企业的总收入 $TR=5.6x-0.05x^2=5.6\times4-0.05\times4^2=21.6$(万元)

此时的产品售价 $=TR\div x=21.6\div4=5.4$(元)

第四章 计算分析题

1. 预计1月份的销售额 $=\alpha A+(1-\alpha)=0.6\times5\,400+(1-0.6)\times5\,420=5\,408$(件)

2. 根据题中资料可以得出：高点坐标为(1 000,5 200)；低点坐标为(500,2 750)。

则

$$b=\frac{5\,200-2\,750}{1\,000-500}=4.9$$

$$a=5\,200-4.9\times1\,000=300$$

即：这项B产品的成本性态模型为 $y=300+4.9x$

由于预计20×7年1月份B产品产量为1 050件，所以20×7年1月份的总成本为：

$$300+4.9\times1\,050=5\,145(\text{元})$$

3.

(1) 根据回归分析原理对给定的资料进行加工延伸，编制计算表如下表所示。

年　份	销售收入总额(万元)(x)	资金需要总额(万元)(y)	xy	x^2
20×1	40	25	1 000	1 600
20×2	43	27	1 161	1 849
20×3	42	26	1 092	1 764
20×4	45	28	1 260	2 025
20×5	50	29	1 450	2 500
$n=5$	$\sum x=220$	$\sum y=135$	$\sum xy=5\,963$	$\sum x^2=9\,738$

(2) $b=\dfrac{n\sum xy-\sum x\cdot\sum y}{n\sum x^2-(\sum x)^2}=\dfrac{5\times5\,963-220\times135}{5\times9\,738-220^2}=0.40$

$a=\dfrac{\sum y-b\sum x}{n}=\dfrac{135-0.4\times220}{5}=9.4$

(3) 将 a 与 b 的值代入资金需要总量 y 的公式：

预计20×6年资金需要总量 $y=9.4+0.4\times55=31.4$(万元)

所以，预计20×6年需追加资金＝31.4－30＝1.4(万元)

第五章 计算分析题

1. 客户的报价22元，低于正常价格，而且从企业的成本报表看，该报价还未能弥补企业的生产成本，似乎不应该接受此特殊订货。但是，考虑到企业目前生产能力尚有剩余，不论是否接受此订单，固定性制造费用和销售费用都将照常发生，变动性销售费用也保持原样，所以这些都属于非相关成本，因此，对该订货相关成本分析如下表所示。

单位：元

项　　目	金　　额
剩余生产能力[15 000×(1－80%)]	3 000
相关收入(2 000×22)	44 000
相关成本	
直接材料(2 000×15)	30 000
标准制造成本(2 000×0.3)	600
直接人工(2 000×2)	4 000
变动性制造费用(2 000×2)	4 000
相关成本合计	38 600
接受订单的增量收益	5 400

由于接受订单的增量收益为5 400元，可以接受此订货。

2.

(1) 就报表数据而言，C产品出现了亏损，企业可能考虑是否停产，但是必须对相关成本和收入作进一步分析。经过分析发现，停止生产C产品，则销售收入将减少，而变动成本如直接材料等也将减少。固定成本不会改变其总额，而是将原来由C产品分摊的部分，转由A产品和B产品来分摊，因此属于非相关成本。所以，停止生产C产品的相关收入将减少300 000元，而相关成本也减少240 000元，从而使贡献毛益减少60 000元。所以，停产不但不能使企业利润增加，反而减少了贡献毛益，从而使利润减少。

停止生产C产品的相关成本分析如下表所示。

单位：元

项目	金额
相关收入	−300 000
相关成本	−240 000
停止生产C产品的增量收益(负数为损失)	−60 000

因此，不应停产C产品。

(2) 通过分析可以发现，A产品的贡献毛益率为30%，B产品的贡献毛益率为40%，C产品的贡献毛益率为20%。C产品的盈利能力最低。停产C产品，贡献毛益将减少60 000元，但是，由于增加A产品和B产品的销量，将使贡献毛益增加。

是否停止生产C产品的相关分析如下表所示。

单位：元

A产品的贡献毛益增加(120 000×30%)	36 000
B产品的贡献毛益增加(144 000×20%)	28 800
合计	64 800
减：C产品的贡献毛益减少	60 000
贡献毛益增加	4 800

因此，不应停产C产品。

3. 如果将A零件生产外包，则变动成本将不再发生，而分摊的固定性制造费用则保持不变。从表面上看，自制单位成本为25元，而外购单价为20元，似乎应当选择外购，但实际上单位成本中有些成本项目不会因为外包而发生改变，因而属于非相关成本，不应在分析中考虑。假设企业存在剩余生产能力，由于外包而节约的生产能力没有其他用途，则可进行相关成本分析如下表所示。

单位：元

自制的相关成本	成本总额
直接材料	500 000
直接人工	150 000
变动性制造费用	100 000
合计	300 000
外购相关成本(20×10 000)	200 000
自制零件节约成本	100 000

可见，企业不应选择外包，而应当自制零件。

第六章 计算分析题

1. 该债券的资本成本为：

$$K_b=\frac{I_b(1-T)}{B_0(1-f_b)}=\frac{B\cdot i_b(1-T)}{B_0(1-f_b)}=\frac{500\times10\%\times(1-40\%)}{400\times(1-4\%)}=7.81\%$$

2. 每年法定的固定资产折旧额为 100 000 元(800 000÷8)。

现金流量图和计算过程分别如下表所示。

单位：元

t	0	1	2	3	…	7	8
固定资产投资①	−800 000				…		
流动资产投资②	−200 000				…		
销售收入③		400 000	400 000	400 000	…	400 000	400 000
付出成本④		150 000	150 000	150 000	…	150 000	150 000
折旧⑤		100 000	100 000	100 000	…	100 000	100 000
税前利润⑥＝③－④－⑤		150 000	150 000	150 000	…	150 000	150 000
所得税⑦＝⑥×30%		45 000	45 000	45 000	…	45 000	45 000
税后净利⑧＝⑥－⑦		105 000	105 000	105 000	…	105 000	105 000
变价收入⑨					…		150 000
流动资金回收⑩					…		200 000
终结清理费用⑪					…		−100 000
净现金流量⑫	−1 000 000	205 000	205 000	205 000	…	205 000	355 000

注：1～7 年的净现金流量＝税后净利＋折旧＝105 000＋100 000＝205 000(元)

第 8 年的净现金流量＝税后净利＋折旧＋流动资金回收－终结清理费用

＝105 000＋100 000＋200 000－100 000＝355 000(元)

3. 第一步，预测项目的初始现金流出量如下表所示。

单位：万元

厂房建筑物	1 200
设备	800
营运资本净额	600
合　计	2 600

第二步，估计项目的营业期净现金流出量如下表所示。

单位：万元

	20×8年	20×9年	20×0年	20×1年
营业收入①	4 000	4 000	4 000	4 000
变动成本②=①×60%	2 400	2 400	2 400	2 400
固定成本③	500	500	500	500
其中：建筑物折旧	40	40	40	40
设备折旧	160	160	160	160
税前收益④=①－②－③	1 100	1 100	1 100	1 100
所得税⑤=④×40%	440	440	440	440
税后收益⑥=④－⑤	660	660	660	660
折旧⑦	200	200	200	200
经营产生的净现金流量⑧=⑥+⑦	860	860	860	860

第三步，计算终结点(期末)的回收额。

终结点回收额＝净营运资金回收额＋净残值＝600＋1 050＝1 650(万元)

则终结点的净现金流量＝860＋1 650＝2 510(万元)

根据以上分析结果，该项目的净现金流量如下表所示。

单位：万元

年　份	0	1	2	3	4
净现金流量	(2 600)	860	860	860	2 510

4.

(1) 投资回收期。

根据提供的现金净流量资料，计算的累计现金净流量如下表所示。

现金净流量表　　单位：万元

时　期	0	1	2	3	4	5	6	7～9	10
每年现金净流量	−21	−21	−22	15.4	15.4	19.6	19.6	19.6	31.6
累计现金净流量	−21	−42	−64	−48.6	−33.2	−13.6	6.0	64.8	96.4

从上表的累计现金净流量数据可以看出，包括建设期的投资回收期在5～6年之间，用插值法计算确定如下：

$PP=5+[(-13.6-0)\div(-13.6-6)]=5.69$(年)

说明该投资方案在不到6年的时间内就可收回全部投资额。如果不考虑2年的投资建设期，实际回收期不到4年。

(2) 净现值。

$$NPV=\{15.4\times[(P/A,10\%,4)-(P/A,10\%,2)]+19.6\times[(P/A,10\%,9)-(P/A,10\%,4)]+31.6\times(P/F,10\%,10)\}-[21+21\times(P/F,10\%,1)+22\times(P/F,10\%,2)]$$
$$=85.03-58.261$$
$$=26.769(万元)>0$$

(3) 现值指数。

运用净现值计算过程中的有关数据,可以进一步计算出现值指数。

$$PI=\{15.4\times[(P/A,10\%,4)-(P/A,10\%,2)]+19.6\times[(P/A,10\%,9)-(P/A,10\%,4)]+31.6\times(P/F,10\%,10)\}\div[21+21\times(P/F,10\%,1)+22\times(P/F,10\%,2)]$$
$$=85.03\div58.261$$
$$=1.4595>1$$

(4) 内含报酬率。

通过多次测试(计算过程略)确定:当估计18%的折现率时,净现值为0.3994万元,估计20%的折现率时,净现值为-4.0546万元,运用插值法计算:

$$IRR=18\%+(20\%-18\%)\times[(0-0.3994)\div(-4.0546-0.3994)]$$
$$=18\%+0.1793\%=18.1793\%$$

评价:该方案的净现值为26.769万元>0;现值指数为1.4595>1;内含报酬率为18.1793%>10%(既定的折现率)。所以该投资方案经济上可行。至于非折现的两项评价指标,如事先确定了评价的标准,也可进行相应的评价分析,但一般处于次要地位。

5.

(1) 计算新旧设备的各年净现金流出量。

1) 继续使用旧设备的各年净现金流出量:

年折旧额(直线法)=30 000÷10=3 000(元)

$COF_0=0$

$COF_{1\sim2}=3\,000\times(1-0.4)+8\,000\times(1-0.4)-3\,000\times0.4=5\,400$(元)

$COF_{3\sim5}=3\,000\times(1-0.4)-3\,000\times0.4=600$(元)

2) 更换新设备的各年净现金流出量:

年折旧额(直线法)=(40 000-4 000)÷9=4 000(元)

$COF_0=40\,000-10\,000-[(30\,000-3\,000\times5)-10\,000]\times0.4=28\,000$(元)

$COF_{1\sim8}=2\,800\times(1-0.4)-4\,000\times0.4=80$(元)

$COF_9=2\,800\times(1-0.4)-4\,000\times0.4-4\,000=-3\,920$(元)

(2) 计算两方案的现金流出的总现值。

1) 继续使用旧设备的现金流出总现值$=0+5\,400\times(P/A,10\%,2)+600\times[(P/A,10\%,5)-(P/A,10\%,2)]=5\,400\times1.736+600\times(3.791-1.736)=10\,607.4$(元)

2) 更换新设备的现金流出总现值$=28\,000+80\times(P/A,10\%,8)+(-3\,920)\times$

$(P/S,10\%,9)=28\,000+80\times5.335+(-3\,920)\times0.424=26\,764.72$(元)

(3) 计算新旧设备的平均年成本。

1) 继续使用旧设备的平均年成本$=10\,607.4\div(P/A,10\%,5)=10\,607.4\div3.791=2\,798.05$(元)

2) 更换新设备的平均年成本$=26\,764.72\div(P/A,10\%,9)=26\,764.72\div5.759=4\,647.46$(元)

通过上述计算可知,继续使用旧设备的平均年成本较低,不宜进行设备更新。

第七章 计算分析题

1. 权衡上述各项费用开支的轻重缓急排出层次和顺序:

第一层次为劳动保护费、办公费和保险费。因为劳动保护费、办公费和保险费在预算期必不可少,需要全额得到保证,属于不可避免的约束性固定成本,故应列为第一层次。

第二层次和第三层次分别为业务招待费和广告费。因为业务招待费和广告费可根据预算期间企业财力情况酌情增减,属于可避免项目;其中广告费的成本收益较大,应列为第二层次;业务招待费的成本收益相对较小,应列为第三层次。

根据以上排列的层次和顺序,分配资源,最终落实的预算金额如下:

(1) 确定不可避免项目的预算金额:

180 000+100 000+120 000=400 000(元)

(2) 确定可分配的资金数额:

850 000−400 000=450 000(元)

(3) 按成本效益比重将可分配的资金数额在业务招待费和广告费之间进行分配:

450 000×[4÷(4+6)]=180 000(元)

450 000×[6÷(4+6)]=270 000(元)

2. 根据题中资料编制甲公司20×7年度的销售预算如下表所示。

销 售 预 算

20×7年度　　　　单位:元

	摘　要	第一季度	第二季度	第三季度	第四季度	合　计
销售预算	预计销售数量(件)	1 500	2 000	2 000	1 500	7 000
	单价	100	100	100	100	100
	预计销售收入	150 000	200 000	200 000	150 000	700 000
预期现金收入	应收账款2006年年末余额	30 000				30 000
	本季度现销收入	60 000	80 000	80 000	60 000	280 000
	收回上季度应收账款		90 000	120 000	120 000	330 000
	合　计	90 000	170 000	200 000	180 000	640 000

3. 根据题中资料编制乙公司20×7年度的直接材料预算如下表所示。

直接材料预算表

20×7 年度　　　　单位：元

	摘　　要	第一季度	第二季度	第三季度	第四季度	合　计
直接材料采购预算	预计生产量(件)	1 600	2 000	1 950	1 460	7 010
	单位产品材料用量(千克)	2	2	2	2	
	材料耗用总量(千克)	3 200	4 000	3 900	2 920	14 020
	加：预计期末材料存货量	800	780	584	460	460
	减：预计期初材料存货量	420	800	780	584	420
	预计材料采购量(千克)	3 580	3 980	3 704	2 796	14 060
	材料单价	10	10	10	10	
	预计材料采购金额	35 800	39 800	37 040	27 960	140 600
现金支出	本期现金支付材料款	17 900	19 900	18 520	13 980	70 300
	支付上期应付账款	6 000	17 900	19 900	18 520	62 320
	现金支出合计	23 900	37 800	38 420	32 500	132 620

4.

(1) 经营性现金流入＝72 000×10%＋82 000×20%＋80 000×70%＝79 600(万元)

(2) 经营性现金流出＝(16 000×70%＋10 000)＋16 800＋(16 000－8 000)＋2 000＋80 000×10%＋3 800＝59 800(万元)

(3) 现金余缺＝160＋79 600－59 800－24 000＝－4 040(万元)

(4) 应向银行借款的最低金额＝4 040＋200＝4 240(万元)

(5) 4 月末应收账款余额＝82 000×10%＋80 000×30%＝32 200(万元)

5.

(1) 编制现金预算表。

1) 计算销售收入。

第一季度：1 950×1 000×80%＋400 000＝1 960 000(元)

第二季度：2 900×1 000×80%＋1 950×1 000×20%＝2 710 000(元)

第三季度：3 750×1 000×80%＋2 900×1 000×20%＝3 580 000(元)

第四季度：2 200×1 000×80%＋3 750×1 000×20%＝2 510 000(元)

2) 计算材料支出。

第一季度：1 411 000×60%＋520 000＝1 366 600(元)

第二季度：1 460 000×60%＋1 411 000×40%＝1 440 400(元)

第三季度：1 484 000×60%＋1 460 000×40%＝1 474 400(元)

第四季度：1 519 000×60%＋1 484 000×40%＝1 505 000(元)

3) 计算利息。

第一季度：0

第二季度：200 000×8%×2/4＝8 000(元)(借款 200 000 元的利息)

第三季度：(200 000－10 000)×8%×1/4＋500 000×12%×1/4＝3 800＋15 000＝

18 800(元)

第四季度：90 000×8%×1/4+500 000×12%×1/4=1 800+15 000=16 800(元)

单位：元

季　度	第一季度	第二季度	第三季度	第四季度	合　计
期初余额	210 000	226 900	232 700	241 380	910 980
经营现金收入	1 960 000	2 710 000	3 580 000	2 510 000	10 760 000
材料支出	1 366 600	1 440 400	1 474 400	1 505 000	5 786 400
人工支出	228 000	241 200	247 200	252 000	968 400
制造费用	154 000	160 600	163 600	166 000	644 200
期间费用	64 500	74 000	82 500	67 000	288 000
产品销售税金	195 000	290 000	375 000	220 000	1 080 000
预交所得税	200 000	200 000	200 000	200 000	800 000
预分股利	80 000	80 000	80 000	80 000	320 000
购置设备	55 000	700 000	180 000	65 000	1 000 000
现金余缺	－173 100	－249 300	1 010 000	196 380	783 980
借款	200 000				200 000
还款		－10 000	－100 000	－90 000	－200 000
发行优先股	200 000				200 000
发行债券		500 000			500 000
支付利息		－8 000	－18 800	－16 800	－43 600
购买有价证券			－649 820	160 000	－489 820
期末余额	226 900	232 700	241 380	249 580	249 580

(2)编制预计利润表。

销售收入=(1 950+2 900+3 750+2 200)×1 000=1 080 000(元)

销售成本=285 000+12 146×600−1 361×600=6 756 000(元)

期间费用=(288 000+8 000)+43 600+(160 000+120 000)=619 600(元)

单位：元

项　　目	金　　额
销售收入	1 0800 000
销售成本	6 756 000
销售税金	1 080 000
贡献毛益	2 964 000
期间费用	619 600
利润总额	2 344 400
所得税	773 652
净利润	1 570 748

(3) 编制预计资产负债表。

现金＝249 580(元)(现金预算表上的期末余额)

应收账款＝2 200×1 000×20％＝440 000(元)

材料＝280 000＋(1 411 000＋1 460 000＋1 484 000＋1 519 000)－5 835 000
＝319 000(元)

产成品＝1 361×600＝816 600(元)

应付账款＝1 519 000×40％＝607 600(元)

所得税＝773 652－800 000(预交所得税)＝－26 348(元)

留存收益＝533 000＋(1 570 748－320 000)＝1 783 748(元)

项　目	年初数	年末数	项　目	年初数	年末数
现金	210 000	249 580	应付账款	520 000	607 600
应收账款	400 000	440 000	应付债券		500 000
材料	280 000	319 000	应交所得税		26348
产成品	285 000	81 660	普通股	2 800 000	280 000
固定资产	2 950 000	3 950 000	优先股		20 000
累计折旧	272 000	400 000	留存收益	533 000	1 783 748
有价证券	0	489 820			
合　计	3 853 000	5 865 000	合　计	3 853 000	5 865 000

第八章 计算分析题

1.

直接材料成本差异＝实际材料成本－标准材料成本
＝1.4×20 000－3 000×6.25×1.36＝2 500(元)

用量差异＝(实际材料用量－标准材料用量)×标准材料价格
＝(20 000－3 000×6.25)×1.36＝1 700(元)

价格差异＝(实际材料价格－标准材料价格)×实际材料用量
＝(1.4－1.36)×20 000＝800(元)

2.

(1) 直接材料的成本差异以及价格差异和用量差异。

直接材料成本差异＝实际材料成本－标准材料成本
＝(80 900×9.5＋125 700×3.2)－[2 800×(12×10＋10×3)＋6 000×(8×10＋16×3)]
＝－17 210(元)

用量差异＝(实际材料用量－标准材料用量)×标准材料价格
＝[80 900－(2 800×12＋6 000×8)]×10＋[125 700－(2 800×10＋6 000×16)]×3＝－1 900(元)

价格差异＝(实际材料价格－标准材料价格)×实际材料用量

＝(9.5－10)×80 900＋(3.2－3)×125 700＝－15 310(元)

(2) 直接人工的成本差异以及工资率差异和效率差异。

直接人工成本差异＝直接人工实际成本－直接人工标准成本

＝(725＋2 310)×14.4－(2 800×0.25＋6 000×0.4)×14

＝304(元)

工资率差异＝实际工时×(实际工资率－标准工资率)

＝(725＋2 310)×(14.4－14)＝1 214(元)

人工效率差异＝(实际工时－标准工时)×标准工资率

＝[(725＋2 310)－(2 800×0.25＋6 000×0.4)]×14

＝－910(元)

3.

(1) 变动制造费用的成本差异以及效率差异和开支差异。

变动制造费用差异＝实际变动制造费用－标准变动制造费用

＝28 000－2×900×15＝1 000(元)

变动制造费用开支差异＝(实际分配率－标准分配率)×实际工时

＝(28 000÷14 000－2)×14 000＝0

变动制造费用效率差异＝(实际工时－标准工时)×标准分配率

＝(14 000－900×15)×2＝1 000(元)

(2) 固定制造费用的成本差异以及三因素分析法下的各项差异。

固定制造费用开支差异＝固定制造费用实际数－固定制造费用预算数

＝42 000－45 000＝－3 000(元)

固定制造费用闲置能量差异＝固定制造费用标准分配率×预算工时－标准分配率×实际工时

＝3×15 000－3×14 000＝3 000(元)

固定制造费用效率差异＝实际工时×标准分配率－标准工时×标准分配率

＝(14 000－900×15)×3＝1 500(元)

第九章 计算分析题

1. 该利润中心的各项考核指标计算如下：

边际贡献＝1 000×40－1 000×26＝14 000(元)

可控毛益＝14 000－4 000＝10 000(元)

部门毛益＝10 000－5 000＝5 000(元)

息税前部门利润＝5 000－3 000＝2 000(元)

2.

(1) 计算集团公司和各投资中心的投资报酬率，并据此评价各投资中心的业绩。

集团公司的投资报酬率＝34 650÷315 000＝11％

A投资中心的投资报酬率＝10 400÷94 500＝11.01％

B投资中心的投资报酬率＝15 800÷145 000＝10.9％

C投资中心的投资报酬率＝8 450÷75 500＝11.19％

评价：C投资中心业绩最优，B投资中心业绩最差。

(2) 计算各投资中心的剩余收益，并据此评价各投资中心的业绩。

A投资中心的剩余收益＝10 400－94 500×10％＝950(万元)

B投资中心的剩余收益＝15 800－145 000×10％＝1 300(万元)

C投资中心的剩余收益＝8 450－75 500×10％＝900(万元)

评价：B投资中心业绩最优，C投资中心业绩最差。

(3) 综合评价各投资中心的业绩。

由于以投资报酬率作为评价标准存在很多局限性，而采用剩余收益为评价标准可以克服投资报酬率的某些缺陷，所以，当投资报酬率的决策结果和剩余收益的决策结果不一致时应当以剩余收益的决策结果为准，因此，总的说来，B投资中心业绩最优，A投资中心次之，C投资中心最差。

3.

(1) 追加投资前A投资中心剩余收益＝2 000×(15％－12％)＝60(万元)

(2) 追加投资前B投资中心投资额＝200÷(17％－12％)＝4 000(万元)

(3) 追加投资前该公司投资报酬率＝(2 000×15％＋4 000×17％)÷(2 000＋4 000)

＝16.33％

(4) A投资中心追加投资其剩余收益＝(2 000×15％＋200)－(2 000＋1 000)×12％

＝140(万元)

(5) B投资中心追加投资其投资报酬率＝(4 000×17％＋150)÷(4 000＋1 000)

＝16.6％

4.

(1) 分别计算各部门的投资报酬率及剩余收益。

甲中心投资报酬率＝3 600÷30 000＝12％

甲中心剩余收益＝3 600－30 000×10％＝600(元)

乙中心投资报酬率＝8 400÷70 000＝12％

乙中心剩余收益＝8 400－70 000×12％＝0

丙中心投资报酬率＝4 000÷80 000＝5％

丙中心剩余收益＝4 000－80 000×8％＝2 400(元)

(2) 因为甲、乙两中心的投资报酬率均大于该项目的报酬率，只有丙中心的投资报酬率小于该项目的投资报酬率。所以，甲、乙会拒绝，丙会接受。

(3) 因为剩余收益＝部门营业利润－部门资产平均占用额×资本成本率，所以，只要项目的投资报酬率高于资本成本，就会被接受；如果项目的投资报酬率低于资本成本，则会被拒绝。因此，甲、丙会接受该项目，而乙会拒绝该项目。

5.

(1) 剩余收益＝部门营业利润－部门资产×资本成本

＝部门资产×(部门投资报酬率－资本成本)

＝投资额×(部门投资报酬率－资本成本)

则：80＝B中心投资额×(17％－12％)

B中心的投资额＝1 600(万元)

追加投资前大华公司的投资报酬率＝(800×26％＋1 600×17％)÷(800＋1 600)＝20％

追加投资前大华公司的剩余收益＝800×(26％－12％)＋80＝192(万元)

(2) 根据“若投向A投资中心，可增加部门营业利润40万元”可知：

该投资项目的投资报酬率＝40÷200＝20％

因为20％低于A投资中心目前的投资报酬率26％，所以，A投资中心不会愿意接受该投资。

根据“若投向B投资中心，可增加部门营业利润30万元”可知：

该投资项目的投资报酬率＝30÷200＝15％

因为15％低于B投资中心目前的投资报酬率17％，所以，B投资中心不会愿意接受该投资。

(3) 因为不论是A投资中心还是B投资中心，接受该投资增加的部门营业利润都大于该投资额与资本成本的乘积24万元，即剩余收益都会增加，所以，从剩余收益的角度看，A、B投资中心都会愿意接受该投资。

(4) 因为向A投资中心追加投资后增加的部门营业利润40万元大于向B投资中心追加投资后增加的部门边际贡献30万元，所以，大华公司决定向A投资中心追加投资。追加投资后大华公司增加的剩余收益16万元(40－200×12％)，追加投资后大华公司的剩余收益208万元(192＋16)。

第十章 计算分析题

1.

(1) 用作业成本法计算各项作业的成本动因分配率。

作业成本动因分配率(各成本动因的制造费用分配率)

作业名称	制造费用(元)	成本动因	成本动因数			
			甲产品	乙产品	合计	分配率
机器能量	200 000	生产单位产品的机器小时	4 000	1 000	5 000	40
产品设计	90 000	设计时间	300	600	900	100
机器调整	20 000	调整次数	3	7	10	2 000
检验成本	150 000	检验次数	500	1 000	1 500	100
材料处理	180 000	材料移动次数	200	700	900	200
订货成本	30 000	购买订单数量	100	500	600	50
其他作业	50 000	机器小时	100	400	500	100
合计	720 000	—	—	—	—	—

(2) 用作业成本法计算甲、乙两种产品的制造费用。

制造费用分配表

单位:元

作业名称	成本动因数			制造费用		
	甲产品 ①	乙产品 ②	分配率 ③	甲产品 ④=①×③	乙产品 ⑤=②×③	合计 ⑥
机器能量	4 000	1 000	40	160 000	40 000	200 000
产品设计	300	600	100	30 000	60 000	90 000
机器调整	3	7	2 000	6 000	14 000	20 000
检验成本	500	1 000	100	50 000	100 000	150 000
材料处理	200	700	200	40 000	140 000	180 000
订货成本	100	500	50	5 000	25 000	30 000
其他作业	100	400	100	10 000	40 000	50 000
合计	—	—	—	301 000	419 000	720 000

2.

(1) 用传统成本计算方法计算每批产品的生产总成本和单位产品成本。

首先,用传统成本计算方法计算每批产品的制造费用。

产品甲的制造费用=25×115=2 875(元)

产品乙的制造费用=375×115=43 125(元)

甲、乙两种产品的制造费用合计为 46 000 元。

其次,计算每批产品的生产总成本和单位产品成本如下表所示。

单位:元

项目	产品甲(500 件)		产品乙(2 000 件)	
	总成本	单位成本	总成本	单位成本
直接材料	9 700	19.4	59 900	29.95
直接人工	750	1.5	11 250	5.625
制造费用	2 875	5.75	43 125	21.5625
合计	13 325	26.65	114 275	57.1375

(2) 用作业成本法计算每批产品的生产总成本和单位产品成本。

首先,用作业成本法计算每批产品的制造费用如下表所示。

作业项目	成本动因数		分配率	制造成本(作业成本)(元)		
	产品甲	产品乙		产品甲	产品乙	合计
材料整理准备	500	2 000	0.4	200	800	1 000
激光处理	20 000	60 000	0.2	4 000	12 000	16 000
钻洗	150	1 050	20	3 000	21 000	24 000
磨光	500	2 000	0.8	400	1 600	2 000
检试	10	190	15	150	2 850	3 000
合计	—	—	—	7 750	38 250	46 000

其次,计算每批产品的生产总成本和单位产品成本如下表所示。

单位:元

项目	产品甲(500 件)		产品乙(2 000 件)	
	总成本	单位成本	总成本	单位成本
直接材料	9 700	19.4	59 900	29.95
直接人工	750	1.5	11 250	5.625
制造费用	7 750	15.5	38 250	19.125
合计	18 200	36.4	109 400	54.7

3.

(1) 先用作业成本法计算各作业的成本动因分配率如下表所示。

作业成本动因分配率(各成本动因的制造费用分配率)

作业名称	制造费用(元)	成本动因	成本动因数			
			A产品	B产品	合计	分配率
原材料进货	2 000	进货次数	8	2	10	200
订单处理	1 000	生产订单份数	70	30	100	10
机器调整准备	800	机器调整准备次数	30	10	40	20
机器运行	5 000	机器小时数	200	800	1 000	5
质量检验	1 200	检验次数	60	40	100	12
合计	10 000		—	—	—	—

(2) 利用作业成本法计算两种产品的制造费用如下表所示。

制造费用分配表

作业名称	成本动因数			制造费用(元)		
	A产品 ①	B产品 ②	分配率 ③	A产品 ④=①×③	B产品 ⑤=②×③	合计 ⑥
原材料进货	8	2	200	1 600	400	2 000
订单处理	70	30	10	700	300	1 000
机器调整准备	30	10	20	600	200	800
机器运行	200	800	5	1 000	4 000	5 000
质量检验	60	40	12	720	480	1 200
合计	—	—	—	4 620	5 380	10 000

(3) 利用传统成本计算法计算两种产品的制造费用如下表所示(假设以机器小时作为制造费用的分配标准)。

传统成本计算法下制造费用分配表 单位：元

	分配标准①(机器小时)	分配率②(10 000÷1 000)	制造费用 ③=①×②
A产品	200	10	2 000
B产品	800	10.0	8 000
合计	1 000	10	10 000

(4) 利用两种成本计算法计算产品成本如下表所示。

作业成本法与传统成本计算法结果比较 单位：元

项目	A产品(100件)				B产品(400件)			
	总成本		单位成本		总成本		单位成本	
	传统方法	作业成本法	传统方法	作业成本法	传统方法	作业成本法	传统方法	作业成本法
直接材料	1 000	1 000	10	10.0	10 000	10 000	25	25.00
直接人工	2 000	2 000	20	20.0	4 000	4 000	10	10.00
制造费用	2 000	4 620	20	46.2	8 000	5 380	20	13.45
合计	5 000	7 620	50	76.2	22 000	19 380	55	48.45

第十一章(略)

附表一

1元复利

期数	1%	2%	3%	4%	5%	6%	7%	8%	9%	10%
1	1.0100	1.0200	1.0300	1.0400	1.0500	1.0600	1.0700	1.0800	1.0900	1.1000
2	1.0201	1.0404	1.0609	1.0816	1.1025	1.1236	1.1449	1.1664	1.1881	1.2100
3	1.0303	1.0612	1.0927	1.1249	1.1576	1.1910	1.2250	1.2597	1.2950	1.3310
4	1.0406	1.0824	1.1255	1.1699	1.2155	1.2625	1.3108	1.3605	1.4116	1.4641
5	1.0510	1.1041	1.1593	1.2167	1.2763	1.3382	1.4026	1.4693	1.5386	1.6105
6	1.0615	1.1262	1.1941	1.2653	1.3401	1.4185	1.5007	1.5809	1.6771	1.7716
7	1.0721	1.1487	1.2299	1.3159	1.4071	1.5036	1.6058	1.7138	1.8280	1.9487
8	1.0829	1.1717	1.2668	1.3686	1.4775	1.5938	1.7182	1.8509	1.9926	2.1436
9	1.0937	1.1951	1.3048	1.4233	1.5513	1.6895	1.8385	1.9990	2.1719	2.3579
10	1.1046	1.2190	1.3439	1.4802	1.6289	1.7908	1.9672	2.1589	2.3674	2.5937
11	1.1157	1.2434	1.3842	1.5395	1.7103	1.8983	2.1049	2.3316	2.5804	2.8531
12	1.1268	1.2682	1.4258	1.6010	1.7959	2.0122	2.2522	2.5182	2.8127	3.1384
13	1.1381	1.2936	1.4685	1.6651	1.8856	2.1329	2.4098	2.7196	3.0658	3.4523
14	1.1495	1.3195	1.5126	1.7317	1.9799	2.2609	2.5785	2.9372	3.3417	3.7975
15	1.1610	1.3459	1.5580	1.8009	2.0789	2.3966	2.7590	3.1722	3.6425	4.1772
16	1.1726	1.3728	1.6047	1.8730	2.1829	2.5404	2.9522	3.4259	3.9703	4.5950
17	1.1843	1.4002	1.6528	1.9479	2.2920	2.6928	3.1588	3.7000	4.3276	5.0545
18	1.1961	1.4282	1.7024	2.0258	2.4066	2.8543	3.3799	3.9960	4.7171	5.5599
19	1.2081	1.4568	1.7535	2.1068	2.5270	3.0256	3.6165	4.3157	5.1417	6.1159
20	1.2202	1.4859	1.8061	2.1911	2.6533	3.2071	3.8697	4.6610	5.6044	6.7275
21	1.2324	1.5157	1.8603	2.2788	2.7860	3.3996	4.1406	5.0338	6.1088	7.4002
22	1.2447	1.5460	1.9161	2.3699	2.9253	3.6035	4.4304	5.4365	6.6586	8.1403
23	1.2572	1.5769	1.9736	2.4647	3.0715	3.8197	4.7405	5.8715	7.2579	8.2543
24	1.2697	1.6084	2.0328	2.5633	3.2251	4.0489	5.0724	6.3412	7.9111	9.8497
25	1.2824	1.6406	2.0938	2.6658	3.3864	4.2919	5.4274	6.8485	8.6231	10.835
26	1.2953	1.6734	2.1566	2.7725	3.5557	4.5494	5.8074	7.3964	9.3992	11.918
27	1.3082	1.7069	2.2213	2.8834	3.7335	4.8823	6.2139	7.9881	10.245	13.110
28	1.3213	1.7410	2.2879	2.9987	3.9201	5.1117	6.6488	8.6271	11.167	14.421
29	1.3345	1.7758	2.3566	3.1187	4.1161	5.4184	7.1143	9.3173	12.172	15.863
30	1.3478	1.8114	2.4273	3.2434	4.3219	5.7435	7.6123	10.063	13.268	17.449
40	1.4889	2.2080	3.2620	4.8010	7.0400	10.286	14.794	21.725	31.408	45.259
50	1.6446	2.6916	4.3839	7.1067	11.467	18.420	29.457	46.902	74.358	117.39
60	1.8167	3.2810	5.8916	10.520	18.679	32.988	57.946	101.26	176.03	304.48

终值表

12%	14%	15%	16%	18%	20%	24%	28%	32%	36%
1.1200	1.1400	1.1500	1.1600	1.1800	1.2000	1.2400	1.2800	1.3200	1.3600
1.2544	1.2996	1.3225	1.3456	1.3924	1.4400	1.5376	1.6384	1.7424	1.8496
1.4049	1.4815	1.5209	1.5609	1.6430	1.7280	1.9066	2.0872	2.3000	2.5155
1.5735	1.6890	1.7490	1.8106	1.9388	2.0736	2.3642	2.6844	3.0360	3.4210
1.7623	1.9254	2.0114	2.1003	2.2878	2.4883	2.9316	3.4360	4.0075	4.6526
1.9738	2.1950	2.3131	2.4364	2.6996	2.9860	3.6352	4.3980	5.2899	6.3275
2.2107	2.5023	2.6600	2.8262	3.1855	3.5832	4.5077	5.6295	6.9826	8.6054
2.4760	2.8526	3.0590	3.2784	3.7589	4.2998	5.5895	7.2058	9.2170	11.703
2.7731	3.2519	3.5179	3.8030	4.4355	5.1598	6.9310	9.2234	12.166	15.917
3.1058	3.7072	4.0456	4.4114	5.2338	6.1917	8.5944	11.806	16.060	21.647
3.4785	4.2262	4.6524	5.1173	6.1759	7.4301	10.657	15.112	21.199	29.439
3.8960	4.8179	5.3503	5.9360	7.2876	8.9161	13.215	19.343	27.983	40.037
4.3635	5.4924	6.1528	6.8858	8.5994	10.699	16.386	24.759	36.937	54.451
4.8871	6.2613	7.0757	7.9875	10.147	12.839	20.319	31.691	48.757	74.053
5.4736	7.1379	8.1371	9.2655	11.974	15.407	25.196	40.565	64.359	100.71
6.1304	8.1372	9.3576	10.748	14.129	18.488	31.243	51.923	84.954	136.97
6.8660	9.2765	10.761	12.468	16.672	22.186	38.741	66.461	112.14	186.28
7.6900	10.575	12.375	14.463	19.673	26.623	48.039	86.071	148.02	253.34
8.6128	12.056	14.232	16.777	23.214	31.948	59.568	108.89	195.39	344.54
9.6463	13.743	16.367	19.461	27.393	38.338	73.864	139.38	257.92	468.57
10.804	15.668	18.822	22.574	32.324	46.005	91.592	178.41	340.45	637.26
12.100	17.861	21.645	26.186	38.142	55.206	113.57	228.36	449.39	866.67
13.552	20.362	24.891	30.376	45.008	66.247	140.83	292.30	593.20	1178.7
15.179	23.212	28.625	35.236	53.109	79.497	174.63	374.14	783.02	1603.0
17.000	26.462	32.919	40.874	62.669	95.396	216.54	478.90	1033.6	2180.1
19.040	30.167	37.857	47.414	73.949	114.48	268.51	613.00	1364.3	2964.9
21.325	34.390	43.535	55.000	87.260	137.37	332.95	784.64	1800.9	4032.3
23.884	39.204	50.066	63.800	102.97	164.84	412.86	1004.3	2377.2	5483.9
26.750	44.693	57.575	74.009	121.50	197.81	511.95	1285.6	3137.9	7458.1
29.960	50.950	66.212	85.850	143.37	237.38	634.82	1645.5	4142.1	10143
93.051	188.83	267.86	378.72	750.38	1469.8	5455.9	19427	66521	*
289.00	700.23	1083.7	1670.7	3927.4	9100.4	46890	*	*	*
897.60	2595.9	4384.0	7370.2	20555	56348	*	*	*	*

* >99999

附表二

1元复利

期数	1%	2%	3%	4%	5%	6%	7%	8%	9%	10%
1	0.9901	0.9804	0.9709	0.9615	0.9524	0.9434	0.9346	0.9259	0.9174	0.9091
2	0.9803	0.9712	0.9426	0.9246	0.9070	0.8900	0.8734	0.8573	0.8417	0.8264
3	0.9706	0.9423	0.9151	0.8890	0.8638	0.8396	0.8163	0.7938	0.7722	0.7513
4	0.9610	0.9238	0.8885	0.8548	0.8227	0.7921	0.7629	0.7350	0.7084	0.6830
5	0.9515	0.9057	0.8626	0.8219	0.7835	0.7473	0.7130	0.6806	0.6499	0.6209
6	0.9420	0.8880	0.8375	0.7903	0.7462	0.7050	0.6663	0.6302	0.5963	0.5645
7	0.9327	0.8606	0.8131	0.7599	0.7107	0.6651	0.6227	0.5835	0.5470	0.5132
8	0.9235	0.8535	0.7874	0.7307	0.6768	0.6274	0.5820	0.5403	0.5019	0.4665
9	0.9143	0.8368	0.7664	0.7026	0.6446	0.5919	0.5439	0.5002	0.4604	0.4241
10	0.9053	0.8203	0.7441	0.6756	0.6139	0.5584	0.5083	0.4632	0.4224	0.3855
11	0.8963	0.8043	0.7224	0.6496	0.5847	0.5268	0.4751	0.4289	0.3875	0.3505
12	0.8874	0.7885	0.7014	0.6246	0.5568	0.4970	0.4440	0.3971	0.3555	0.3186
13	0.8787	0.7730	0.6810	0.6006	0.5303	0.4688	0.4150	0.3677	0.3262	0.2897
14	0.8700	0.7579	0.6611	0.5775	0.5051	0.4423	0.3878	0.3405	0.2992	0.2633
15	0.8613	0.7430	0.6419	0.5553	0.4810	0.4173	0.3624	0.3152	0.2745	0.2394
16	0.8528	0.7284	0.6232	0.5339	0.4581	0.3936	0.3387	0.2919	0.2519	0.2176
17	0.8444	0.7142	0.6050	0.5134	0.4363	0.3714	0.3166	0.2703	0.2311	0.1978
18	0.8360	0.7002	0.5874	0.4936	0.4155	0.3503	0.2959	0.2502	0.2120	0.1799
19	0.8277	0.6864	0.5703	0.4746	0.3957	0.3305	0.2765	0.2317	0.1945	0.1635
20	0.8195	0.6730	0.5537	0.4564	0.3769	0.3118	0.2584	0.2145	0.1784	0.1486
21	0.8114	0.6598	0.5375	0.4388	0.3589	0.2942	0.2415	0.1987	0.1637	0.1351
22	0.8034	0.6468	0.5219	0.4220	0.3418	0.2775	0.2257	0.1839	0.1502	0.1228
23	0.7954	0.6342	0.5067	0.4057	0.3256	0.2618	0.2109	0.1703	0.1378	0.1117
24	0.7876	0.6217	0.4919	0.3901	0.3101	0.2470	0.1971	0.1577	0.1264	0.1015
25	0.7798	0.6095	0.4776	0.3751	0.2953	0.2330	0.1842	0.1460	0.1160	0.0923
26	0.7720	0.5976	0.4637	0.3604	0.2812	0.2198	0.1722	0.1352	0.1064	0.0839
27	0.7644	0.5859	0.4502	0.3468	0.2678	0.2074	0.1609	0.1252	0.0976	0.0763
28	0.7568	0.5744	0.4371	0.3335	0.2551	0.1956	0.1504	0.1159	0.0895	0.0693
29	0.7493	0.5631	0.4243	0.3207	0.2429	0.1846	0.1406	0.1073	0.0822	0.0630
30	0.7419	0.5521	0.4120	0.3083	0.2314	0.1741	0.1314	0.0994	0.0754	0.0573
35	0.7059	0.5000	0.3554	0.2534	0.1813	0.1301	0.0937	0.0676	0.0490	0.0356
40	0.6717	0.4529	0.3066	0.2083	0.1420	0.0972	0.0668	0.0460	0.0318	0.0221
45	0.6391	0.4102	0.2644	0.1712	0.1113	0.0727	0.0476	0.0313	0.0207	0.0137
50	0.6080	0.3715	0.2281	0.1407	0.0872	0.0543	0.0339	0.0213	0.0134	0.0085
55	0.5785	0.3365	0.1968	0.1157	0.0683	0.0406	0.0242	0.0145	0.0087	0.0053

现值表

12%	14%	15%	16%	18%	20%	24%	28%	32%	36%
0.8929	0.8772	0.8696	0.8621	0.8475	0.8333	0.8065	0.7813	0.7576	0.7353
0.7972	0.7695	0.7561	0.7432	0.7182	0.6944	0.6504	0.6104	0.5739	0.5407
0.7118	0.6750	0.6575	0.6407	0.6086	0.5787	0.5245	0.4768	0.4348	0.3975
0.6355	0.5921	0.5718	0.5523	0.5158	0.4823	0.4230	0.3725	0.3294	0.2923
0.5674	0.5194	0.4972	0.4762	0.4371	0.4019	0.3411	0.2910	0.2495	0.2149
0.5066	0.4556	0.4323	0.4104	0.3704	0.3349	0.2751	0.2274	0.1890	0.1580
0.4523	0.3996	0.3759	0.3538	0.3139	0.2791	0.2218	0.1776	0.1432	0.1162
0.4039	0.3506	0.3269	0.3050	0.2660	0.2326	0.1789	0.1388	0.1085	0.0854
0.3606	0.3075	0.2843	0.2630	0.2255	0.1938	0.1443	0.1084	0.0822	0.0628
0.3220	0.2697	0.2472	0.2267	0.1911	0.1615	0.1164	0.0847	0.0623	0.0462
0.2875	0.2366	0.2149	0.1954	0.1619	0.1346	0.0938	0.0662	0.0472	0.0340
0.2567	0.2076	0.1869	0.1685	0.1373	0.1122	0.0757	0.0517	0.0357	0.0250
0.2292	0.1821	0.1625	0.1452	0.1163	0.0935	0.0610	0.0404	0.0271	0.0184
0.2046	0.1597	0.1413	0.1252	0.0985	0.0779	0.0492	0.0316	0.0205	0.0135
0.1827	0.1401	0.1229	0.1079	0.0835	0.0649	0.0397	0.0247	0.0155	0.0099
0.1631	0.1229	0.1069	0.0980	0.0709	0.0541	0.0320	0.0193	0.0118	0.0073
0.1456	0.1078	0.0929	0.0802	0.0600	0.0451	0.0259	0.0150	0.0089	0.0054
0.1300	0.0946	0.0808	0.0691	0.0508	0.0376	0.0208	0.0118	0.0068	0.0039
0.1161	0.0829	0.0703	0.0596	0.0431	0.0313	0.0168	0.0092	0.0051	0.0029
0.1037	0.0728	0.0611	0.0514	0.0365	0.0261	0.0135	0.0072	0.0039	0.0021
0.0926	0.0638	0.0531	0.0443	0.0309	0.0217	0.0109	0.0056	0.0029	0.0016
0.0826	0.0560	0.0462	0.0382	0.0262	0.0181	0.0088	0.0044	0.0022	0.0012
0.0738	0.0491	0.0402	0.0329	0.0222	0.0151	0.0071	0.0034	0.0017	0.0008
0.0659	0.0431	0.0349	0.0284	0.0188	0.0126	0.0057	0.0027	0.0013	0.0006
0.0588	0.0378	0.0304	0.0245	0.0160	0.0105	0.0046	0.0021	0.0010	0.0005
0.0525	0.0331	0.0264	0.0211	0.0135	0.0087	0.0037	0.0016	0.0007	0.0003
0.0469	0.0291	0.0230	0.0182	0.0115	0.0073	0.0030	0.0013	0.0006	0.0002
0.0419	0.0255	0.0200	0.0157	0.0097	0.0061	0.0024	0.0010	0.0004	0.0002
0.0374	0.0224	0.0174	0.0135	0.0082	0.0051	0.0020	0.0008	0.0003	0.0001
0.0334	0.0196	0.0151	0.0116	0.0070	0.0042	0.0016	0.0006	0.0002	0.0001
0.0189	0.0102	0.0075	0.0055	0.0030	0.0017	0.0005	0.0002	0.0001	*
0.0107	0.0053	0.0037	0.0026	0.0013	0.0007	0.0002	0.0001	*	*
0.0061	0.0027	0.0019	0.0013	0.0006	0.0003	0.0001	*	*	*
0.0035	0.0014	0.0009	0.0006	0.0003	0.0001	*	*	*	*
0.0020	0.0007	0.0005	0.0003	0.0001	*	*	*	*	*

* <0.0001

附表三 1元年金

期数	1%	2%	3%	4%	5%	6%	7%	8%	9%	10%
1	1.0000	1.0000	1.0000	1.0000	1.0000	1.0000	1.0000	1.0000	1.0000	1.0000
2	2.0100	2.0200	2.0300	2.0400	2.0500	2.0600	2.0700	2.0800	2.0900	2.1000
3	3.0301	3.0604	3.0909	3.1216	3.1525	3.1836	2.2149	3.2464	3.2781	3.3100
4	4.0604	4.1216	4.1836	4.2465	4.3101	4.3746	4.4399	4.5061	4.5731	4.6410
5	5.1010	5.2040	5.3091	5.4163	5.5256	5.6371	5.7507	5.8666	5.9847	6.1051
6	6.1520	6.3081	6.4684	6.6330	6.8019	6.9753	7.1533	7.3359	7.5233	7.7156
7	7.2135	7.4343	7.6625	7.8983	8.1420	8.3938	8.6540	8.9228	9.2004	9.4872
8	8.2857	8.5830	8.8923	9.2142	9.5491	9.8975	10.260	10.637	11.028	11.436
9	9.3685	9.7546	10.159	10.583	11.027	11.491	11.978	12.488	13.021	13.579
10	10.462	10.950	11.464	12.006	12.578	13.181	13.816	14.487	15.193	15.937
11	11.567	12.169	12.808	13.486	14.207	14.972	15.784	16.645	17.560	18.531
12	12.683	13.412	14.192	15.026	15.917	16.870	17.888	18.977	20.141	21.384
13	13.809	14.680	15.618	16.627	17.713	18.882	20.141	21.495	22.953	24.523
14	14.947	15.974	17.086	18.292	19.599	21.015	22.550	24.214	26.019	27.975
15	16.097	17.293	18.599	20.024	21.579	23.276	25.129	27.152	29.361	31.772
16	17.258	18.639	20.157	21.825	23.657	25.673	27.888	30.324	33.003	35.950
17	18.430	20.012	21.762	23.698	25.840	28.213	30.840	33.750	36.974	40.545
18	19.615	21.412	23.414	25.645	28.132	30.906	33.999	37.450	41.301	45.599
19	20.811	22.841	25.117	27.671	30.539	33.760	37.379	41.446	46.018	51.159
20	22.019	24.297	26.870	29.778	33.066	36.786	40.995	45.752	51.160	57.275
21	23.239	25.783	28.676	31.969	35.719	39.993	44.865	50.423	56.765	64.002
22	24.472	27.299	30.537	34.248	38.505	43.392	49.006	55.457	62.873	71.403
23	25.716	28.845	32.453	36.618	41.430	46.996	53.436	60.883	69.532	79.543
24	26.973	30.422	34.426	39.083	44.502	50.816	58.177	66.765	76.790	88.497
25	28.243	32.030	36.459	41.646	47.727	54.863	63.249	73.106	84.701	98.347
26	29.526	33.671	38.553	44.312	51.113	59.156	68.676	79.954	93.324	109.18
27	30.821	35.344	40.710	47.084	54.669	63.706	74.484	87.351	102.72	121.10
28	32.129	37.051	42.931	49.968	58.403	68.528	80.698	95.339	112.97	134.21
29	33.450	38.792	45.219	52.966	62.323	73.640	87.347	103.97	124.14	148.63
30	34.785	40.568	47.575	56.085	66.439	79.058	94.461	113.28	136.31	164.49
40	48.886	60.402	75.401	95.026	120.80	154.76	199.64	259.06	337.88	442.59
50	64.463	84.579	112.80	152.67	209.35	290.34	406.53	573.77	815.08	1163.9
60	81.670	114.05	163.05	237.99	353.58	533.13	813.52	1253.2	1944.8	3034.8

终值表

12%	14%	15%	16%	18%	20%	24%	28%	32%	36%
1.0000	1.0000	1.0000	1.0000	1.0000	1.0000	1.0000	1.0000	1.0000	1.0000
2.1200	2.1400	2.1500	2.1600	2.1800	2.2000	2.2400	2.2800	2.3200	2.3600
3.3744	3.4396	3.4725	3.5056	3.5724	3.6400	3.7776	3.9184	3.0624	3.2096
4.7793	4.9211	4.9934	5.0665	5.2154	5.3680	5.6842	6.0156	6.3624	6.7251
6.3528	6.6101	6.7424	6.8771	7.1542	7.4416	8.0484	8.6999	9.3983	10.146
8.1152	8.5355	8.7537	8.9775	9.4420	9.9299	10.980	12.136	13.406	14.799
10.089	10.730	11.067	11.414	12.142	12.916	14.615	16.534	18.696	21.126
12.300	13.233	13.727	14.240	15.327	16.499	19.123	22.163	25.678	29.732
14.776	16.085	16.786	17.519	19.086	20.799	24.712	29.369	34.895	41.435
17.549	19.337	20.304	21.321	23.521	25.959	31.643	38.593	47.062	57.352
20.655	23.045	24.349	25.733	28.755	32.150	40.238	50.398	63.122	78.998
24.133	27.271	29.002	30.850	34.931	39.581	50.895	65.510	84.320	108.44
28.029	32.089	34.352	36.786	42.219	48.497	64.110	84.853	112.30	148.47
32.393	37.581	40.505	43.672	50.818	59.196	80.496	109.61	149.24	202.93
37.280	43.842	47.580	51.660	60.965	72.035	100.82	141.30	198.00	276.98
42.753	50.980	55.717	60.925	72.939	87.442	126.01	181.87	262.36	377.69
48.884	59.118	65.075	71.673	87.068	105.93	157.25	233.79	347.31	514.66
55.750	68.394	75.836	84.141	103.74	128.12	195.99	300.25	459.45	770.94
63.440	78.969	88.212	98.603	123.41	154.74	244.03	385.32	607.47	954.28
72.052	91.025	102.44	115.38	146.63	186.69	303.60	494.21	802.86	1298.8
81.699	104.77	118.81	134.84	174.02	225.03	377.46	633.59	1060.8	1767.4
92.503	120.44	137.63	157.41	206.34	271.03	469.06	812.00	1401.2	2404.7
104.60	138.30	159.28	183.60	244.49	326.24	582.63	1040.4	1850.6	3271.3
118.16	158.66	184.17	213.98	289.49	392.48	723.46	1332.7	2443.8	4450.0
133.33	181.87	212.79	249.21	342.60	471.98	898.09	1706.8	3226.8	6053.0
150.33	208.33	245.71	290.09	405.27	567.38	1114.6	2185.7	4260.4	8233.1
169.37	238.50	283.57	337.50	479.22	681.85	1383.1	2798.7	5624.8	11198.0
190.70	272.89	327.10	392.50	566.48	819.22	1716.1	3583.3	7425.7	15230.3
214.58	312.09	377.17	456.30	669.45	984.07	2129.0	4587.7	9802.9	20714.2
241.33	356.79	434.75	530.31	790.95	1181.9	2640.9	5873.2	12941	28172.3
767.09	1342.0	1779.1	2360.8	4163.2	7343.2	27729	69377	*	*
2400.0	4994.5	7217.7	10436	21813	45497	*	*	*	*
7471.6	18535	29220	46058	*	*	*	*	*	*

* >99999

附表四

1元年金

期数	1%	2%	3%	4%	5%	6%	7%	8%	9%
1	0.9901	0.9804	0.9709	0.9615	0.9524	0.9434	0.9346	0.9259	0.9174
2	1.9704	1.9416	1.9135	1.8861	1.8594	1.8334	1.8080	1.7833	1.7591
3	2.9410	2.8839	2.8286	2.7751	2.7232	2.6730	2.6243	2.5771	2.5313
4	3.9020	3.8077	3.7171	3.6299	3.5460	3.4651	3.3872	3.3121	3.2397
5	4.8534	4.7135	4.5797	4.4518	4.3295	4.2124	4.1002	3.9927	3.8897
6	5.7955	5.6014	5.4172	5.2421	5.0757	4.9173	4.7665	4.6229	4.4859
7	6.7282	6.4720	6.2303	6.0021	5.7864	5.5824	5.3893	5.2064	5.0330
8	7.6517	7.3255	7.0197	6.7327	6.4632	6.2098	5.9713	5.7466	5.5348
9	8.5660	8.1622	7.7861	7.4353	7.1078	6.8017	6.5152	6.2469	5.9952
10	9.4713	8.9826	8.5302	8.1109	7.7217	7.3601	7.0236	6.7101	6.4177
11	10.3676	9.7868	9.2526	8.7605	8.3064	7.8869	7.4987	7.1390	6.8052
12	11.2551	10.5753	9.9540	9.3851	8.8633	8.3838	7.9427	7.5361	7.1607
13	12.1337	11.3484	10.6350	9.9856	9.3936	8.8527	8.3577	7.9038	7.4869
14	13.0037	12.1062	11.2961	10.5631	9.8986	9.2950	8.7455	8.2442	7.7862
15	13.8651	12.8493	11.9379	11.1184	10.3797	9.7122	9.1079	8.5595	8.0607
16	14.7179	13.5777	12.5611	11.6523	10.8378	10.1059	9.4466	8.8514	8.3126
17	15.5623	14.2919	13.1661	12.1657	11.2741	10.4773	9.7632	9.1216	8.5436
18	16.3983	14.9920	13.7535	12.6896	11.6896	10.8276	10.0591	9.3719	8.7556
19	17.2260	15.6785	14.3238	13.1339	12.0853	11.1581	10.3356	9.6036	8.9601
20	18.0456	16.3514	14.8775	13.5903	12.4622	11.4699	10.5940	9.8181	9.1285
21	18.8570	17.0112	15.4150	14.0292	12.8212	11.7641	10.8355	10.0168	9.2922
22	19.6604	17.6580	15.9369	14.4511	13.1630	12.0424	11.0612	10.2007	9.4424
23	20.4558	18.2922	16.4436	14.8568	13.4886	12.3034	11.2722	10.3711	9.5802
24	21.2434	18.9139	16.9355	15.2470	13.7986	12.5504	11.4693	10.5288	9.7066
25	22.0232	19.5235	17.4131	15.6221	14.0939	12.7834	11.6536	10.6748	9.8226
26	22.7952	20.1210	17.8768	15.9828	14.3752	13.0032	11.8258	10.8100	9.9290
27	23.5596	20.7059	18.3270	16.3296	14.6430	13.2105	11.9867	10.9352	10.0266
28	24.3164	21.2813	18.7641	16.6631	14.8981	13.4062	12.1371	11.0511	10.1161
29	25.0658	21.8444	19.1885	16.9837	15.1411	13.5907	12.2777	11.1584	10.1983
30	25.8077	22.3965	19.6004	17.2920	15.3725	13.7648	12.4090	11.2578	10.2737
35	29.4086	24.9986	21.4872	18.6646	16.3742	14.4982	12.9477	11.6546	10.5668
40	32.8347	27.3555	23.1148	19.7928	17.1591	15.0463	13.3317	11.9246	10.7574
45	36.0945	29.4902	24.5187	20.7200	17.7741	15.4558	13.6055	12.1084	10.8812
50	39.1961	31.4236	25.7298	21.4822	18.2559	15.7619	13.8007	12.2335	10.9617
55	42.1472	33.1748	26.7744	22.1086	18.6335	15.9905	13.9399	12.3186	11.0140

现值表

附表四

1元年金现值表

10%	12%	14%	15%	16%	18%	20%	24%	28%	32%
0.9091	0.8929	0.8772	0.8696	0.8621	0.8475	0.8333	0.8065	0.7813	0.7576
1.7355	1.6901	1.6467	1.6257	1.6052	1.5656	1.5278	1.4568	1.3916	1.3315
2.4869	2.4018	2.3216	2.2832	2.2459	2.1743	2.1065	1.9813	1.8684	1.7663
3.1699	3.0373	2.9173	2.8550	2.7982	2.6901	2.5887	2.4043	2.2410	2.0957
3.7908	3.6048	3.4331	3.3522	3.2743	3.1272	2.9906	2.7454	2.5320	2.3452
4.3553	4.1114	3.8887	3.7845	3.6847	3.4976	3.3255	3.0205	2.7594	2.5342
4.8684	4.5638	4.2882	4.1604	4.0386	3.8115	3.6046	3.2423	2.9370	2.6775
5.3349	4.9676	4.6389	4.4873	4.3436	4.0776	3.8372	3.4212	3.0758	2.7860
5.7590	5.3282	4.9164	4.7716	4.6065	4.3030	4.0310	3.5655	3.1842	2.8681
6.1446	5.6502	5.2161	5.0188	4.8332	4.4941	4.1925	3.6819	3.2689	2.9304
6.4951	5.9377	5.4527	5.2337	5.0286	4.6560	4.3271	3.7757	3.3351	2.9776
6.8137	6.1944	5.6603	5.4206	5.1971	4.7932	4.4392	3.8514	3.3868	3.0133
7.1034	6.4235	5.8424	5.5831	5.3423	4.9095	4.5327	3.9124	3.4272	3.0404
7.3667	6.6282	6.0021	5.7245	5.4675	5.0081	4.6106	3.9616	3.4587	3.0609
7.6061	6.8109	6.1422	5.8474	5.5755	5.0916	4.6755	4.0013	3.4834	3.0764
7.8237	6.9740	6.2651	5.9542	5.6685	5.1624	4.7296	4.0333	3.5026	3.0882
8.0216	7.1196	6.3729	6.0472	5.7487	5.2223	4.7746	4.0591	3.5177	3.0971
8.2014	7.2497	6.4674	6.1280	5.8178	5.2732	4.8122	4.0799	3.5294	3.1039
8.3649	7.3658	6.5504	6.1982	5.8775	5.3162	4.8435	4.0967	3.5386	3.1090
8.5136	7.4694	6.6231	6.2593	5.9288	5.3527	4.8696	4.1103	3.5458	3.1129
8.6487	7.5620	6.6870	6.3125	5.9731	5.3837	4.8913	4.1212	3.5514	3.1158
8.7715	7.6446	6.7429	6.3587	6.0113	5.4099	4.9094	4.1300	3.5558	3.1180
8.8832	7.7184	6.7921	6.3988	6.0442	5.4321	4.9245	4.1371	3.5592	3.1197
8.9847	7.7843	6.8351	6.4338	6.0726	5.4509	4.9371	4.1428	3.5619	3.1210
9.0770	7.8431	6.8729	6.4641	6.0971	5.4669	4.9476	4.1474	3.5640	3.1220
9.1609	7.8957	6.9061	6.4906	6.1182	5.4804	4.9563	4.1511	3.5656	3.1227
9.2372	7.9426	6.9352	6.5135	6.1364	5.4919	4.9636	4.1542	3.5669	3.1233
9.3066	7.9844	6.9607	6.5335	6.1520	5.5016	4.9697	4.1566	3.5679	3.1237
9.3696	8.0218	6.9830	6.5509	6.1656	5.5098	4.9747	4.1585	3.5687	3.1240
9.4269	8.0552	7.0027	6.5660	6.1772	5.5168	4.9789	4.1601	3.5693	3.1242
9.6442	8.1755	7.0700	6.6166	6.2153	5.5386	4.9915	4.1644	3.5708	3.1248
9.7791	8.2438	7.1050	6.6418	6.2335	5.5482	4.9966	4.1659	3.5712	3.1250
9.8628	8.2825	7.1232	6.6543	6.2421	5.5523	4.9986	4.1664	3.5714	3.1250
9.9148	8.3045	7.1327	6.6605	6.2463	5.5541	4.9995	4.1666	3.5714	3.1250
9.9471	8.3170	7.1376	6.6636	6.2482	5.5549	4.9998	4.1666	3.5714	3.1250

参 考 文 献

1. 潘飞.管理会计应用与发展的典型案例研究[M].北京:中国财政经济出版社,2002.

2. 张蕊.企业战略经营业绩评价指标体系研究[M].北京:中国财政经济出版社,2002.

3. 向显湖,彭韶兵等.企业业绩评价研究[M].成都:西南财经大学出版社,2006.

4. 孟建民.中国企业绩效评价[M].北京:中国财政经济出版社,2002.

5. 罗伯特·卡普兰,大卫·诺顿.平衡记分卡[M].刘俊勇等,译.广州:广东经济出版社,2006.

6. 孙茂竹等.管理会计学[M].北京:中国人民大学出版社,2004.

7. 余绪缨等.管理会计学[M].北京:中国人民大学出版社,2002.

8. 吴大军等.管理会计[M].大连:东北财经大学出版社,2005.

9. 李天民.现代管理会计学[M].上海:立信会计出版社,1996.

10. 汪宇瀚.管理会计[M].上海:上海交通大学出版社,2001.

11. 石人谨等.管理会计[M].上海:上海三联书店,1994.

教学课件索取单

敬爱的老师：

感谢您使用黄桂杰、龙海红老师主编的《管理会计学》。为了方便教学，本书配有相关教学课件。如果您需要，请您填写下面表格中的相关信息，并以电子邮件的形式发到我社，我们在核对您的信息后，即免费向您提供教学课件。

我们的联系方式：

地址：上海市中山西路 2230 号　　邮编：200235

立信会计出版社　　电话：(021) 64411217

电子邮件：zql1307@163.com

姓　名		性别		身份证号			
学　校				学院、系		教研室	
学校地址						邮　编	
职　务				职　称		办公电话	
E-mail				手　机		宅　电	
通信地址						邮　编	
教材用量	册			委托订购单位			

您对本书的意见和建议是：